Das Gewährleistungsrecht in BGB, UN-Kaufrecht und den Reformvorschlägen der Schuldrechtskommission

Europäische Hochschulschriften
Publications Universitaires Européennes
European University Studies

Reihe II
Rechtswissenschaft

Série II Series II
Droit
Law

Bd./Vol. 3577

PETER LANG
Frankfurt am Main · Berlin · Bern · Bruxelles · New York · Oxford · Wien

Evelyn Nau

Das Gewährleistungsrecht in BGB, UN-Kaufrecht und den Reformvorschlägen der Schuldrechtskommission

Ein Vergleich unter besonderer Berücksichtigung der Richtlinie (1999/44/EG) über den Verbrauchsgüterkauf

PETER LANG
Europäischer Verlag der Wissenschaften

Bibliografische Information Der Deutschen Bibliothek
Die Deutsche Bibliothek verzeichnet diese Publikation in der Deutschen Nationalbibliografie; detaillierte bibliografische Daten sind im Internet über <http://dnb.ddb.de> abrufbar.

Zugl.: Heidelberg, Univ., Diss., 2002

D 16
ISSN 0531-7312
ISBN 3-631-39956-1

www.peterlang.de

Meinen Eltern

Vorwort

Die vorliegende Arbeit wurde im Wintersemester 1999/2000 der Juristischen Fakultät der Ruprecht-Karls-Universität in Heidelberg als Dissertation vorgelegt.

Betreut wurde die Arbeit von Herrn Prof. Dr. Herbert Kronke. Ihm möchte ich an dieser Stelle für seine fachliche und persönliche Unterstützung danken. Herrn Prof. Dr. Christian Heinrich danke ich für die Erstellung des Zweitgutachtens.

Zu danken habe ich ferner dem Arbeitskreis Wirtschaft und Recht im Stifterverband für die Deutsche Wissenschaft für die Gewährung eines Promotionsstipendiums.

Schließlich wurde ich von vielen Seiten aus Familie und Freundeskreis mit Rat und Tat unterstützt, ohne deren Beistand die Arbeit nicht in dieser Form zustande gekommen wäre. Insbesondere möchte ich dabei Frau Dr. Angela Dombrowski und Frau Dr. Sabine Barth danken, die neben der seelischen Unterstützung während des Schreibens der Arbeit auch die mühsame Aufgabe des Korrekturlesens übernommen haben.

Hamburg, im Dezember 2002 Evelyn Nau

Inhaltsübersicht

Inhaltsverzeichnis

Abkürzungsverzeichnis

a.A.	anderer Ansicht
ABGB	Allgemeines Bürgerliches Gesetzbuch für Österreich
Abl. EG	Amtsblatt der Europäischen Gemeinschaften
Abl.	Amtsblatt
Abs.	Absatz
AcP	Archiv für die civilistische Praxis
AGBG	Gesetz zur Regelung des Rechts der Allgemeinen Geschäftsbedingungen (AGB-Gesetz)
AJCL	American Journal of Comparative Law
AkDR	Akademie für Deutsches Recht
allg.	allgemein
ALR	Allgemeines Landrecht für die Preußischen Staaten
Anm.	Anmerkung
Art(t).	Artikel
AT	Allgemeiner Teil
Aufl.	Auflage
AWD/RIW	Außenwirtschaftsdienst des Betriebs-Beraters, heute: Recht der internationalen Wirtschaft (RIW)
BB	Betriebs-Berater
Bd.	Band
begr.	begründet
Bem.	Bemerkung
bes.	besonder(e)s
BGB	Bürgerliches Gesetzbuch
BGBl.	Bundesgesetzblatt
BGH	Bundesgerichtshof
BGHZ	Entscheidungen des Bundesgerichtshofs in Zivilsachen
BRDrs.	Drucksache des Bundesrates
BT	Besonderer Teil
BTDrs.	Drucksache des Deutschen Bundestages
bzw.	beziehungsweise
CISG	Convention on Contracts for the International Sale of Good (= Übereinkommen der Vereinten Nationen über Verträge über den internationalen Warenkauf (UN-Kaufrecht))
CMR	Übereinkommen über den Beförderungsvertrag im internationalen Straßengüterverkehr
d.h.	das heißt

DAV	Deutscher Anwaltsverein
DB	Der Betrieb
ders.	derselbe
dies.	dieselbe(n)
Diss.	Dissertation
DJZ	Deutsche Juristenzeitung
DNotZ	Deutsche Notar-Zeitschrift
Dok. KOM	Dokumente der Kommission der Europäischen Gemeinschaften
dt.	deutsch(e/r/s)
DZWir	Deutsche Zeitschrift für Wirtschaftsrecht
e.V.	eingetragener Verein
EAG	Einheitliches Gesetz über den Abschluß von internationalen Kaufverträgen über bewegliche Sachen
EC	European Community
ed(s).	Editor(s)
EEA	Einheitliche Europäische Akte
EG	Europäische Gemeinschaft
EGBGB	Einführungsgesetz zum Bürgerlichen Gesetzbuch
EGV	Vertrag zur Gründung der Europäischen Gemeinschaft
Einf.	Einführung
Einl.	Einleitung
EKG	Einheitliches Gesetz über den internationalen Kauf beweglicher Sachen
endg.	endgültig
ERPL	European review of public law
EU	Europäische Union
EuGH	Gerichtshof der Europäischen Gemeinschaften
EuGVÜ	Übereinkommen der Europäischen Gemeinschaft über die gerichtliche Zuständigkeit und die Vollstreckung gerichtlicher Entscheidungen in Zivil- und Handelssachen
europ.	europäisch(e/r/s)
EUV	Europäischer Unionsvertrag
EuZW	Europäische Zeitschrift für Wirtschaftsrecht
EVÜ	Übereinkommen über das auf vertragliche Schuldverhältnisse anzuwendende Recht
EWG	Europäische Wirtschaftsgemeinschaft
f., ff.	folgende
Fak.	Fakultät
FAZ	Frankfurter Allgemeine Zeitung
Fn.	Fußnote
Frhr.	Freiherr
FS	Festschrift

G	Gesetz
ges.	gesammelt(e)
GG	Grundgesetz für die Bundesrepublik Deutschland
GmbH	Gesellschaft mit beschränkter Haftung
h.M.	herrschende Meinung
HGB	Handelsgesetzbuch
hrsg.	herausgegeben
Hrsg.	Herausgeber
HS.	Halbsatz
i.d.R.	in der Regel
i.d.S.	in dem Sinne
i.S.d.	im Sinne des/r
i.V.m.	in Verbindung mit
ICC	International Chamber of Commerce (= Internationale Handelskammer)
insb.	insbesondere
int.	international(e/r/s)
IPR	Internationales Privatrecht
IPRax	Praxis des Internationalen Privat- und Verfahrensrechts
JBl.	Juristische Blätter
JuS	Juristische Schulung
JZ	Juristenzeitung
KE	Kommissionsentwurf
lit.	littera (Buchstabe)
m.w.N.	mit weiteren Nachweisen
MüKo	Münchener Kommentar zum BGB
nat.	national(e/r/s)
NJW	Neue Juristische Wochenschrift
NJW-RR	NJW-Rechtsprechungs-Report Zivilrecht
Nr.	Nummer
OLG	Oberlandesgericht
OR	Schweizerisches Obligationsrecht
pFV	positive Forderungsverletzung
R	Recht
RabelsZ	Rabels Zeitschrift für ausländisches und internationales Privatrecht
Rev.dr.int.com.	Revue de Droit international et de Droit comparé

RG Recht	Das Recht. Rundschau für den deutschen Juristenstand, hrsg. von Theodor Soergel
RGRK	Reichsgerichtsrätekommentar
RG WarnR	Rechtsprechung des Reichsgerichts auf dem Gebiet des Zivilrechts, soweit nicht in der amtlichen Sammlung abgedruckt, hrsg. von Otto Warneyer
RG	Reichsgericht
RGZ	Entscheidungen des Reichsgerichts in Zivilsachen
RIW	Recht der internationalen Wirtschaft
RL	Richtlinie
Rn.	Randnummer
Rspr.	Rechtsprechung
S.	Satz, Seite
SchR	Schuldrecht
SJZ	Schweizerische Juristen-Zeitung
sog.	sogenannte(r)
st.	ständig(e)
str.	streitig
u.	und
u.a.	unter anderem
u.U.	unter Umständen
UCC	Uniform Commercial Code
ULR/RDU	Uniform Law Review/Revue de droit uniforme
UN	United Nations
UNCITRAL	The United Nations Commission on International Trade Law (= Kommission der Vereinten Nationen für Internationales Handelsrecht)
Unidroit	Internationales Institut für die Vereinheitlichung des Privatrechts
UNKR	Übereinkommen der Vereinten Nationen über Verträge über den internationalen Warenkauf (UN-Kaufrecht) (= Convention on Contracts for the International Sale of Goods (CISG))
v.	vom, von
Var.	Variante
VertragsG	Übereinkommen über Verträge über den internationalen Warenkauf sowie zur Änderung des Gesetzes zu dem Übereinkommen über den Beförderungsvertrag im internationalen Straßengüterverkehr
vgl.	vergleiche
Vor, Vorbem	Vorbemerkung
VuR	Verbraucher und Recht

WM	Wertpapier-Mitteilungen, Zeitschrift für Wirtschafts- und Bankrecht
z.B.	zum Beispiel
ZEuP	Zeitschrift für Europäisches Privatrecht
ZfRV	Zeitschrift für Rechtsvergleichung, Internationales Privatrecht und Europarecht
ZG	Zeitschrift für Gesetzgebung
ZGR	Zeitschrift für Unternehmens- und Gesellschaftsrecht
ZIP	Zeitschrift für Wirtschaftsrecht
zit.	zitiert
ZRP	Zeitschrift für Rechtspolitik
ZVglRWiss	Zeitschrift für vergleichende Rechtswissenschaft

Einleitung

Das Bürgerliche Gesetzbuch der Bundesrepublik Deutschland befindet sich zum heutigen Zeitpunkt an einem Scheidepunkt im Hinblick auf die gesetzlichen Vorschriften des Gewährleistungsrechts im Kaufrecht. Dabei spielen zwei voneinander unabhängig bestehende Komplexe eine bedeutende Rolle, die aber dennoch in einem Zusammenhang zu sehen sind: zum einen die bisher eher wenig beachteten Reformvorschläge der Schuldrechtskommission, zum anderen die kürzlich in Kraft getretene *Richtlinie 1999/44/EG des Europäischen Parlaments und des Rates zu bestimmten Aspekten des Verbrauchsgüterkaufs und der Garantien für Verbrauchsgüter.*

Mit dem im Jahre 1992 veröffentlichten Abschlußbericht der Schuldrechtskommission ist bereits auf nationaler Ebene die generelle Notwendigkeit offenkundig geworden, daß der Gesetzgeber an einzelnen Bereichen bzw. Vorschriften Korrekturen vorzunehmen hat, um das BGB an die heutigen Gegebenheiten anzupassen. Dabei war und ist vorrangige Zielsetzung der Schuldrechtskommission, der Materie im Schuldrecht sowie insbesondere im Gewährleistungsrecht des Kaufrechts unter gleichzeitiger Beachtung der Vorschriften des UN-Kaufrechtes durch materielle Änderungen zu mehr Struktur und Systematik zu verhelfen.

Eine diesen nationalen Bestrebungen vergleichbare Entwicklung fand in den letzten Jahren auf der europäischen Ebene statt. So erfaßt eine wachsende Zahl von Richtlinien der Europäischen Gemeinschaft auch Kernbereiche des Zivilrechts, so auch die bereits genannte Richtlinie über den Verbrauchsgüterkauf. Im Unterschied zu den Reformvorschlägen der Schuldrechtskommission, auf deren Veröffentlichung leider nicht die erwünschte breite Diskussion folgte - lediglich der Deutsche Juristentag beschäftigte sich im Jahre 1994 mit dem Entwurf, ohne daß dies aber weitreichende Konsequenzen nach sich gezogen hat -, ist diese Richtlinie bereits in Kraft getreten und in der Bundesrepublik Deutschland bis zu Beginn des Jahres 2002 in nationales Recht umzusetzen. Die Richtlinie vom 25. Mai 1999 stellt den bisher wichtigsten Schritt hin zur Europäisierung des Kaufrechts dar, indem sie das Gewährleistungsrecht als Kernbereich des Kaufrechts zugunsten des Verbrauchers innerhalb der europäischen Mitgliedstaaten angleicht. So werden dem deutschen Verbraucher zukünftig beispielsweise zusätzliche Gewährleistungsansprüche wie die Nachbesserung oder Ersatzlieferung sowie eine verlängerte Gewährleistungsfrist von zwei Jahren zugute kommen.

Aufgrund dieser Entwicklung innerhalb der Europäischen Gemeinschaft kann und muß man sich die weitergehende Frage stellen, ob diese Richtlinie nicht in absehbarer Zeit ein Baustein einer europäischen Zivilrechtskodifikation sein wird. Zumindest weisen auch andere europäische bzw. internationale Veröffentlichungen wie die *Principles* der Lando-Kommission von Ende 1994 und die *Principles* der Unidroit-Arbeitsgruppe von Mitte 1995 gleichfalls in diese Richtung. Inwieweit letztlich bereits heute die Zeit reif ist für eine umfassende europäische Gesetzgebung, bleibt abzuwarten. Zunächst muß allein der deutsche Gesetzgeber die Richtlinie über den Verbrauchsgüterkauf und die Verpflichtung zu deren Umsetzung in nationales Recht als einmalige Chance begreifen, auf diesem Wege gleichzeitig den Reformentwurf der Schuldrechtskommission, der sowohl den Vorschriften der Richtlinie als auch denen des UN-Kaufrechts sehr nahe kommt, in geltendes Recht umzusetzen.

Das Ziel der vorliegenden Arbeit ist, durch die Darstellung und den Vergleich der Vorschriften des geltenden nationalen Rechts zum Gewährleistungsrecht mit denen des UN-Kaufrechts und den Reformvorschlägen der Schuldrechtskommission die bestehenden Unterschiede zwischen diesen Rechten aufzuzeigen und schließlich einen Ausblick auf die Rechtsentwicklung innerhalb der Europäischen Gemeinschaft zu gewähren.

Nach dieser Einleitung behandelt der (Haupt-)Teil 1 der Arbeit die nationale Rechtslage. Zunächst wird das in der Bundesrepublik Deutschland geltende Gewährleistungsrecht des Kaufrechts im System der Leistungsstörungen des BGB aus seiner historischen Entwicklung heraus dargestellt (Kapitel 1). In Kapitel 2 werden die Regelungen des Gewährleistungsrechts als solche näher beleuchtet. Die bestehenden Kritikpunkte am BGB und seinen Gewährleistungsvorschriften zeigt Kapitel 3 auf, um nachfolgend die Reformvorschläge der Schuldrechtskommission näher zu erläutern (Kapitel 4). Auf die Kritikpunkte an dem Reformvorschlag wird dann in Kapitel 5 ausführlich eingegangen. Im Anschluß an die Darstellung der internationalen Warenkaufrechte zu dieser Thematik in Kapitel 6 folgt der Schwerpunkt der Arbeit: der Vergleich der Struktur des Gewährleistungsrechts von BGB, UN-Kaufrecht und Kommissionsentwurf (Kapitel 7). Teil 2 der Arbeit befaßt sich dann mit der Privatrechtsentwicklung auf der europäischen Ebene. Dabei werden in Kapitel 8 die verschiedenen Entwicklungen innerhalb der Europäischen Gemeinschaft dargestellt sowie wegen ihrer herausragenden Bedeutung für das nationale Gewährleistungsrecht die Richtlinie über den Verbrauchsgüterkauf ausführlich beleuchtet. Den Abschluß bilden schließlich die Regelwerke anderer europäischer und internationaler Institutionen, die zumindest kurz einander gegenübergestellt werden (Kapitel 9).

TEIL 1: DAS GEWÄHRLEISTUNGSRECHT IN DER BUNDESREPUBLIK DEUTSCHLAND

Kapitel 1: Das System der Leistungsstörungen im BGB

Das BGB regelt die Leistungsstörungen zum einen als Nichterfüllung im allgemeinen Teil des Schuldrechts, zum anderen als Schlechterfüllung im besonderen Teil anhand der besonderen Gewährleistungsvorschriften der einzelnen Vertragsarten. Auf dieser einschneidenden Differenzierung zwischen der im Vorfeld der Erfüllung gelegenen Vertragsstörung und der nicht vertragsgemäßen Erfüllung des Vertrages basiert das gesamte System der Leistungsstörungen.

A. Struktur des Leistungsstörungsrechts im BGB

I. Allgemeines zur Regelung des Leistungsstörungsrechts

Mit dem Recht der Leistungsstörungen umfaßt das BGB die Gesamtheit der Rechtsinstitute, die Störungen in der Abwicklung eines Schuldverhältnisses regeln, die nicht allein in der bloßen Nichterfüllung bestehen.[1] Erfüllt der Schuldner die von ihm geschuldete Leistung nicht zur rechten Zeit, nicht am richtigen Ort oder nicht in richtiger Weise, regelt das Leistungsstörungsrecht, ob und inwieweit dem Gläubiger Rechtsbehelfe zustehen. Weiterhin finden sich Bestimmungen zu den Fragen, ob der Schuldner von seiner Verpflichtung frei geworden ist und welches bei Vorliegen eines gegenseitigen Vertrages das Schicksal der Leistung der anderen Vertragspartei ist.

Das Gesetz regelt lediglich zwei Gruppen von Leistungsstörungen: zum einen die nachträgliche Unmöglichkeit (§§ 275–283, 323–325 BGB), zum anderen den Verzug (§§ 284–292, 326 BGB). Ein allgemeiner Haftungstatbestand für die fehlerhafte Leistung wurde hingegen nicht in das Leistungsstörungsrecht aufgenommen.[2] Die vereinzelten Vorschriften zum Gewährleistungsrecht bei den wichtigsten Vertragstypen regeln lediglich Teilbereiche der Schlechtleistung.

Kein Fall der Leistungsstörung ist hingegen die bloße Nichterfüllung. Solange seitens des Schuldners nicht Verzug oder ein vertragsgefährdendes Verhalten hinzu-

---

[1] Vgl. Palandt/*Heinrichs*, Vorbem § 275, Rn. 2; Jauernig/*Vollkommer*, Vor §§ 275–292, Rn. 1; *Emmerich*, S. 2; Erman/*Battes*, Vor §§ 275–292, Rn. 1.

[2] *Emmerich* (S. 223) bemerkt dazu, das Gesetz habe entgegen der ursprünglichen Absicht des Gesetzgebers auf eine umfassende Regelung der Gewährleistungsproblematik im allgemeinen Teil des Schuldrechts verzichtet.

tritt, steht dem Gläubiger lediglich der Erfüllungsanspruch zu, den das BGB als selbstverständlich voraussetzt.[3] Demgegenüber ist die anfängliche Unmöglichkeit (§§ 306 ff. BGB) noch im weiteren Sinne unter den Begriff der Leistungsstörung zu fassen, auch wenn die Störung in diesem Fall bereits bei der Begründung des Schuldverhältnisses vorliegt.

Die gesetzlichen Regelungen des Leistungsstörungsrechts folgen im Interesse des Schuldnerschutzes dem Verschuldensgrundsatz.[4] Der Schuldner haftet demnach nur, wenn er die Leistungsstörung zu vertreten hat. Gemäß § 276 BGB hat er Fahrlässigkeit und Verschulden zu vertreten. Modifiziert wird dies durch Garantieelemente, wie sie beispielsweise in den §§ 278, 279 BGB geregelt sind.[5] Liegt kein Verschulden vor, wird der Schuldner zumeist, wenn auch nicht zwingend, von seiner Leistungspflicht frei.

Das BGB gliedert sein Recht der Leistungsstörungen nach den Erscheinungsformen: der Nichtleistung, der verzögerten Leistung und der Schlechtleistung. Allerdings sind weder alle Arten an Störungen vollständig erfaßt noch aufeinander abgestimmt. Folge davon ist, daß die Abgrenzung unter den einzelnen Regelungen teilweise schwierig sein kann: Das Ineinandergreifen der Vorschriften ist weder übersichtlich noch klar verständlich geregelt, das System ist lückenhaft.[6] Um diese Lücken[7] zu schließen, haben Rechtsprechung und Literatur die Institute der positiven Forderungsverletzung (pFV), der culpa in contrahendo und des Wegfalls der Geschäftsgrundlage entwickelt. Damit setzt sich das geltende Recht der Leistungsstörungen hinsichtlich Herkunft, Geltungsgrund und Struktur aus zwei unterschiedlichen Normenbeständen zusammen. Auf der einen Seite steht das strenge, begriff-

---

3 Vgl. Jauernig/*Vollkommer*, Vor §§ 275–292, Rn. 1; Palandt/*Heinrichs*, Vorbem § 275, Rn. 2.

4 Siehe MüKo/*Emmerich*, § 275, Rn. 67 ff.; *Larenz*, Bd. I, § 20 I; *Esser/Schmidt*, Bd. I/2, § 25 I, II.

5 Überdies wird der Verschuldensgrundsatz durch den objektiven Fahrlässigkeitsbegriff des § 276 Abs. 1 S. 2 BGB durchbrochen.

6 *Blaurock* in Kolloquium v. Caemmerer (1983), S. 51; Jauernig/*Vollkommer*, Vor §§ 275–292, Rn. 1; Palandt/*Heinrichs*, Vorbem § 275, Rn. 3; Staudinger/*Löwisch*, Vorbem §§ 275 ff., Rn. 2.

7 Dagegen führt *Emmerich* (S. 5 ff., 19) an, daß der Eindruck, die gesetzlichen Regelungen des Leistungsstörungsrecht seien lückenhaft, mit Blick auf die Entstehungsgeschichte der Vorschriften im BGB falsch ist. Schon im Allgemeine Landrecht für die Preußischen Staaten (ALR) sei die Schlechterfüllung als Teilunmöglichkeit (hinsichtlich der Qualität) unter den im Mittelpunkt des Leistungsstörungsrecht stehenden Begriff der weitgefaßten Unmöglichkeit gefallen. Daran hätten sich die Verfasser des BGB orientiert (*Schubert/Jakobs*, Beratungen des BGB Bd. I, S. 210, 259, 370, 450 ff.), so daß der erste Entwurf zum BGB keine Lücke aufwies. Erst die Redaktionskommission habe, ohne eine sachliche Umgestaltung zu bezwecken, Veränderungen vorgenommen, wodurch der Sinn des Gesetzes verändert worden sei. Die Erweiterung des Systems der Leistungsstörungen durch die Rechtsprechung bedeute eine Loslösung von den gesetzlichen Regelungen, die in vieler Hinsicht entbehrlich sei. Zur historischen Entwicklung siehe ferner *Blaurock* in Kolloquium v. Caemmerer (1983), S. 51, 52 ff.

lich auf das römische Recht zurückgehende kodifizierte Recht. Auf der anderen Seite finden sich die elastischeren, problemoffenen richterrechtlichen Institute.[8] Dieses neuentwickelte Richterrecht hat zu einer vollständigen Umgestaltung des gesetzlich normierten Systems der Leistungsstörungen geführt. Gleichzeitig bedingt dieser Umstand, daß die gesamte Materie für den Rechtsanwender noch unübersichtlicher ist, als sie allein anhand des Gesetzestextes schon war und ist.[9]

II. Einzelne Regelungen des Leistungsstörungsrechts

1. Unmöglichkeit

In den Mittelpunkt des kodifizierten Rechts der Leistungsstörungen stellten die Verfasser des BGB den in der Praxis nur selten eintretenden Fall der Unmöglichkeit. Damit haftet die Vertragsstörung an der Kaufsache selbst und nicht - wie in anderen Rechtsordnungen - an der Parteivereinbarung und dem daraus folgenden Pflichtennetz.[10] Den Begriff der Unmöglichkeit gebraucht das Leistungsstörungsrecht in zweifacher Funktion: Einerseits fungiert er als Schuldbefreiungsgrund gemäß § 275 BGB. Andererseits dient er als Haftungstatbestand in den §§ 280, 324, 325 BGB. Um letztlich möglichst viele verschiedene Fälle trotz geringer Gemeinsamkeiten unter diesen Begriff zu fassen, hat man ihn sehr weit gefaßt. Das Gesetz kennt mehrere Begriffspaare der Unmöglichkeit. So unterscheidet es zwischen anfänglicher und nachträglicher Unmöglichkeit, weiterhin aus der Sicht des Schuldners zwischen objektiver und subjektiver Unmöglichkeit sowie zwischen der Voll- und Teilunmöglichkeit, auch wenn letztere Differenzierung inzwischen in den Hintergrund gerückt ist.

a. Anfängliche Unmöglichkeit

Bei anfänglich objektiver Unmöglichkeit, bei der die Leistung von vornherein weder vom Schuldner noch von einem Dritten erbracht werden kann, ist der Vertrag ipso iure nichtig, da er auf eine unmögliche Leistung gerichtet ist (§ 306 BGB). Die Nichtigkeit tritt ohne Rücksicht darauf ein, ob die Parteien die Unmöglichkeit kannten, und ist auch vom Verschulden unabhängig. Ein Schadensersatzanspruch in Höhe des negativen Interesses steht dem Vertragspartner nur für den Fall zu, daß der andere die Unmöglichkeit bei Vertragsschluß kannte oder fahrlässig nicht kannte (§ 307 Abs. 1 S. 1 BGB). Die Gegenleistung ist jedoch auch bei dieser Konstellation nicht mehr zu erbringen.[11]

Die anfänglich subjektive Unmöglichkeit (anfängliches Unvermögen), die vorliegt, wenn lediglich der einzelne Schuldner die Leistung nicht zu erbringen vermag, regelt das BGB demgegenüber nicht. Hinsichtlich der Voraussetzungen für eine

---

8 Siehe dazu Palandt/*Heinrichs*, Vorbem § 275, Rn. 4; *ders.*, S. 2.

9 So *Blaurock* in Kolloquium v. Caemmerer (1983), S. 51, 52.

10 Vgl. *Schlechtriem*, AT, Rn. 251; *Leser* in FS Kitagawa (1992), S. 455; *Emmerich*, S. 3.

11 Statt vieler *Brox*, Allg. SchR, Rn. 237 f.

Schadensersatzpflicht des Schuldners ist umstritten, ob dessen Verschulden erforderlich ist oder nicht. Sowohl die Rechtsprechung als auch die herrschende Lehre[12] gehen jedoch davon aus, daß jeder Schuldner mit der rechtsgeschäftlichen Verpflichtung gleichzeitig seine Fähigkeit, den versprochenen Gegenstand zu leisten bzw. zu beschaffen, garantiert.[13] Er hat mit dem Vertragsschluß eine Garantie für seine Leistungspflicht übernommen, so daß er selbst ohne Verschulden auf das Erfüllungsinteresse haftet. Die andere Vertragspartei kann gemäß der kaufrechtlichen Verweisung des § 440 Abs. 1 BGB zwischen Schadensersatz wegen Nichterfüllung und Rücktritt vom Vertrag wählen.

b. Nachträgliche Unmöglichkeit

Nachträglich objektive Unmöglichkeit und subjektives Unvermögen - die Störung tritt jeweils erst nach Entstehen der Leistungspflicht ein - sind gemäß § 275 Abs. 2 BGB rechtlich gleichgestellt. Nach § 275 Abs. 1 BGB geht der Leistungsanspruch des Gläubigers unter, wenn die Unmöglichkeit auf einem Umstand beruht, den der Schuldner „nicht zu vertreten hat". Dieser Wortlaut legt den Schluß nahe, daß die Leistungspflicht im Falle des Verschuldens bestehen bleibt, was freilich schon rein logisch nicht möglich ist.[14] Denn die Verpflichtung zur Erbringung einer unmöglichen Leistung ist weder denkbar noch sinnvoll. Entgegen der insoweit mißverständlichen Vorschrift kommt es hinsichtlich der Befreiung von der Leistungspflicht *nicht* auf das Vertretenmüssen des Schuldners an.[15] Sein Verschulden ist erst für eine etwaige Sekundärleistung von Bedeutung: Hat der Schuldner den Untergang des Leistungsgegenstandes nach den §§ 276 ff. BGB zu vertreten, muß er grundsätzlich gemäß § 280 Abs. 1 BGB Schadensersatz wegen Nichterfüllung leisten.

Beim gegenseitigen Vertrag entfällt aufgrund des Synallagmas die Verpflichtung des Gläubigers zur Gegenleistung, wenn er seinerseits die Nichtleistung nicht zu vertreten hat, § 323 Abs. 1 BGB. § 325 BGB eröffnet dem Gläubiger hingegen bei Vertretenmüssen des Schuldners die verschiedenen Rechtsbehelfe von Schadensersatz wegen Nichterfüllung, Rücktritt vom Vertrag, Befreiung von seiner Gegenleistung bzw. bei Erbringung seiner Gegenleistung die Herausgabe des stellvertre-

---

[12] Grundlegend RGZ 69, 355, 357; BGHZ 8, 222, 231; 47, 266, 269; BGH NJW 1974, 648; Staudinger/*Löwisch*, § 306, Rn. 45; einschränkend Erman/*Battes*, § 306, Rn. 21; *Medicus*, SchR I, Rn. 384; *Larenz*, Bd. I, § 8 II; *Brox*, Allg. SchR, Rn. 243; *Fikentscher*, Rn. 33.

[13] Vereinzelte Stimmen der Literatur beschränken die Einstandspflicht des Schuldners entsprechend den für die nachträgliche Unmöglichkeit geltenden Vorschriften. Er hafte demnach nur bei Vertretenmüssen auf Schadensersatz, vgl. *Esser/Schmidt*, Bd. I/2, § 22 III 2; ähnlich *Emmerich*, S. 33. Demgegenüber bejaht *Larenz* den Haftungsausschluß, wenn das Leistungshindernis nicht aus dem Risikobereich des Schuldners stammt, Bd. I, § 8 II.

[14] Es versteht sich von selbst, daß der Käufer keinen Anspruch auf Lieferung einer nicht existierenden Sache haben kann. Diese Beschränkung liegt in der Natur des Erfüllungsanspruchs an sich.

[15] Statt vieler Staudinger/*Löwisch*, § 275, Rn. 56; Erman/*Battes*, § 280, Rn. 1.

tenden commodums.[16] Ist allerdings der Gläubiger für die Unmöglichkeit der vom Schuldner zu erbringenden Leistung verantwortlich, muß er nach § 324 Abs. 1 BGB seine Gegenleistung erbringen. In Abweichung zu § 323 BGB soll der Gläubiger aus seinem Verhalten keine Rechte herleiten können. Zum Schutz des Schuldners gilt in diesem Fall dessen Leistung als erfüllt.[17] Der Fall, daß beide Parteien die Unmöglichkeit zu vertreten haben, ist gesetzlich nicht geregelt. Allgemein wird diese Konstellation über eine kombinierte Anwendung der §§ 324 Abs. 1, 325 Abs. 1 und 254 Abs. 1 BGB gelöst.[18]

2. Verzug

Die zweite Grundform der gesetzlich geregelten Leistungsstörungen ist der Schuldnerverzug - die pflichtwidrige Verzögerung der noch möglichen Leistung (§§ 284 ff. BGB). Genaugenommen ist die Konstellation des Verzuges eine Form der Teilunmöglichkeit. Da die Verzögerung jedoch nicht mehr aufgehoben werden kann, regelten die Gesetzesverfasser diese aus praktischen und historischen Gründen gesondert.[19] Anders als bei der Unmöglichkeit bleibt die Leistungspflicht beim Schuldnerverzug trotz der vorliegenden Störung bestehen. Der Schuldner hat jedoch für den Schaden, der aus der Verzögerung resultiert, einzustehen.[20] Voraussetzungen für den Schuldnerverzug sind die schuldhafte Nichtleistung trotz Fälligkeit sowie die Mahnung. Bei fehlendem Interesse des Gläubigers an der Leistung infolge des Verzuges tritt bei einseitiger Leistungsverpflichtung der Anspruch auf Schadensersatz wegen Nichterfüllung an die Stelle des Erfüllungsanspruchs (§ 286 Abs. 2 BGB). Im gegenseitiger Vertrag eröffnet § 326 BGB dem Gläubiger neben dem Anspruch auf Erfüllung und Verzögerungsschaden nach ergebnislosem Verstreichen einer von ihm gesetzten angemessenen Nachfrist mit Ablehnungsandrohung die Wahl zwischen Schadensersatz wegen Nichterfüllung und Rücktritt vom Vertrag.

Vom Schuldnerverzug zu unterscheiden ist die in den §§ 293 ff. BGB geregelte Nichtannahme der Leistung durch den Gläubiger. Dieser Gläubigerverzug stellt lediglich eine Obliegenheitsverletzung dar, da der Gläubiger zwar zur Annahme der Leistung berechtigt, aber nicht verpflichtet ist. Er setzt weder eine Pflichtverletzung noch ein Verschulden voraus.[21] Nimmt nun der Gläubiger die ihm angebotene Leistung nicht an oder unterläßt eine zur Erfüllung erforderliche Mitwirkungshandlung, kommt der Schuldner selbst nicht in Verzug. Allerdings befreit der

---

16 Vgl. statt aller *Larenz*, Bd. I, § 22 II a.

17 So Motive II, S. 208.

18 Zum Meinungsstand Soergel/*Wiedemann*, Vor § 323, Rn. 151; MüKo/*Emmerich*, § 324, Rn. 36 ff.; Jauernig/*Vollkommer*, § 325, Rn. 16.

19 So *Emmerich*, S. 6.

20 Siehe Staudinger/*Löwisch*, Vorbem §§ 284 ff., Rn. 1; *Brox*, Allg. SchR, Rn. 271.

21 Vgl. *Fikentscher*, Rn. 380; Erman/*Battes*, Vor § 293, Rn. 1; MüKo/*Thode*, § 293, Rn. 10; Soergel/*Wiedemann*, Vor § 293, Rn. 17 ff.; *Emmerich*, S. 268.

Annahmeverzug den Schuldner weder von seiner Leistungspflicht, noch haftete ihm der Gläubiger auf Schadensersatz. Der Gläubigerverzug führt lediglich zur Haftungsbeschränkung des Schuldners auf Vorsatz und grobe Fahrlässigkeit (§ 300 Abs. 1 BGB) sowie zu einem Ersatzanspruch für notwendige Mehraufwendungen, § 304 BGB.

3. Richterrechtliche Fortbildung

Die Redaktoren des BGB gingen davon aus, mit den beiden gesetzlich geregelten Fällen von Unmöglichkeit und Verzug sowie den vereinzelten Gewährleistungsvorschriften jede denkbare Leistungsstörung erfaßt zu haben.[22] Doch schon wenige Zeit nach Inkrafttreten des BGB wurden Stimmen laut, die einige der getroffenen Grundentscheidungen als rechtspolitische Fehler bezeichneten. Überdies bemerkte man, daß sich zahlreiche Konstellationen in das kodifizierte System der Leistungsstörungen nicht einordnen ließen. Vereinzelte Kritiker gingen sogar so weit, eine umgehende Gesetzesänderung zu fordern.[23] Anstelle eines solchen Eingriffs übernahm schließlich die Rechtsprechung die Aufgabe, die aufgetretenen Lücken durch von ihr entwickeltes Richterrecht zu schließen. Ohne eine klare Dogmatik zu entwickeln, vermochte sie diese Aufgabe auch weitgehend zu bewältigen. Der Preis für diesen eingeschlagenen Weg besteht jedoch darin, daß sich zum einen die Rechtsfindung vom Gesetzeswortlaut nicht unerheblich entfernt hat. Zum anderen ist die Vorhersehbarkeit der Ergebnisse weitaus geringer geworden. Zudem resultieren aus der fehlenden Abstimmung zwischen dem neuentwickelten Richterrecht einerseits und den gesetzlichen Regelungen andererseits Rechtsunsicherheiten, Unklarheiten und - was am schwerwiegendsten erscheint - Wertungswidersprüche.[24]

Mit dem Institut der pFV ist beispielsweise der in der Rechtspraxis wichtigste Fall der Leistungsstörungen, die Schlechtleistung, erst als dritte Kategorie durch Rechtsprechung und -wissenschaft herausgearbeitet worden. Dieses Institut umfaßt keine einheitliche Gruppe von Leistungshindernissen. Vielmehr vereint es die unterschiedlichen Fallgruppen wie die Schlechterfüllung und die Verletzung von Neben- und Schutzpflichten, soweit diese nicht schon das Gewährleistungsrecht erfaßt.[25] Inzwischen ist die Haftung des Schuldners für die positive Verletzung des Schuldverhältnisses gewohnheitsrechtlich anerkannt.[26] Abweichend von der im

---

22 Vgl. Palandt/*Heinrichs*, § 276, Rn. 104; *Brox*, Allg. SchR, Rn. 291; *Larenz*, Bd. I, §24 I a.

23 Vgl. dazu u.a. *Rabel*, Rheinische Zeitschrift für Zivil- und Prozeßrecht 3 (1911), S. 467 = abgedruckt in Leser, Ges. Aufsätze Bd. I, S. 56.

24 So *Leser* in FS Kitagawa (1992), S. 455, 456; *Heinrichs*, S. 9.

25 Diese Konstellationen fallen nach herrschender Auffassung nicht unter den Tatbestand der teilweisen Nichterfüllung, also der Teilunmöglichkeit, sondern stellen eine positive Forderungsverletzung dar. Vgl. dazu BGHZ 84, 244, 248. A.A. MüKo/*Emmerich*, Vor § 275, Rn. 220 ff.; *ders.*, S. 9.

26 Grundlegend BGHZ 11, 80, 83 ff.; *Larenz*, Bd. I, § 24 I a; Staudinger/*Löwisch*, Vorbem §§ 275 ff., Rn. 24; Jauernig/*Vollkommer*, § 276, Rn. 49; *Fikentscher*, Rn. 387.

Gesetz vorgegebenen Struktur hat sich die pFV mit der Zeit hinsichtlich ihrer Anwendungshäufigkeit gleichsam zum Grundtatbestand der Leistungsstörungen herausgebildet. Sowohl die Unmöglichkeit als auch der Verzug stellen demgegenüber im heutigen Rechtsleben lediglich konkretisierte Einzelfälle dar.[27]

Als Voraussetzung verlangt die pFV neben einer objektiven Pflichtverletzung, die von keiner anderen gesetzlichen Regelung erfaßt sein darf, entsprechend dem Konzept des Leistungsstörungsrechts das Vertretenmüssen des Schuldners. Liegen diese beiden Merkmale vor, hat der Gläubiger einen Anspruch auf den Ersatz des ihm durch die Pflichtverletzung entstandenen Schadens. Der Erfüllungsanspruch bleibt daneben bestehen. Erst wenn dem Gläubiger wegen einer schwerwiegenden Verletzung das Festhalten am Vertrag nicht mehr zuzumuten ist, kann er Schadensersatz wegen Nichterfüllung oder Rücktritt vom Vertrag verlangen.[28]

Neben dem Institut der pFV stehen zwei weitere von der Rechtsprechung entwickelte und heute allgemein anerkannte Rechtsinstitute des Leistungsstörungsrechts: die Haftung aus Verschulden bei Vertragsverhandlungen (culpa in contrahendo)[29], die auf den Ersatz des Vertrauensschadens gerichtet ist, und der Wegfall der Geschäftsgrundlage[30]. Letzteres Institut ermöglicht bei Fehlen der objektiven oder subjektiven Geschäftsgrundlage sowie unter der Voraussetzung, daß die erhebliche Störung des Vertrages nicht in den Risikobereich der betroffenen Partei fällt, die Anpassung des Vertragsinhaltes an die veränderten Verhältnisse. Die Rechtsfolge der Vertragsauflösung kommt erst in Betracht, wenn für beide Parteien das Festhalten am Vertrag unzumutbar ist.

B. Allgemeines zum Gewährleistungsrecht im BGB

Wie bereits ausgeführt, besteht das System der Leistungsstörungen aus einem Nebeneinander von Vorschriften zur Unmöglichkeit und zum Verzug sowie aus einzelnen Vorschriften zum Gewährleistungsrecht bei den einzelnen Vertragsarten. Diese Konstellation bedingt einmal die Problematik um die Abgrenzung der jeweiligen Regelungen im allgemeinen Teil des Schuldrechts von denen im besonderen Teil. Darüber hinaus bestehen die bis heute ungeklärten Konkurrenzprobleme der verschiedenen Rechtsinstitute untereinander.[31]

---

27 Siehe *Blaurock* in Kolloquium v. Caemmerer (1983), S. 51, 64 m.w.N.

28 Statt vieler Staudinger/*Löwisch*, Vorbem §§ 275 ff., Rn. 27 ff.

29 Dieses Institut war den Verfassern des BGB bekannt. Jedoch wurde auf eine allgemeine Regelung der Haftung des Schuldners für *Verschulden bei Vertragsschluß* verzichtet, um die Entwicklung der Rechtsprechung und -wissenschaft zu überlassen. Vgl. dazu Motive II, S. 178 f. Allgemein Soergel/*Wiedemann*, Vor § 275, Rn. 101.

30 Siehe BGHZ 25, 390, 392; 74, 370, 372 f.; 121, 378, 391; ausführlich zu den einzelnen Fallgruppen *Emmerich*, S. 327 ff.

31 Vgl. Staudinger/*Köhler*, Vorbem §§ 433 ff., Rn. 6; *Emmerich*, S. 11.

In den Vorschriften der §§ 459–493 BGB ist geregelt, unter welchen Voraussetzungen und in welchem Umfang der Verkäufer beim Sachkauf für Sachmängel einzustehen hat. Bei Vorliegen eines Fehlers oder Fehlen einer zugesicherten Eigenschaft stehen dem Stückkäufer die Rechtsbehelfe der Wandlung oder Minderung sowie unter den besonderen Voraussetzungen des § 463 BGB auch Schadensersatz wegen Nichterfüllung offen. Der Gattungskäufer hat darüber hinaus den in § 480 BGB geregelten Anspruch auf Nachlieferung einer fehlerfreien Sache. Das Pendant zu dem Nachlieferungsanspruch des Gattungskäufers in der Gestalt eines Nachbesserungsanspruchs beim Spezieskauf hat im BGB hingegen keine Aufnahme gefunden. Ebensowenig besteht ein gesetzlich geregeltes Recht des Käufers, die gelieferte Sache in eine mängelfreie umzutauschen.

Bevor das nächsten Kapitel die einzelnen Regelungen zum Gewährleistungsrecht detailliert erläutert, soll zunächst auf die Grundlagen des Gewährleistungsrechts im BGB eingegangen werden.

I. Historische Grundlagen des Gewährleistungsrechts

1. Allgemeines

Die Sonderstellung der Sachmängelhaftung durch die fehlende Eingliederung dieser Regeln in das System des allgemeinen Leistungsstörungsrechts beruht auf historischen Gründen. Das BGB knüpft mit der gesonderten Regelung der kaufrechtlichen Vorschriften zur Gewährleistung an eine aus dem römischen Recht stammende Tradition an. Dies führte dazu, daß die Sachmängelhaftung im Vergleich zu den anderen Teilen des BGB dem gemeinen und damit dem klassisch römischen Recht viel stärker verhaftet ist.[32]

Aus der heutigen Rechtsordnung lassen sich beispielsweise die folgenden Bestimmungen auf die römisch-rechtliche Sachmängelhaftung zurückführen: die verschuldensunabhängige Garantiehaftung des Verkäufers für einen Sachmangel, die Vorschriften über die Wandlung und die Minderung sowie das Recht des Käufers, zwischen den Rechtsfolgen zu wählen. Überdies sind die Beschränkung der Schadensersatzpflicht in den §§ 463, 480 Abs. 2 BGB auf die Fälle der Zusicherung und der Arglist sowie die kurze Verjährungsfrist des § 477 BGB zu nennen.[33] Es läßt sich damit festhalten, daß die wesentlichen Elemente der geltenden Vorschriften der §§ 459 ff. BGB auch schon im römischen Recht vorhanden waren. Ein Unterschied zum heutigen Recht ist dennoch anzumerken: Das römische Gewährleistungsrecht bezog sich lediglich auf den Spezieskauf und nicht auf den im römischen Rechtssystem als Konsensualkontrakt ausgestalteten Gattungskauf. Der heu-

---

32 Siehe MüKo/*Westermann*, Vor § 459, Rn. 10.

33 Vgl. dazu Kunkel/*Honsell*, S. 319; *ders.* in Gedächtnisschrift Kunkel (1984), S. 53, 54; *Klempt*, S. 10 ff.

tige Gattungskauf wurde damals durch Stipulation abgeschlossen, ein eigenes Gewährleistungsrecht hat sich nicht herausgebildet.[34]

2. Entwicklung der römischen Sachmängelhaftung

Die Entwicklung der Sachmängelhaftung im römischen Recht geht auf verschiedene Ansatzpunkte zurück.[35] Im Grunde stellt die Gewährleistungshaftung eine Mischung unterschiedlicher Rechtsbehelfe aus verschiedenen Epochen dar, die jeweils auf eigenen dogmatischen Grundlagen beruhen. Sie hat sich letztendlich aus dem charakteristischen Über- und Nebeneinander der unterschiedlichen Schichten der römischen Rechtsordnung entwickelt.[36]

a. Anfänge der Gewährleistungshaftung

Wie in allen altertümlichen Rechtsordnungen standen dem Käufer beim Spezieskauf wegen eines Sachmangels ursprünglich keine Rechtsbehelfe zu.[37] Er kaufte die Sache mit ihren individuellen Eigenschaften wie sie war (*tale–quale*) und stand dem Verkäufer bei Lieferung einer fehlerhaften Sache schutzlos gegenüber. Zivilrechtliche Garantien in bezug auf die Beschaffenheit der Ware bildeten sich erst mit der Zeit heraus.[38]

Ausgangspunkt der Entwicklung war die Mängelhaftung beim Manzipationskauf von Grundstücken für eine fälschlicherweise zu hoch angegebene Grundstücksgröße. Die Haftung knüpfte in diesen Fällen nicht an das Grundgeschäft des Kaufes, sondern an die der *mancipatio* beigefügten Zusicherung an. Neben diese Haftung trat im alten römischen Zivilrecht die Absicherung des Käufers mittels Stipulation. Der Verkäufer konnte gemäß dieser durch zusätzliche Vereinbarungen die Garantie für das Vorliegen bestimmter Eigenschaften oder das Fehlen von Mängeln übernehmen.[39] Im Laufe der Zeit wurde in Fällen, in denen man dies üblicherweise so handhabte, eine stillschweigende Garantie angenommen.[40] In der Regel wurden diese Garantien (*dicta et promissa*)[41] mit der *stipulatio duplae* der Eviktionshaftung zu einem umfassenden Garantieversprechen des Verkäufers zusammengefaßt. Bei der Verletzung eines solchen Garantieversprechens konnte der Käufer mit der allgemeinen Vertragsklage Schadensersatz in Höhe des einfachen Interesses verlangen. Über die Garantie haftete der Verkäufer lediglich für die

---

34 Siehe *Kaser*, Bd. I, S. 548 f.; *Rabel*, Warenkauf Bd. II, S. 103.

35 So *Kaser*, Bd. I, S. 557; Kunkel/*Honsell*, S. 315.

36 Vgl. *Wendel*, S. 25; Kunkel/*Honsell*, S. 315.

37 Siehe *Rabel*, Warenkauf Bd. II, S. 102; Soergel/*Huber*, Vor § 459, Rn. 6.

38 Zur Entwicklung *Wendel*, S. 25 ff.

39 So *Kaser*, Bd. I, S. 558.

40 Siehe *Honsell* in Gedächtnisschrift Kunkel (1984), S. 53, 56.

41 Unter *dictum* fielen die Angaben des Verkäufers über Sacheigenschaften, wohingegen *promissum* das Versprechen der Einstandspflicht umfaßte.

Richtigkeit der von ihm gemachten Angaben.[42] Für nicht garantierte Eigenschaften mußte der Verkäufer indes nicht einstehen. Schließlich bildete sich später neben der Haftung für die tatsächlich übernommene Garantie die Haftung für arglistiges Verschweigen von Mängeln heraus.[43]

b. Edikte der Ädilen

Zuerst zeigte sich die Notwendigkeit einer für den Verkäufer strengeren Mängelhaftung im Bereich des Handels mit Sklaven und Vieh. Aufgrund der Unterlegenheit der Käufer gegenüber den zumeist auf ihren Vorteil bedachten Händlern war ein Eingreifen des Staates erforderlich geworden.[44] Allerdings ging die Einführung der honorarrechtlichen Verkäuferpflicht nicht auf die Rechtspflege des Prätors zurück, sondern auf die kurulischen Ädilen, die Gewerbe- und Marktpolizei des Forums.[45] In Ausübung der Marktgerichtsbarkeit erließen diese Edikte, um dem Käufer effizienteren Schutz gegen die Mangelhaftigkeit der Ware zu gewähren.[46] Ihre Zielsetzung war, die insbesondere dem Marktgeschehen innewohnenden Gefahren der Täuschung zu mindern und damit gleichzeitig das Vertrauen in den Markt als Zentrum der städtischen Güterversorgung zu stärken.[47]

Die eigentliche Neuerung für die Sachmängelhaftung durch die Edikte lag darin, daß der Verkäufer nunmehr die Fehler der Sache kennen und - selbst bei Unkenntnis - für deren Vorhandensein einstehen mußte. Die Position des vormals schutzlosen Käufers erfuhr damit von staatlicher Seite durch Gebotsnormierung und nicht etwa durch Ausgestaltung einer rechtsgeschäftlichen Haftung Stärkung.[48] Anknüpfungspunkt war der objektive Verstoß des Verkäufers gegen die Marktgerichtsordnung. Dabei war nicht die Nichterfüllung seitens des Verkäufers, sondern der Umstand entscheidend, daß der Käufer nicht in seinem Vertrauen auf die fehlerlose Beschaffenheit der Ware getäuscht werden sollte.[49]

Die Edikte verpflichteten den Verkäufer zunächst, die aus dem *ius civile* bekannten Zusicherungsformeln auszusprechen, so daß dem Käufer bei einem Verstoß die Rechtsbehelfe der *actio empti* bzw. ein Anspruch auf das Interesse aus der *stipulatio* zustanden. Als Folge daraus, daß dieser Garantiezwang dem Verkäufer gegenüber nicht immer durchsetzbar war, wurde dem Käufer nach der Entdeckung verborgener Mängel bei fehlender *stipulatio* gestattet, wahlweise den Kaufvertrag

---

42 So *Rabel*, Warenkauf Bd. II, S. 133 f.

43 Siehe *Kaser*, Bd. II, S. 393; Kunkel/*Honsell*, S. 318 f.

44 Vgl. *Honsell* in Gedächtnisschrift Kunkel (1984), S. 53, 57; *Wendel*, S. 27.

45 Siehe *Kaser*, Bd. I, S. 558; ausführlich *Haymann*, S. 19 ff.

46 Bei den Edikten handelte es sich um öffentlich ausgestellte Bekanntmachungen, auf deren Inhalt sich eine Partei im Prozeß wie auf ein Gesetz berufen konnte.

47 So *Basedow*, Gutachten, S. 12.

48 Siehe dazu *Wendel*, S. 27.

49 So *Haymann*, S. 29 f.

rückgängig zu machen oder den Kaufpreis nachträglich dem Minderwert der Kaufsache anzupassen.[50] Damit manifestierten die Edikte neben der obligatorischen Garantieübernahme durch Stipulation erstmals die unmittelbare Haftung des Verkäufers. Neben dem Kaufvertrag bestehende Abmachungen wurden auf diese Weise überflüssig. Mit der *actio redhibitoria* konnte der Käufer innerhalb von sechs Monaten gegen Rückgabe der Sache die Rückzahlung des Kaufpreises oder wahlweise Preisminderung binnen einem Jahr durch die *actio quanti minoris* verlangen.[51] Des weiteren fanden die ädilizischen Rechtsbehelfe nur bei verborgenen Mängeln Anwendung. Die Frist zur Geltendmachung lief dabei ab dem Zeitpunkt, in dem der Käufer den Mangel zu entdecken vermochte.

In der nachfolgenden Zeit entwickelte sich aus der auf den Sklaven- und Viehkauf begrenzten Haftung des Verkäufers eine umfassende, auf das gesamte Kaufrecht ausgedehnte, rechtlich auferlegte Sachmängelhaftung.[52]

c. Konkurrenz zwischen der *actio empti* und den ädilizischen Rechtsbehelfen

Ursprünglich stand neben den ädilizischen Rechtsbehelfen von Wandlung und Minderung die zivilrechtliche *actio empti*. Mit dieser konnte der Käufer vor dem Prätor gegen die Nichterfüllung des Vertrages vorgehen. In der Folgezeit wurde diese Klageform immer stärker ausgeweitet, bis sie letztlich auch der Geltendmachung von Sachmängelansprüchen diente. Die Unterscheidung zwischen den zuvor getrennten Klagemöglichkeiten - einerseits stand dem Käufer bei Arglist oder falscher Zusicherung vor dem Prätor ein Schadensersatzanspruch aus der *actio empti* zu, andererseits konnte er sich bei Vorliegen eines Fehlers, einer Zusicherung oder Arglist mit dem Ziel auf Wandlung oder Minderung an die Ädilen wenden[53] - war damit aufgegeben. Der Verkäufer haftete sowohl aus den ädilizischen Rechtsbehelfen als auch aus der *actio empti* auf Wandlung und Minderung.[54] Auf das wegen fehlender Abstimmung[55] problematische Konkurrenzverhältnis zwischen diesen beiden Ansprüchen wird hier nicht näher eingegangen.[56]

---

50 Vgl. Kunkel/*Honsell*, S. 316; *Wendel*, S. 28; *Rabel*, Warenkauf Bd. II, S. 102 f.

51 Siehe Soergel/*Huber*, Vor § 459, Rn. 6; Kunkel/*Honsell*, S. 316; *ders.* in Gedächtnisschrift Kunkel (1984), S. 53, 59; *Kaser*, Bd. I, S. 559.

52 Dies war in der nachklassischen Zeit unter *Justinian*, der wesentliche Teile seines *Corpus iuris civilis* auf dem Gedankengut der klassischen Rechtswissenschaft aufbaute, das Privatrecht jedoch auf vielen Gebieten den veränderten geistigen und materiellen Lebensbedingungen seiner Zeit anpaßte. Siehe dazu ausführlich *Kaser*, Bd. II, S. 6 f., S. 393. Ferner *Honsell* in Gedächtnisschrift Kunkel (1984), S. 53, 61 f.; *Wendel*, S. 32; Soergel/*Huber*, Vor § 459, Rn. 7.

53 Siehe *Kaser*, Bd. I, S. 557 f.; Bd. II, S. 393.

54 Vgl. *Wendel*, S. 29 f.; *Kaser*, Bd. II, S. 393; Soergel/*Huber*, Vor § 459, Rn. 7.

55 Siehe *Kaser*, Bd. I, S. 557 ff.; *Basedow*, Gutachten, S. 12.

56 Vgl. zu dieser im römischen Zivilprozeßrecht heftig diskutierten und umstrittenen Frage *Wendel*, S. 30 f.

3. Einfluß des römischen Gewährleistungsrechts auf andere Kodifikationen

a. Beeinflussung im generellen

Alle kontinental-europäischen Rechtsordnungen haben die Regeln des römischen Gewährleistungsrechts als Grundlage ihrer Sachmängelhaftung übernommen.[57] Bis heute hat in den verschiedenen Kaufrechten das unverbundene Nebeneinander von Gewährleistungshaftung und Nichterfüllung Bestand. So basieren sowohl die heutigen Vorschriften des deutschen als auch des romanischen Rechtskreises auf der Grundidee, daß die Parteien beim Abschluß eines Vertrages bestimmte Verhaltenspflichten übernehmen. Sanktionen wegen der Verletzung einer solchen werden aber erst dann erhoben, wenn die Leistungsstörung dem Schuldner vorzuwerfen ist. Zur Mängelfreiheit der Sache verpflichtet sich der Verkäufer demgegenüber in den kontinental-europäischen Rechten erst über die Gewährleistungshaftung. Diese Garantieübernahme stellt nicht auf das Verschuldenselement ab. Aus diesem Umstand resultiert die in diesen Kodifikationen vertretene systematische Trennung zwischen Gewährleistungs- und allgemeinem Leistungsstörungsrecht.[58]

b. Beeinflussung des BGB im speziellen

Zwar weist die Gewährleistungshaftung des BGB im Vergleich zum römischen Recht einen höheren Abstraktionsgrad auf; ferner löste der Gesetzgeber die Regelungen von der damals vorherrschenden Kasuistik. Dennoch liegen auch die Ursprünge der heutigen gewährleistungsrechtlichen Regelungen unbestritten im römischen Recht. So hat die deutsche Sachmängelhaftung zahlreiche Vorschriften übernommen, die damals nur für bestimmte Gegenstände mit besonderen, diesen anhaftenden Eigenheiten entwickelt worden waren. Heute gelten diese Vorschriften im BGB jedoch für alle erdenklichen Spezieskäufe, sogar für den Kauf von Unternehmen und GmbH-Anteilen. Bereits dieses einzelne Beispiel vermag die nicht zu unterschätzende Problematik im BGB zu verdeutlichen, die bis heute in der Übernahme der „römischen" Regelungen liegt.[59]

Einmal ist der Fehlerbegriff des § 459 Abs. 1 BGB dem römisch-gemeinen Recht entnommen. Beide Rechtsordnungen haben bzw. orientieren sich an der Gebrauchstauglichkeit der Sache. Ebenso geht der Haftungsausschluß für uner-

---

[57] Vgl. Art. 1641 ff. code civil; Art. 1490 ff. codice civile; §§ 922 ff. ABGB; Art. 197 ff. OR. Siehe *Rabel*, Warenkauf Bd. II, S. 101 f.; Staudinger/*Honsell*, Vorbem §§ 459 ff., Rn. 5, 95; *ders*. in Gedächtnisschrift Kunkel (1984), S. 53, 61.

[58] Siehe *Zweigert/Kötz*, § 36 IV, S. 501 f. - Anders als das BGB gehen die romanischen Kodifikationen jedoch von einem einheitlichen Tatbestand der Nichterfüllung aus. Erfüllt eine Partei ihre Verpflichtung nicht, kann die andere entweder ihren Erfüllungsanspruch geltend machen oder verlangen, daß der Vertrag durch gerichtliches Urteil aufgelöst wird (Art. 1184 code civil, Art. 1453 codice civile). Dabei kann die Auflösungsklage mit einem Schadensersatzanspruch verbunden werden. Vgl. *Zweigert/Kötz*, § 36 III, S. 494 ff.

[59] Siehe zu den Gemeinsamkeiten *Honsell* in Gedächtnisschrift Kunkel (1984), S. 53, 61 ff.

hebliche Fehler (§ 459 Abs. 1 S. 2 BGB) und die Abgrenzung der Zusicherung von lediglich unverbindlichen Anpreisungen auf römisches Recht zurück. Diesem entstammt ferner die Beschränkung des Schadensersatzanspruchs auf die Fälle der Zusicherung und der Arglist, §§ 463, 480 Abs. 2 BGB. Daneben haben noch einige, für die heutige Praxis weniger relevante Regelungen wie die Wandlung bei Sachenmehrheit bzw. bei Gesamtpreis (§§ 469 ff. BGB) und die mehrmalige Gewährleistung nach § 475 BGB römische Vorläufer. Ferner ist die Übernahme der dem römisch-gemeinen Recht entstammenden kurzen Verjährungsfrist von sechs Monaten (§ 477 BGB) zu nennen. Und schließlich resultiert das Fehlen eines Nachbesserungsrechts im BGB aus der engen Anlehnung an die römischen Regelungen, da ein solches beim damaligen Sklaven- und Viehkauf bereits der Sache nach ausgeschlossen war.

Das deutsche Gewährleistungsrecht ist mit seinen noch zu erörternden Schwächen folglich aus dem römischen Recht zu verstehen, auf dem es beruht. Ob die so zustandegekommenen Vorschriften des BGB allerdings den heutigen Anforderungen noch genügen, bleibt zu untersuchen.[60] Auch heute noch ist die Grenzziehung zwischen dem Gewährleistungs- und dem allgemeinen Leistungsstörungsrecht problematisch, insbesondere im Hinblick auf die unterschiedliche Abwicklung der einzelnen Rechtsbehelfe. Aus diesem Grund kann auf die dogmatische Einordnung der Gewährleistungsansprüche nicht verzichtet werden.

II. Dogmatische Grundlagen des Gewährleistungsrechts

1. Allgemeines

Eine Folge der römischen Herkunft des Gewährleistungsrechts des BGB ist, daß seine Rechtsbehelfe und die des allgemeinen Leistungsstörungsrechts unverbunden nebeneinander stehen.[61] Dies kommt in mehreren Punkten zum Tragen: So ist die Gewährleistung für Sachmängel als Garantie ausgestaltet und dabei auf einen bestimmten Zustand der Sache gleichsam als versprochenen Erfolg bezogen. Demgegenüber werden die Vertragsverletzungen des allgemeinen Leistungsstörungsrechts durch ein Verhalten des Verkäufers, nämlich durch die nicht vertragsgemäße Leistungserbringung, ausgelöst. Im BGB ist das Schuldverhältnis - wie auch in den anderen kontinental-europäischen Rechten - auf die Erbringung der Leistung gerichtet. Der Schadensersatzanspruch als sekundärer Rechtsbehelf entsteht erst, wenn der Anspruch auf Erfüllung nicht durchsetzbar ist.[62] Daraus folgt, daß der Schadensersatzanspruch im allgemeinen Leistungsstörungsrecht als Sanktion für ein Fehlverhalten des Schuldners von dessen Verschulden abhängt. Darin liegt aber wiederum ein Unterschied zur Garantiehaftung im Gewährleistungsrecht. Zudem

[60] Vgl. unten Kapitel 3.

[61] Siehe Motive II, S. 224; ferner *Rabel*, Warenkauf Bd. II, S. 104 f. Aus der neueren Literatur statt aller MüKo/*Westermann*, Vor § 459, Rn. 10.

[62] Siehe *Basedow*, Gutachten, S. 38; MüKo/*Emmerich*, § 275, Rn. 65 ff.

kommt schließlich hinzu, daß die Lieferung einer mängelfreien Sache beim Spezieskauf gar keine Verkäuferpflicht darstellen kann, da dieser die Ware wegen ihrer Individualität nur so zu liefern vermag, wie sie beschaffen ist. Eine Garantiepflicht für zugesicherte Eigenschaften kann davon jedoch unabhängig bestehen.

2. Rechtsnatur der Gewährleistungshaftung

Zu dem Rechtsgrund als dogmatische Grundlage der Sachmängelhaftung besteht ein Theorienstreit.[63] Allerdings stellt sich die Frage, aus welchem Grund der Verkäufer dem Käufer gegenüber für das Vorhandensein eines Sachmangels einzustehen hat, allein beim Stück- und nicht beim Gattungskauf.[64]

a. Streitstand

Innerhalb des Streites zum Rechtsgrund der Sachmängelhaftung stehen sich zwei Meinungen gegenüber, die sich vereinfacht wie folgt umreißen lassen: Nach der Erfüllungstheorie haftet der Verkäufer, *weil* er seine Verpflichtungen *nicht*, nach der Gewährleistungstheorie, *obwohl* er sie vollständig erfüllt hat.[65]

Die erste Theorie[66] - die Erfüllungstheorie - basiert auf dem Gedanken, daß der Verkäufer auch beim Stückkauf rechtlich verpflichtet ist, dem Käufer die Sache frei von Mängeln zu übergeben. Die Freiheit von Sachmängeln ist hiernach Inhalt der Leistungspflicht des Verkäufers. Die Rechte aus den §§ 459 ff. BGB ersetzen damit die an sich bestehenden Ansprüche wegen Nichterfüllung, mit Ausnahme des § 463 BGB. Der Verkäufer haftet folglich für einen Sachmangel genauso wie für einen Rechtsmangel. Die vertragliche Pflicht des Verkäufers zur Mängelfreiheit wird jedoch durch die weniger strengen Sonderregelungen der §§ 459 ff. BGB verdrängt.[67] Die Gewährleistungsansprüche sind nach der Erfüllungstheorie demzufolge Ersatzerfüllungsansprüche.

---

[63] Im Gegensatz zur Lehre hat sich die Rechtsprechung mit dieser Problematik kaum beschäftigt bzw. auseinandergesetzt, da sich aus den unterschiedlichen Ansichten keine wesentlichen Konsequenzen für die Praxis ergeben. Siehe Soergel/*Huber*, Vor § 459, Rn. 166; Staudinger/*Honsell*, Vorbem §§ 459 ff., Rn. 7 m.w.N.

[64] Den Fall der Lieferung einer *rechtsmangel*behafteten Sache behandelt das BGB als unvollständige Erfüllung, die allgemeinen Vorschriften finden Anwendung. Beim *Gattungskauf* ist der Verkäufer zur Leistung einer Sache von mittlerer Art und Güte verpflichtet (§ 243 Abs. 1 BGB). Liefert er eine mangelhafte Sache, erfüllt er seine Leistungspflicht nicht mit der Konsequenz, daß der Käufer weiterhin seinen Erfüllungsanspruch behält. Zur Nichterfüllungstheorie beim Gattungskauf Soergel/*Huber*, Vor § 459, Rn. 156 ff. - Allgemein zum Gattungskauf *Ballerstedt* in FS Nipperdey (1955), S. 261 ff.

[65] So *Reinicke/Tiedtke*, Rn. 262.

[66] Vertreten wird diese Ansicht u.a. von Soergel/*Huber*, Vor § 459, Rn. 151 ff., 166 ff.; *Herberger*, S. 24 ff.; *Brox*, Bes. SchR, Rn. 58; *Gillig*, S. 43 ff.; Jauernig/*Vollkommer*, § 459, Rn. 2.

[67] Siehe *Reinicke/Tiedtke*, Rn. 259.

Dem gegenüber steht die Gewährleistungstheorie[68]. Sie besagt, daß die Leistungspflicht des Verkäufers sich beim Stückkauf gerade nicht auf die Freiheit von Sachmängeln bezieht. Mit dem Kaufvertrag habe sich der Verkäufer lediglich dazu verpflichtet, lastenfreies Eigentum zu verschaffen. Der Umstand, daß die Ware einen Mangel aufweist, ändere nichts an der Erfüllung des Vertrages. Der Grund der Sachmängelhaftung liege nicht in der ursprünglichen Leistungspflicht des Verkäufers, sondern darin, daß dieser zusätzlich eine besondere Gewähr für die Qualität der Sache übernommen habe. Nach dieser Theorie beinhaltet das Sachmängelrecht eine reine Gewährleistungspflicht, die dem Verkäufer eine Einstandspflicht für einen nichtgeschuldeten Erfolg auferlegt.[69] Da die Erwartung des Käufers, mängelfreie Ware zu erhalten, enttäuscht wurde, ist dieser mangels Äquivalenz zwischen Preis und Ware schutzbedürftig. Das Gewährleistungsrecht stellt damit ein von der Erfüllungshaftung gänzlich verschiedenes Rechtsinstitut dar.[70] Die Folge dieser Theorie ist, daß dem Käufer - anders als beim Gattungskauf - kein Anspruch auf Ersatzlieferung oder Nachbesserung zusteht und die allgemeinen Leistungsstörungsvorschriften schon ihren Voraussetzungen nach nicht anwendbar sind.

b. Stellungnahme

Im Ergebnis gewähren beide Theorien dem Käufer die Ansprüche aus den §§ 459 ff. BGB. Sie weichen lediglich in ihren Begründungen hinsichtlich des *Warum* voneinander ab. Bezogen auf die in der Praxis erzielten Ergebnisse ist es ohne Bedeutung, welcher der beiden Meinungen man sich anschließt. Diese Bewertung spiegelt sich auch in der bis heute ausgebliebenen Stellungnahme der Rechtsprechung, begründet in der rein theoretischen Problematik, wider. Dennoch soll hier auf eine dogmatische Einordnung und Beurteilung dieses oftmals als unergiebig bezeichneten Streitstandes nicht verzichtet werden. Schließlich sieht die Erfüllungstheorie entsprechend den Internationalen Warenkaufrechten[71] und den Reformideen zum deutschen Schuldrecht[72] keine Trennung zwischen dem Sachmängel- und dem allgemeinen Leistungsstörungsrecht.

Gegen die Erfüllungstheorie ist ein gewichtiges Argument anzuführen: So steht der Annahme der Erfüllungspflicht des Verkäufers, eine mangelfreie Sache zu liefern, entgegen, daß die Verletzung dieser Pflicht keine Sanktion auszulösen vermag. Die Lieferung einer mangelbehafteten Sache soll zwar auch beim Stückkauf eine Nichterfüllung darstellen, der Käufer verfügt aber über keinen entsprechenden Er-

---

68 Als Vertreter dieser Theorie sind aus der neueren Literatur anzuführen *Larenz*, Bd. II/1, § 41 II e; *Walter*, S. 153; *Jakobs*, Gesetzgebung, S. 142 ff. mit gewissen Zugeständnissen an die Gegenmeinung.

69 So Staudinger/*Honsell*, Vorbem §§ 459 ff., Rn. 9.

70 Vgl. *Larenz*, Bd. II/1, § 41 I.

71 Vgl. unten Kapitel 6, B. II. 3.

72 Siehe unten Kapitel 4, B. II. 1.

füllungsanspruch.[73] Diese Konstruktion erscheint nicht überzeugend. Für die Gewährleistungstheorie spricht hingegen ein historisches Argument: Bereits das System des römischen Rechts behandelte Nichterfüllung und Sachmängelhaftung getrennt. Zudem unterstützt auch der Gesetzeswortlaut die Gewährleistungstheorie. Zum einen verlangt die Vorschrift des § 433 Abs. 1 BGB anders als § 434 BGB vom Verkäufer gerade nicht, die Sache frei von Sachmängeln zu übergeben. Zum anderen gewährt das BGB dem Spezieskäufer im Unterschied zu den anderen Vertragsarten bzw. dem Gattungskauf (§ 480 BGB) keinen Nachbesserungsanspruch. Diese Gesetzeslage läßt nur die Schlußfolgerung zu, daß der Verkäufer trotz Vorliegens eines Sachmangels seine Verpflichtung aus dem Kaufvertrag erfüllt hat. Seine Haftung für einen Sachmangel ist in der besonderen, neben der Leistungspflicht bestehenden Gewähr für die Qualität der Sache begründet. Zwar kann man der Gewährleistungstheorie entgegenhalten, sie laufe mit ihrer historisch bedingten Trennung zwischen allgemeinem Leistungsstörungs- und Sachmängelrecht der generellen Tendenz im internationalen wie auch in anderen nationalen Kaufrechten entgegen. Doch vermag dieses Argument allein weder die gegen die Erfüllungstheorie sprechenden Argumente zu entkräften, noch ist es ein gewichtiger Grund dafür, der Erfüllungstheorie den Vorrang einzuräumen.

Als Ergebnis ist festzuhalten, daß die für die Gewährleistungstheorie sprechenden Argumente neben ihrer zahlenmäßigen Überlegenheit auch überzeugender und aussagekräftiger sind. Insbesondere erscheint die Erfüllungstheorie gegenüber der Gewährleistungstheorie zu abstrakt, da sie sich im Hinblick auf die Verpflichtung des Verkäufers, mängelfreie Ware zu liefern, zum einen nicht am Gesetzeswortlaut orientiert. Zum anderen vermag sie diesem Ansatz auch nicht konsequent zu folgen, sondern muß als Sonderregelung die Vorschriften der §§ 459 ff. BGB gelten lassen. Die zu Beginn gestellte Frage, aus welchem Grund der Verkäufer für einen Sachmangel einstehen muß, ist damit im Sinne der Gewährleistungstheorie zu beantworten.

Letztlich ist jedoch auch die Gewährleistungstheorie nicht frei von Systembrüchen. Während der Erfüllungstheorie angelastet wird, sie nehme inhaltliche Unterschiede zwischen Gewährleistungs- und allgemeinem Leistungsstörungsrecht hinsichtlich der Voraussetzungen und Rechtsfolgen hin, vermag die Gewährleistungstheorie die Differenzierung zwischen Stück- und Gattungskauf nicht zu unterbinden. Dabei wäre ein einheitliches Gesamtsystem für Leistungsstörungen ohne problematische Abgrenzungen aber wünschenswert. Darüber hinaus gewährt die Gewährleistungstheorie trotz Erfüllungswirkung bei Lieferung vertragswidriger Ware u.U. Schadensersatz wegen Nichterfüllung nach § 463 BGB.[74] Um allerdings die bestehende Systematik des BGB zu ändern und somit die Trennung zwischen Stück- und Gattungskauf aufzuheben oder zumindest zu schmälern, muß der Gesetzgeber selbst tätig werden.

---

73 Vgl. dazu Staudinger/*Honsell*, Vorbem §§ 459 ff., Rn. 10.

74 Vgl. MüKo/*Westermann*, § 459, Rn. 2.

III. Das Gewährleistungsrecht bei den Beratungen zum BGB

Bei den Beratungen zum BGB hielten beide Kommissionen trotz verschiedener abweichender Vorschläge im Ergebnis an der aus dem römischen Recht stammenden Tradition der Sachmängelhaftung sowie der darauf basierenden Systematik fest.[75] Auch die Sonderstellung, die sich im römischen Recht für das Gewährleistungsrecht gegenüber den Rechtsbehelfen des allgemeinen Schuldrechts herausgebildet hatte, wurde in das BGB übernommen.[76]

Erwähnenswert ist zudem, daß der zweite Entwurf die anfängliche Konzeption seines Vorgängers, wonach die Sachmängelhaftung in das allgemeine Schuldrecht einzuordnen sei, aus Gründen der Anschaulichkeit und der Verständlichkeit aufgegeben hat. Die erste Kommission wollte die Regelungen des Gewährleistungsrechts noch systematisch „vor die Klammer" gestellt wissen. Entsprechend der üblichen Handhabung, Rechtssätze in das Gebiet ihrer Hauptanwendungsfälle einzuordnen, wurden dieselben jedoch letztlich zu den Bestimmungen des Kaufes gezogen. Sie sind deshalb auch auf diese Vertragsart beschränkt.[77]

Hinsichtlich der Regelung verschiedener anderer Fragen führten die Kommissionsmitglieder teilweise kontroverse Diskussionen. Im folgenden soll der Streit um die beiden wesentlichen Punkte dargestellt und die jeweils gefundenen Ergebnisse bewertet werden.

1. Unterscheidung zwischen Fehler und zugesicherter Eigenschaft

Heftig diskutiert war die Unterscheidung zwischen der Haftung wegen einfacher Fehler mit der Rechtsfolge von Wandlung und Minderung auf der einen Seite und der unbedingten Schadensersatzhaftung beim Fehlen zugesicherter Eigenschaften auf der anderen Seite. Trotz mehrerer Anläufe fand der damalige Vorschlag, das Gewährleistungsrecht von seinem historischen Vorbild zu lösen, keine Zustimmung. Das zweigliedrige System mit der Haftung für Fehler und für zugesicherte Eigenschaften wurde nicht zugunsten einer einheitlichen Schadensersatzhaftung aufgegeben.[78] Letztlich entschieden die Gesetzesverfasser sich für den Mittelweg zwischen der einfachen ädilizischen und der auf Schadensersatz gerichteten Garantiehaftung. Die Grenzziehung zwischen der Fehler- und der Zusicherungshaftung sollte die Rechtsprechung für jeden Einzelfall mit Hilfe des Begriffs der still-

---

75 Dazu ausführlich Soergel/*Huber*, Vor § 459, Rn. 8 ff.; *Schubert/Jakobs*, Beratungen des BGB Bd. II, S. 121 ff.

76 Siehe Motive II, S. 224 ff.; Denkschrift, S. 61.

77 Vgl. *Schubert/Jakobs*, Beratungen des BGB Bd. II, S. 126 f.; Protokolle I, S. 670.

78 Siehe zur ersten Kommission: Motive II, S. 228 f.; zur zweiten Kommission: Protokolle I, S. 689 f. Ferner *Schubert/Jakobs*, Beratungen des BGB Bd. II, S. 164 ff.

schweigenden Zusicherung vornehmen. Auch eine Differenzierung zwischen privaten und gewerblichen Verkäufen wurde abgelehnt.[79]

2. Kein Recht auf Ersatzlieferung und Nachbesserung

Ein weiterer Streitpunkt während der Beratungen zum BGB war das Recht des Käufers zur sofortigen Wandlung beim Gattungskauf. Im Unterschied zur Verzugshaftung mit Nachfristsetzung steht dem Verkäufer bei der Gewährleistungshaftung kein Recht zur zweiten Andienung zu. Historisch geht diese Entscheidung auf das römische Gewährleistungsrecht zurück, das für den Spezieskauf gemäß der Natur der Sache keine Ersatzlieferung vorsah. Den von Mitgliedern der zweiten Kommission unterbreiteten Vorschlag, dem Verkäufer zur Abwendung der verschuldensunabhängigen Gewährleistungsansprüche das Recht zur alsbaldigen Ersatzlieferung zu gewähren[80], lehnte die Mehrheit jedoch als zu kompliziert und wegen fehlender praktischer Bedürfnisse ab.[81] Ebensowenig billigten die Gesetzesverfasser dem Käufer einen Anspruch auf Nachbesserung bzw. dem Verkäufer ein Recht zur Nachbesserung zu. Ein entsprechender Anspruch des Käufers wurde bei den Gesetzesberatungen erst gar nicht ernsthaft in Erwägung gezogen. Das Recht des Verkäufers hingegen lehnte die zweite Kommission mit der Begründung ab, daß die Voraussetzungen für ein solches Nachbesserungsrecht nicht bestimmt genug zu formulieren seien. Wegen etwaiger daraus resultierender Zweifelsfragen solle man hierauf im allgemeinen Interesse des Handelsverkehrs verzichten.[82]

3. Bewertung der Sonderstellung des Gewährleistungsrechts im BGB

Auch wenn die Gesetzesverfasser sich bewußt für die Wahrung der Systematik des römischen Rechts, die Sonderstellung der Sachmängelhaftung bei Spezieskäufen, und damit gegen eine Eingliederung in die Nichterfüllungshaftung entschlossen haben, stellt sich die Frage, inwieweit diese Entscheidung aus heutiger Sicht noch sinnvoll ist. Denn die gesonderte Stellung der Gewährleistungshaftung führt zu einer Ungleichbehandlung vergleichbarer Fälle. Deshalb muß darüber nachgedacht werden, ob die historisch bedingte Isolierung der Sachmängelhaftung von den anderen Vertragsverletzungen nicht aufgegeben werden sollte. Die rechtspolitischen

[79] Als Argument *für* eine auf Schadensersatz gerichtete Garantiehaftung, beschränkt auf den Verkauf in einem Gewerbebetrieb, wurde damals vorgetragen, auch das römischen Recht habe in diesen Fällen über die Annahme einer fingierten Zusicherung ein solches Ergebnis erzielt. Der Mehrzahl der Kommissionsmitglieder war diese Regelung jedoch zu weitgehend. Es sollte genügen, wenn in Einzelfällen die Schadensersatzpflicht des gewerbsmäßigen Verkäufers nach der Absicht der Parteien über die stillschweigende Zusicherung angenommen werde. Daneben stehe noch die Haftung aus unerlaubter Handlung, die in den anderen Fällen eingreift. - Siehe ferner Soergel/*Huber*, Vor § 459, Rn. 12; MüKo/*Westermann*, Vor § 459, Rn. 10.

[80] Siehe Protokolle I, S. 714.

[81] Vgl. Protokolle I, S. 713 ff., 717.

[82] Siehe Protokolle I, S. 697 f.

Argumente, die in den Gesetzesmaterialien dafür angeführt werden, können nicht den Ausschlag geben. Sie vermitteln den Eindruck, neben dem eigentlichen Beweggrund - dem Wille zum Festhalten und Bewahren der römischen Tradition - lediglich ergänzend zum Tragen gekommen zu sein.[83]

Für das heutige Recht stellt die Sachmängelhaftung der Ädilen keine zeitgemäße Regelung mehr dar. Die Unterscheidung zwischen Ansprüchen aus Nichterfüllung und Gewährleistung ist ein historisches Zufallsprodukt. Es liegt in den verschiedenen Gerichtszuständigkeiten im römischen Recht, nicht aber in sachlichen Erwägungen begründet.[84] Schon *Rabel* führte dazu aus, daß die Sachmängelhaftung eine „ausdrückliche gesetzliche Fürsorge nur in einem bescheidenen Maße benötigt".[85] So läßt sich beispielsweise kaum nachvollziehen, warum gerade im Gattungskauf bei mangelhafter Lieferung das Prinzip der Nachfristsetzung mit der Möglichkeit zur Nachbesserung oder Ersatzlieferung dem Käufer trotz enttäuschten Vertrauens nicht zugemutet werden soll. Das allgemeine Leistungsstörungsrecht sieht hingegen diesen Weg der Nachfristsetzung in § 326 Abs. 1 BGB vor. In beiden Fällen steht aber die ordnungsgemäße Erfüllung des Kaufvertrages für die Parteien im Vordergrund. Würde man die Unterscheidung zwischen den beiden Haftungsregelungen zugunsten eines einheitlichen Tatbestandes aufgeben, hätte dies zur Folge, daß auch die aus der Trennung resultierenden Problempunkte entfielen.

Diese Problematik soll jedoch an dieser Stelle nicht weiter vertieft werden. Denn die Sonderstellung des Gewährleistungsrechts im BGB und die damit zusammenhängenden Problempunkte stellen im Rahmen der Diskussion um die Reformierung des deutschen Schuldrechts den zentralen Kritikpunkt dar.[86] Eine detaillierte Auseinandersetzung mit diesem Punkt erfolgt in Kapitel 3.

IV. Vergleich mit den allgemeinen Vorschriften

1. Überblick

Bei einem Vergleich des geschlossenen Systems des Sachmängelrechts mit den Vorschriften der „einfachen" Nichterfüllung von Übergabe- und Rechtsverschaffungspflicht sind beträchtliche Unterschiede festzustellen. So weichen die Regelungen der Gewährleistungshaftung sowohl in ihren Voraussetzungen als auch hinsichtlich der Rechtsfolgen von den allgemeinen Vorschriften der §§ 320 ff. BGB ab.[87]

---

[83] Vgl. *Götz*, S. 23; Soergel/*Huber*, Vor § 459, Rn. 19.

[84] Siehe Staudinger/*Honsell*, Vorbem §§ 459 ff., Rn. 5.

[85] *Rabel*, Warenkauf Bd. II, S. 132.

[86] Siehe dazu ausführlich *Huber*, Gutachten, S. 647, 670, 763 ff.

[87] Entgegen der h.M. meint *Wiedemann*, dieser scharfe Einschnitt zwischen der Nichterfüllung im allgemeinen und der Schlechterfüllung im besonderen Teil des Schuldrechts sei nicht nur

Während die Sachmängelhaftung unabhängig von der Tatsache besteht, ob der Verkäufer den Mangel zu vertreten hat, ist das Verschulden für das Recht der Nichterfüllung konstitutiv.[88] Ferner stellt das Gewährleistungsrecht auf die dem allgemeinen Leistungsstörungsrecht unbekannte Unterscheidung zwischen Fehler und zugesicherter Eigenschaft ab. Bei der Fehlerhaftung stehen dem Käufer als Rechtsbehelfe lediglich die Wandlung und die Minderung zur Verfügung. Hingegen kann er beim Fehlen einer zugesicherten Eigenschaft statt dessen Schadensersatz wegen Nichterfüllung geltend machen. Darüber hinaus sind Verschiedenheiten hinsichtlich der einzelnen Rechtsfolgen festzustellen: Im Gewährleistungsrecht kann der Käufer in jedem Fall sofort die Rückgängigmachung des Vertrages nach Rücktrittsregeln bzw. wahlweise die Minderung des Kaufpreises verlangen. Eine Nachfristsetzung wie beim Rücktritt im allgemeinen Schuldrecht ist nicht Voraussetzung, selbst wenn durch Nachbesserung oder Ersatzlieferung beim Gattungskauf der bestehende Mangel beseitigt werden könnte. Weiterhin besteht der Anspruch auf Schadensersatz wegen Nichterfüllung im Gewährleistungsrecht anders als bei einer allgemeinen Leistungsstörung nur unter qualifizierten Voraussetzungen, wobei auch hier weder eine Nachfristsetzung noch ein besonderes Interesse am Wegfall des Vertrages erforderlich sind.[89]

Ungeachtet dieser Unterschiede besteht jedoch auch eine - oftmals übersehene - Übereinstimmung zwischen dem allgemeinen Leistungsstörungsrecht und der Sachmängelhaftung: Für den Nachlieferungsanspruch beim Gattungskauf gelten nach § 480 Abs. 1 S. 2 BGB die Vorschriften der Wandlung. Ansonsten kommen die allgemeinen Regelungen zum Tragen. Der Käufer hat damit beim Gattungskauf die Wahl zwischen den Gewährleistungsrechtsbehelfen und den allgemeinen Rechtsbehelfen wegen Nichterfüllung.[90] Die Trennung beider Systeme ist nicht so uneingeschränkt, wie sie zumeist dargestellt wird.[91]

2. Verhältnis des Gewährleistungsrechts zu den allgemeinen Vorschriften

Das Verhältnis des Gewährleistungsrechts zu den allgemeinen Vorschriften der §§ 320 ff. BGB sowie die Konkurrenz anderer Ansprüche gestalten sich dogmatisch schwierig und unübersichtlich.[92] Der Grund für diesen Umstand liegt insbesondere darin, daß die verschiedenen Rechtsbereiche inhaltlich nicht ausrei-

---

für die Kodifikation systemtragend, sondern auch sachlich angemessen. Die Unterscheidung zwischen Regelungen im Vorerfüllungs- und im Vollzugsstadium sei sachlich einleuchtend. Vgl. Soergel/*Wiedemann*, Vor § 275, Rn. 5; *ders.* in FS Rechtswiss. Fak. Köln (1988), S. 367, 371.

88 So Soergel/*Huber*, Vor § 459, Rn. 2.

89 Vgl. Soergel/*Huber*, Vor § 459, Rn. 3.

90 Siehe *Schlechtriem*, BT, Rn. 77.

91 Vgl. auch Soergel/*Huber*, Vor § 459, Rn. 4 Fn. 8, der aus diesem Grund die These von *Wiedemann*, zwischen Gewährleistungs- und allgemeinem Leistungsstörungsrecht bestehe ein scharfer Einschnitt, widerlegt sieht.

92 Vgl. *Larenz*, Bd. II/1, § 41 II e.

chend aufeinander abgestimmt wurden.[93] Verstärkt wird diese Situation ferner dadurch, daß die Rechtsprechung zur Vermeidung unbilliger Ergebnisse in Einzelfällen jeweils unterschiedliche Rechtsbehelfe zuläßt. Die Abgrenzungsproblematik zwischen beiden Normkomplexen wird damit zunehmend komplizierter und läßt vielfach überzeugende und nachvollziehbare Gründe vermissen.[94]

a. Praktische Erwägungen aus Käufersicht

Angesichts verschiedener, in der Praxis angelegter Gründe ist es für den Käufer bedeutsam, neben den in den §§ 459 ff. BGB geregelten auf andere Rechtsbehelfe zurückgreifen zu können.[95] Zum einen ist die Verjährungsfrist des § 477 BGB im Gewährleistungsrecht so kurz wie bei keinem anderen Rechtsbehelf bemessen. Der Käufer hat damit ein beachtliches Interesse, sich auf die konkurrierenden, mit einer längeren Frist ausgestatteten Ansprüche berufen zu können. In dieselbe Richtung zielt das Problem der kurzen Untersuchungs- und Rügefrist der §§ 377, 378 HGB im beiderseitigen Handelskauf. Auch hier stellt sich der Käufer mit den Rechtsbehelfen des allgemeinen Leistungsstörungsrechts besser.

Zum anderen ist aus Käufersicht wesentlich, daß der Anspruch auf Schadensersatz wegen Nichterfüllung im Sachmängelrecht nur sehr eingeschränkt zur Anwendung kommt. Ergänzend zu diesem gewähren bei schuldhaftem Handeln[96] des Verkäufers inzwischen das Rechtsinstitut der pFV - bei analoger Anwendung des § 477 BGB und Begrenzung auf den Ausgleich des Mangelfolgeschadens - sowie die Regelungen der unerlaubten Handlung dem Käufer einen umfassenden Anspruch auf Schadensersatz. Weist die gelieferte Sache eine unerwünschte Eigenschaft auf, die jedoch mangels parteilicher Vereinbarung keinen Fehler darstellt und auch nicht vom Verkäufer zugesichert wurde, hat der Käufer ein großes Interesse daran, auf die konkurrierenden Rechtsbehelfe zurückzugreifen. Denn das Gewährleistungsrecht käme erst gar nicht zur Anwendung. Dennoch verneint die Rechtsprechung für diese Fallgestaltung den Rückgriff auf die Irrtumsanfechtung bzw. auf die Haftung aus culpa in contrahendo mit der Begründung, daß die Haftung des Verkäufers andernfalls zu weit ausgedehnt würde.[97] Handelte der Verkäufer demgegenüber nicht schuldhaft, kann sich der Käufer nicht gegen die ungenügende Lieferung wehren.

b. Bedeutung des Zeitpunktes des Gefahrübergangs

Das Gewährleistungsrecht stellt eine abschließende Sonderregelung für die Lieferung einer mit einem Sachmangel behafteten Sache dar. Daneben sind die allge-

---

93 Siehe dazu *Huber*, Gutachten, S. 647, 671, 777.

94 Siehe Staudinger/*Honsell*, Vorbem §§ 459 ff., Rn. 16.

95 Vgl. zu dieser Problematik statt vieler Soergel/*Huber*, Vor § 459, Rn. 175 ff.

96 Dies entspricht der Systematik des BGB, den Schuldner lediglich dann auf Schadensersatz haften zu lassen, wenn dieser die Pflichtverletzung auch zu vertreten hat.

97 Siehe BGHZ 60, 319, 320 ff.

meinen Vorschriften weitestgehend ausgeschlossen.[98] Der Gesetzgeber wollte mit diesem vorgegebenen System einen angemessenen Ausgleich zwischen den divergierenden Parteiinteressen schaffen. Trotz dieser klaren Gesetzeslage herrscht dennoch Uneinigkeit darüber, wie die beiden Normenkomplexe in zeitlicher Hinsicht gegeneinander abzugrenzen sind.

aa. Streitstand

Die Rechtsprechung entnimmt dem Wortlaut des § 459 BGB, daß vor dem Zeitpunkt des Gefahrübergangs das Gewährleistungsrecht nicht greift. Nach dieser Ansicht können die allgemeinen Rechtsbehelfe vor dem Übergang der Gefahr unbeschränkt geltend gemacht werden, insbesondere die Irrtumsanfechtung nach § 119 Abs. 2 BGB sowie die Rechte wegen Nichterfüllung gegenseitiger Verträge (§§ 320 ff. BGB). Lediglich bei einem vor Gefahrübergang entdeckten und unbehebbaren Mangel kann hiernach der Käufer nach Treu und Glauben seine Gewährleistungsansprüche gleichfalls geltend machen, allerdings ohne die Beschränkung der gleichfalls anwendbaren allgemeinen Vorschriften.[99]

Die scharfe Zäsurwirkung, die dem Gefahrübergang nach der Rechtsprechung zukommt, wird seitens der Lehre stark angegriffen.[100] Die Kritik richtet sich einerseits gegen die der Rechtsprechungsansicht zugrundegelegten theoretischen Voraussetzungen, andererseits gegen die in der Praxis erzielten Ergebnisse. Zuvorderst stimme die Prämisse der Rechtsprechung nicht, daß Gewährleistungsansprüche erst mit Gefahrübergang entstünden, da der Verkäufer - zumindest beim Stückkauf - schon mit Abschluß des Kaufvertrages für die Mängelfreiheit der Sache hafte. Indem das Gesetz auf den Zeitpunkt des Gefahrübergangs abstelle, solle lediglich die Haftung des Verkäufers für Sachmängel erweitert werden. Der Verkäufer solle zusätzlich für die Mängel haften, die nach Vertragsschluß, aber vor Übergabe oder Versendung aufgetreten seien. Schließlich stelle § 459 BGB noch aus zwei weiteren Gründen auf den Gefahrübergang ab: Zum einen solle der Verkäufer die Möglichkeit erhalten, einen bei Vertragsschluß bestehenden Mangel noch beseitigen zu können. Zum anderen solle er sich nicht darauf berufen können, daß die Sache bei Vertragsschluß mängelfrei gewesen und erst nach diesem Zeitpunkt mangelhaft geworden sei.[101] Weiterhin wird argumentiert, die nach der Rechtsprechungsansicht vor dem Gefahrübergang bestehende Konkurrenz der je-

---

98 Vgl. Staudinger/*Honsell*, Vorbem §§ 459 ff., Rn. 16; MüKo/*Westermann*, § 459, Rn. 82; Palandt/*Putzo*, Vorbem § 459, Rn. 2.

99 St. Rspr., vgl. etwa RGZ 53, 70, 73 f.; 138, 354, 356; BGHZ 34, 32, 34 f.; 114, 34, 36 f.; 129, 103, 106; BGH NJW 1995, 1737, 1738. Dieser Ansicht folgen in der Literatur MüKo/*Westermann*, § 459, Rn. 82; Jauernig/*Vollkommer*, § 459, Rn. 40; *Brox*, Bes. SchR, Rn. 95; *Emmerich*, S. 111.

100 Siehe Soergel/*Huber*, Vor § 459, Rn. 183 ff.; *Herberger*, S. 153 f., 170; *Larenz*, Bd. II/1, § 41 I c, II e; *Reinicke/Tiedtke*, Rn. 635; Palandt/*Putzo*, Vorbem § 459, Rn. 2; Staudinger/*Honsell*, Vorbem §§ 459 ff., Rn. 20.

101 Vgl. Staudinger/*Honsell*, Vorbem §§ 459 ff., Rn. 31; Soergel/*Huber*, § 459, Rn. 78 f.

weiligen Rechtsbehelfe führe zu Zufallsergebnissen. Dies ließe sich weder mit den gesetzlichen Regelungen zum Gewährleistungsrecht noch mit dem Interessenausgleich vereinbaren, den diese Vorschriften unter den Parteien schaffen wollten. Nur weil der Käufer den Mangel zufällig vor Gefahrübergang entdecke, stehe ihm die Irrtumsanfechtung offen. Daß ihm dieselbe bei Entdeckung nach Gefahrübergang nicht zustehe, ließe sich nicht nachvollziehbar begründen. Schließlich sei die von der Rechtsprechung vertretene Ansicht auch nicht mit der ratio legis der §§ 460, 461 BGB vereinbar, welche die Sachmängelhaftung ausschließen.[102]

bb. Stellungnahme

Der von der Lehre vertretenen Ansicht ist zuzustimmen. Zwar beabsichtigt die Rechtsprechung, über die „freie Anspruchskonkurrenz" unbillige Ergebnisse zu vermeiden. Dennoch vermögen weder ihre Argumentation noch ihre auf Kosten der Rechtssicherheit gehenden Ergebnisse zu überzeugen. Ohne plausiblen Grund durchbricht die Rechtsprechungsansicht in Einzelfällen bis zum Zeitpunkt des Gefahrübergangs die vom Gesetzgeber intendierte abschließende Regelung des Gewährleistungsrechts und untergräbt damit die angelegte Gesetzeskonkurrenz. Demgegenüber entstehen die Sachmängelansprüche beim Gattungskauf, wenn nicht die ganze Gattung, sondern nur einzelne Gattungsstücke Mängel aufweisen, erst im Zeitpunkt des Gefahrübergangs. Zu einem früheren Zeitpunkt stehen dem Käufer keinerlei Rechtsbehelfe zu, da er bis zur Lieferung der mangelhaften Ware davon ausgeht, daß der Verkäufer eine mängelfreie Sache liefern wird. Ist hingegen die gesamte Gattung mangelhaft, entspricht dies dem Kauf einer Speziessache mit einem unbehebbaren Mangel.[103]

c. Konkurrenz zwischen den allgemeinen Vorschriften und dem Gewährleistungsrecht

Wie bereits angesprochen, gehen die Rechtsbehelfe der Sachmängelhaftung denen des allgemeinen Vertragsrechts zumeist vor. Eine Ausnahme hierzu bildet der Fall der arglistigen Täuschung (§ 123 BGB). Diese steht selbständig neben anderen Fällen von Sachmängeln[104] mit der Folge, daß der Käufer damit die Wahl zwischen der Anfechtung und den Gewährleistungsansprüchen hat. Ohne Vorliegen von Arglist werden sowohl die Irrtumsanfechtung wegen Eigenschaftsirrtums nach § 119 Abs. 2 BGB[105] als auch die Haftung des Verkäufers aus culpa in contrahendo[106] grundsätzlich von der vorrangige Sachmängelhaftung verdrängt. Die Sonderregelung der §§ 459 ff. BGB erfaßt abschließend alle Nachteile, die der Käufer aus der Mangelhaftigkeit der Ware bei fahrlässiger Nichtaufklärung bzw. falschen An-

[102] Vgl. Soergel/*Huber*, Vor § 459, Rn. 185.

[103] Siehe Soergel/*Huber*, Vor § 459, Rn. 186.

[104] St. Rspr., vgl. etwa RGZ 62, 122, 126; BGHZ 53, 144, 145 ff.

[105] Aus der Rspr. BGHZ 34, 32, 34; aus der Literatur statt vieler *Larenz*, Bd. II/1, § 41 II e.

[106] St. Rspr., grundlegend RGZ 135, 339, 346; BGHZ 60, 319, 320 f.; 114, 263, 266.

gaben über Sacheigenschaften erleidet.[107] Ebensowenig kann sich der Käufer wegen der Eigenschaften, die einen Sachmangel darstellen können, auf den Wegfall der Geschäftsgrundlage berufen.[108]

In der Konkurrenzfrage zwischen den Rechtsbehelfen des allgemeinen und besonderen Schuldrechts und denen der Sachmängelhaftung haben gleichfalls letztere zumeist Vorrang. Die Begründungen weichen insoweit für die verschiedenen Rechtsbehelfe allerdings voneinander ab.

Beim Spezieskauf ist die Nachfristsetzung des § 326 Abs. 1 BGB gegenüber der Sachmängelhaftung ausgeschlossen, da das Gesetz keinen Mängelbeseitigungsanspruch vorsieht. Weil der Verkäufer sich mit der Lieferung einer mangelhaften Sache nicht im Verzug befindet - er hat rechtzeitig geliefert -, ist bereits der Tatbestand nicht erfüllt.[109] Demgegenüber kann der Käufer beim Gattungskauf im Hinblick auf seinen Ersatzlieferungsanspruch nach verstrichener Nachfristsetzung zurücktreten oder Schadensersatz wegen Nichterfüllung verlangen (§ 326 Abs. 1 BGB).[110]

Auch die Einrede des nicht erfüllten Vertrages (§ 320 BGB)[111] und die Rechtsbehelfe bei nachträglicher Unmöglichkeit (§§ 323–325 BGB) sind nach herrschender Auffassung durch die Gewährleistungshaftung ausgeschlossen. Selbst wenn der Mangel nach Vertragsschluß, aber noch vor Übergabe der Sache auftritt, ist entgegen der Rechtsprechungsansicht die nachträgliche Unmöglichkeit mit der Begründung zu verneinen, daß der Vertrag auch bei Lieferung einer mangelhaften Sache erfüllt ist.[112] Der Sachmangel macht die Lieferung der Ware nicht unmöglich, weil die Nichterfüllung der Leistungspflicht und die Gewährleistung für Sachmängel nach ihren Voraussetzungen und Wirkungen zweierlei sind.[113] Für den

---

107 Siehe Staudinger/*Honsell*, Vorbem §§ 459 ff., Rn. 56.

108 Vgl. RGZ 135, 339, 346; 161, 330, 337; BGHZ 60, 319, 321; 98, 100, 103; Soergel/*Huber*, Vor § 459, Rn. 203; Staudinger/*Honsell*, Vorbem §§ 459 ff., Rn. 41.

109 Siehe MüKo/*Westermann*, § 459, Rn. 3; Soergel/*Huber*, Vor § 459, Rn. 245.

110 Vgl. RGZ 123, 212, 215; ebenso *Larenz*, Bd. II/1, § 41 III; *Reinicke/Tiedtke*, Rn. 649; MüKo/*Westermann*, § 480, Rn. 6; Soergel/*Huber*, § 480, Rn. 30; Staudinger/*Honsell*, § 480, Rn. 10.

111 Die Rechtsprechung und ein Teil der Literatur wollen diese Einrede jedoch dann zulassen, wenn die Sache bereits *vor* Gefahrübergang mangelhaft ist. So BHG ZIP 1991, 319, 320 sowie MüKo/*Westermann*, § 459, Rn. 3, 5; Erman/*Grunewald*, Vor § 459, Rn. 11 f.; *Reinicke/Tiedtke*, Rn. 629. Dagegen Soergel/*Huber*, Vor § 459, Rn. 236 f.; *Larenz*, Bd. II/1, § 41 II e.

112 So die hier vertretene Gewährleistungstheorie. Vgl. dazu den Streit zur Rechtsnatur in diesem Kapitel oben, B. II. 2.

113 Vgl. Staudinger/*Honsell*, Vorbem §§ 459 ff., Rn. 20; Palandt/*Putzo*, Vorbem § 459, Rn. 5; *Larenz*, Bd. II/1, § 41 II e. Anderer Ansicht ist Soergel/*Huber*, Vor § 459, Rn. 62, 249 ff., der sich für die analoge Anwendung des § 325 BGB ausspricht. Diese Meinung ist allerdings abzulehnen, da sie den Verkäufer dahingehend benachteiligt, bei einem verschuldeten Mangel nach § 325 BGB umfassend Schadensersatz leisten zu müssen, nach den Regeln des Ge-

besonderen Fall, daß der Käufer den zwischen Vertragsschluß und Gefahrübergang entstandenen Mangel zu vertreten hat, wird jedoch die direkte bzw. entsprechende Anwendung des § 324 BGB allgemein bejaht.[114]

Die Vorschrift des § 306 BGB für die anfängliche Unmöglichkeit findet ebenfalls neben dem Gewährleistungsrecht keine Anwendung.[115] Dies ist unmittelbar dem Gesetz zu entnehmen, da das Sachmängelrecht für seine Rechtsbehelfe einen wirksamen Kaufvertrag voraussetzt und damit die gleichzeitige Anwendung des § 306 BGB nicht denkbar ist.

Ein Konkurrenzverhältnis der Sachmängelansprüche zur Geschäftsführung ohne Auftrag und zur ungerechtfertigten Bereicherung besteht nicht. Die Ansprüche aus Geschäftsführung ohne Auftrag stehen hinter den vertraglichen Sachmängelansprüchen zurück, während die Abwicklung im Bereicherungsrecht die Unwirksamkeit des Vertrages verlangt.[116]

Die Vorschriften zur Haftung des Verkäufers aus pFV finden im Konkurrenzverhältnis zu den §§ 459 ff. BGB lediglich Anwendung, soweit eine Regelungslücke vorliegt. Damit deckt die pFV außerhalb des Gewährleistungsrechts die Schäden ab, die über den durch die mangelhafte Lieferung entstandenen direkten Schaden hinausgehen, den sog. Mangelfolgeschaden.[117] Anders als die auf der Tatbestandsebene angesiedelte Abgrenzung zwischen der Haftung für Sachmängel und aus culpa in contrahendo liegt die zwischen dem Gewährleistungsrecht und dem Institut der pFV also auf der Rechtsfolgenseite.[118]

Zwischen der Haftung für Sachmängel und der aus unerlaubter Handlung besteht freie Anspruchskonkurrenz.[119] Stellt also die Lieferung einer mangelhaften Sache gleichzeitig eine unerlaubte Handlung dar, kann der Käufer beim Vorwurf der Fahrlässigkeit seinen Personen- oder Sachschaden neben den §§ 459 ff. BGB nach

---

währleistungsrechts jedoch nur unter den begrenzten Voraussetzungen des § 463 BGB. Andernfalls könnte sich der Verkäufer durch die Übergabe der Sache seiner zuvor bestehenden Schadensersatzpflicht entziehen. Das wäre nicht systemtreu.

[114] Siehe Soergel/*Huber*, Vor § 459, Rn. 252; Staudinger/*Honsell*, Vorbem §§ 459 ff., Rn. 23; Enneccerus/*Lehmann*, § 112 I 4 b; *Reinicke/Tiedtke*, Rn. 646.

[115] Vgl. BGHZ 54, 236, 237 f.; Staudinger/*Honsell*, Vorbem §§ 459 ff., Rn. 19; Soergel/*Huber*, Vor § 459, Rn. 253; *Reinicke/Tiedtke*, Rn. 628. Dagegen will *Medicus*, BürgR, Rn. 333 f., in einigen Fällen *vor* Gefahrübergang § 306 BGB zur Anwendung kommen lassen.

[116] Siehe RGZ 128, 211, 216; 144, 93, 95; Soergel/*Huber*, Vor § 459, Rn. 256 ff.; Jauernig/*Schlechtriem*, Vor § 812, Rn. 15; Staudinger/*Honsell*, Vorbem §§ 459 ff., Rn. 45.

[117] St. Rspr., vgl. RGZ 66, 289, 290; 161, 330, 337 f., in der das RG den Anspruch auf den „über das Erfüllungsinteresse hinausgehenden Schaden" begrenzte. Ferner BGHZ 77, 215, 217; BGH WM 1994, 1119, 1121. Aus der Literatur *Larenz*, Bd. II/1, § 41 II e m.w.N.

[118] Siehe Staudinger/*Honsell*, Vorbem §§ 459 ff., Rn. 83.

[119] Siehe BGHZ 86, 256, 258; *Larenz*, Bd. II/1, § 41 II e; Staudinger/*Honsell*, Vorbem §§ 459 ff., Rn. 50 ff.; Soergel/*Huber*, Vor § 459, Rn. 258 ff. Einschränkend äußert sich dagegen *Schwark*, AcP 179 (1979), S. 57 f.

den jeweiligen Vorschriften der §§ 823 ff. BGB geltend machen. Der Grund für dieses Nebeneinander ist die in verschiedener Hinsicht weiterreichende Haftung im Deliktsrecht. Diese soll durch die vertragliche Haftung des Verkäufers nicht modifiziert werden, da der Käufer anderenfalls gegenüber einem unbeteiligten Dritten ohne vertragliche Bindungen benachteiligt wäre. In bezug auf die Schäden an der Kaufsache selbst ist anzuführen, daß nach Ansicht der Rechtsprechung die Übereignung einer mangelhaften Sache als solche grundsätzlich keine Eigentumsverletzung i.S.d. § 823 Abs. 1 BGB darstellt.[120] Beschränkt sich der Mangel indes zunächst auf einen abgegrenzten Teil der Sache und führt erst später zur Zerstörung der gesamten Sache (sog. weiterfressender Mangel), ist der Schadensersatzanspruch aus § 823 Abs. 1 BGB zu bejahen.[121] Darüber hinaus unterscheidet die Rechtsprechung, inwieweit der geltend gemachte Schaden mit dem der Sache von Beginn anhaftenden, mangelbedingten Minderwert stoffgleich ist. Nur bei Verneinung der Stoffgleichheit ist das Integritätsinteresse des Käufers - d.h. sein Interesse, keine über den Mangel hinausgehende Eigentumsschädigung zu erleiden - betroffen und der entstandene Schaden zu ersetzen.[122]

---

120 BGHZ 39, 366, 367; 55, 392, 398 f.; 86, 256, 259.

121 In der Literatur ist die Frage der Anwendbarkeit des Deliktsrechts in diesen Fällen umstritten. Als Argument wird angeführt, das In-Verkehr-Bringen einer Sache, die quasi den Keim zur Selbstzerstörung in sich trägt, stelle keine Eigentumsverletzung i.S.d. § 823 Abs. 1 BGB dar. Auch sei nicht überzeugend, eine Eigentumsverletzung davon abhängig zu machen, inwieweit sich die Zerstörung abwenden lasse oder nicht. Vgl. dazu Staudinger/*Honsell*, Vorbem §§ 459 ff., Rn. 54 m.w.N. sowie *Reinicke/Tiedtke*, Rn. 718; *Walter*, S. 425 ff. Dagegen Soergel/*Huber*, Vor § 459, Rn. 268, der allerdings die Ergebnisse der Rechtsprechung bei Bejahung der Eigentumsverletzung als konsequent bezeichnet.

122 St. Rspr., vgl. statt vieler RGZ 66, 289 ff.; BGHZ 86, 256, 259 ff.

Kapitel 2: Regelung der Sachmängelhaftung im BGB

A. Überblick

Die Vorschriften der §§ 459–493 BGB regeln Voraussetzungen und Umfang der Gewährleistung des Verkäufers wegen Mängeln an einer Sache. Die Redaktoren des BGB orientierten sich dabei am Grundtatbestand des Stückkaufes. Für den in der Praxis weitaus relevanteren Gattungskauf enthält die Annexregelung des § 480 BGB lediglich ergänzende Bestimmungen. Im Vergleich zu den Vorschriften des allgemeinen Schuldrechts ist die Sachmängelhaftung umfassend und ausführlich geregelt.[123]

I. Allgemeines

Der Grundgedanke der Regelungen des Gewährleistungsrechts, das einen rechtswirksamen Kaufvertrag zwischen den Vertragsparteien voraussetzt, ist die verschuldensunabhängige Garantiehaftung des Verkäufers für die Mängelfreiheit der verkauften Sache. Zum einen befindet sich die Sache zumeist im Einflußbereich des Verkäufers, so daß es nur interessengerecht ist, daß dieser auch das Risiko für einen Mangel trägt. Zum anderen hat der Käufer den Kaufpreis für eine mangelfreie Sache entrichtet und ist folglich in seinem Vertrauen auf eine solche schützenswert.[124] Der Ausgleich für diese strenge Haftung des Verkäufers liegt auf der Rechtsfolgenseite. Denn grundsätzlich kann der Käufer vom Verkäufer nur Wandelung oder Minderung verlangen. Lediglich innerhalb der engen Voraussetzungen des § 463 BGB steht ihm auch Schadensersatz wegen Nichterfüllung zu. Eine weitere, auf Schadensersatz gerichtete Fahrlässigkeitshaftung, wie sie sonst im Leistungsstörungsrecht besteht, sieht das Gesetz hingegen nicht vor. Das bedeutet, daß beim Stückkauf - anders als beim Gattungskauf - weder ein Recht auf Lieferung einer mängelfreien Sache noch die Beseitigung des Mangels oder Nachbesserung gesetzlich verankert sind. Grund hierfür ist die Überlegung, daß der Verkäufer die Ware meist nicht selbst herstellt und deshalb oftmals weder die Fehlerhaftigkeit beurteilen noch den Mangel beseitigen kann.[125]

Betrachtet man die Stellung des Käufers genauer, ist dieser durch die ihm zur Verfügung stehenden Rechtsbehelfe bis zur Höhe des entrichteten Kaufpreises hinrei-

---

[123] Siehe MüKo/*Westermann*, Vor § 459, Rn. 1. - Zur Sachmängelhaftung in den europäischen Rechtsordnungen siehe den umfassenden Vergleich bei *Valcarcél Schnüll*.

[124] Vgl. Staudinger/*Honsell*, Vorbem §§ 459 ff., Rn. 3.

[125] Vgl. *Reinicke/Tiedtke*, Rn. 258.

chend vor möglichen Störungen im Äquivalenzverhältnis geschützt.[126] Die Position des Verkäufers ist demgegenüber schwächer ausgestaltet. Ihm kommt zwar die schnelle Abwicklung der Sachmängelstreitigkeiten (§ 477 BGB) sowie die grundsätzliche Beschränkung seiner Haftung auf den Kaufpreis nach § 462 BGB zugute. Dennoch haftet er ohne Verschulden.[127]

II. Abgrenzung zur Rechtsmängelhaftung

Von der Sachmängelhaftung zu unterscheiden ist die Haftung des Verkäufers für Rechtsmängel (§§ 434 ff. BGB). Anders als erstere ist die Rechtsmängelhaftung als *echte* Leistungspflicht des Verkäufers ausgestaltet, da die Pflicht zur lastenfreien Übereignung ein Teil seiner Hauptpflicht ist.[128] Der Rechtsmangel stellt gerade keinen Mangel des Kaufgegenstandes dar, sondern nach § 439 BGB ein Mangel im Recht, das der Verkäufer dem Käufer verschafft hat. Der Käufer erhält weniger an Recht, indem er entgegen dem Kaufvertrag kein bzw. kein lastenfreies Eigentum erhält.[129] Verschafft nun der Verkäufer das Eigentum nicht frei von Rechten Dritter, steht dem Käufer einerseits der Erfüllungsanspruch aus § 434 BGB zu. Andererseits hat er die Möglichkeit, über die Verweisung des § 440 Abs. 1 BGB Ansprüche nach den §§ 320–327 BGB geltend zu machen, also auch den Rücktritt und Schadensersatz wegen Nichterfüllung zu verlangen.

Die Rechtsmängelhaftung verleiht dem Käufer im Vergleich zur Sachmängelhaftung weiterreichende Rechte. So steht dem Käufer ein Erfüllungsanspruch lediglich im Rahmen der Rechtsmängelhaftung zu. Auch ist der Anspruch auf Schadensersatz wegen Nichterfüllung für einen Rechtsmangel über § 440 i.V.m. § 326 BGB zumeist gegeben, da der Verkäufer sein anfängliches Unvermögen hinsichtlich der Rechtsmängelbeseitigung grundsätzlich zu vertreten hat.[130] Demgegenüber steht der entsprechende Schadensersatzanspruch dem Käufer bei einem Sachmangel nach § 463 BGB nur bei besonderer Zusicherung offen. Daneben unterscheiden sich Rechts- und Sachmängelhaftung in puncto Verjährung und Haftungsausschluß. Im folgenden soll jedoch die Problematik der Rechtsmängelhaftung nur an den Punkten näher behandelt werden, an denen die Abgrenzung zur Sachmängelhaftung notwendig erscheint. Eine detailliertere Darstellung würde die Zielsetzung der Arbeit übersteigen.

---

[126] Der dogmatische Grundgedanke, der hinter den eingeschränkten Rechtsbehelfen von Wandlung und Minderung steht, ist das im Kaufvertrag intendierte Äquivalenzverhältnis von Leistung und Gegenleistung. Beide Parteien wollen ihre beiderseitigen Leistungen, den Kaufpreis als Gegenleistung für den Erhalt einer mangelfreien Sache, als wertgleich gelten lassen. Dazu *Larenz*, Bd. II/1, § 41 II e.

[127] Siehe Jauernig/*Vollkommer*, § 459, Rn. 1.

[128] Siehe Staudinger/*Köhler*, § 434, Rn. 1; MüKo/*Westermann*, § 434, Rn. 1; *Reinicke/Tiedtke*, Rn. 258.

[129] Vgl. *Larenz*, Bd. II/1, § 40 II b.

[130] Vgl. Soergel/*Huber*, § 434, Rn. 10.

B. Voraussetzungen und Umfang der Sachmängelhaftung

Auch wenn der Verkäufer seine in den §§ 433, 434 BGB ausdrücklich geregelten Leistungspflichten erfüllt, kann der Käufer dadurch, daß der Sache ein ihm verborgen gebliebener Mangel anhaftet oder eine zugesicherte Eigenschaft fehlt, in seinen berechtigten Erwartungen enttäuscht werden. An diese beiden Formen der Schlechtleistung knüpft die Sachmängelhaftung des Kaufrechts an. Ihr liegt die Idee zugrunde, daß der Käufer den vereinbarten Kaufpreis nur zahlen möchte, wenn die Ware auch die Beschaffenheit aufweist, die für den Wert oder die Tauglichkeit zu einem bestimmten Gebrauchszweck ausschlaggebend ist.[131]

Das Gesetz faßt unter dem Oberbegriff des Sachmangels, also der Leistungsstörung durch vertragswidrige Beschaffenheit der Sache, zwei Arten von Störungen: zum einen den Fehler und zum anderen das Fehlen einer zugesicherten Eigenschaft. Gemäß § 459 Abs. 1 BGB haftet der Verkäufer dem Käufer dafür, daß die Sache bei Gefahrübergang nicht mit Fehlern behaftet ist, die ihren Wert oder ihre Gebrauchstauglichkeit aufheben oder mindern. Wurde dieser *Normalfall* von den Parteien nicht vertraglich ausgeschlossen, sieht diese Haftung auch ohne besondere Absprache in jedem Fall. Über den *Sonderfall* in Absatz 2 der Vorschrift wird die Haftung des Verkäufers auf solche zugesicherten Eigenschaften ausgedehnt, deren Fehlen keinen erheblichen Fehler i.S.d. Absatz 1 darstellen würden.

Hinsichtlich der Rechtsfolgen bestimmt § 459 BGB lediglich, daß der Verkäufer dem Käufer gegenüber haftet. Die inhaltliche Ausgestaltung dieser Haftung folgt in den Vorschriften der §§ 462 ff. BGB. Bei Vorliegen des einfachen Fehlers hat der Käufer die Wahl zwischen den selbständig nebeneinanderstehenden Rechtsbehelfen von Wandlung und Minderung. Der Anspruch auf Schadensersatz wegen Nichterfüllung ist hingegen nur bei Nichtvorliegen einer zugesicherten Eigenschaft nach den §§ 459 Abs. 2, 463 S. 1 BGB eröffnet. Handelt der Verkäufer arglistig, steht dem Käufer dieser Anspruch allerdings auch bei Vorliegen eines einfachen Fehlers i.S.d. § 459 Abs. 1 BGB zu. Die Zusicherungshaftung des Absatz 2 stellt eine Verschärfung der bereits bestehenden Haftung für Fehler dar und erweitert diese gleichzeitig.[132] Der Grund dafür, daß der zusichernde Verkäufer strenger haften soll als derjenige, der eine fehlerhafte Sache liefert, liegt darin, daß das Gesetz die Zusicherung als ein vertragliches Garantieversprechen wertet.[133] Die Rechtsprechung umschreibt die Zusicherung mit der Gewährsübernahme des Verkäufers

---

[131] Siehe *Larenz*, Bd. II/1, § 41 I.

[132] Siehe Soergel/*Huber*, § 459, Rn. 129.

[133] Vgl. Motive II, S. 228.

für das Vorhandensein bestimmter Eigenschaften und dem Versprechen, für die Folgen des Fehlens dieser Eigenschaften einstehen zu wollen.[134]

Trotz dieser in der Tradition des Gewährleistungsrechts begründeten Zweispurigkeit der Sachmängelhaftung[135] ist der Unterschied zwischen den beiden Haftungstatbeständen geringer als dies auf den ersten Blick erscheinen mag. Sowohl die Fehler- als auch die Zusicherungshaftung setzen Rechtsfolgen für die Lieferung einer nicht vertragsgemäßen Sache. Für die Abgrenzung des milderen vom schärferen Haftungstatbestand kommt im Kaufrecht dem Begriff der Zusicherung die Schlüsselfunktion zu.[136]

I. Haftung für Fehler

Nach § 459 Abs. 1 BGB haftet „(d)er Verkäufer einer Sache (...) dem Käufer dafür, daß sie zu der Zeit, zu welcher die Gefahr auf den Käufer übergeht, nicht mit Fehlern behaftet ist, die den Wert oder die Tauglichkeit zu dem gewöhnlichen oder dem nach dem Vertrage vorausgesetzten Gebrauch aufheben oder mindern. Eine unerhebliche Minderung des Wertes oder der Tauglichkeit kommt nicht in Betracht."

1. Der Fehlerbegriff

Der Theorienstreit[137] um den Fehlerbegriff in § 459 Abs. 1 BGB ist mittlerweile in der Rechtspraxis zugunsten des subjektiven Fehlerbegriffes entschieden. Demnach sind die vertraglichen Erwartungen des Käufers unter gleichzeitiger Berücksichtigung der objektiv berechtigten Anforderungen im Ergebnis ausschlaggebend.[138]

---

[134] Siehe RGZ 161, 330, 337; BGHZ 59, 158, 160 f.; BGH NJW 1981, 1269, 1270; aus der Literatur vgl. Staudinger/*Honsell*, § 459, Rn. 107; Soergel/*Huber*, § 459, Rn. 139. Dazu kritisch *Jakobs*, Gesetzgebung, S. 132 ff.

[135] Die Kritik an dieser Zweispurigkeit wurde eingehend bei den Beratungen des BGB dargestellt, vgl. oben Kapitel 1, B. III. 1. - Zur neueren Kritik siehe *Schack*, AcP 185 (1985), S. 333 ff. Anhand von Beispielen führt er aus, daß die neueren Kaufrechtskodifikationen kein zweispuriges Haftungssystem aufweisen. Ebenso *Basedow*, Gutachten, S. 56 f.

[136] Siehe *Walter*, S. 153; Soergel/*Huber*, § 459, Rn. 141.

[137] Umfangreich aufgearbeitet von *Knöpfle*, S. 1 ff.; *ders.*, NJW 1987, S. 801 ff.; *Gillig*, S. 57 ff. sowie *Fabricius*, JuS 1964, S. 1 ff. - Ferner ausführlich *Kircher*, S. 2 ff.

[138] Die Variante des subjektiven Fehlerbegriffs, der in der Literatur teilweise vertretene subjektiv-objektive Fehlerbegriff, unterscheidet sich der Sache nach nicht von der subjektiven Theorie. Die von dieser vorgenommenen Hervorhebung des objektiven Elementes, der Tauglichkeit zum normalen Gebrauch neben der subjektiven Beschaffenheitsvereinbarung für die Fälle, in denen dem Kaufvertrag keine konkreten Angaben über die Beschaffenheit zu entnehmen sind, ist überflüssig. Denn die subjektive Theorie ergänzt in dieser Konstellation den Inhalt der Vereinbarung durch dispositives Gesetzesrecht. Dazu näher Soergel/*Huber*, Vor § 459, Rn. 31; Staudinger/*Honsell*, § 459, Rn. 20; *Jakobs*, Gesetzgebung, S. 85 ff.

a. Subjektiver Fehlerbegriff

Die subjektive Theorie[139] definiert einen Fehler als jede dem Käufer ungünstige, nicht lediglich unerhebliche Abweichung der tatsächlichen Beschaffenheit (Istzustand) von der vertraglich vorausgesetzten oder gewöhnlichen Beschaffenheit (Sollbeschaffenheit), die den Wert oder die Gebrauchstauglichkeit der Sache aufhebt oder vermindert. Entscheidend für die Einordnung einer solchen Abweichung als Fehler ist folglich, als was und zu welchem Zweck die Sache verkauft wurde. Die Folge des subjektiven Fehlerbegriffs ist die Ausweitung des Anwendungsbereichs des § 459 Abs. 1 BGB. So wird beim Spezieskauf das Vorliegen eines Fehlers auch dann bejaht, wenn die Beschaffenheit der gelieferten Ware von der geforderten so stark abweicht, daß die Sache nicht mehr unter die beim Kauf angenommene Gattung fällt, sondern „etwas anderes" darstellt (Qualifikations-Aliud).[140] Für eine Falschlieferung (Identitäts-Aliud) und die daraus resultierende Anwendung der allgemeinen Vorschriften bleibt danach nur Raum, wenn eine andere Sache als die gekaufte geliefert wird - d.h. bei einer Objektsverwechslung.[141] Beim Gattungskauf[142] wird hingegen der Fehler dann bejaht, wenn entweder die gesamte Gattung für den nach dem Vertrag bestimmten Zweck ungeeignet ist oder die gelieferte Sache dem vertraglich festgelegten Qualitätsstandard nicht genügt (Qualitäts-Aliud).[143] Schließlich faßt die subjektive Theorie auch Umstands- und Mengenabweichungen unter den Fehlerbegriff.

b. Objektiver Fehlerbegriff

Die ehemals vorherrschende, vom Reichsgericht anfangs vertretene objektive Theorie[144] stellt auf die Abweichung der gelieferten Sache zur objektiven Normalbeschaffenheit ab. Entsprechend dem herkömmlichen Sprachgebrauch ergibt sich aus dem Vertrag lediglich die maßgebliche Gattung. Dementsprechend weist die gelieferte Sache dann einen Fehler auf, wenn ihr Zustand von der normalen Beschaffenheit anderer, derselben Gattung angehörender Ware abweicht. Vom objektiven Fehlerbegriff nicht umfaßt ist damit das Qualitäts-Aliud, das daher nicht unter das Gewährleistungsrecht fällt, sondern eine Sonderbehandlung erfährt.[145]

---

[139] Vgl. RGZ 70, 82, 85; 135, 339, 342; BGHZ 16, 54, 55; 52, 51, 54 f.; 90, 198, 202. Aus der Literatur MüKo/*Westermann*, § 459, Rn. 11; Soergel/*Huber*, Vor § 459, Rn. 29; *Larenz*, Bd. II/1, § 41 I a; Staudinger/*Honsell*, § 459, Rn. 18; *Walter*, S. 143.

[140] Vgl. BGHZ 63, 369, 371; BGH NJW 1980, 1619, 1621.

[141] Siehe Soergel/*Huber*, Vor § 459, Rn. 132; MüKo/*Westermann*, § 459, Rn. 15.

[142] Vgl. zum Fehlerbegriff beim Gattungskauf im einzelnen in diesem Kapitel D. III. 1.

[143] Vgl. BGH NJW 1975, 2011; 1984, 1955.

[144] Siehe RGZ 67, 86, 88; letzte Entscheidung i.d.S. 97, 351, 352. Heute wird diese Ansicht in der Literatur noch vereinzelt vertreten, beispielsweise von *Knöpfle*, S. 166, S. 265 ff., der den Fehlerbegriff unter gleichzeitiger Ausweitung des Zusicherungsbegriffs einschränken möchte.

[145] Vgl. *Reinicke/Tiedtke*, Rn. 266; Staudinger/*Honsell*, § 459, Rn. 24.

c. Bewertung

Vorteil des subjektiven Fehlerbegriffs ist, daß die Schwierigkeiten bei der Abgrenzung zwischen Qualitäts- und Gattungsabweichungen entfallen. Positiv zu vermerken ist auch, daß die Frage der Fehlerhaftigkeit nicht von außen bestimmt wird, sondern den Parteien, die den Maßstab vertraglich festgelegt haben, überlassen bleibt.[146] Dies wird dem Grundsatz der Privatautonomie der Parteien gerecht. Demgegenüber sprechen für die objektive Theorie der Gesetzeswortlaut sowie der Umstand, daß der objektive Fehlerbegriff im täglichen Sprachgebrauch vorherrscht.[147] Allerdings erfaßt die objektive Theorie mit ihrer engen Begriffsdefinition weitaus weniger Fallgruppen als die subjektive. Insbesondere der Ausschluß des Qualitäts-Aliuds entspricht nicht der erwünschten Funktionsfähigkeit des Gewährleistungsrechts.[148] So muß die objektive Theorie bei einem von ihr nicht anerkannten Mangel die Sachmängelhaftung entweder verneinen oder auf die scharfe, auf Schadensersatz gerichtete Zusicherungshaftung gemäß § 459 Abs. 2 BGB ausweichen.[149] Dies ist jedoch nicht im Sinne der Gesetzesverfasser, die letztere als Ausnahmeregelung sahen. Schließlich spricht für die subjektive Theorie der Umstand, daß sie anders als der objektive Fehlerbegriff die Gewährleistungsregeln auf die Vielzahl von unterschiedlichen Kaufgegenständen anzupassen vermag. Bei Abwägung dieser Argumente ist die Entscheidung für den subjektiven Fehlerbegriff gerechtfertigt.

2. Inhalt des Fehlerbegriffes

Der subjektive Fehlerbegriff stellt auf die Beschaffenheit der Kaufsache ab. Nur solche Umstände, die „in der Beschaffenheit des Kaufgegenstandes selbst ihren Grund haben, ihm selbst unmittelbar innewohnen, von ihm ausgehen"[150], lösen demnach die Fehlerhaftung des § 459 Abs. 1 BGB aus. Neben den natürlichen, physischen Qualitätsmängeln faßt die Rechtsprechung unter den Begriff der Beschaffenheit auch Beziehungen der Sache zu ihrer Umwelt, sofern diese von Dauer und überdies geeignet sind, den Wert oder die Brauchbarkeit derselben zu beeinträchtigen.[151] Damit können Umweltbeziehungen tatsächlicher, wirtschaftlicher, sozialer sowie rechtlicher Art die Beschaffenheit einer Sache ausmachen, soweit sie für den Gebrauch, den wirtschaftlichen Wert oder die Eignung zum vertraglich

---

[146] Vgl. Soergel/*Huber*, Vor § 459, Rn. 36; Staudinger/*Honsell*, § 459, Rn. 27; MüKo/*Westermann*, § 459, Rn. 10.

[147] So gingen die Verfasser des BGB vom objektiven Fehlerbegriff aus, (Motive II, S. 225, Denkschrift, S. 61), wobei die Formulierungen allerdings nicht einheitlich sind. Zur Begründung des objektiven Fehlerbegriffs durch den Wortlaut vgl. *Haymann* in RG-Festgabe (1929), Bd. III, S. 317, 318. - Ausführlich dazu ferner *Seiler*, S. 37 ff. m.w.N.

[148] Siehe MüKo/*Westermann*, § 459, Rn. 14 *Reinicke/Tiedtke*, Rn. 266; a.A. Knöpfle, S. 335 ff.

[149] Vgl. Staudinger/*Honsell*, § 459, Rn. 24; Soergel/*Huber*, Vor § 459, Rn. 33.

[150] BGHZ 70, 47, 49 f.

[151] Siehe RGZ 69, 355, 356; 101, 413, 416; 161, 330, 332; BGHZ 34, 32, 33; 52, 51, 53 ff.; BGH NJW 1978, 1429, 1430; 1986, 2824; 1989, 1793.

in Aussicht gestellten Zweck von Bedeutung sind.[152] Voraussetzung ist darüber hinaus, daß die Beziehungen zur Umwelt der Kaufsache selbst unmittelbar innewohnen.[153] Solche Umstände, die außerhalb der Kaufsache liegen, stellen sich damit nicht als Beschaffenheit derselben dar. Schließlich hat die Entscheidung für den subjektiven Fehlerbegriff den Anwendungsbereich des Gewährleistungsrechts erheblich ausgeweitet und damit gleichzeitig den der Anfechtung nach § 119 Abs. 2 BGB und der Regelung des § 306 BGB eingeengt. Dies war vom Reichsgericht, nachdem es sich gleichfalls der subjektiven Theorie angeschlossen hatte, auch beabsichtigt.[154]

II. Haftung für zugesicherte Eigenschaften

Die zweite Variante der Sachmängelhaftung des Verkäufers behandelt § 459 Abs. 2 BGB. Demgemäß haftet „(d)er Verkäufer (...) auch dafür, daß die Sache zur Zeit des Überganges der Gefahr die zugesicherten Eigenschaften hat." Gegenüber der Fehlerhaftung in Absatz 1 der Vorschrift stellt dies eine Erweiterung der Haftung des Verkäufers dar.

1. Abgrenzung zwischen Fehler und Eigenschaft

Notwendige Konsequenz der Subjektivierung des Fehlerbegriffs ist, daß sich die Definition der Eigenschaften, die der Verkäufer zusichern kann, nicht von den Beschaffenheitsmerkmalen der Fehlerhaftung unterscheidet. Das Fehlen einer zugesicherten Eigenschaft fällt damit gleichfalls unter den Fehlerbegriff des § 459 Abs. 1 BGB. Die Anwendungsbereiche von § 459 Abs. 1 und Abs. 2 BGB decken sich insoweit.[155]

Dennoch kommt der zugesicherten Eigenschaft auch eigenständige Bedeutung zu. Sie ermöglicht zum einen, daß auch unerhebliche Mängel zugesichert werden können. Zum anderen billigt sie dem Käufer einen Anspruch auf Schadensersatz wegen Nichterfüllung zu. Der Schwerpunkt der Abgrenzung zwischen den Anwendungsbereichen der beiden Absätze des § 459 BGB liegt folglich nicht mehr in

[152] Vgl. statt vieler Staudinger/*Honsell*, § 459, Rn. 38.

[153] RGZ 117, 315, 317; 148, 286, 294; BGHZ 70, 47, 49; 98, 100, 104; BGH NJW 1985, 2472, 2473; 1989, 1793.

[154] Vgl. RGZ 135, 339, 340, 342; *Reinicke/Tiedtke*, Rn. 274.

[155] So überzeugend *Larenz*, Bd. II/1, § 41 I b; Soergel/*Huber*, § 459, Rn. 39, 128; *Reinicke/Tiedtke*, Rn. 286; Staudinger/*Honsell*, § 459, Rn. 31 ff.; *Medicus*, SchR II, Rn. 44; *Immenga*, AcP 171 (1971), S. 1, 17; *Walter*, S. 156; MüKo/*Westermann*, § 459, Rn. 18. Dieses Ergebnis entspricht zwar nicht der vom Gesetzesgeber vorgegebenen Ausgangslage (objektiver Fehlerbegriff), ist aber Konsequenz der Erweiterung nach der subjektiven Theorie.

der Fehlerhaftigkeit der Sache, sondern bei der Frage, inwieweit der Verkäufer sich gegenüber dem Käufer rechtlich binden wollte.[156]

Nach Auffassung der Rechtsprechung gibt es hingegen auch Eigenschaften, die zwar zugesichert werden können, deren Nichtvorhandensein allerdings keinen Fehler darstellt.[157] Sie versteht den Begriff der Eigenschaft in § 459 Abs. 2 BGB damit weiter als den Beschaffenheitsbegriff. Hierzu ist kritisch anzumerken, daß die Rechtsprechung jedoch in nicht wenigen Fällen von ihrer eigenen Vorgabe abweicht. Sie stellt damit selbst wieder die Rechtsgültigkeit ihrer Differenzierung in Frage.[158] Im Ergebnis sind die von der Rechtsprechung verwandten Unterscheidungskriterien kaum brauchbar, weil sie zu unbestimmt und wenig eindeutig sind. Auch die Einschränkung des Fehlerbegriffs auf solche Eigenschaften, die der Sache selbst anhaften, hat wegen des heute anerkannten subjektiven Fehlerbegriffs keine Berechtigung mehr. Dieses Kriterium zur Haftungsbegrenzung ist in den Hintergrund gerückt, seitdem die Fehlerbestimmung mit überzeugender Begründung den Vertragsparteien überlassen ist.[159]

Als Ergebnis bleibt festzuhalten, daß eine Differenzierung zwischen Beschaffenheitsmerkmalen nach § 459 Abs. 1 BGB und Eigenschaften nach § 459 Abs. 2 BGB abzulehnen ist. Das Fehlen einer Eigenschaft stellt stets zugleich einen Fehler i.S.d. Absatz 1 dar, soweit die Parteien diese auch vertraglich vorausgesetzt haben. Die Unterscheidung zwischen den beiden Absätzen und damit zwischen den unterschiedlichen Rechtsfolgen erfolgt vielmehr danach, inwieweit für die Eigenschaft eine Zusicherung des Verkäufers vorliegt oder nicht. Die Grenzlinie verläuft zwischen der Beschaffenheitsangabe als bloße Voraussetzung einerseits und der gewichtigeren Zusicherung andererseits.

2. Die zugesicherte Eigenschaft

Nach § 459 Abs. 2 BG haftet der Verkäufer für eine zugesicherte Eigenschaft ebenso wie für einen Fehler nach § 459 Abs. 1 BGB. Während es sich bei der reinen Beschaffenheitsvereinbarung nach Absatz 1 nicht um eine Rechtsfolgenabrede handelt,[160] ist eine Zusicherung dann gegeben, wenn der Verkäufer die Gewähr für eine bestimmte Beschaffenheit im Bewußtsein seiner Einstandspflicht für das Erfüllungsinteresse übernimmt. Der Grund für die Haftung liegt damit in der durch

---

[156] Vgl. *Walter*, S. 156; *Herberger*, S. 124 ff.; MüKo/*Westermann*, § 459, Rn. 59; a.A. *Knöpfle*, NJW 1987, S. 801, 806.

[157] Siehe RGZ 161, 193, 194; 161, 330, 337; BGHZ 114, 263, 266 f.; BGH NJW 1992, 2564, 2565. Zustimmend die Vertreter der subjektiv-objektiven Theorie wie Enneccerus/*Lehmann*, § 108 II 1; *Larenz*, Bd. II/1, § 41 I b; *Fikentscher*, Rn. 704.

[158] So zu Recht *Schack*, AcP 185 (1985), S. 333, 339 f.

[159] So die herrschende Lehre *Esser/Weyers*, Bd. II, § 5 II 2 a; *Walter*, S. 157; Staudinger/*Honsell*, § 459, Rn. 37; *Immenga*, AcP 171 (1971), S. 1, 15 f.; *Reinicke/Tiedtke*, Rn. 286 sowie bereits Denkschrift, S. 63.

[160] Siehe MüKo/*Westermann*, § 459, Rn. 12, 18.

die Zusicherung übernommenen Garantie, für die er ohne Einschränkungen einzustehen hat.[161]

Im Unterschied zur Fehlerhaftung verschafft die Zusicherung dem Käufer eine weitaus günstigere Position. Einmal eröffnet sie dem Käufer nach den §§ 463 S. 1, 480 Abs. 2 BGB statt der Wandlung oder Minderung einen verschuldensunabhängigen Anspruch auf Schadensersatz wegen Nichterfüllung, gegebenenfalls beim Gattungskauf auch den Anspruch auf Ersatzlieferung. Ferner ist die Zusicherung nicht vom Haftungsausschluß des § 476 BGB erfaßt: Die formularmäßige Freizeichnung ist für Nichtkaufleute nach § 11 Nr. 11 AGBG unzulässig; die Vorschrift des § 9 AGBG führt bei Kaufleuten zum selben Ergebnis. Schließlich kann sich die Zusicherung anders als die Fehlerhaftung auch auf lediglich unerhebliche Eigenschaften beziehen. Trotz grober Fahrlässigkeit seitens des Käufers bleibt in diesem Fall sein Anspruch wegen Fehlens der zugesicherten Eigenschaft erhalten (§ 460 S. 2 BGB).

In der Zusicherung wird nach herrschender Auffassung[162] eine unselbständige Garantieerklärung des Verkäufers gesehen - eine Haftungsübernahme, die auf die scharfe Rechtsfolge des Schadensersatzes wegen Nichterfüllung gerichtet ist. Sie setzt sich aus zwei Elementen zusammen. Sie muß zum einen Bestandteil des Vertrages geworden sein,[163] zum anderen den Verpflichtungswillen des Verkäufers, für die Angaben einstehen zu wollen, zum Ausdruck bringen.[164] Erforderlich ist damit eine echte Zusicherung, die bindende Erklärung des Verkäufers, daß er für das Vorhandensein dieser Eigenschaften einsteht. Bereits ausreichend sind für die Bejahung der zugesicherten Eigenschaft eine stillschweigende Erklärung sowie schlüssiges Verhalten,[165] wobei jedoch allgemein anerkannt ist, daß bei einer solchen Feststellung grundsätzlich Zurückhaltung geboten ist.

---

161 Vgl. Protokolle I, S. 687 f.

162 Vgl. BGHZ 59, 158, 160 f., BGH NJW 1996, 2027 m.w.N.; Soergel/*Huber*, § 459, Rn. 139; Staudinger/*Honsell*, § 459, Rn. 125; *Reinicke/Tiedtke*, Rn. 297; dagegen zu Unrecht *Schack*, AcP 185 (1985), S. 333, 356; *Knöpfle*, S. 132 ff.

163 Vereinzelt wird die Ansicht vertreten, in der Zusicherung sei keine Vertragserklärung zu sehen, sondern eine einfache Zusage. Der Verkäufer hafte aus dem Gesetz heraus. Ferner ist *Schack* der Ansicht, daß ein Haftungswille des Verkäufers für die Zusicherung nicht vonnöten sei, denn alle tatsächlichen Erklärungen stellten Zusicherungen dar (AcP 185 (1985), S. 333, 356). Der Haftungsgrund liege allein in der Unrichtigkeit der Erkärung.

164 So bestimmte RGZ 54, 219, 223 als grundlegende Entscheidung, daß die „Erklärung vom Käufer als vertragsmäßige verlangt, vom Verkäufer in vertragsmäßig bindender Weise abgegeben" zu werden. Der Verpflichtungswille wurde u.a. in RGZ 70, 82, 86; BGHZ 48, 118, 122 gefordert. Weiterführend Soergel/*Huber*, § 459, Rn. 155 ff.; Staudinger/*Honsell*, § 459, Rn. 124; MüKo/*Westermann*, § 459, Rn. 56; *Herberger*, S. 124 ff.; *Reinicke/ Tiedtke*, Rn. 297; *Larenz*, Bd. II/1, § 41 I b. A.A. *Knöpfle*, NJW 1987, S. 801, 803 ff.

165 Statt vieler *Reinicke/Tiedtke*, Rn. 297; MüKo/*Westermann*, § 459, Rn. 60 ff.; in der Rechtsprechung grundlegend BGHZ 59, 158, 160; BGH NJW 1980, 1619, 1620; WM 1991, 1722,

III. Maßgeblicher Zeitpunkt

Nach dem Gesetzeswortlaut ist für beide Varianten der Sachmängelhaftung der maßgebliche Zeitpunkt der Übergang der Gefahr und nicht der Vertragsschluß.[166] Bis zum Gefahrübergang kann der Verkäufer somit einen bereits bei Vertragsschluß bestehenden Sachmangel noch beseitigen.[167] Nicht erforderlich ist, daß der Sachmangel bei Gefahrübergang erkennbar war. So reicht für die Haftung des Verkäufers aus, wenn der in Erscheinung getretene Sachmangel aus einer schon bei der Übergabe vorhandenen fehlerhaften Beschaffenheit resultiert.[168] Schließlich sei erwähnt, daß der Entstehungszeitpunkt für die Rechte des Käufers nicht der des Gefahrübergangs, sondern der Vertragsschluß bzw. die Entwicklung des Fehlers oder der Wegfall der zugesicherten Eigenschaft ist. Lediglich die Geltendmachung der Ansprüche ist auf den Zeitpunkt des Gefahrübergangs verschoben.[169]

Abweichend zu § 459 BGB stellt die Haftung auf Schadensersatz wegen Nichterfüllung beim Spezieskauf nach § 463 S. 1 BGB auf den Zeitpunkt des Kaufes ab. Dieser Umstand vermag jedoch nichts an der Regelung des § 459 Abs. 2 BGB zu ändern. Die zeitliche Vorverlagerung in § 463 S. 1 BGB soll lediglich sicherstellen, daß die zugesicherte Eigenschaft auch schon bei Vertragsschluß fehlen muß, wenn der Käufer Schadensersatz wegen Nichterfüllung geltend macht. Die scharfe Haftung auf Schadensersatz wird folglich nicht ausgelöst, wenn die Sache die zugesicherte Eigenschaft erst zwischen Vertragsschluß und Gefahrübergang verliert.[170]

IV. Ausschluß der Mängelhaftung

Neben der Möglichkeit, die Haftung des Verkäufers vertraglich[171] auszuschließen bzw. zu beschränken, führt auch das Gesetz verschiedene Fälle des Ausschlusses

---

1723; 1996, 1592. A.A. *Schack*, AcP 185 (1985), S. 333, 352, der eine stillschweigende Zusicherung nach seiner Definition der Zusicherung folgerichtig ablehnt.

166 Auf einen späteren Zeitpunkt als den Gefahrübergang stellten die Gesetzesverfasser aus zwei Gründen nicht ab: zum einen um den Verkäufer nach Gefahrübergang nicht mehr mit dem Veränderungsrisiko, insbesondere für Zufallsschäden, zu belasten, zum anderen wegen der vom Verschulden unabhängigen Rechtsfolgen. Vgl. Soergel/*Huber*, § 459, Rn. 78.

167 Vgl. BGH NJW 1990, 901.

168 Siehe dazu statt vieler *Walter*, S. 178; Soergel/*Huber*, § 459, Rn. 87.

169 Siehe *Larenz*, Bd. II/1, § 41 I c sowie *Herberger*, S. 153 f., 170; a.A. die Rechtsprechung beispielsweise in BGHZ 34, 32, 34. Die von der Rechtsprechung gezogene Schlußfolgerung, *vor* dem Gefahrübergang habe der Käufer noch keine Rechte aus der Gewährleistungshaftung, ist nicht zutreffend. Sie resultiert aus dem von dieser fälschlicherweise angenommenen Entstehungszeitpunkt der Sachmängelhaftung.

170 Siehe Soergel/*Huber*, § 463, Rn. 9; Palandt/*Putzo*, § 463, Rn. 8.

171 Das ergibt sich aus § 476 BGB sowie aus dem Grundsatz der Vertragsfreiheit. Hier soll jedoch weder auf § 476 BGB, der den Inhalt und die Wirksamkeit des vertraglichen Haftungs-

der Gewährleistungshaftung an.[172] Hintergrund für die Regelung dieser gesetzlichen Ausschlußgründe sind neben der in einigen Fällen fehlenden Schutzwürdigkeit des Käufers das überwiegende Verkäuferinteresse an der Beständigkeit des Vertrages sowie das generelle Bedürfnis beider Parteien nach schneller Vertragsabwicklung.[173]

Gemäß § 460 S. 1 BGB hat der Verkäufer einen Mangel nicht zu vertreten, wenn der Käufer diesen bei Abschluß des Vertrages kannte. Übersieht der Käufer den Mangel grob fahrlässig (§ 460 S. 2 BGB), haftet der Verkäufer lediglich dann, wenn er den Fehler arglistig verschwiegen bzw. die Abwesenheit des Fehlers zugesichert hat. Der Haftungsausschluß mindert für beide Vertragsparteien die Kosten und Risiken der Vertragsdurchführung. Da der Käufer den Schutz des Gewährleistungsrechts nicht verdient, wäre es widersprüchlich, diesem trotz Kenntnis vom Mangel Ansprüche wegen desselben zu gewähren. Folge des Ausschlusses ist, daß sämtliche Sachmängelansprüche des Käufers dem Grunde nach entfallen - er muß die Sache als vertragsgemäß geltend lassen.[174]

Darüber hinaus entfällt nach § 464 BGB die Haftung für Mängel, wenn der Käufer die ihm angebotene Sache in Kenntnis des Mangels als Erfüllung annimmt. In diesem Fall darf der Verkäufer die Annahme als einen Verzicht auf die dem Käufer zustehenden Ansprüche werten.[175] Im Unterschied zu § 460 BGB, der auf die Kenntnis des Käufers bei Kaufabschluß abstellt, kommt es bei § 464 BGB auf die Kenntnis bei der Annahme der Kaufsache an. Bemerkt der Käufer erst zu einem Zeitpunkt nach der Annahme, daß die Ware mit einem Mangel behaftet ist, verliert er seine Sachmängelansprüche nicht. Für die Geltendmachung der Ansprüche läuft die kurze Frist des § 477 BGB. Praxisrelevanz erlangt die Vorschrift des § 464 BGB für die Kenntnisnahme des Käufers im Zeitraum zwischen Vertragsabschluß und Übergabe der Sache.

Jedoch ist die praktische Bedeutung des § 464 BGB durch die handelsrechtliche Erweiterung der Untersuchungs- und Rügepflicht in den §§ 377, 378 HGB erheblich eingeschränkt. Bei einem erst nach der Annahme geltend gemachten Mangelanspruch ist zumeist bereits die Rügepflicht verletzt, so daß dem Käufer aus die-

---

ausschlusses regelt, noch auf die inhaltlich damit zusammenhängenden Vorschriften des AGBG zum Gewährleistungsausschluß näher eingegangen werden.

172 Ausführlich zum gesetzlichen Gewährleistungsausschluß *Köhler*, JZ 1989, S. 761 ff.

173 Vgl. *Larenz*, Bd. II/1, § 41 I d.

174 Siehe MüKo/*Westermann*, § 460, Rn. 1; Soergel/*Huber*, § 460, Rn. 1; Staudinger/*Honsell*, § 459, Rn. 1.

175 Vgl. Motive II, S. 229 f.; ebenso RGZ 64, 236, 238; 101, 64, 73, BGHZ 50, 364, 366; aus der Literatur MüKo/*Westermann*, § 464, Rn. 2; Staudinger/*Honsell*, § 464, Rn. 1; *Walter*, S. 220. A.A. *Larenz*, Bd. II/1, § 41 I d 3, der die Begründung darin sieht, daß der Käufer durch sein Schweigen in Verbindung mit der Annahme einen Tatbestand schaffe, auf den der Verkäufer vertrauen dürfe. Der Verlust seiner Ansprüche sei die gesetzliche Folge seines Verhaltens.

sem Grund keine Ansprüche mehr zustehen.[176] Bei einem beiderseitigen Handelskauf ist der Käufer nach § 377 HGB verpflichtet, die Ware nach der Lieferung unverzüglich zu untersuchen und, wenn sich ein Mangel zeigt, diesen dem Verkäufer ebenso unverzüglich anzuzeigen. Unterbleibt die Rüge, verliert der Käufer seine Rechte bezüglich aller Mängel, die er bei der Untersuchung hätte erkennen können.[177] Denn die Ware gilt nach dem Gesetz als genehmigt. Damit tritt im Handelskauf unter Umständen der Rechtsverlust auch ohne die positive Mängelkenntnis seitens des Käufers ein.[178] War der Mangel hingegen bei der Untersuchung noch nicht erkennbar, verliert der Käufer seine Rechte erst dann, wenn er den Mangel nicht unverzüglich nach der Entdeckung anzeigt (§ 377 Abs. 3 HGB). Diese Bestimmungen gelten auch, wenn eine andere als die bedungene Ware oder eine andere als die bedungene Menge geliefert wird, sofern nicht die Lieferung offensichtlich von der Bestellung so erheblich abweicht, daß der Verkäufer die Genehmigung des Käufers als ausgeschlossen betrachten mußte (§ 378 HGB). Anders als bei § 464 BGB steht bei der Rügelast der Gedanke im Vordergrund, daß der Handelsverkehr einer klaren und schnellen Abwicklung bedarf. Der Verkäufer hat ein Interesse daran, möglichst frühzeitig über das Vorhandensein eines Mangels informiert zu werden, um etwaige weitere Schäden abzuwenden. Zudem wird die Beweissicherung mit Zeitablauf zunehmend schwieriger. Darüber hinaus soll der Verkäufer davor geschützt werden, daß der Käufer durch späteres Nachschieben von Beanstandungen Sachmängelansprüche geltend macht.[179]

Schließlich ist nach § 461 BGB die Gewährleistungshaftung bei öffentlichen Pfandversteigerungen ausgeschlossen, da die rechtmäßig erlangten Rechte des Käufers an der Sache nicht durch Gewährleistungsansprüche beeinträchtigt werden sollen.

V. Arglistiges Handeln des Verkäufers

Neben der Haftung für Sachmängel stehen zwei weitere Fälle: Zum einen hat der Verkäufer für arglistiges Verschweigen eines Fehlers (§ 463 S. 2 BGB) und zum anderen für arglistiges Vorspiegeln einer Eigenschaft einzustehen. Den letztgenannten Fall hat der Gesetzgeber zwar nicht ausdrücklich geregelt, nach ständiger Rechtsprechung steht er jedoch dem arglistigen Verschweigen eines Fehlers gleich.[180] Der Grund dafür, den arglistig Handelnden nach § 463 S. 2 BGB auf

---

176 Das Reichsgericht (RGZ 64, 236, 237 ff.) sah für die Obliegenheiten des Käufers nach beiden Vorschriften weder eine inhaltliche noch eine zeitliche Deckung. Es sei kein innerer Grund dafür ersichtlich, § 464 BGB beim beiderseitigen Handelskauf nicht anzuwenden.

177 Vgl. Baumbach/*Hopt*, § 377 HGB, Rn. 3.

178 Siehe *Basedow*, Gutachten, S. 58.

179 Siehe BGH WM 1975, 562, 563; BB 1978, 1489; Soergel/*Huber*, § 464, Rn. 5, *Reinicke/Tiedtke*, Rn. 882; *Larenz*, Bd. II/1, § 41 I d 4; Baumbach/*Hopt*, § 377 HGB, Rn. 1.

180 Allgemeine Meinung, vgl. grundlegend RGZ 66, 335, 338; 103, 154, 160; BGH DB 1969, 2082; NJW 1992, 170, 171; NJW-RR 1992, 1076; Enneccerus/*Lehmann*, § 108 III 1 c; Mü-

Schadensersatz wegen Nichterfüllung haften zu lassen, liegt in dem Bedürfnis, einen „unredlichen Veräußerer (...) im Interesse tunlichster Sicherung des Verkehres mit empfindlichen Nachteilen zu bedrohen".[181] Gegenüber einem zusichernden Verkäufer soll der arglistige Verkäufer nicht weniger scharf haften. Es handelt sich bei der Arglist jedoch nicht um einen Fall der fingierten Zusicherung; vielmehr stellt die mangelhafte Lieferung eine Nichterfüllung dar.[182]

Der Begriff der Arglist setzt keine betrügerische Absicht des Verkäufers voraus. Es reicht aus, daß der Verkäufer den Mangel bzw. das Nichtvorhandensein der Eigenschaft kennt oder mit deren Fehlen rechnet. Daraus ist zu schlußfolgern, daß der Verkäufer bewußt etwas verschweigt, um den Kaufentschluß des Käufers zu beeinflussen.[183] Demgegenüber genügen grobe oder einfache Fahrlässigkeit für die Annahme der Arglist selbst dann nicht, wenn der Verkäufer bewußt fahrlässig handelt.[184] Beim arglistigen Verschweigen handelt es sich um einen Unterlassungstatbestand, so daß das Verschweigen dem Verkäufer nur dann zum Nachteil gereicht, wenn eine Offenbarungspflicht besteht.[185] Bejaht werden kann diese Offenbarungspflicht für alle Umstände, die für die Entschließung des Käufers maßgeblich sind. Dabei beeinflußt die Qualifikation der jeweiligen Vertragspartei sowohl den Umfang als auch den Inhalt dieser Pflicht. Ebenso wie beim Fehlen einer zugesicherten Eigenschaft muß die Arglist des Verkäufers zum Zeitpunkt des Vertragsschlusses vorliegen (§ 463 S. 2 BGB). Erlangt der Verkäufer erst im Zeitraum zwischen Vertragsschluß und Erfüllung von dem Mangel Kenntnis, begründet dies keine Schadensersatzhaftung.[186]

C. Rechtsbehelfe des Käufers beim Stückkauf

Die Vorschrift des § 462 BGB eröffnet dem Käufer einer mit einem Mangel behafteten Speziessache zwei alternativ nebeneinander stehende Rechtsbehelfe: Zum einen kann er die Rückgängigmachung des Kaufvertrages (Wandlung) verlangen,

---

Ko/*Westermann*, § 463, Rn. 10; Erman/*Grunewald*, § 463, Rn. 8; *Larenz*, Bd. II/1, § 41 II c 3; Staudinger/*Honsell*, § 463, Rn. 45.

[181] Motive II, S. 229.

[182] Vgl. Soergel/*Huber*, § 463, Rn. 3.

[183] Siehe RGZ 96, 345, 346; 134, 43, 53; BGHZ 63, 382, 388; aus der neueren Rechtsprechung BGH NJW 1990, 42; 1992, 1953, 1954; Staudinger/*Honsell*, § 463, Rn. 28; *Reinicke/Tiedtke*, Rn. 456.

[184] BGHZ 60, 319, 322. Nach höchstrichterlicher Rechtsprechung reichen allerdings unrichtige Angaben „ins Blaue hinein" für die Annahme von Arglist aus, vgl. BGHZ 63, 382, 388; BGH NJW 1981, 1441, 1442; NJW-RR 1992, 1081.

[185] RGZ 62, 149, 151; 69, 13, 15; 77, 309, 314; BGHZ 109, 327, 330; BGH NJW-RR 1992, 333, 334; Staudinger/*Honsell*, § 463, Rn. 35; *Walter*, S. 175; MüKo/*Westermann*, § 463, Rn. 5 ff. A.A. Soergel/*Huber*, § 463, Rn. 24, der zwar die besondere Feststellung einer Offenbarungspflicht nicht verlangt, aber dennoch zum selben Ergebnis gelangt.

[186] Siehe BGH NJW 1989, 2051, 2052; Staudinger/*Honsell*, § 463, Rn. 10; Soergel/*Huber*, § 463, Rn. 30; *Walter*, S. 179.

d.h. die Befreiung der von ihm geschuldeten Kaufpreiszahlung bzw. die Rückzahlung des bereits geleisteten Kaufpreises. Zum anderen steht ihm die Herabsetzung des Kaufpreises (Minderung) zu. Unter den besonderen Voraussetzungen des § 463 BGB kann der Käufer statt dessen auch Schadensersatz wegen Nichterfüllung geltend machen. Ein Anspruch auf Beseitigung des Mangels bzw. auf Lieferung einer mängelfreien Sache steht dem Spezieskäufer nach dem Gesetz hingegen nicht zu.

I. Wandlung

Die Rückgängigmachung des Kaufvertrages hat nach § 467 BGB zur Folge, daß der Käufer die Rückzahlung des von ihm entrichteten Kaufpreises gegen die Rückgabe der mangelhaften Sache nach den Vorschriften des vertraglichen Rücktrittsrechts (§§ 346 ff. BGB) verlangen kann. Der Hauptgedanke bei der Durchführung der Wandlung ist die Befreiung des Käufers von den Folgen des geschlossenen Vertrages. Der Erwerber soll demzufolge so gestellt werden, als habe er sich auf den Vertrag nicht eingelassen.[187] Das Pendant dazu stellt die Rückgabepflicht des Käufers dar. Er hat dem Verkäufer die mangelhafte Sache sowie etwaige gezogene Nutzungen zurückzugeben. Beide Vertragsparteien haben einander so zu stellen, als sei der Kaufvertrag von vornherein nicht geschlossen worden.[188]

Das Gesetz sieht für die Wandlung ein zweistufiges Verfahren vor. Zunächst steht dem Käufer bei Vorliegen eines Mangels der Anspruch auf Wandlung zu, d.h. er kann von dem Verkäufer die Wandlung des Kaufes verlangen. Erst wenn der Verkäufer sich mit diesem Wandlungsbegehren einverstanden erklärt, ist nach § 465 BGB die Wandlung vollzogen. Anders als beim vertraglichen Rücktrittsrecht reicht eine einseitige Erklärung des Käufers gegenüber dem Verkäufer nicht aus. Erst mit dem Vollzug der Wandlung wird zum einen das Schuldverhältnis in ein Abwicklungsverhältnis umgestaltet[189] mit der Folge, daß dem Käufer die Ansprüche aus § 467 BGB zustehen. Zum anderen löst der Vollzug noch weitere Rechtsfolgen aus. Der Verkäufer verliert die Verjährungseinrede des § 477 BGB. Er kann des weiteren dem Käufer nicht mehr entgegenhalten, die Sache sei mangelhaft, da der Mangel nicht mehr streitig ist. Schließlich ist der Käufer an den von ihm gewählten Rechtsbehelf gebunden; er verliert sein Wahlrecht, das *ius variandi*.[190] Der Anspruch aus der Wandlung unterliegt - anders als der Anspruch auf Wandlung - den allgemeinen Vorschriften, so daß er auch nicht unter die kurze Verjährungsfrist des § 477 BGB fällt.

---

[187] Vgl. Motive II, S. 230.

[188] Vgl. BGHZ 81, 298, 307; aus der Literatur statt aller Soergel/*Huber*, § 465, Rn. 15.

[189] Siehe statt vieler *Larenz*, Bd. II/1, § 41 II a sowie ausführlich *Leser*, S. 157 ff.

[190] Vgl. BGHZ 29, 148, 156 f.; BGH NJW 1996, 2647, 2648; Soergel/*Huber*, § 462, Rn. 30; Palandt/*Putzo*, § 462, Rn. 3; Soergel/*Huber*, § 462, Rn. 39.

1. Durchführung der Wandlung

Hier taucht das Problem auf, wie der Käufer sein Wandlungsbegehren gegenüber dem Verkäufer durchsetzen kann, wenn jener sich mit der Wandlung nicht einverstanden erklärt. Den gesetzlichen Vorschriften zufolge müßte der Käufer zwei Klagen erheben: erst auf die Einverständniserklärung des Verkäufers und anschließend auf die Rückzahlung des Kaufpreises. Die Gesetzesverfasser haben sich bei der Regelung der Wandlung bewußt gegen die Form eines Gestaltungsrechts entschieden, anders als beim gesetzlichen Rücktritt im Falle von Verzug oder Unmöglichkeit.[191] Der Käufer sollte nicht an sein Wandlungsbegehren gebunden sein, solange der Verkäufer sich diesem noch widersetzte. Schließlich habe er bis zur Einverständniserklärung des Verkäufers ein schutzwürdiges Interesse an seinem *ius variandi*. Trotzdem ging der Gesetzgeber davon aus, daß der Käufer in der Rechtspraxis direkt auf Rückzahlung des Kaufpreises klagen können sollte.[192]

In der Literatur stehen sich unterschiedliche Meinungen zur Rechtsnatur des Wandlungsrechts und damit zum Zustandekommen der Wandlung gegenüber. Die Rechtsprechung schloß sich hingegen von Anbeginn der Auffassung der Gesetzesverfasser an und vermied es nachfolgend, für eine der Parteien Stellung zu beziehen.[193] Demzufolge hat der Theorienstreit auf die praktischen Ergebnisse der Rechtsprechung, die sich unmittelbar aus dem Gesetz ableiten lassen und den Interessenlagen der Vertragsparteien durchaus gerecht werden, kaum Auswirkungen. Vielmehr sind die Entscheidungen der Rechtsprechung in der Literatur auf allgemeine Zustimmung gestoßen.[194] Im folgenden sollen die sich gegenüberstehenden Ansichten kurz dargestellt werden.

Die Vertragstheorie[195] läßt das Rückgewährschuldverhältnis zwischen den Vertragsparteien erst in dem Zeitpunkt entstehen, in dem sich der Verkäufer mit dem Verlangen des Käufers einverstanden erklärt hat. Der Käufer muß folglich den Verkäufer zunächst auf Abgabe der Einverständniserklärung verklagen, worauf der mit Rechtskraft des Urteils zustandegekommene Wandlungsvertrag sodann den Kaufvertrag aufhebt. Diese Klage auf Einverständnis kann der Käufer allerdings

---

[191] Siehe Protokolle I, S. 676 ff. Ausführlich zur Entstehungsgeschichte *Leser*, S. 80 ff. Allgemein Staudinger/*Honsell*, § 462, Rn. 4; MüKo/*Westermann*, § 462, Rn. 4; *Fikentscher*, Rn. 722.

[192] Vgl. Protokolle I, S. 680 sowie zum Ausgangspunkt des Gesetzes bei der Vertragstheorie Protokolle I, S. 710, wonach es ausreichen sollte, daß man lediglich auf Rückzahlung des Kaufpreises klagt.

[193] So grundlegend RGZ 58, 423, 425; 70, 198, 199; BGHZ 29, 148, 154 f.; BGH WM 1983, 1391, 1392. Weitere Nachweise *Leser*, S. 240 f. - Nach ständiger gerichtlicher Praxis kann der Käufer im Streitfall sogleich seine Ansprüche *aus* der Wandlung gerichtlich geltend machen.

[194] Siehe statt aller Soergel/*Huber*, § 462, Rn. 48; *Larenz*, Bd. II/1, § 41 II a.

[195] Vertreter dieser Theorie sind *Leonhard*, § 31, S. 67 ff.; *Oertmann*, § 465, Rn. 1 d, S. 616 m.w.N.

mit der Rückgewährklage verbinden. Trotz der für diese Ansicht sprechenden Argumente - das Gesetz verweise gerade nicht auf § 349 BGB, wonach der Rücktritt durch Erklärung erfolge; auch finde sie im Wortlaut der §§ 465, 467 BGB Unterstützung - ist die Vertragstheorie wegen der ihr fehlenden Praktikabilität abzulehnen. Heute wird sie nicht mehr ernsthaft vertreten.

Nach der Herstellungstheorie[196] hat der Käufer sogleich einen Anspruch auf Herstellung des Zustandes, der der vollzogenen Wandlung entspricht, ohne daß es vorher der Verurteilung des Verkäufers zur Abgabe einer Willenserklärung bedarf. Der Käufer kann also von vornherein nach § 462 BGB die Rückgängigmachung des Kaufvertrages verlangen. Zur Vollziehung der Wandlung benötigt er weder einen Wandlungsvertrag noch ein Gestaltungsurteil. Eine Unterscheidung zwischen den Ansprüchen auf bzw. aus Wandlung nimmt diese Theorie nicht vor. Demgemäß soll § 465 BGB lediglich bei einer einverständlichen Regelung zwischen den Parteien Anwendung finden. Die Herstellungstheorie stützt sich auf das praktische Bedürfnis, den Umweg über die Klage auf Einverständnis zu vermeiden. Dennoch ist sie mit dem Wortlaut des § 467 BGB nicht vereinbar, der ein einseitiges Wandlungsbegehren des Käufers gerade nicht ausreichen läßt.[197]

Schließlich findet sich mit der modifizierten Vertragstheorie[198], auch bekannt unter der Bezeichnung der Theorie des richterlichen Gestaltungsaktes, eine dritte Auffassung. Sie läßt den Anspruch auf Rückzahlung des Kaufpreises erst mit der Vollziehung der Wandlung entstehen. Erklärt der Verkäufer allerdings sein Einverständnis nicht, kann der Käufer sofort auf Rückzahlung des Kaufpreises klagen. In diesem Begehren liege sinngemäß das Verlangen nach Vollziehung der Wandlung.[199] Das stattgebende Urteil enthalte ein Gestaltungsurteil, das den Kaufvertrag in ein Rückgewährschuldverhältnis umgestaltet. Im Unterschied zur Vertragstheorie muß der Käufer nach dieser Theorie nicht zwei Prozesse führen, er wird in der Wahrnehmung seiner Belange weniger behindert. Allerdings spricht auch ein gewichtiges Argument gegen die in der Lehre vorherrschende modifizierte Vertragstheorie: Denn sie steht mit ihren Rechtsfolgen in Widerspruch zu zivilprozeßrechtlichen Wertentscheidungen.[200] In konsequenter Anwendung müßte beispielsweise das Gestaltungsurteil bei Erhebung einer Teilklage über den Rechtsstreit hinaus

---

196 Vertreten u.a. mit einzelnen Unterschieden von Ennerccerus/*Lehmann*, § 110 I 2; *Leser*, S. 235 ff.; *Reinicke/Tiedtke*, Rn. 367 ff.; Soergel/*Huber*, § 462, Rn. 49; Jauernig/*Vollkommer*, § 462, Rn. 4; *Blomeyer*, AcP 151 (1950/51), S. 97 ff.

197 Die Vertreter der Herstellungstheorie verzichten auf die Umgestaltung des Kaufvertrages. Mit Entstehung des Wandlungsrechts kommt dem Käufer ohne Schaffung eines Rückgewährschuldverhältnisses kraft Gesetz das Recht auf Wandlung und damit auf Rückzahlung des Kaufpreises bzw. Befreiung von der Leistungspflicht zu. Vgl. *Reinicke/Tiedtke*, Rn. 369.

198 Vertreten von *Larenz*, Bd. II/1, § 41 II a, *Herberger*, S. 117 ff.; *Brox*, Bes. SchR, Rn. 77; Palandt/*Putzo*, § 465, Rn. 5; *Walter*, S. 181; *Fikentscher*, Rn. 722.

199 So *Larenz*, Bd. II/1, § 41 II a.

200 Siehe dazu *Blomeyer*, AcP 151 (1950/51), S. 97, 106 ff.; Erman/*Grunewald*, § 462, Rn. 11; Staudinger/*Honsell*, § 465, Rn. 19; *Reinicke/Tiedtke*, Rn. 357.

Bindungswirkungen für eine spätere zweite Teilklage haben. Begrenzt man hingegen zur Vermeidung dieses Widerspruchs in dieser Konstellation das erste Urteil auf den in diesem Prozeß eingeklagten Betrag,[201] unterscheidet sich diese Theorie kaum noch von der Herstellungstheorie.

2. Rückabwicklung

Nach Vollziehung der Wandlung, die den Verlust des *ius variandi* zur Folge hat, richtet sich die Rückabwicklung gemäß § 467 S. 1 BGB nach den Vorschriften des vertragsmäßigen Rücktrittsrechts, §§ 346 ff. BGB. Dabei erhält das vertragliche Schuldverhältnis ex nunc die Gestalt eines Rückabwicklungsverhältnisses, ohne daß dadurch der Rechtsgrund für die erbrachten Leistungen vernichtet ist.[202] Eine erfolglose Nachfristsetzung wie der Rücktritt im allgemeinen Schuldrecht setzt die Wandlung nicht voraus, selbst nicht für den Fall, daß die Beseitigung des Mangels durch Nachbesserung oder beim Gattungskauf durch Ersatzlieferung möglich wäre.[203] Beide Parteien sind nach den Rücktrittsvorschriften verpflichtet, sich einander in die Lage zu versetzen, die ohne Vertragsschluß bestanden hätte.[204] Problematisch ist in diesem Zusammenhang, daß die für den vertraglich vorbehaltenen Rücktritt geltenden Vorschriften nicht uneingeschränkt auf die Situation der für beide Vertragsparteien nicht vorhersehbaren Wandlung passen. Auffällig ist dies insbesondere bei der in den Vorschriften zum Ausdruck kommenden Risikoverteilung - bei Beschädigung oder Zerstörung der zurückzugebenden Sache sowie beim Verwendungsersatz. Die in diesen Bestimmungen enthaltenen Regelungen bieten lediglich in begrenztem Umfang eine angemessene Konfliktlösung. In bezug auf die Wandlung sind daher verschiedene Korrekturen vorzunehmen.[205]

a. Ausschluß der Wandlung

Der Rückabwicklung des Kaufvertrages kann der Ausschluß der Wandlung entgegenstehen. So regeln die §§ 350–353 BGB für den Zeitraum bis zum Vollzug der Wandlung, inwieweit das Rücktrittsrecht des Käufers im Hinblick auf die gelieferte Kaufsache ausgeschlossen ist.[206] Neben diesen gesetzlichen Vorschriften

---

[201] Diese Lösung schlagen *Larenz* (Bd. II/1, § 41 II) und Staudinger/*Honsell* (§ 465, Rn. 19) vor.

[202] Ausführlich zum Rückabwicklungsverhältnis *Leser*, S. 150 ff.

[203] Vgl. Soergel/*Huber*, Vor § 459, Rn. 3. - Vgl. oben Kapitel 1, B. III. 2.

[204] Siehe Motive II, S. 230, 280.

[205] Dazu MüKo/*Westermann*, § 467, Rn. 1; *Walter*, S. 180, 186. A.A. Soergel/*Huber*, § 467, Rn. 5, 8 sowie Staudinger/*Kaiser*, § 351, Rn. 25, die ausführen, daß der Gesetzgeber nicht die Regeln des vertraglichen Rücktritts, sondern die gemeinrechtlichen Vorschriften der Wandlung zum Vorbild für die §§ 346 ff. BGB gewählt habe. Die angesprochenen Korrekturen stünden zu dem Gesetzeswortlaut und der erklärten Absicht des Gesetzgebers im Widerspruch.

[206] Vgl. RGZ 59, 97, 99; BHG NJW 1960, 237. Aus der Literatur Staudinger/*Honsell*, § 467, Rn. 4; MüKo/*Westermann*, § 467, Rn. 2; Soergel/*Huber*, § 467, Rn. 16.

kann ein Ausschluß der Wandlung ferner durch Verwirkung nach § 242 BGB[207] oder durch Verzicht in Betracht kommen.

aa. Gesetzliche Ausschlußgründe

Nach § 350 BGB ist die Wandlung nicht ausgeschlossen, wenn die Kaufsache infolge eines Zufalls untergegangen ist. Aufgrund des damit verbundenen „Zurückspringens" der Gefahrtragung kann der Käufer den gezahlten Kaufpreis zurückverlangen, ohne selbst Ersatz leisten zu müssen. Demgegenüber erhält der Verkäufer weder seine Ware zurück noch einen Wert- oder Schadensersatz.[208]

Im Gegensatz dazu ist die Wandlung nach § 351 BGB ausgeschlossen, wenn der Käufer eine wesentliche Verschlechterung, den Untergang oder eine sonstige Unmöglichkeit der Herausgabe der Sache verschuldet hat. Keine Anwendung findet dieser Ausschlußgrund bei einer lediglich unwesentlichen Verschlechterung sowie in den Fällen, in denen die Sache zeitlich nach Vollziehung der Wandlung untergegangen ist. Der Käufer kann in diesen Fällen dennoch wandeln, allerdings besteht für ihn die Schadensersatzpflicht nach § 347 BGB. Über den Verschuldensbegriff in § 351 BGB werden zum einen die Zulässigkeit der Wandlung beim Untergang der Kaufsache, zum anderen der damit in Zusammenhang stehende Anwendungsbereich der Gefahrtragungsregel § 350 BGB bestimmt. Denn der Begriff des Zufalls in § 350 BGB ist gleichsam der Gegenbegriff zum Verschulden in § 351 BGB. Je weiter man also den Verschuldensbegriff in § 351 BGB ausdehnt, desto weniger Raum verbleibt für den Anwendungsbereich des § 350 BGB.[209]

Darüber hinaus verliert der Käufer sein Wandlungsrecht nach § 352 BGB wegen einer von ihm durchgeführten Verarbeitung oder Umbildung in eine neue Sache. Die Vorschrift des § 467 S. 1 HS. 2 BGB modifiziert diese Regelung zum Schutz des wandlungsberechtigten Käufers dahingehend, daß sein Recht zur Wandlung nicht ausgeschlossen ist, wenn der Mangel sich erst bei diesem Vorgang zeigt.

Nach § 353 BGB entfällt schließlich das Recht des Käufers zur Wandlung, wenn er die Sache veräußert oder belastet hat und bei diesem Dritten die Voraussetzungen der §§ 351, 352 BGB eingetreten sind. Diese Vorschrift findet jedoch nur dann Anwendung, wenn die Veräußerung oder die Belastung als solche nicht schon unter § 351 BGB fallen.

---

207 Siehe dazu im einzelnen MüKo/*Westermann*, § 467, Rn. 8; Staudinger/*Honsell*, § 467, Rn. 16 ff.

208 Kritisch hierzu *Leser*, S. 190 f.; *Larenz*, Bd. I, § 26 b; *v. Caemmerer* in FS *Larenz* (1973), S. 621, 629 ff.; *E. Wolf*, AcP 153 (1954), S. 97, 140.

209 Siehe Staudinger/*Honsell*, § 467, Rn. 6; MüKo/*Janßen*, § 350, Rn. 5 f.; Soergel/*Huber*, § 467, Rn. 61; *Glaß*, S. 14.

bb. Der Verschuldensbegriff bei der Wandlung

Für die Anwendung des in § 351 BGB gebrauchten Verschuldensbegriffs auf die Wandlung ist zudem die Verschiedenheit des gesetzlichen vom vertraglichen Rücktrittsrecht zu beachten. Denn anders als beim vertraglichen Rücktrittsrecht muß der wandlungsberechtigte Käufer nicht stets mit der Möglichkeit des Rücktritts rechnen. Für ihn besteht keine Pflicht zum sorgfältigen Umgang mit der Sache, die er vermeintlich als schon endgültige Leistung des Verkäufers empfangen hat. Bis zu dem Zeitpunkt, in dem der Käufer die tatsächlichen Voraussetzungen seines Wandlungsrechts kennt oder kennen muß, darf er von der Endgültigkeit seines Erwerbes ausgehen. Als Konsequenz daraus sind vor und nach Kenntnisnahme vom Wandlungsgrund verschiedene Maßstäbe an den Verschuldensbegriff in § 351 BGB anzulegen.[210]

Bis zum Zeitpunkt der Kenntnisnahme paßt für den Verschuldensbegriff in § 351 BGB das echte Verschulden des § 276 BGB i.S.v. Fahrlässigkeit und Vorsatz nicht. Dies ist für das Wandlungsrecht unbestritten. Denn § 351 BGB stellt einen Anwendungsfall des Verbotes des *venire contra factum proprium* dar.[211] Teilweise wird deshalb vertreten, daß jede Veränderung der Sache, die auf einer freien Handlung des Käufers beruht, vor der Kenntnisnahme ein Verschulden darstelle.[212] Diese reine Verursachungshaftung geht über den Verschuldensmaßstab des § 276 BGB hinaus und soll der Eingrenzung des § 350 BGB dienen. Die herrschende Auffassung versteht demgegenüber unter dem Verschuldensbegriff nur das „Verschulden gegen sich selbst", d.h. die Verletzung der Sorgfalt in eigenen Angelegenheiten.[213] Nach dieser Ansicht ist das Wandlungsrecht des Käufers dann ausgeschlossen, wenn er die Sache in zurechenbarer Weise einer über das normale Maß hinausgehenden Gefahr ausgesetzt hat. Eine Modifikation dieser Ansicht will das Wandlungsrecht des Käufers dann ausschließen, wenn dieser sich bezüglich der herauszugebenden Sache risikoerhöhend verhalten hat.[214] Zuzustimmen ist der herrschenden Ansicht. Sie ist zum einen mit dem Wortlaut der §§ 350, 351 BGB vereinbar und führt zum anderen zu vertretbaren Ergebnissen. Die beiden anderen Auffassungen haben sich zu weit vom Gesetzeswortlaut entfernt, der auch beim gesetzlichen Rücktrittsrecht Verschulden verlangt.

---

210 Siehe MüKo/*Janßen*, § 347, Rn. 12, 17; *Larenz*, Bd. II/1, § 41 II a; Soergel/*Hadding*, § 351, Rn. 5 f.; *Medicus*, SchR I, Rn. 559; *Leser*, S. 175 ff., Jauernig/*Vollkommer*, § 351, Rn. 6.

211 Siehe BGH NJW 1972, 155; 1985, 2579, 2580; zustimmend *E. Wolf*, AcP 153 (1954), S. 97, 131; *Fikentscher*, Rn. 424.

212 So Enneccerus/*Lehmann*, § 39 II 1 e; *Leser*, S. 197 f.; Staudinger/*Honsell*, § 467, Rn. 8; MüKo/*Emmerich*, § 327, Rn. 9 f.

213 Vgl. RGZ 145, 79, 83 ff.; MüKo/*Janßen*, § 351, Rn. 4; Palandt/*Heinrichs*, § 351, Rn. 3; Soergel/*Hadding*, § 351, Rn. 6; Erman/*Westermann*, § 351, Rn. 4 f.; *Glaß*, S. 38 ff.; *Medicus*, SchR I, Rn. 559; *Schlechtriem*, AT, Rn. 433; *Reinicke/Tiedtke*, Rn. 243.

214 Vgl. *Brox*, Allg. SchR, Rn. 205; *v. Caemmerer* in FS Larenz (1973), S. 621, 629 ff. Ebenso *Larenz*, Bd. I, § 26 b 1, und BGB-RGRK/*Ballhaus*, § 351, Rn. 12, die jedoch einschränkend den vertragsgemäßen Gebrauch nicht unter die risikoerhöhende Handlung fassen.

Ab Kenntnis vom Wandlungsgrund muß der Wandlungsberechtigte wie beim vertraglichen Rücktrittsrecht mit seiner Rückgewährpflicht zumindest rechnen, so daß der echte Verschuldensbegriff des § 276 BGB in der Form von Vorsatz und Fahrlässigkeit greift.[215] Für den Käufer hat dies zur Folge, daß er die Benutzung der Sache einzustellen und dieselbe vor Schäden zu bewahren hat. Diese Regel, nach der jede Weiterbenutzung der Sache zum Ausschluß des Wandlungsrechts führen müßte, erfährt jedoch nochmals eine Einschränkung. So ist beispielweise das Wandlungsrecht allein durch den Weitergebrauch der Kaufsache nach der Rechtsprechung noch nicht ausgeschlossen. Zudem kann im Einzelfall unter Abwägung der Interessen beider Parteien eine Weiterbenutzung der Sache vor Vollziehung trotz Kenntnis vom Wandlungsrecht erlaubt sein.[216]

b. Die Rückabwicklungspflichten im einzelnen

Mit Vollziehung der Wandlung erlöschen die noch nicht erfüllten Leistungspflichten und beide Parteien sind verpflichtet, die empfangenen Leistungen einander zurückzugewähren, § 467 S. 1 i.V.m. § 346 S. 1 BGB. Die beiderseitigen Pflichten aus dem Rückgewährschuldverhältnis sind in der Weise miteinander verbunden, als sie Zug um Zug abzuwickeln sind (§§ 467, 348, 320, 322 BGB).[217]

aa. Verkäuferpflichten

Der Verkäufer hat den Kaufpreis (§ 346 S. 1 BGB) zuzüglich Zinsen ab Empfang (§ 347 S. 3 BGB) zurückzuerstatten. Nach den §§ 347 S. 2, 994 Abs. 2 BGB ist der Verkäufer des weiteren zur Erstattung der notwendigen Verwendungen - beispielsweise der Erhaltungskosten - verpflichtet, soweit diese dem Interesse und mutmaßlichen Willen des Verkäufers entsprochen haben.[218] Daneben steht seine Pflicht, dem Käufer die Vertragskosten zu erstatten, § 467 S. 2 BGB. Zu diesen zählen - abgesehen von den Kosten, die durch das Zustandekommen des Vertrages selbst angefallen sind - auch solche, die dem Käufer in Erfüllung desselben entstanden sind, also Transport-, Einbau- und Montagekosten.[219]

---

[215] Siehe Soergel/*Hadding*, § 351, Rn. 5; MüKo/*Janßen*, § 351, Rn. 9; Palandt/*Heinrichs*, § 351, Rn. 3; Jauernig/*Vollkommer*, § 351, Rn. 6.

[216] Siehe BGH NJW 1984, 1525, 1526; 1992, 170, 171; 1994, 1004, 1005, unter Aufgabe der früheren Rechtsprechung, vgl. RGZ 145, 79, 83 sowie BGH NJW 1960, 2331. Aus der Literatur Palandt/*Heinrichs*, § 351, Rn. 5; MüKo/*Janßen*, § 351, Rn. 9; Soergel/*Hadding*, § 351, Rn. 6; MüKo/*Westermann*, § 467, Rn. 5.

[217] Siehe Staudinger/*Honsell*, § 467, Rn. 38; MüKo/*Westermann*, § 467, Rn. 13; a.A. RGZ 94, 327, 331.

[218] Statt vieler Soergel/*Huber*, § 467, Rn. 116 ff.; Staudinger/*Honsell*, § 467, Rn. 32.

[219] Allgemeine Meinung, vgl. BGHZ 87, 104, 108; MüKo/*Westermann*, § 467, Rn. 10; Palandt/*Putzo* § 467, Rn. 18; Staudinger/*Honsell*, § 467, Rn. 34 f.; *Reinicke/Tiedtke*, Rn. 385. Einschränkend zu den Kosten in Erfüllung des Vertrages Soergel/*Huber*, § 467, Rn. 110 f.

bb. Käuferpflichten

Der Käufer ist demgegenüber zur Rückgewähr der Kaufsache verpflichtet (§ 346 S. 1 BGB).[220] Darüber hinaus besteht für ihn nach den §§ 347 S. 1, 989 BGB bei Untergang, Verschlechterung oder anderweitiger Unmöglichkeit der Herausgabe die Pflicht zum Schadensersatz. Über den Tatbestand des § 351 BGB hinaus umfaßt diese auch unwesentliche Verschlechterungen der Sache. Wie bei dem bereits dargestellten Ausschlußgrund des § 351 BGB stellt sich hier gleichfalls das Problem, daß der Wandlungsberechtigte anders als der vertraglich Rücktrittsberechtigte nicht mit der Rückgewähr der Sache rechnen mußte. Entgegen dem Wortlaut des § 347 S. 1 BGB, wonach der Käufer mit dem Empfang der Sache auf Schadensersatz haftet, ist die Vorschrift vor Vollziehung der Wandlung zugunsten des wandlungsberechtigten Käufers einzuschränken. So gilt § 347 S. 1 BGB vor dem Vollzug nur für schuldhafte, unwesentliche Verschlechterungen der Sache, da die Wandlung für die anderen Konstellationen nach § 351 BGB ausgeschlossen ist.[221]

Die Problemstellung reduziert sich damit auf das Einstehenmüssen des Käufers für unwesentliche Verschlechterungen der Sache. Hierzu werden wiederum unterschiedliche Auffassungen vertreten. Eine Ansicht läßt den wandlungsberechtigten Käufer nach den §§ 347 S. 1, 989 BGB auf Schadensersatz haften, differenziert allerdings hinsichtlich des Verschuldensbegriffs wie beim § 351 BGB für die Zeiträume vor und nach Kenntnis des Wandlungsgrundes.[222] Insoweit sei auf die Ausführungen zu § 351 BGB verwiesen.[223] Demgegenüber läßt eine andere Auffassung die strenge Haftung der §§ 347 S. 1, 989 BGB erst ab Kenntnis der Wandlungsvoraussetzungen gelten.[224] Vorher soll der Käufer bei verschuldeter Verschlechterung nur zum Ausgleich des Wertverlustes verpflichtet sein.[225] Des weiteren wird vertreten, daß die Haftung nach § 347 BGB für den wandlungsberechtigten Käufer nicht angemessen sei. Nicht die verschärfte Haftung nach den Vorschriften des Eigentümer-Besitzer-Verhältnisses solle für den Käufer gelten, der die Wandlung des Kaufvertrages nicht zu vertreten habe. Vielmehr sei über die

---

220 Nach herrschender Auffassung genügt es, wenn der Käufer die Sache dem Verkäufer dort, wo sie sich vertragsgemäß befindet, zur Verfügung stellt. Vgl. RGZ 55, 105, 112; BGHZ 87, 104, 109 f.; *Reinicke/Tiedtke*, Rn. 386; Soergel/*Huber*, § 467, Rn. 130.

221 Vgl. Staudinger/*Honsell*, § 467, Rn. 21 ff.

222 Siehe RGZ 145, 79, 82 f.; *Larenz*, Bd. I, § 26 b 1; *Huber*, JZ 1987, S. 649, 654.

223 Vgl. oben in diesem Kapitel C. I. 2. a. bb.

224 Vgl. Soergel/*Hadding*, § 347, Rn. 10; BGB-RGRK/*Mezger*, § 467, Rn. 3; *Brox*, Allg. SchR, Rn. 209.

225 Siehe *Reinicke/Tiedtke*, Rn. 251, 380, die darin lediglich eine geringfügige Änderung der Schadensersatzpflicht im Bereich des Verschuldens gegen sich selbst sehen und den Wortlaut des § 347 BGB entsprechend § 487 Abs. 2, 3 BGB auf eine Haftung auf Wertminderung korrigieren. Ferner MüKo/*Emmerich*, § 327, Rn. 15; *Leser*, S. 199 ff.; Staudinger/*Honsell*, § 467, Rn. 25; Soergel/*Wiedemann*, § 327, Rn. 26; *Esser/Schmidt*, Bd. I/2, § 28 III 4 b.

Vorschrift des § 327 S. 2 BGB die Bereicherungshaftung angemessen.[226] Vor Kenntnis des Wandlungsrechts hafte der Käufer nicht auf Schadensersatz, sondern müsse lediglich die Sache in dem verschlechterten Zustand herausgeben. Erst ab Kenntnis vom Wandlungsgrund greife die verschärfte Haftung des § 989 BGB auf Schadensersatz.

Hinsichtlich der Ausgestaltung der Haftung des Käufers, wenn die Verschlechterung der Sache erst nach Kenntnis vom Wandlungsgrund eintritt, gelangen alle Ansichten zu dem gleichen Ergebnis. Der wandlungsberechtigte Käufer haftet für die Verschlechterung nach § 989 BGB auf Schadensersatz. Lediglich in der Begründung, wie sie zu dieser Schadensersatzhaftung gelangen, weichen sie voneinander ab. Die einen stellen auf die Verweisung des § 347 S. 1 BGB, die anderen auf die des § 292 BGB ab.

Gegen die Haftung des Käufers vor Kenntnis des Wandlungsrechts nach § 327 S. 2 BGB ist anzuführen, daß sie weder dem Wortlaut noch dem Zweck des Gesetzes entspricht. Zudem führt sie insoweit zu einem Wertungswiderspruch, als das Wandlungsrecht des Käufers bei wesentlichen Verschlechterungen nach § 351 BGB ausgeschlossen ist, bei unwesentlichen jedoch der Verkäufer das Risiko zu tragen hat.[227] Dies spräche für die Anwendung des § 347 S. 1 BGB. Dennoch ist der Ansicht zu folgen, welche die bereicherungsrechtliche Haftung über § 327 S. 2 BGB vorschlägt. Über den engen Wortlaut dieser Vorschrift hinaus[228] haftet auch der wandlungsberechtigte Käufer gemäß dem allgemeinen Rechtsgedanken lediglich nach den §§ 812 ff. BGB. Der Grund für diese Haftungserleichterung liegt darin, daß der Wandlungsberechtigte mit einem Verschulden des anderen Teils - und folglich mit dem Rücktritt - nicht zu rechnen braucht. Die in § 347 S. 1 BGB statuierte Haftung ist demgegenüber für diese Konstellation ungerechtfertigt hart.

Schließlich ist der Käufer nach den §§ 347 S. 2, 987 BGB zur Herausgabe der von ihm bis zur Rückgabe gezogenen bzw. zur Vergütung der schuldhaft nicht gezogenen Nutzungen verpflichtet. Auch hier tritt das bereits bei § 351 BGB dargestellte Problem auf. Teilweise wird die Ansicht vertreten, daß der Nutzungsersatz erst ab Kenntnis des Mangels herauszugeben sei.[229] Andere wiederum befürworten bis zum Zeitpunkt der Kenntnis der Wandlungsvoraussetzungen die Bereicherungshaf-

---

226 Vgl. RGZ 130, 119, 123; BGHZ 53, 144, 148 f.; BGH JZ 1987, 675, 676; BGH NJW 1992, 1965; *Medicus*, SchR I, Rn. 558; Soergel/*Hadding*, § 347, Rn. 10; Palandt/*Heinrichs*, § 347, Rn. 8; *Fikentscher*, Rn. 425; Erman/*Battes*, § 327, Rn. 2.

227 Siehe Staudinger/*Honsell*, § 467, Rn. 24 f.; *v. Caemmerer* in FS Larenz (1973), S. 621, 629, Fn. 29; *Leser*, S. 204 ff., 209; *Glaß*, S. 89 ff.; *Huber*, JZ 1987, S. 649, 656; *Larenz*, Bd. I, § 26 b 1.

228 Bei wörtlichem Verständnis des § 327 S. 2 BGB paßt dieser nicht auf die §§ 325, 326 BGB, sondern einzig auf § 636 Abs. 1 S. 1 BGB. Allein dieser Umstand vermag bereits das genannte Argument zu entkräften, daß Wortlaut und Gesetzeszweck zu beachten seien.

229 Vgl. BGB-RGRK/*Mezger*, § 467, Rn. 3; Soergel/*Hadding*, § 347, Rn. 10.

tung über die Vorschrift des § 327 S. 2 BGB.[230] Überdies ist der Käufer nach dem Zeitpunkt der Kenntnisnahme ab Empfang der Sache ohne Differenzierung zur Nutzungsherausgabe verpflichtet, da ihm selbst nach den §§ 347 S. 2, 994 Abs. 2 BGB gleichzeitig der Verwendungsersatz zusteht.[231]

II. Minderung

Statt der Rückgängigmachung des Kaufvertrages kann der Käufer auch die verhältnismäßige Herabsetzung des Kaufpreises verlangen (§ 462 BGB). Der Rechtsbehelf der Minderung eröffnet dem Käufer die Möglichkeit, am Vertrag festzuhalten und diesen gleichzeitig an die geänderten Umstände anzupassen. Wie bereits bei der Wandlung ist die Durchführung der Minderung durch ein zweistufiges Verfahren gekennzeichnet. Wegen der näheren Einzelheiten, insbesondere hinsichtlich der Durchführung der Minderung, kann auf die Ausführungen zur Wandlung verwiesen werden.[232] Es ist festzuhalten, daß der Käufer einen direkten Minderungsanspruch besitzt, den er auch unmittelbar einklagen kann.[233] Mit Vollzug der Minderung darf der Käufer die Ware behalten und die Rückzahlung des Differenzbetrages verlangen, falls er den Kaufpreis bereits gezahlt hat. Hat er den Kaufpreis hingegen noch nicht bzw. nicht vollständig entrichtet, kann er dem auf diesen gerichteten Anspruch des Verkäufers die Einrede der Minderung entgegenhalten.[234]

Die Höhe des zurückzuzahlenden Betrages richtet sich nach dem Umfang der Minderung. Nach der Vorschrift des § 472 Abs. 1 BGB versteht man unter der Minderung die Herabsetzung des vereinbarten Kaufpreises in dem Verhältnis, in welchem zur Zeit des Verkaufes der objektive Verkehrswert der Sache in mängelfreiem Zustand zu dem wirklichen mangelhaften Verkehrswert stand. Mit dieser gesetzlich vorgeschriebenen relativen bzw. proportionalen Berechnungsmethode[235] bleibt das subjektive Äquivalenzverhältnis zwischen dem vorgestellten Wert der mängelfreien Sache und dem Kaufpreis erhalten. Das Preis-Wert-Gefälle sowie die Vor- und Nachteile des Vertrages setzen sich auch nach der Minderung für beide Vertragsparteien fort.[236] Der entscheidende Zeitpunkt für die Ermittlung der für die Minderung maßgeblichen Werte ist hier in Abweichung zum Zeitpunkt des Ge-

---

230 Siehe RGZ 130, 119, 123 f.; BGH WM 1987, 47, 48; NJW 1992, 1965; Palandt/*Heinrichs*, § 347, Rn. 9; Enneccerus/*Lehmann*, § 53 V; *Medicus*, SchR I, Rn. 558. Dagegen Staudinger/*Kaiser*, § 347, Rn. 59.

231 Siehe Staudinger/*Honsell*, § 467, Rn. 27; Soergel/*Huber*, § 467, Rn. 158; Erman/*Grunewald*, § 467, Rn. 8; *Larenz*, Bd. I, § 26 b 3.

232 Vgl. oben in diesem Kapitel, C. II.

233 Vgl. RGZ 66, 73, 75; 101, 64, 71; Soergel/*Huber*, § 462, Rn. 62; MüKo/*Westermann*, § 462, Rn. 3 ff.; *Reinicke/Tiedtke*, Rn. 436.

234 Vgl. BGHZ 113, 232, 235; *Larenz*, Bd. II/1, § 41 II b; Soergel/*Huber*, § 478, Rn. 3.

235 Siehe Motive II, S. 236.

236 Siehe RG WarnR 1915, Nr. 111 (S. 158); BGH NJW 1990, 2682, 2683; MüKo/*Westermann*, § 472, Rn. 5; Staudinger/*Honsell*, § 472, Rn. 4; Soergel/*Huber*, § 472, Rn. 2.

fahrübergangs bei der Bestimmung der Mangelhaftigkeit der Abschluß des Kaufvertrages (§ 472 BGB).[237]

Die Rechtsgrundlage für den Minderungsanspruch ist gesetzlich nicht ausdrücklich geregelt. Jedoch folgt aus der Systematik des Gewährleistungsrechts, daß für den einseitigen Rückzahlungsanspruch des Käufers die Vorschriften der §§ 462, 465, 472 BGB unmittelbar gelten.[238] Im Gegensatz zur Wandlung wird die Minderung durch verschuldeten Untergang oder Verschlechterung der Sache *nicht* ausgeschlossen. Die Rücktrittsvorschriften sind auf den Minderungsanspruch generell nicht anzuwenden, insbesondere weder die Vorschriften der §§ 347, 351 BGB noch die zum Verwendungs- bzw. Nutzungsersatz. Anders als § 467 BGB verweist § 472 BGB nicht auf die §§ 346 ff. BGB. Der Grund dafür liegt darin, daß hinter dem Rechtsbehelf der Minderung gerade nicht die Rückabwicklung des Vertrages, sondern dessen Aufrechterhaltung steht.[239]

III. Schadensersatz wegen Nichterfüllung

1. Allgemeines

Nach der Vorschrift des § 463 BGB kann der Käufer einer Speziessache unter der Voraussetzung, daß eine zugesicherte Eigenschaft fehlt, ein Mangel arglistig verschwiegen oder eine nicht vorhandene Eigenschaft arglistig vorgespiegelt wurde, anstelle der Wandlung oder der Minderung wahlweise Schadensersatz wegen Nichterfüllung verlangen.[240] Begründet wird diese Schadensersatzpflicht des Verkäufers mit der besonderen Schutzwürdigkeit des Käufers bei Arglist und bei Zusicherung von bereits vor dem Vertrag nicht bestehenden Eigenschaften.[241] Wie bereits ausgeführt,[242] stellt § 463 BGB für den Verkäufer eine zweifache Haftungserweiterung gegenüber der Vorschrift des § 462 BGB dar. Überdies ist der Käufer bei der Schadensersatzhaftung nach § 463 BGB dahingehend bessergestellt, als

---

237 Siehe BGHZ 58, 181, 182, BGH WM 1988, 1238, 1239; Soergel/*Huber*, § 472, Rn. 5; MüKo/*Westermann*, § 472, Rn. 9; Staudinger/*Honsell*, § 472, Rn. 12. Kritisch zur „gemischten" Berechnung zu Recht *Basedow*, Gutachten, S. 72 f.; Kunkel/*Honsell*, S. 319. Aus praktischen Erwägungen wäre eine Lösung vorzuziehen, nach der die Minderung in der Differenz zwischen Kaufpreis und geringerem Wert besteht (Soergel/*Huber*, § 472, Rn. 8).

238 Siehe MüKo/*Westermann*, § 472, Rn. 4; Soergel/*Huber*, § 472, Rn. 15; *Reinicke/Tiedtke*, Rn. 441; Staudinger/*Honsell*, § 472, Rn. 2. Der Anwendung des Bereicherungsrechts steht entgegen, daß die Vertragsbeziehungen zwischen den Parteien bestehen bleiben.

239 Vgl. Motive II, S. 231 sowie statt vieler Soergel/*Huber*, § 472, Rn. 17; MüKo/*Westermann*, § 472, Rn. 2.

240 Die Ansprüche, die nach allgemeiner Meinung selbständig nebeneinander stehen, sind wahlweise geltend zu machen, vgl. RGZ 92, 295. Das *ius variandi* erlischt erst, wenn der Verkäufer sich mit dem gewählten Rechtsbehelf einverstanden erklärt hat bzw. rechtskräftig verurteilt wurde.

241 Vgl. Motive II, S. 225, 229.

242 Siehe in diesem Kapitel oben B. II.

diese im Gegensatz zur Haftung aus pFV vom Verschulden des Verkäufers unabhängig ist. Demnach kann man der systematischen Stellung des § 463 BGB sowie seinem Wortlaut entnehmen, daß auch für den Schadensersatzanspruch die allgemeinen Voraussetzungen der Sachmängelgewährleistung vorliegen müssen.

2. Umfang des Schadensersatzanspruches

Sind die Haftungsvoraussetzungen des § 463 BGB zu bejahen, kann der Käufer lediglich Schadensersatz in Geld, hingegen nicht Naturalrestitution verlangen.[243] Gemäß dem Gesetzeswortlaut geht sein Anspruch auf das positive Interesse. Der Verkäufer muß ihn demnach so stellen, als wäre die Sache gemäß dem vorgetäuschten Zustand mängelfrei oder entsprechend der zugesicherten bzw. vorgespielten Eigenschaft beschaffen.[244] Umfaßt sind auch die weitergehenden Schäden des Käufers wie beispielsweise der entgangene Gewinn bei einem etwaigen Weiterverkauf oder die Mehrkosten für eine Ersatzbeschaffung. Es genügt damit nicht, daß der Verkäufer den Käufer so stellt, als sei der Vertrag zwischen ihnen nie geschlossen worden.

Mittlerweile geklärt ist auch die Frage, ob und inwieweit der Schadensersatzanspruch des § 463 BGB neben dem eigentlichen Mangelschaden gleichfalls Mangelfolgeschäden umfaßt oder ob der Käufer diesbezüglich auf das Institut der pFV verwiesen ist. Unter Mangelfolgeschäden werden solche Einbußen verstanden, die der Käufer infolge der mangelhaften Sache über sein bloßes Interesse an mängelfreier Lieferung hinaus (Mangelschaden) an anderen Rechtsgütern wie Gesundheit oder Eigentum erleidet.[245] Im einzelnen ist insoweit zwischen der Zusicherung und der Arglist zu unterscheiden. Im Fall der Zusicherung muß man jeweils durch Vertragsauslegung ermitteln, inwieweit der Verkäufer mit seiner Zusicherung auch das Ziel verfolgte, den Käufer gegen auftretende Mangelfolgeschäden abzusichern.[246] Fällt demgemäß der Mangelfolgeschaden in den Schutzbereich der Zusicherung, sollte der Käufer also durch die Zusicherung gerade vor Folgeschäden dieser Art geschützt werden, so hat der Verkäufer auch den Mangelfolgeschaden nach § 463

---

243 Vgl. *Esser/Weyers*, Bd. II, § 5 III 3 a; *Reinicke/Tiedtke*, Rn. 460.

244 Siehe zum Ausgangspunkt Motive II, S. 229; Protokolle I, S. 687. Ferner BGHZ 50, 200, 204; BGH NJW 1989, 2534, 2535; 1993, 2103, 2104; Staudinger/*Honsell*, § 463, Rn. 47; MüKo/*Westermann*, § 463, Rn. 19; Soergel/*Huber*, § 463, Rn. 38; *Larenz*, Bd. II/1, § 41 II c; *Reinicke/Tiedtke*, Rn. 450, 453; *Walter*, S. 211.

245 Vgl. u.a. BGH JZ 1967, 321; BGHZ 77, 215, 217; aus der Literatur statt aller *Larenz*, Bd. II/1, § 41 II c.

246 Grundlegend BGHZ 50, 200, 204; BGH NJW 1982, 435, 436; 1993, 2103, 2104. Ferner *Diederichsen*, AcP 165 (1965), S. 150, 160 f.; *Reinicke/Tiedtke*, Rn. 470 ff.; MüKo/*Westermann*, § 463, Rn. 29; Staudinger/*Honsell*, § 463, Rn. 49 ff.; *Larenz*, Bd. II/1, § 41 II c; Soergel/*Huber*, § 463, Rn. 60 f.; BGB-RGRK/*Mezger*, § 463, Rn. 15; Erman/*Grunewald*, § 463, Rn. 12; *Fikentscher*, Rn. 717, 731; Palandt/*Putzo*, § 463, Rn. 15.

BGB zu ersetzen.[247] Bei einem arglistig verschwiegenen Fehler bzw. einer arglistig vorgespielten Eigenschaft hat der Verkäufer hingegen ausnahmslos den dadurch adäquat verursachten Mangelfolgeschaden zu ersetzen.[248] Es genügt für diese Fallkonstellation bereits, daß ein innerer Zusammenhang zum eingetretenen Folgeschaden besteht. Eine Beschränkung der Haftung auf die vom Verkäufer voraussehbaren Folgeschäden, wie vereinzelt vertreten wird,[249] brächte hier eine zu große Einschränkung der Arglisthaftung des Verkäufers mit sich.

3. Berechnung des Schadensersatzanspruches

Hinsichtlich der Berechnung des Erfüllungsschadens nach § 463 BGB stehen dem Käufer zwei Varianten zur Verfügung: Er kann nach dem kleinen Schadensersatzanspruch die mangelhafte Sache behalten und den Minderwert zum vertragsgemäßen Zustand als Schadensersatz geltend machen. Er hat aber auch die Möglichkeit, die mangelhafte Sache zur Verfügung zu stellen und den Ersatz des Kaufpreises zuzüglich weiterer Schäden zu verlangen (großer Schadensersatzanspruch).[250] Der kleine Schadensersatzanspruch stellt den Käufer wirtschaftlich so, als ob dieser mindere und zusätzlich Ersatz für seine weitergehenden Schäden erhielte. Demgegenüber kombiniert der große Schadensersatzanspruch die Wandlung mit dem weitergehenden Schadensersatzanspruch. Problematisch erscheint an diesen beiden praktizierten Varianten der Schadensberechnung, daß sich nach der Konzeption des Gesetzes die Rechtsbehelfe von Wandlung bzw. Minderung und der Schadensersatzanspruch alternativ gegenüberstehen.[251] Dieser Ein-

---

[247] Die frühere Rechtsprechung vor der grundlegenden Entscheidung aus dem Jahr 1968, die den Ersatz von Mangelfolgeschäden aus dem Haftungsbereich des § 463 BGB grundsätzlich ausgeschlossen und nur den Ersatz der mit dem Mangel unmittelbar zusammenhängenden Schäden zugelassen hat, so beispielsweise BGH NJW 1965, 532, 533, ist damit als überholt anzusehen.

[248] Siehe Staudinger/*Honsell*, § 463, Rn. 55; Soergel/*Huber*, § 463, Rn. 65 f.; *Larenz*, Bd. II/1, § 41 II c; BGB-RGRK/*Mezger*, § 463, Rn. 15; MüKo/*Westermann*, § 463, Rn. 31; *Fikentscher*, Rn. 718; a.A. Ennerccerus/*Lehmann*, § 112 I 3.

[249] So *Diederichsen*, AcP 165 (1965), S. 150, 161 f.

[250] Allgemeine Meinung, grundlegend RGZ 52, 352 ff. sowie 53, 89, 92; BGHZ 96, 283, 287; 128, 111, 115; BGH NJW 1989, 2534, 2535; 1995, 518, 519. Aus dem Schrifttum MüKo/*Westermann*, § 463, Rn. 20; Jauernig/*Vollkommer*, § 463, Rn. 19; BGB-RGRK/*Mezger*, § 463, Rn. 14; Erman/*Grunewald*, § 463, Rn. 18; Staudinger/*Honsell*, § 463, Rn. 57; *Reinicke/Tiedtke*, Rn. 461 ff.; *Walter*, S. 211; Soergel/*Huber*, § 463, Rn. 39; *Larenz*, Bd. II/1, § 41 II c.

[251] Siehe zu den Vorstellungen des Gesetzgebers und zur Entwicklungsgeschichte des § 463 BGB ausführlich *Klein-Blenkers*, AcP 194 (1994), S. 352, 355 ff. Dieser führt aus, daß der Gesetzgeber trotz der elektiven Anspruchskonkurrenz zwischen Wandlung und Schadensersatz wegen Nichterfüllung durch das Wort *statt* in § 463 BGB von der Möglichkeit des Nebeneinanders von Rückabwicklung und Geltendmachung von Schäden als sachgerechte Lösung ausgegangen sei. Eine Aussage über den Inhalt des Schadensersatzanspruchs habe er durch die Formulierung des § 463 BGB nicht treffen wollen (S. 358 f.). Ebenso

wand wird jedoch zugunsten der Rechtspraxis mit dem Argument zurückgewiesen, daß es dem Käufer nicht zuzumuten sei, die vertragswidrige Sache behalten bzw. erst ihre Unbrauchbarkeit nachweisen zu müssen, um seinen Schadensersatzanspruch geltend zu machen. Wirtschaftlich sei die Rückgabe der Sache als Schadensabwälzung zu verstehen, nicht als Wandlung im dogmatischen Sinn.[252] Da der große Schadensersatzanspruch ebenfalls die Rückgabe der Sache beinhaltet, finden die §§ 346 ff. BGB analog Anwendung. Eine Einschränkung erfährt die Geltendmachung des großen Schadensersatzanspruchs jedoch durch § 242 BGB insoweit, als der Käufer bei lediglich geringfügigen Mängeln die Sache nicht zurückgeben darf.[253]

IV. Keine Nachbesserung beim Spezieskauf

Anders als im Werkvertragsrecht[254] ist die Nachbesserung beim Kauf einer Speziessache gesetzlich nicht geregelt. Damit hat einerseits der Käufer weder einen Anspruch auf Nachbesserung noch auf Umtausch der mangelhaften Sache in eine mängelfreie. Andererseits steht dem Verkäufer nicht das Recht zu, den Mangel durch Ersatzlieferung oder Nachbesserung zu beseitigen.[255] Der Gesetzgeber wollte dem Verkäufer keine Nachbesserungspflicht auferlegen, da dieser beim Spezieskauf lediglich zur Lieferung der vertraglich bestimmten Sache verpflichtet ist.[256] Unbestritten steht dem Verkäufer aber vor Gefahrübergang das Recht - nicht jedoch die Pflicht - zur Nachbesserung zu. Denn der Käufer hat mangels Nachbesserungsanspruchs ebensowenig einen Anspruch darauf, daß die Speziessache zum Zweck der Geltendmachung von Gewährleistungsansprüchen mangelbehaftet bleibt.[257] Nach Gefahrübergang steht dem Verkäufer hingegen grundsätzlich kein Nachbesserungsrecht mehr zu. Lediglich in Ausnahmefällen kann sich ein solches für den Verkäufer aus dem Schikaneverbot des § 226 BGB bzw. daraus ergeben, daß die Ablehnung des Käufers gegen Treu und Glaube (§ 242 BGB) verstößt. Die

MüKo/*Westermann*, § 463, Rn. 20; Soergel/*Huber*, § 463, Rn. 39; Staudinger/*Honsell*, § 463, Rn. 4, 57 ff.

252 Vgl. Staudinger/*Honsell*, § 463, Rn. 60; *Larenz*, Bd. II/1, § 41 II c; MüKo/*Westermann*, § 463, Rn. 20; *Reinicke/Tiedtke*, Rn. 462.

253 Siehe BGHZ 27, 215, 220; 96, 283, 289; BGH BB 1960, 152, 153.

254 Zum einen räumt § 633 Abs. 2 BGB dem Besteller einen *Anspruch* auf Nachbesserung ein. Zum anderen hat der Verkäufer nach § 634 Abs. 1 BGB das *Recht* zur Nachbesserung mit der Folge, daß der Käufer die anderen Rechtsbehelfe nicht geltend machen kann.

255 Die Entscheidung gegen ein Nachbesserungsanspruch des Käufers stellt insofern ein Rückschritt gegenüber der Rechtslage vor Inkrafttreten des BGB dar, als beispielsweise das preußische ALR mit der Statuierung eines Nachbesserungsanspruchs für behebbare Mängel die Gewährleistungshaftung auf unbehebbare Mängel beschränkt hatte. Vgl. dazu Staudinger/*Honsell*, Vorbem §§ 459 ff., Rn. 4.

256 Vgl. *Larenz*, Bd. II/1, § 41 II; Staudinger/*Honsell*, § 462, Rn. 13.

257 Ganz herrschende Meinung, statt aller Staudinger/*Honsell*, § 462, Rn. 13; Soergel/*Huber*, § 463, Rn. 73; einschränkend *Köhler*, JZ 1984, S. 393, 394.

Rechtsprechung läßt diese beiden Möglichkeiten als strenge Ausnahmen in Einzelfällen zu.[258]

Die Gründe, die bei den Gesetzesberatungen zum BGB gegen den Nachbesserungsanspruch des Käufers vorgebracht wurden, sind unterschiedlicher Natur. Einmal wurde angeführt, daß anders als beim Werkvertrag beim Kauf meist irreparable Mängel vorlägen. Ferner könne man nicht selbstverständlich davon ausgehen, daß der Verkäufer über die zur Behebung des Mangels nötigen Fachkenntnisse und Ausstattung verfüge. Schließlich verkaufe er die Sache lediglich und sei nicht in jedem Fall ihr Hersteller. Zumeist sei der Verkäufer nur Händler, dem man die Nachbesserung nicht zumuten könne. Wenn der Verkäufer sich in der Lage sehe, den Mangel selbst zu beheben, werde er dies bereits aus eigenem Interesse anbieten.[259] Auch bestünden Schwierigkeiten, die Voraussetzungen des Nachbesserungsrechts des Verkäufers ausreichend bestimmt zu formulieren. Die „einfachere" Regelung des Entwurfes sei im Interesse des Handelsverkehrs vorzuziehen.[260] Schließlich wurde angeführt, man dürfe dem Käufer gegen seinen Willen keine Ersatzlieferung aufdrängen, da wegen der ersten mangelhaften Lieferung ein berechtigtes Mißtrauen gegenüber dem Verkäufer bestehen könne.[261]

In der Praxis werden jedoch abweichend zu dieser gesetzlichen Ausgangslage über Allgemeine Geschäftsbedingungen in der Regel sowohl dem Käufer der Anspruch auf Nachbesserung oder Nachlieferung als auch dem Verkäufer das Recht zur zweiten Andienung gewährt. Darüber hinaus können die Parteien im Kaufvertrag einen Nachbesserungsanspruch des Käufers vereinbaren. Dies kommt in Anlehnung an das Werkvertragsrecht insbesondere häufig beim Verkauf von neu hergestellten Sachen vor, zumeist unter Ausschluß der in § 462 BGB vorgesehenen Rechtsbehelfe von Wandlung und Minderung.[262]

---

258 Vgl. RGZ 87, 335, 337; BGH WM 1971, 1382, 1383; ferner *Götz*, S. 32 ff. Demgegenüber vertritt *Köhler* die weitergehende Auffassung, daß der Käufer sich auf eine zumutbare Nachbesserung grundsätzlich einlassen muß, JZ 1984, S. 393, 394.

259 Vgl. Protokolle I, S. 697 f.; umfassend Soergel/*Huber*, Vor § 459, Rn. 16; Staudinger/*Honsell*, Vorbem §§ 459 ff., Rn. 4.

260 Siehe Protokolle I, S. 698; zustimmend *Jakobs*, Gesetzgebung, S. 96 ff.; kritisch dazu *Götz*, S. 29 ff.

261 Vgl. Protokolle I, S. 713 ff., 717 f.; zustimmend *Jakobs*, Gesetzgebung, S. 101 ff.

262 Wird dem Käufer das Nachbesserungsrecht anstelle der gesetzlichen Rechte eingeräumt, gelten § 476 a BGB, der die Vereinbarung des Nachbesserungsrechts voraussetzt, sowie § 11 Nr. 10 lit. c AGBG bei Einräumung durch die Allgemeinen Geschäftsbedingungen.

D. Besonderheiten beim Gattungskauf

I. Normzweck des § 480 BGB

Grundsätzlich gelten die Vorschriften des Kaufrechts sowohl für den Spezies- als auch für den Gattungskauf. Hierzu besteht allerdings im Gewährleistungsrecht eine Ausnahme.

Anders als beim Stückkauf, bei dem nur eine bestimmte Sache Kaufgegenstand ist, schuldet der Verkäufer beim Gattungskauf eine Sache mit den vereinbarten Gattungsmerkmalen von mittlerer Art und Güte (§ 243 Abs. 1 BGB). Mit der Lieferung einer mangelhaften Sache erfüllt der Verkäufer nicht die ihm obliegende Pflicht - er hat nicht das seinerseits Erforderliche getan. Die Konkretisierung auf die gelieferte Sache ist nicht eingetreten, da diese nicht Gegenstand des Kaufvertrages geworden ist.[263] Als Folge davon fiele jeder Qualitätsmangel beim Gattungskauf unter den Fall der Nichterfüllung. Ein Sachmangel bei einer Gattungsschuld wäre damit schon rein begrifflich nicht denkbar. Der Käufer könnte weiterhin seinen Erfüllungsanspruch in Form der Lieferung einer mängelfreien Gattungssache - insbesondere ohne Einschränkung des § 477 BGB - geltend machen, da die Vorschriften des Gewährleistungsrechts keine Anwendung fänden.[264]

Zur Vermeidung dieses Ergebnisses sowie aus Gründen der Einheitlichkeit haben die Gesetzesverfasser den Gattungskauf mit der Vorschrift des § 480 BGB in das kaufrechtliche Gewährleistungssystem einbezogen.[265] Absatz 1 der Vorschrift ordnet an, daß dem Käufer einer Gattungssache neben seinem Erfüllungsanspruch wahlweise auch die Rechtsbehelfe der Wandlung und der Minderung zustehen. Ferner wurde die Diskrepanz zwischen der fehlenden Konkretisierung einerseits und deren Voraussetzung für den § 480 BGB andererseits, wonach die gelieferte Sache Vertragsgegenstand sein muß, gelöst: Der Käufer führt mit seinem Wandlungs- bzw. Minderungsverlangen die Konkretisierung rückwirkend herbei, indem er die gelieferte Sache als Kaufgegenstand gelten läßt.[266] Folge davon ist, daß der Erfüllungsanspruch erlischt. Des weiteren kann der Käufer statt dieser Rechte

---

[263] Vgl. *Medicus*, SchR II, Rn. 77; Soergel/*Huber*, § 480, Rn. 12; *Fikentscher*, Rn. 727; *Ballerstedt* in FS Nipperdey (1955), S. 261, 264, insb. S. 277.

[264] Diese Lösung entspräche jedoch nicht der Intention des Gesetzgebers, der zur Vermeidung von Beweisschwierigkeiten und zur schnellen Wiederherstellung des Rechtsfriedens die Ansprüche des Käufers innerhalb der kurzen Frist des § 477 BGB geklärt wissen möchte.

[265] Mit dem Nebeneinander von Erfüllungsanspruch und Sachmängelansprüchen in § 480 BGB hat sich der Gesetzgeber bezüglich der Einordnung des Gattungskaufs für eine Kompromißlösung zwischen Gewährleistungs- und Nichterfüllungshaftung entschieden, vgl. dazu Motive II, S. 241 f.

[266] Siehe BGH NJW 1967, 33; MüKo/*Westermann*, § 480, Rn. 1; *Reinicke/Tiedtke*, Rn. 516 f.; *Larenz*, Bd. II/1, § 41 III; *Herberger*, S. 98 ff.; *Fikentscher*, Rn 727; *Esser/Weyers*, Bd. II, § 5 IV 6; *Medicus*, SchR II, Rn. 78. A.A. Soergel/*Huber*, § 480, Rn. 12, nach dessen Ansicht die Konzentration erst mit Verlust der Ansprüche auf Wandlung und Ersatzlieferung eintritt.

Schadensersatz nach § 480 Abs. 2 BGB verlangen, wenn der Sache - entsprechend der Vorschrift des § 463 BGB für den Stückkauf - eine zugesicherte Eigenschaft fehlt oder der Verkäufer einen Fehler arglistig verschwiegen hat. Im Unterschied zu § 463 BGB stellt § 480 Abs. 2 BGB allerdings für das Vorhandensein des Mangels auf den Zeitpunkt des Gefahrübergangs ab, da es bei Vertragsschluß des Gattungskaufs die bestimmte geschuldete Sache noch nicht gibt.[267]

Die Vorschrift des § 480 BGB gilt grundsätzlich neben dem gewöhnlichen Gattungskauf i.S.d. § 243 BGB auch für den Kauf aus einer beschränkten Gattung. Jedoch ist der Anspruch auf Ersatzlieferung in diesem Fall auf den Vorrat beschränkt. Ist hingegen die gesamte Gattung mangelhaft, entfällt der Nachlieferungsanspruch des Käufers - er kann nunmehr lediglich die Sachmängelansprüche geltend machen.[268]

II. Der Nachlieferungsanspruch

Bei dem Anspruch des Käufers auf mängelfreie Lieferung handelt es sich um den teilweise modifizierten, aber ursprünglichen Erfüllungsanspruch, der aufgrund der Lieferung einer mangelhaften Gattungssache noch nicht erloschen ist.[269] Die Vorschrift des § 480 BGB eröffnet dem Käufer die Möglichkeit, vom Verkäufer die Lieferung einer mängelfreien Sache zu verlangen. Hiervon muß er allerdings keinen Gebrauch machen. Sein Wahlrecht zwischen den verschiedenen Rechtsbehelfen ist auch nicht durch das Angebot von mängelfreier Ware seitens des Verkäufers eingeschränkt. Entscheidet der Käufer sich für den Nachlieferungsanspruch, gelten nach § 480 Abs. 1 S. 2 BGB die für die Wandlung bestehenden Vorschriften. Im Unterschied zur Wandlung ist der Anspruch jedoch unmittelbar auf die Leistung des Verkäufers gerichtet, nicht erst auf den Abschluß einer entsprechenden Einigung.[270] Insbesondere finden auf den Nachlieferungsanspruch die kurze Verjährungsfrist des § 477 BGB[271] sowie § 465 BGB Anwendung. Nach letzterem endet das *ius variandi* des Käufers hinsichtlich der einzelnen Rechtsbehelfe mit der Zustimmung des Verkäufers. Dabei ist anerkannt, daß der Käufer bis zur Einverständniserklärung des Verkäufers nicht nur vom Nachlieferungsanspruch zu dem

---

267 Vgl. Motive II, S. 243; BGH NJW-RR 1992, 1076; ferner Staudinger/*Honsell*, § 480, Rn. 22.

268 Allg. Meinung, vgl. RG Recht 1917, Nr. 372; BGHZ 50, 200, 206; aus der Literatur statt aller Soergel/*Huber*, § 480, Rn. 17.

269 Siehe RGZ 90, 332, 334; BGH NJW 1961, 117; 1985, 2526; Erman/*Grunewald*, § 480, Rn. 5; *Larenz*, Bd. II/1, § 41 III; Enneccerus/*Lehmann*, § 113 I 1; Staudinger/*Honsell*, § 480, Rn. 7; *Herberger*, S. 95 f.; MüKo/*Westermann*, § 480, Rn. 1; *Reinicke/Tiedtke*, Rn. 520; *Ballerstedt* in FS Nipperdey (1955), S. 261, 278 ff.

270 Vgl. RGZ 90, 332, 334; BGH NJW 1961, 117, 118; Staudinger/*Honsell*, § 480, Rn. 7; *Larenz*, Bd. II/1, § 41 III; *Walter*, S. 256.

271 § 477 BGB gilt allerdings nur bis zu dem Zeitpunkt, in dem sich der Verkäufer mit dem Käuferverlangen auf Ersatzlieferung einverstanden erklärt. Danach ist der Erfüllungsanspruch entsprechend § 465 BGB wie der Anspruch aus vollzogener Wandlung zu behandeln, für den die gewöhnliche Verjährungsregel gilt, vgl. BGH NJW 1961, 117, 118.

Recht auf Wandlung überwechseln kann, sondern daß der umgekehrte Fall gleichfalls gestattet ist. Die durch die Erklärung des Käufers eingetretene Konkretisierung kann bis zur Zustimmung des Verkäufers also einseitig wieder rückgängig gemacht werden. Die Schutzwürdigkeit des Verkäufers ist für diesen Fall zu verneinen, da er zur Abwendung des Nachlieferungsanspruchs sich zuvor mit dem Wandlungsbegehren hätte einverstanden erklären können.[272]

III. Abgrenzung zwischen Falsch- und Schlechtlieferung

1. Der Fehlerbegriff beim Gattungskauf

Beim Gattungskauf ist keine individuell bestimmte Sache geschuldet. Der Kaufgegenstand definiert sich durch die Gattungsmerkmale und nicht - wie beim Stückkauf - durch seine Individualität. Bedingt durch diesen Unterschied weicht der Fehlerbegriff, der über die Abgrenzung zwischen Falsch- und Schlechtlieferung entscheidet, beim Gattungskauf in einigen Punkten von dem des Stückkaufes[273] ab. So ist beim Kauf einer Gattungssache von besonderer Bedeutung, ob die vom Verkäufer gelieferte Sache eine Falschlieferung, also eine nicht der geschuldeten Gattung angehörende Sache,[274] oder aber die Lieferung einer mangelhaften Gattungssache (Schlechtlieferung) darstellt. Fände die Gewährleistungsvorschrift des § 480 BGB nicht lediglich bei einer Schlecht-, sondern auch bei einer Falschlieferung Anwendung, würde dies auf der einen Seite wegen § 480 Abs. 1 S. 2 BGB zu einer erheblichen Einschränkung des Erfüllungsanspruchs führen. Auf der anderen Seite stünden dem Käufer statt dessen die Rechtsbehelfe von Wandlung und Minderung offen. Ohne eine Korrektur des Fehlerbegriffs beim Gattungskauf käme es für die Abgrenzung von Falsch- und Schlechtlieferung mit deren unterschiedlichen Rechtsfolgen - nach dem objektiven Fehlerbegriff - lediglich darauf an, ob die Sache einer anderen als der vertraglich vereinbarten Gattung angehört. Problematisch an dieser Konstellation ist, daß sich in der Praxis die Grenze zwischen verschiedenartigen Gattungen oftmals nicht eindeutig ziehen läßt. Ebensowenig führt jedoch das Abstellen auf Parteivereinbarungen - mit dem subjektiven Fehlerbegriff - zu einem befriedigenden Ergebnis, da schon bei jeder geringfügigen Abweichung eine Schlechtlieferung bejaht werden müßte.[275]

---

[272] So RGZ 94, 327, 331; *Larenz*, Bd. I, § 11 I; *Reinicke/Tiedtke*, Rn. 526; Erman/*Grunewald*, § 480, Rn. 6; a.A. *Herberger*, S. 101.

[273] Vgl. in diesem Kapitel oben B. I. 1, 2.

[274] Beim Gattungskauf ist darunter ein *Qualitäts-Aliud* zu verstehen. Ein *Identitäts-Aliud* kann hingegen gar nicht vorliegen, da der Käufer lediglich eine Sache von mittlerer Art und Güte aus der Gattung schuldet und so die *Identität* als Abgrenzungskriterium zwischen der verkauften und der gelieferten Sache versagt. - Dazu *Bitter/Bitter*, BB 1993, S. 2315, 2316 f.

[275] So MüKo/*Westermann*, § 459, Rn. 20.

2. Streitstand

Zur Frage, wie die mangelhafte Leistung von einer Falschleistung im Gattungskauf abzugrenzen ist bzw. inwieweit die beiden gleichzustellen sind, werden unterschiedliche Auffassungen vertreten.[276]

Einmal wird in konsequenter Anwendung des subjektiven Fehlerbegriffs die Ansicht vertreten, daß jede Aliud-Lieferung eine Schlechtlieferung darstelle, da sie nicht die vertraglich festgelegten Merkmale aufweist.[277] Entscheidend für die Gleichstellung von Falsch- und Schlechtlieferung sei die Folgerichtigkeit der Wertung, daß lediglich in wenigen Fällen die Anwendung des Gewährleistungsrechts nicht angebracht sei. Diese Auffassung vermeidet zwar Abgrenzungsschwierigkeiten zwischen den beiden Fallgestaltungen. Aber sie unterstellt jede Schlechtlieferung dem beschränkten Erfüllungsanspruch des § 480 Abs. 1 S. 2 BGB. Dieses Ergebnis erscheint nicht billig, da der Verkäufer hiernach mit der Lieferung einer gänzlich anderen Sache seine Leistungspflicht erfüllen könnte.

Die Rechtsprechung hingegen differenziert beim bürgerlich-rechtlichen Kauf[278] zwischen der mangelhaften Sache und der Falschlieferung nach der Gattungszugehörigkeit. Zählt die gelieferte Sache zur Gattung, die sich auf der Grundlage der vertraglichen Vereinbarungen unter Berücksichtigung der Verkehrsauffassung bestimme, liege kein Aliud vor.[279] Gegen diese Auffassung ist einzuwenden, daß die Parteien nach dem subjektiven Fehlerbegriff frei vereinbaren können, welche Eigenschaften die Sache aufweisen soll. Hiervon ausgehend ist es jedoch inkonsequent, eine Einschränkung der Privatautonomie bezüglich des Gattungsbegriffs durch die Verkehrsauffassung zuzulassen.[280]

---

[276] Demgegenüber ist die Abgrenzung von Schlecht- und Zuweniglieferung unproblematisch. Die Zuweniglieferung stellt grundsätzlich hinsichtlich der nichtgelieferten Menge einen Fall der Nichtlieferung dar. Der Erfüllungsanspruch besteht damit weiter, wohingegen Wandlung und Minderung ausgeschlossen sind. Liegt allerdings gerade in der Zuweniglieferung ein Fehler, der nicht behoben werden kann, ist dies eine Schlechtlieferung, ebenso wie eine Zuviellieferung bei Untrennbarkeit des zuviel Gelieferten (*Walter*, S. 260 f.).

[277] So *Esser/Weyers*, Bd. II, § 5 IV 3 a, b.

[278] Anders entscheidet die Rechtsprechung allerdings beim beiderseitigen Handelskauf. Dort bezieht sie die hinsichtlich der Rügelast in § 378 HGB normierte Gleichstellung von Falsch- und Schlechtlieferung auch auf die Rechtsfolgen, so daß die Gewährleistungsvorschriften mit der einschränkenden Differenzierung nach der Genehmigungsfähigkeit auf ein Aliud Anwendung finden. Vgl. RGZ 86, 90, 92 f.; BGHZ 115, 286, 295 f. Der Schadensersatzanspruch des § 480 Abs. 2 BGB soll jedoch beim beiderseitigen Handelskauf dann nicht anwendbar sein, wenn die gelieferte Sache nicht der zugesicherten, sondern einer anderen Gattung angehört.

[279] Vgl. RGZ 103, 77; BGHZ 115, 286, 292 ff.; BGH NJW 1975, 2011; 1989, 218, 219; 1994, 2230.

[280] Siehe *Reinicke/Tiedtke*, Rn. 531.

Schließlich wird aus Praktikabilitätsgründen die Ansicht vertreten, Aliud und Peius - also Falsch- und Schlechtlieferung - seien auch beim bürgerrechtlichen Kauf rechtlich gleichzustellen. Lediglich über den Grad der Abweichung zwischen der gelieferten Sache und der vertraglich vereinbarten Art sei in entsprechender Anwendung des § 378 HS. 2 HGB die Grenze zu ziehen.[281] Diese Auffassung stellt auf die Unterscheidung in § 378 HGB ab, wonach bei einem beiderseitigen Handelskauf der Käufer auch bei einer genehmigungsfähigen Falschlieferung unverzüglich rügen muß. Demgemäß liege eine Falschlieferung nur vor, wenn die gelieferte Sache derart drastisch von der geschuldeten Gattung abweicht, daß die Genehmigung des Käufers vernünftigerweise ausgeschlossen erscheint. Unberührt von § 480 BGB bestehe bei einer solchen der Erfüllungsanspruch weiter. Diese Meinung differenziert demnach nicht nach der Gattungszugehörigkeit, sondern nach dem Kriterium der Genehmigungsfähigkeit. Der Vorteil dieser Ansicht ist, daß die Grenzen der in Betracht kommenden Gattung nicht festgelegt werden müssen. Dennoch bezweifeln Kritiker dieser Lösung, daß diese Grenzziehung gegenüber den anderen Auffassungen praktikabler ist. Denn insbesondere über die entsprechende Anwendung des § 378 HGB fließe ein weiterer und keineswegs weniger problematischer Unsicherheitsfaktor in den Fehlerbegriff ein.[282]

3. Bewertung

Im Ergebnis unterscheiden sich die dargestellten Meinungen nicht sehr. Insbesondere gelangen die beiden letztgenannten Auffassungen meist zur gleichen Entscheidung, da in dem Fall, in dem die Rechtsprechung die Gattungszugehörigkeit ablehnt, die Literaturmeinung gleichfalls die Genehmigungsfähigkeit verneint. Ferner greift die Literaturmeinung zur Bestimmung der subjektiven Seite, d.h. inwieweit der Verkäufer nicht mehr mit der Genehmigung des Käufers rechnen muß, über § 378 HGB wieder auf objektive Kriterien zurück. Da jedoch greifbare Gesichtspunkte nicht vorhanden sind, kann auch diese Auffassung nur Einzelfallentscheidungen treffen. Den Kritikern der Rechtsprechung ist schließlich in dem Punkt zuzustimmen, daß die subjektive Festlegung des Gattungsbegriffs ihre Grenze nicht in der Verkehrsauffassung findet. Vielmehr ist es Parteisache, was letztlich gattungszugehörig ist. Nur wenn keine Besonderheit vereinbart wurde, ist auf die Verkehrsauffassung zurückzugreifen.[283]

---

281 Vgl. *Medicus*, SchR II, Rn. 79; *Larenz*, Bd. II/1, § 41 III; *Brox*, Bes. SchR, Rn. 63; *Reinicke/Tiedtke*, Rn. 539 ff.; *v. Caemmerer* in FS Wolff (1952), S. 3, 13 ff.; Staudinger/*Honsell*, § 459, Rn. 47; Soergel/*Huber*, Vor § 459, Rn. 124, der allerdings auch die genehmigungsunfähige Falschlieferung wie eine Schlechtlieferung behandeln will.

282 So *Knöpfle*, NJW 1989, S. 871, 875; *Fabricius*, JuS 1964, S. 1, 49.

283 Vgl. Staudinger/*Honsell*, § 459, Rn. 49; *Reinicke/Tiedtke*, Rn. 540; *Walter*, S. 258.

E. Verjährung der Mängelansprüche

Der Gesetzgeber hat die Gewährleistungsansprüche des Käufers einer Sache der kurzen Verjährungsfrist des § 477 Abs. 1 S. 1 BGB unterworfen. Demgemäß verjähren die Ansprüche bei beweglichen Sachen grundsätzlich in sechs Monaten nach Ablieferung, bei Grundstücken in einem Jahr nach Übergabe. Lediglich in den Fällen der Arglist seitens des Verkäufers sowie für Ansprüche *aus* Wandlung und Minderung gelten diese Fristen nicht. Vielmehr läuft insoweit - wie auch bei der Rechtsmängelhaftung - die allgemeine Frist von 30 Jahren (§ 195 BGB). Weiterhin unterliegt der nach der pFV zu ersetzende Mangelfolgeschaden der analogen Anwendung des § 477 Abs. 1 S. 1 BGB, sofern er in unmittelbarem Zusammenhang mit einem Sachmangel steht.[284] Darüber hinaus können die Gewährleistungsfristen nach § 477 Abs. 1 S. 2 BGB vertraglich verlängert werden. Ist die Verjährungsfrist abgelaufen, kann der Verkäufer die Einrede der Verjährung gemäß § 222 Abs. 1 BGB erheben.[285] Diese läßt zwar den Anspruch selbst unberührt, der Verkäufer erhält jedoch ein Recht zur Leistungsverweigerung, mit dem er die Durchsetzung des Gewährleistungsanspruchs des Käufers verhindern kann.

Neben der Kürze der Frist für gewährleistungsrechtliche Ansprüche stellt gleichfalls die Bestimmung über den Fristbeginn eine Härte dieser Verjährungsregelung dar. Unter der in § 477 Abs. 1 S. 1 BGB für bewegliche Sachen genannten Ablieferung wird zumeist die unmittelbare Besitzverschaffung verstanden. Dem Käufer muß die Untersuchung der Ware tatsächlich möglich sein,[286] wobei für den Versendungskauf das Eintreffen der Sache am Bestimmungsort genügt.[287] Unerheblich für den Fristbeginn ist, inwieweit der Käufer den Sachmangel erkannt hat bzw. überhaupt entdecken konnte. Eine denkbare Korrektur dahingehend, den Beginn des Fristlaufs an das Hervortreten des Mangels zu knüpfen, hat die Rechtsprechung abgelehnt.[288]

Maßgeblich für diese kurze Verjährungsfrist waren für den Gesetzgeber verschiedene Gründe. Einmal bestünden mit Ablauf der Zeit Beweisschwierigkeiten, daß der behauptete Mangel schon bei Gefahrübergang vorgelegen habe.[289] Dann sei das Geltendmachen von Mängeln nach längerer Zeit sowohl für den zügigen Massenumsatz von Gütern als auch für das allgemeine Rechtssicherheitsinteresse

---

[284] Aus der Rechtsprechung vgl. RGZ 53, 200, 203; BGHZ 60, 9, 12; 77, 215, 219; BGH JZ 1991, 257; BGH ZIP 1992, 485, 488; ansonsten statt vieler Soergel/*Huber*, § 477, Rn. 12.

[285] Statt aller MüKo/*Westermann*, § 477, Rn. 40.

[286] Siehe dazu Protokolle I, S. 702.

[287] Vgl. BGH NJW 1988, 2608, 2609.

[288] Vgl. dazu ausführlich BGHZ 77, 215, 220 ff.; BGH NJW 1984, 1955, 1956; zur aufgegebenen Rechtsprechung, die auf die Entdeckung abstellte, BGHZ 60, 5, 9.

[289] Siehe Motive II, S. 238; aus der Literatur Soergel/*Huber*, § 477, Rn. 2; *Larenz*, Bd. II/1, § 41 II d; *Jakobs*, Gesetzgebung, S. 174 f.; *Schwark*, AcP 179 (1979), S. 57, 63 f.; MüKo/*Westermann*, § 477, Rn. 2.

lästig und wirke sich hemmend aus.[290] Ferner habe der Verkäufer ein berechtigtes Interesse an der Sicherheit, mit dem Kaufpreis einerseits frei disponieren zu können und andererseits sich nicht gegen den Vorwurf eines Sachmangels verteidigen zu müssen. Demgegenüber fehle dem Käufer ein schützenswertes Interesse, wenn er seinen Anspruch nicht beharrlich bestätige.[291] Schließlich stellt die kurze Frist nach Ansicht der Gesetzesverfasser einen Ausgleich dafür dar, daß der Verkäufer verschuldensunabhängig für die Mängelfreiheit der Sache hafte.

[290] Siehe Motive II, S. 238; vgl. auch BGHZ 60, 9, 11; 77, 215, 219 f.; 110, 88, 92.
[291] So Motive I, S. 291.

Kapitel 3: Mängel des BGB

Betrachtet man heute die geltende Rechtsordnung der Bundesrepublik Deutschland, so fällt auf, daß insbesondere die zentrale Materie des Schuldrechts seit dem Inkrafttreten des BGB großen Veränderungen ausgesetzt war. Mittlerweile sind viele Bereiche des Schuldrechts nicht mehr im BGB selbst, sondern in einer Vielzahl von Sondergesetzen geregelt. Darüber hinaus entspricht der Wortlaut des geschriebenen Rechts, bedingt durch den langjährigen Einfluß von Rechtsprechung und Vertragspraxis, in vielen Fällen nicht mehr der Rechtswirklichkeit. Die Rechtsfindung in diesem Gebiet ist damit selbst für kundige Anwender zu einem schwierigen Unterfangen geworden. *Huber*[292] nennt als Grund für diese unbefriedigende Situation, daß bereits anfängliche Grundentscheidungen des Gesetzgebers „mißglückt" seien: Unwichtiges (wie die Unmöglichkeit) nehme unverhältnismäßig breiten Raum ein; Wichtiges (wie die pFV) sei übergangen; Zusammengehöriges (wie das allgemeine Leistungsstörungs- und das Sachmängelrecht beim Kauf) sei getrennt; Unzusammenhängendes (wie Unmöglichkeit und Unvermögen) sei gleichgesetzt.

A. Überblick

Das Hauptproblem des geltenden Rechts ist das unverbundene Nebeneinander von allgemeinem Leistungsstörungsrecht und dem für die einzelnen Vertragstypen geregelten Gewährleistungsrecht.[293] Dogmatisch läßt sich dieser Umstand darauf zurückführen, daß nach dem allgemeinen Leistungsstörungsrecht des BGB das Schuldverhältnis primär auf die Erfüllung, also die Erbringung der Leistung gerichtet ist. Erst wenn diese scheitert, steht dem Käufer bei Verschulden der sekundäre Rechtsbehelf des Schadensersatzanspruchs zu.

Die Schlechterfüllung von vertraglichen Verpflichtungen ist dagegen nicht als Leistungsstörung geregelt. Diese hat der Gesetzgeber durch das relativ eigenständige Gewährleistungsrecht als Garantiehaftung ausgestaltet, dergemäß unter den bestimmten Voraussetzungen des § 463 BGB ein verschuldensunabhängiger Schadensersatzanspruch besteht. Für sonstiges schuldhaftes Fehlverhalten sieht das Gesetz keine Regelung vor, obwohl für diese Privilegierung des Verkäufers keine überzeugenden Sachgründe vorliegen.[294] Zur Schließung dieser Lücke hat die Rechtsprechung die Institute der pFV und der culpa in contrahendo entwickelt. Jedoch stellt die fehlende Einbindung dieser Institute in die Dogmatik des allgemei-

---

292 Siehe *Huber*, Gutachten, S. 647, 770 f. Ausführlich dazu siehe unten Kapitel 4, A. II.

293 Vgl. *Rolland*, S. 3; *Blaurock* in Kolloquium v. Caemmerer (1983), S. 51; *Huber*, Gutachten, S. 647, 771; *Drobnig*, in Dubrovnik Lectures, S. 305, 317.

294 So *Heinrichs*, S. 19 f., der den Verkäufer mit dem Vermieter gleichsetzt, der nach § 538 Abs. 1 BGB Schadensersatz wegen Nichterfüllung zu leisten hat. Ebenso *Basedow*, Gutachten, S. 73 f. Kritisch dagegen *Flume*, ZIP 1994, S. 1497, 1500.

nen Leistungsstörungsrechts eine weitere Quelle für Konkurrenz- und Abgrenzungsprobleme zu den gesetzlich normierten Fällen dar. Die Gesamtmaterie ist damit im Ergebnis noch unübersichtlicher geworden.

B. Das allgemeine Leistungsstörungsrecht

An dem geltenden System der Leistungsstörungen werden verschiedene Punkte kritisiert. Insbesondere wird dem Leistungsstörungsrecht des BGB vorgeworfen, daß es den von ihm zu regelnden Stoff systematisch nicht in den Griff bekomme.[295] Es sei unübersichtlich und stelle eine Quelle zunehmender Rechtszersplitterung dar.[296] Nachfolgend sollen die wichtigsten Problemfelder dieses Rechtsgebietes aufgezeigt werden.

I. Unmöglichkeit als zentrales Element des Leistungsstörungsrechts

Das Leistungsstörungsrecht des BGB baut nicht auf einem allgemeinen Grundtatbestand auf, sondern ist nach den Ursachen und Modalitäten der Leistungsstörungen geordnet. Wie bereits dargelegt,[297] haben die Gesetzesverfasser die Unmöglichkeit als Grundtatbestand der Leistungsstörungen ausgewählt.[298] Problematisch an dieser Entscheidung ist zum einen, daß die Unmöglichkeit der Leistung im BGB nur unvollständig geregelt ist. So fehlen beispielsweise Vorschriften für das anfängliche Unvermögen gänzlich. Zum anderen steht mit der Unmöglichkeit eine in der Praxis selten auftretende Fallgestaltung im Mittelpunkt des ganzen Systems. Bezogen auf das Kaufrecht spielt sie eigentlich nur beim Spezieskauf eine Rolle, wenn die individualisierte Sache untergegangen ist. Bei dem in der Praxis wesentlich häufigeren Gattungskauf kommt sie nur in dem seltenen Fall des Untergangs der gesamten Gattung in Betracht.

Zudem handelt es sich bei der Unmöglichkeit um keinen einheitlich abgegrenzten Begriff.[299] Denn das BGB unterscheidet hinsichtlich der Voraussetzungen zwischen den verschiedenen Unterfällen der Unmöglichkeit: Umfaßt sind die anfäng-

---

295 Siehe *Huber*, Gutachten, S. 647, 757.

296 Vgl. *Engelhard*, NJW 1984, S. 1201, 1204; *Blaurock* in Kolloquium v. Caemmerer (1983), S. 51.

297 Vgl. oben Kapitel 1, A. II. 1.

298 Zur historischen Entwicklung von Stellung und Bedeutung der Unmöglichkeit im Leistungsstörungsrecht *Blaurock* in Kolloquium v. Caemmerer (1983), S. 51, 52 ff.; *Wiedemann* in FS Rechtswiss. Fakultät Köln (1988), S. 367, 369 ff. sowie *Brüggemeier*, Referat, S. K 55 ff. - Schon früh wurde diese Entscheidung des Gesetzgebers kritisiert. So hat bereits *Rabel* die zentrale Rolle der Unmöglichkeit als rechtspolitischen Mißgriff bezeichnet, Rheinische Zeitschrift für Zivil- und Prozeßrecht 3 (1911), S. 467 = abgedruckt in Leser, Ges. Aufsätze Bd. I, S. 56; ebenso *Stoll*, abgedruckt in Schubert, AkDR Protokolle Bd. III/3, S. 267. Selbst *Jakobs*, der der Reformidee kritisch gegenübersteht, sieht diese Problematik, will aber mangels besserer Lösung an § 275 Abs. 1 BGB festhalten (Gesetzgebung, S. 42, 44).

299 Siehe *Rolland*, NJW 1992, S. 2377, 2381.

liche und nachträgliche, die objektive und subjektive, die zu vertretende und nicht zu vertretende, die vollständige und teilweise sowie die vorübergehende und endgültige Unmöglichkeit. Aber diese Differenzierung in den Tatbestandsvoraussetzungen erscheint nicht nur bei der notwendigen Zuordnung, sondern auch im Hinblick auf die Rechtsfolgen fragwürdig.[300] So ist nicht einzusehen, warum es für den Rücktritt vom Vertrag darauf ankommen soll, *wie* der Schuldner seine Pflicht verletzt hat. Soweit feststeht, *daß* eine Pflichtverletzung vorliegt, die für den Gläubiger das Festhalten am Vertrag unzumutbar macht, sollte das *Wie* keine Rolle spielen.[301]

Auch kann man die Regelungen der einzelnen Untergruppen nicht in allen Fällen als gelungen bezeichnen. Beispielsweise wird bei anfänglicher Unmöglichkeit sowohl die Nichtigkeitsfolge als auch die Begrenzung eines etwaigen Ersatzanspruchs auf das negative Interesse als unsachgemäß angesehen.[302] Die Parteien können danach keine Leistung zur Vertragspflicht machen, bei der die Möglichkeit besteht, daß sie von Anfang an unmöglich war.[303] Ebensowenig befriedigt die auf das negative Interesse begrenzte Haftung, da wegen der schwerwiegenden Unterschiede in den Rechtsfolgen der Zuordnung zu einer der Untergruppen der Unmöglichkeit ein allzu großes Gewicht zukommt.[304] Überdies ist für die daraus resultierenden Wertungswidersprüche keine plausible rechtspolitische Rechtfertigung ersichtlich. Denn schließlich handelt es sich bei allen Untergruppen um Fälle der Unmöglichkeit, deren Eintritt vor oder nach Vertragsschluß lediglich zufällig sein kann.[305] Erschwerend kommt hinzu, daß nicht alle Rechtsfolgen gesetzlich normiert sind. Obwohl die Rechtsprechung sich dem gesetzlich nicht geregelten Fall des anfänglichen Unvermögens angenommen hat, bestehen weiterhin Unstimmigkeiten hinsichtlich der Tatbestandsvoraussetzungen.[306]

---

300 Siehe *Huber*, Gutachten, S. 757 f.; *Medicus*, AcP 186 (1986), S. 268, 278 f.

301 Vgl. dazu *Brambring*, DNotZ 1992, S. 691, 692; ebenso *Schlechtriem*, Schuldrechtsreform, S. 23; *Huber* in FS v. Caemmerer (1978), S. 837, 869.

302 Siehe schon *Rabel*, Rheinische Zeitschrift für Zivil- und Prozeßrecht 3 (1911), S. 467 ff. = abgedruckt in Leser, Ges. Aufsätze Bd. I, S. 56 ff.; Abschlußbericht, S. 145; *Rabe*, ZIP 1996, S. 1656; *Weitnauer* in FS Institut Heidelberg (1967), S. 71, 89; zweifelnd *Larenz*, Bd. I, § 8 I.

303 Vgl. *Kötz*, Referat, S. K 14; ebenso *Huber*, Gutachten, S. 647, 813 ff.

304 So ist nämlich bei nachträglicher Unmöglichkeit und Unvermögen das Schuldverhältnis wirksam, der Schadensersatz geht bei Vertretenmüssen des Schuldners auf das positive Interesse (§ 325 BGB). Bei anfänglichem Unvermögen gewährt die Rechtsprechung gleichfalls Schadensersatz in Höhe des positiven Interesses, diesmal allerdings ohne die Verschuldensvoraussetzung.

305 Vgl. dazu Abschlußbericht, S. 16 f., 145; *Huber*, Gutachten, S. 647, 757 f.; *Rolland*, S. 5; *ders.*, NJW 1992, S. 2377, 2381; *Brambring*, DNotZ 1992, S. 691, 692.

306 Vgl. oben Kapitel 1, A. II. 1. a.

Schließlich läßt sich die grundsätzliche Systematik des allgemeinen Haftungsrechts dem Gesetz nur schwer entnehmen.[307] So kann der Gläubiger nach dem BGB auch im Fall der Nichterfüllung nach Fälligkeit lediglich die geschuldete Leistung vom Schuldner verlangen. Erst durch Hinzutreten anderer haftungsauslösender Umstände ändert sich dies. Die allgemeinen Haftungsvorschriften der §§ 280, 283, 286, 325, 326 BGB legen fest, wann der Gläubiger neben dem Erfüllungsanspruch den Verzögerungsschaden bzw. Schadensersatz wegen Nichterfüllung geltend machen kann. Die Unmöglichkeit der Leistung ist lediglich eine von mehreren Möglichkeiten, die den Übergang vom grundsätzlich vorrangigen Naturalerfüllungsanspruch auf einen Sekundäranspruch nach sich ziehen.[308] Dieses dem BGB zugrundeliegende Konzept, insbesondere die damit in Zusammenhang stehende Funktion der haftungsrechtlichen Vorschriften, erschließt sich dem Gesetzesanwender jedoch nicht unmittelbar.[309] Entweder das Gesetz schweigt dazu, oder die betreffenden Vorschriften sind - ohne daß eine systematische Ordnung auf den ersten Blick erkennbar wäre - in den verschiedenen Büchern des BGB aufzufinden. Demgemäß wären schon allein im Interesse des Rechtsanwenders eine Vereinfachung und eine Klarstellung des Systems in bezug auf die Vorschriften des Leistungsstörungsrechts wünschenswert.

Zuletzt ist noch anzuführen, daß die Rechtswirklichkeit schon lange nicht mehr mit dem vom Gesetzgeber entworfenen System übereinstimmt. Bei den heutzutage nahezu unbegrenzten Beschaffungs- und Herstellungsmöglichkeiten stellt die objektive Undurchführbarkeit von Verträgen im Verhältnis zu anderen Störungen die Ausnahme dar. Infolgedessen hat die Unmöglichkeit in der Rechtspraxis das Institut der pFV aus dessen zentraler Stellung im Leistungsstörungsrecht verdrängt.[310] Diese Nebenrolle, in die die Unmöglichkeit nunmehr gerückt ist, wäre ihr als seltene Fallkonstellation von Anbeginn besser gerecht geworden.

II. Ergänzung und Überlagerung des kodifizierten Rechts durch die Rechtsprechung

Neben der Unmöglichkeit und dem Verzug regelt das allgemeine Schuldrecht keinen weiteren Fall einer möglichen Leistungsstörung. Damit leidet das kodifizierte Leistungsstörungsrecht an Unvollständigkeit. Denn ein wichtiger Bereich der prak-

---

[307] Siehe *Engelhard*, NJW 1984, S. 1201, 1204; *Kötz*, Referat, S. K 13.

[308] Siehe *Huber*, Gutachten, S. 647, 700; *Schubert*, in Einheitliches KaufR u. nat. ObligationenR, S. 415, 421 f. - Überdies wird die Vorschrift des § 275 BGB kritisiert, dergemäß die Befreiung des Schuldners nur eintritt, wenn die Unmöglichkeit nicht zu vertreten ist. Für die Frage, ob die Primärleistungspflicht fortbesteht oder nicht, komme dem Verschulden keine Bedeutung zu. Siehe Abschlußbericht, S. 118; *Rolland*, NJW 1994, S. 2377, 2381; *ders.*, S. 10; *Brüggemeier*, Referat, S. K 59. Demgegenüber sieht *Jakobs* (Gesetzgebung, S. 42), gerade das Nichtvertretenmüssen als Befreiungsgrund an.

[309] Siehe *Engelhard*, NJW 1984, S. 1201, 1204.

[310] Siehe *Wiedemann* in FS Rechtswiss. Fakultät Köln (1988), S. 367, 370; *Blaurock* in Kolloquium v. Caemmerer (1983), S. 51, 64.

tischen Rechtsanwendung fehlt.[311] Zur Korrektur dieser gesetzlichen Ausgangslage sind schon kurz nach Inkrafttreten des BGB sowohl die nicht geregelte Schlechterfüllung als auch die Verletzung anderer vertraglicher Pflichten in dem Institut der positiven Forderungsverletzung zusammengefaßt worden. Außer der pFV bildeten sich zur Ergänzung und Weiterentwicklung des unvollständigen Leistungsstörungsrechts noch die culpa in contrahendo als Haftung für das Verschulden bei Vertragsverhandlungen und das Institut des Wegfalls der Geschäftsgrundlage heraus.

Problematisch an diesem Nebeneinander von geschriebenen und ungeschriebenen Ansprüchen ist, daß beide Systeme weder miteinander verbunden noch aufeinander abgestimmt sind. Die ungeschriebenen Ansprüche stehen in direkter Konkurrenz zu den kodifizierten, insbesondere zu den gewährleistungsrechtlichen Ansprüchen. Bis heute ist dieses Konkurrenzproblem weitgehend ungelöst mit dem Ergebnis, daß die Abgrenzung beider Anspruchsgruppen mit ihren unterschiedlichen Rechtsfolgen nur selten nachvollziehbar ist.[312] Des weiteren wird das Verhältnis dadurch erschwert, daß dem neben den gesetzlichen Vorschriften stehenden Gewohnheitsrecht verschiedene Aufgaben zukommen. Entweder es ergänzt das lediglich lückenhaft bestehende System, oder es korrigiert dasselbe, wie dies beispielsweise im Sachmängelrecht der Fall ist.[313]

Besonders deutlich wird die Problematik bei der Gegenüberstellung der Ansprüche des Gewährleistungsrechts mit denen der pFV. Die Abgrenzung zwischen dem gesetzlich geregelten Schadensersatzanspruch der §§ 463, 480 Abs. 2 BGB und dem richterrechtlichen Anspruch aus pFV, der auf demselben Mangel beruht, ist unbefriedigend.[314] Zunächst stellt sich die Frage, inwieweit die pFV neben dem Gewährleistungsrecht überhaupt zulässig ist. Die Rechtsprechung hat sich dahingehend entschieden, daß zwischen beiden Anspruchskonkurrenz herrscht. Zur Korrektur der hieraus erwachsenden Wertungswidersprüche schränkt sie den Anspruch aus der pFV allerdings in zweierlei Hinsicht ein: Zum einen ist zwischen dem Mangel- und dem Mangelfolgeschaden zu differenzieren, da der Anspruch der pFV nur letzteren umfaßt.[315] Zum anderen wird die eigentliche Verjährungsfrist der pFV dahingehend korrigiert, daß § 477 BGB analog auf den Anspruch der pFV

---

311 Vgl. *Blaurock* in Kolloquium v. Caemmerer (1983), S. 51, 58 ff.; *Engelhard*, NJW 1984, S. 1201, 1204; *Zweigert/Kötz*, § 36 VI, S. 511. A.A. *Emmerich*, S. 224 f.

312 *Huber* führt dazu in seinem Gutachten, S. 647, 760, aus, daß gegenwärtig überhaupt kein System des Leistungsstörungsrechts, lediglich ein auf unterschiedlichen Rechtsquellen beruhendes Doppelsystem vorhanden sei. Vgl. ferner *Brambring*, DNotZ 1992, S. 691, 692; *Kötz*, Referat, S. K 15. - Siehe allg. dazu *Baumann*, AcP 187 (1987), S. 511, 514 ff.

313 Vgl. *Huber*, Gutachten, S. 647, 669. - Ein Beispiel für eine solche Korrektur ist die Haftung des Verkäufers, wenn er nach Vertragsschluß einen Fehler der verkauften Ware verschuldet, obgleich der Gesetzgeber die Regelung der Schadensersatzansprüche in den §§ 463, 480 Abs. 2 BGB als abschließend gedacht hatte.

314 Vgl. *Rolland*, S. 7 sowie *Reinicke/Tiedtke*, Rn. 659 ff.

315 RGZ 66, 289, 291; BGHZ 77, 215, 217; BGH WM 1994, 1119, 1121.

anzuwenden ist, wenn die Vertragsverletzung sich auf den Sachmangel oder eine zugesicherte Eigenschaft bezieht.[316] In den übrigen Fällen der pFV bleibt es hingegen bei der allgemeinen Verjährungsfrist des § 195 BGB.[317]

Am auffallendsten und darüber hinaus am unbefriedigsten sind jedoch die Wertungswidersprüche, die angesichts der unterschiedlichen Rechtsfolgen der beiden Anspruchssysteme bestehen. Bei einer schuldhaften Nebenpflichtverletzung kann der Gläubiger Schadensersatz nach pFV verlangen, wohingegen der Schadensersatzanspruch wegen Mängelhaftung unabhängig vom Vertretenmüssen des Verkäufers nur unter den engen Voraussetzungen der §§ 463, 480 Abs. 2 BGB besteht. Die unterschiedlichen Fallkonstellationen von Schlechtlieferungen, die je nach Zuordnung entweder über das Gewährleistungsrecht oder über das Institut der pFV abgewickelt werden, unterscheiden sich jedoch nicht in dem Maße voneinander, daß die gravierenden und schwerwiegenden Unterschiede in den Voraussetzungen und Rechtsfolgen gerechtfertigt wären.[318] Hat der Verkäufer die Leistung nicht in der Weise erbracht, zu der er sich vertraglich verpflichtet hat, sollte grundsätzlich ohne Differenzierung in den Voraussetzungen die gleiche Rechtsfolge eintreten.

III. Die Regelung des gesetzlichen Rücktritts

Das BGB regelt den gesetzlichen Rücktritt bei Vorliegen einer Leistungsstörung nicht anhand eines einheitlichen Rechtsbehelfs, sondern sieht die Auflösung des Vertrages nach unterschiedlichen Vorschriften vor.[319] Problematisch an dieser Gesetzeslage ist, daß die verschiedenen Möglichkeiten sich jeweils in ihren Voraussetzungen unterscheiden, sei es aus historischen, sei es aus sachlichen Gründen.[320] Trotz dieser abweichenden Anforderungen liegt aber allen Rücktrittsmöglichkeiten ein gemeinsames Prinzip zugrunde. Die Leistungsstörung, auf der das Rücktrittsrecht beruht, muß so gravierend sein, daß dem Gläubiger ein Festhalten am Vertrag nicht zuzumuten ist.[321] Würde man nun auf dieser Gemeinsamkeit einen einheitli-

---

316 Vgl. RGZ 53, 200 ff.; BGHZ 60, 9, 12; 88, 130, 136 f.; BGH ZIP 1992, 485, 488.

317 BGHZ 107, 249, 254.

318 Vgl. *Rolland*, NJW 1992, S. 2377, 2382; *Schlechtriem*, Schuldrechtsreform, S. 23; *Kötz*, Referat, S. K 17.

319 Siehe generell zu den unterschiedlichen Möglichkeiten der Vertragsauflösung *Leser*, S. 94 ff.; *Schlechtriem*, Schuldrechtsreform, S. 27 f.; *ders.* in FS Müller-Freienfels (1986), S. 525, 526 ff.; *Weitnauer* in FS Institut Heidelberg (1967), S. 71, 75 ff.; *Schubert*, in Einheitliches KaufR u. nat. ObligationenR, S. 415, 431 ff.

320 Siehe zum durch den Gesetzgeber „neu" in das BGB eingeführten gesetzlichen Rücktrittsrecht sowie zu den Gründen für die Festsetzung des Vertretenmüssens als Voraussetzung *Leser*, S. 35 ff., *Jakobs*, Gesetzgebung, S. 55 ff.; *Schubert/ders.*, Beratungen des BGB Bd. I, S. 442 ff.

321 Vgl. *Schlechtriem*, ZEuP 1993, S. 217, 234 f.; *ders.*, Schuldrechtsreform, S. 29; *Wiedemann* in FS Rechtswiss. Fak. Köln (1988), S. 367, 372. Sogar *Jakobs* als vehementer Kritiker des Reformentwurfs erkennt diese Verallgemeinerung an (Gesetzgebung, S. 74 f.).

chen Rechtsbehelf Rücktritt aufbauen, hätte dies eine wesentliche Vereinfachung des BGB zur Folge.[322]

Die geltenden Vorschriften der §§ 325 und 326 i.V.m. § 285 BGB setzen für den Rücktritt vom Vertrag voraus, daß der Schuldner das Leistungshindernis zu vertreten hat.[323] Nachvollziehbar ist diese Voraussetzung jedoch lediglich für den Anspruch auf Schadensersatz wegen Nichterfüllung. Da dieser Rechtsbehelf die Sanktion für ein pflichtwidriges Verhalten darstellt, bedarf es insoweit auch der Entscheidung, inwieweit der Schuldner weiterhin zur Erbringung seiner Leistung verpflichtet ist. In dieser Konstellation dient das Verschuldensmerkmal der zweckmäßigen Abgrenzung, ob der Schuldner insoweit haftet oder nicht. Demgegenüber sollte dem Gläubiger das Rücktrittsrecht unabhängig vom Vertretenmüssen des Schuldners offenstehen.[324] Die Begründung dafür ist, daß dem Rücktritt eine gänzlich andere Funktion als dem Schadensersatzanspruch zukommt. Denn über den Rechtsbehelf des Rücktritts wird der Gläubiger lediglich von seiner eigenen Leistungspflicht befreit bzw. erhält die von ihm erbrachte Leistung zurück. Ein darüber hinausgehender Schadensausgleich findet nicht statt.[325] Folglich ist es weitaus sinnvoller, für das Zurücktreten vom Vertrag allein darauf abzustellen, inwieweit dem Gläubiger nach den Umständen noch zuzumuten ist, trotz Ausbleibens der Leistung weiterhin an den Vertrag gebunden zu sein und die eigene Leistung bereitzuhalten.[326] Das BGB unterbindet durch das Verschuldenskriterium den Rücktritt in vielen Fallgestaltungen, in denen das Loslösen von der vertraglichen Bindung indes für den Gläubiger oftmals die wünschenswerte Lösung wäre. Schließlich ist noch zu erwähnen, daß selbst das BGB an dem Grundsatz des Vertretenmüssens beim Rücktritt nicht durchgängig festhält. In einer Reihe von Ausnahmen, beispielsweise beim Fixgeschäft (§ 361 BGB) und bei der Wandlung (§ 462 BGB), ist das Prinzip durchbrochen.[327]

Des weiteren bereitet das Entweder-Oder von Rücktritt und Schadensersatz, das die §§ 325, 326 BGB sowie im Gewährleistungsrecht §§ 463, 480 Abs. 2 BGB vorschreiben, im Rechtsleben Schwierigkeiten.[328] Der Gläubiger kann lediglich wahlweise vom Vertrag zurücktreten oder Schadensersatz wegen Nichterfüllung verlangen. Zur Korrektur dieser in der Praxis nur unbefriedigenden Situation er-

---

322 Vgl. Abschlußbericht, S. 164; *Schlechtriem* in FS Müller-Freienfels (1986), S. 525, 538 ff.

323 Ausführlich zu den Gründen *Beinert*, S. 181 ff.

324 Vgl. *Schlechtriem*, ZEuP 1993, S. 217, 235.

325 Siehe auch *Huber*, Gutachten, S. 647, 669.

326 Vgl. Abschlußbericht, S. 19, *Brambring*, DNotZ 1992, S. 691, 693; *Engelhard*, NJW 1984, S. 1201, 1204.

327 Ebenso stellt der Fall der nicht zu vertretenden Unmöglichkeit eine verdeckte Ausnahme vom Verschuldensgrundsatz dar. Der Gläubiger kann zwar nicht zurücktreten, seine Leistungspflicht entfällt aber und er kann nach bereicherungsrechtlichen Vorschriften die bereits erbrachte Leistung zurückfordern. So *Huber*, Gutachten, S. 647, 702 f.

328 Vgl. ausführlich zur Kritik *Leser*, S. 138 ff.; *Kohler*, WM 1993, S. 45, 46 ff.

öffnet die Rechtsprechung dem Gläubiger die Möglichkeit, trotz bereits erklärten Rücktritts zum Schadensersatzanspruch überzuwechseln.[329] Hat der Gläubiger anstelle des Rücktritts dagegen sofort Schadensersatz wegen Nichterfüllung verlangt, kann er letztlich über die Schadensberechnung anhand der Differenztheorie[330] bzw. über den sog. großen Schadensersatz seinen Anspruch auf Schadensersatz mit dem des Rücktritts kombinieren. Die Rechtspraxis läßt damit den genauen Gegensatz zum kodifizierten Grundsatz der Alternativität beider Ansprüche gelten.[331] Aber selbst ohne diese dargelegte Diskrepanz zwischen Gesetzestext und Rechtspraxis ist nur schwer nachvollziehbar, warum die beiden Ansprüche, wenn sie schon hinsichtlich ihrer Voraussetzungen voneinander abweichend geregelt sind, nicht nebeneinander geltend gemacht werden sollen.[332]

Schließlich ist auch die Durchführung des gesetzlichen Rücktritts nach den Vorschriften der §§ 346 ff. BGB nicht ganz unproblematisch, da die für das vertragliche Rücktrittsrecht bestimmten Vorschriften nicht uneingeschränkt auf den gesetzlichen Rücktritt passen.[333]

C. Das Gewährleistungsrecht

Bei weitem die größten Probleme werfen die Regelungen der Sachmängelhaftung im Kaufrecht auf. Wegen deren fehlender Einbindung in das System der Leistungsstörungen werden von allen Seiten schwerwiegende sachliche und systematische Bedenken geäußert. Auch *Huber* bezeichnet in seinem Gutachten die Regelung des Gewährleistungsrechts beim Kauf als „die schwächste Stelle" im Leistungsstörungsrecht überhaupt.[334] Verstärkt wird diese gesamte Problematik dadurch, daß die Rechtsprechung die einzelnen besagten Regelungen nicht - wie bei anderen Schwachstellen im BGB - zu berichtigen bzw. klarzustellen vermag. Denn die Kritik richtet sich ganz grundlegend gegen das Gewährleistungsrecht als solches. Sein Aufbau und seine Systematik sind problematisch, so daß lediglich punk-

---

329 Siehe BGH NJW 1982, 1279, 1280; 1988, 2878. Kritisch zur gegenwärtigen Rechtslage *Medicus*, AcP 186 (1986), S. 268, 280, der sich damit den Ausführungen von *Jakobs* (Gesetzgebung, S. 69) anschließt. Ferner *Huber*, Gutachten, S. 647, 713 ff.

330 Nach der sog. abgeschwächten Differenztheorie kann der Gläubiger die Differenz der Werte beider Leistungen als Schadensersatz geltend machen, ohne zur Gegenleistung verpflichtet zu sein. Demgegenüber sieht die Surrogationstheorie vor, daß die Gegenleistung geschuldet bleibt, der Gläubiger aber den vollen Schadensersatz für die unmöglich gewordene Leistung verlangen kann.

331 So bezeichnet auch *Leser* (S. 138 ff.) die Regel, dergemäß Schadensersatz und Rücktritt sich einander ausschließen, als funktionslos. Ferner *Huber*, Gutachten, S. 647, 715; *Kohler*, WM 1993, S. 45, 46; *Klein-Blenkers*, AcP 194 (1994), S. 352, 355 ff.

332 Vgl. Abschlußbericht, S. 19; *Leser*, S. 138 ff.; *ders.* in FS Kitagawa (1992), S. 455, 462 f.; *Brambring*, DNotZ 1992, S. 691, 693; *Rolland*, NJW 1992, S. 2377, 2381; *Kötz*, Referat, S. K 19. Dagegen *Jakobs*, Gesetzgebung, S. 69.

333 Vgl. zu dieser Problematik ausführlich oben Kapitel 2, C. I. 2.

334 Siehe *Huber*, Gutachten, S. 647, 670, 763. Dazu *Baumann*, AcP 187 (1987), S. 511, 512 ff.

tuelle Korrekturen und Eingriffe nichts auszurichten vermögen. Zudem finden sich neben dieser grundsätzlichen Beanstandung weitere Einzelprobleme der Sachmängelhaftung bei den dem Käufer zur Verfügung stehenden Rechtsbehelfen, in deren Ausgestaltung, insbesondere der Regelung des Schadensersatzanspruchs, sowie im Verhältnis des Sachmängelrechts zu anderen Instituten.

I. Unverbundenheit von allgemeinem Leistungsstörungs- und Gewährleistungsrecht

Im Gegensatz zur Haftung für Rechtsmängel, bei der die allgemeinen Vorschriften zur Anwendung kommen, ist die Sachmängelhaftung im BGB eigenständig geregelt.[335] Als Grundtatbestand des Gewährleistungsrechts hat der Gesetzgeber den Kauf einer Speziessache gewählt. Für den Handel und Warenumsatz ist jedoch der weitaus häufiger vorkommende Gattungskauf von größerer Bedeutung, der lediglich als Annex zu den Vorschriften des Stückkaufs in § 480 BGB geregelt ist. Mit dieser Entscheidung haben die Gesetzesverfasser der Sachmängelhaftung den Fall zugrundegelegt, daß der Verkäufer beim Stückkauf eine Sache liefert, die schon bei Vertragsschluß mit einem nicht behebbaren Mangel behaftet ist.[336] In diesem Fall von anfänglicher Unmöglichkeit konnte der Verkäufer jedoch aus tatsächlichen Gründen nicht mehr zur Erbringung der ordnungsgemäßen Leistung verpflichtet werden. Konsequenterweise gruppierte man die Lieferung einer mangelhaften Sache nicht zur allgemeinen Nichterfüllung. Vielmehr bestand die Notwendigkeit, das Gewährleistungsrecht getrennt von dieser zu regeln. In dieser Konstellation liegen zwei Problempunkte begründet, die bis heute nicht gelöst werden konnten. Dies ist einerseits das Grundproblem des Gewährleistungsrechts, nämlich das unverbundene Nebeneinander von allgemeinem Leistungsstörungs- und Sachmängelrecht sowie deren jeweils eigenständige Rechtsbehelfe. Andererseits ist die nur unzureichende gesetzliche Regelung des Gattungskaufs zu bemängeln.

Das eigentliche Problem des Gewährleistungsrechts liegt nicht in dessen eigenständiger Regelung, sondern darin, daß es unverbunden neben dem allgemeinen Leistungsstörungsrecht steht und beide Systeme zueinander in Konkurrenz treten. Aus dieser fehlenden Abstimmung resultieren seit Inkrafttreten des BGB zahlreiche Abgrenzungsschwierigkeiten, die bis heute nicht behoben wurden. Letztlich führten die zahlreichen Unstimmigkeiten hinsichtlich der jeweiligen Einordnung zu einer generellen Rechtsunsicherheit.[337] Zur Verdeutlichung sollen nur einige der bestehenden Abgrenzungsprobleme angeführt werden. So ist zum Beispiel die Unterscheidung zwischen Schlecht- und Falschlieferung beim Gattungskauf hinsichtlich der unterschiedlichen Rechtsfolgen und Verjährungsfristen heftig umstritten.

---

335 Wie bereits dargestellt, resultiert die Ursache für die fehlende Einbindung aus der historischen Entwicklung der Sachmängelhaftung. Vgl. dazu ausführlich oben Kapitel 1, B. I.

336 Vgl. *Huber*, Gutachten, S. 647, 763 f.; *Engelhard*, NJW 1984, S. 1201, 1205; ähnlich *Brüggemeier*, Referat, S. K 77.

337 Vgl. dazu Abschlußbericht, S. 21; *Heinrichs*, S. 18.

Weiterhin bereiten die Abgrenzung von Rechts- und Sachmangel sowie die Differenzierung zwischen Mangel- und Mangelfolgeschaden große Probleme. Diese beiden Unterscheidungen sind gerade mit Blick auf die abweichenden Rechtsfolgen von wesentlicher Bedeutung.

Es bleibt abschließend festzuhalten, daß das BGB durch die gesonderte Stellung der Verkäuferhaftung bei der Lieferung mangelhafter Ware mit vielen Abgrenzungsproblemen belastet ist. Die bestehenden Unterschiede zwischen der besonderen Haftung für einen Sachmangel und der allgemeinen für eine Leistungsstörung sind jedoch bei genauer Betrachtung nicht so tiefgreifend, um die aus ihnen erwachsenden Wertungswidersprüche zu rechtfertigen. Darüber hinaus trägt der Umstand, daß die Rechtsprechung - veranlaßt durch diese Widersprüche - oftmals ergebnisorientierte Einzelfallentscheidungen trifft,[338] keineswegs zur Erhöhung der generellen Rechtssicherheit bei. Letztlich besteht keine Notwendigkeit, die allgemeinen und die besonderen Leistungsstörungen hinsichtlich ihrer Voraussetzungen und Rechtsfolgen abweichend zu regeln.[339]

II. Keine Nacherfüllung bzw. Ersatzlieferung

Des weiteren resultiert aus der fehlenden Einbindung der §§ 459 ff. BGB in das allgemeine Leistungsstörungsrecht, daß für den Kaufvertrag an Rechtsbehelfen weder die Nachbesserung noch die Ersatzlieferung Aufnahme in das Gesetz gefunden haben. Die Ursache liegt darin, daß im BGB beim Stückkauf auch die Lieferung einer mangelhaften Sache zur Erfüllung des Kaufvertrages führt.[340] Daher sieht das kodifizierte Recht, mit Ausnahme des Nachlieferungsanspruchs beim Gattungskauf, weder für den Käufer einen Anspruch auf Mängelbeseitigung oder Neulieferung vor, noch räumt es dem Verkäufer die Befugnis ein, durch Nacherfüllung das Recht des Käufers auf Wandlung und Minderung abzuwenden.

Diese Gesetzeslage ist hinsichtlich der heutzutage vorherrschenden Kaufabschlüsse über industriell gefertigte Massengüter kaum noch mit den Interessen beider Vertragsparteien zu vereinbaren.[341] Dem Käufer kommt es in erster Linie auf den Erhalt einer mangelfreien Sache an. Dieses Interesse wird gleichermaßen befriedigt, ob der Verkäufer eine von Anbeginn einwandfreie Sache liefert oder ob er

---

338 Vgl. *Emmerich* in FS Jahr (1993), S. 267, 270.

339 So auch *Hager* in Kolloquium v. Caemmerer (1983), S. 26, 39 f., der sowohl für den Spezies- als auch für den Gattungskauf ein Nachbesserungsrecht des Verkäufers fordert. Siehe gleichfalls zum Nachbesserungsrecht *Engelhard*, NJW 1984, S. 1201, 1205.

340 Nach der Ansicht von *Brüggemeier*, Referat, S. K 83, ist ein Schadensersatzanspruch wegen Nichterfüllung gerade nicht damit zu vereinbaren, daß bei der Lieferung einer mangelhaften Sache *Erfüllung* eintritt. Dieser sprachliche Widersinn stelle die Regelung der §§ 459 ff. BGB in Frage.

341 Vgl. *Brambring*, Sonderheft DNotZ 1993, S. 77, 82; *Kötz*, Referat, S. K 19; Abschlußbericht, S. 211. Ausführlich dazu *Peters*, JZ 1978, S. 92 ff. Dagegen *Jakobs*, Gesetzgebung, S. 96 ff.

die Sache erst nach erfolgter Lieferung durch Nachbesserung in den vertragsgemäßen Zustand versetzt bzw. eine mangelfreie nachliefert. Auch das Interesse des Verkäufers richtet sich aus wirtschaftlichen Kostenerwägungen zumeist darauf, den Mangel durch eine Reparatur oder einen Umtausch zu beseitigen, anstatt dem gesetzlich vorgesehenen Rechtsbehelf der sofortigen Wandlung ausgesetzt zu sein.[342] In der Vertragspraxis wird aus diesen Gründen - überwiegend in Allgemeinen Geschäftsbedingungen - zwischen den Parteien vereinbart, daß die Ansprüche auf Wandlung bzw. Minderung durch die auf Nachbesserung und Ersatzlieferung ersetzt werden. Im heutigen Rechtsleben hat die Nachbesserung gewissermaßen die Rolle eines primären Rechtsbehelfs eingenommen.[343] Diese Diskrepanz zwischen geschriebenem Recht und gelebter Rechtswirklichkeit hinsichtlich der Rechtsbehelfe des Käufers stellt eine „große Kluft"[344] dar, die zugunsten der allgemeinen Rechtssicherheit verringert werden sollte.

Zumindest für die Fälle, in denen der Mangel behoben werden könnte, ist nicht nachzuvollziehen, warum dem Käufer von Gesetzes wegen kein Nachbesserungsanspruch eingeräumt werden soll.[345] Untermauert wird dieser Gedanke dadurch, daß dem Käufer auch außerhalb des Kaufrechts im allgemeinen Schuldrecht der Anspruch auf Erfüllung in Natur zusteht.[346] Eine insoweit fehlende Regelung, wonach der Verkäufer durch eine zweite Andienung die Rückabwicklung des Vertrages bzw. die Minderung des Kaufpreises abwenden könnte, stellt einen Systembruch dar. Dies kritisieren auch die betroffenen Handelskreise.[347] Vergleicht man insoweit die gewährleistungsrechtlichen Regelungen mit der Nachfristregelung des § 326 BGB, so ist auffällig, daß gerade der Verkäufer wegen der fehlenden Fristsetzung bei mangelhafter Lieferung stark benachteiligt ist. Denn er kann mangels

[342] Bedenken hinsichtlich dieser Regelung könnten dahingehend bestehen, daß der Verkäufer nicht über die Mittel und Fähigkeiten verfügt, den Mangel zu beseitigen, wenn er nicht Hersteller der Ware ist. Jedoch auch in dem Fall, daß er die Ware lediglich weiterverkauft hat, ist wegen der zunehmenden Industrialisierung und Technisierung davon auszugehen, daß die Nachbesserung heutzutage entweder durch Kundendienstnetze oder durch Wartungsaufgaben seitens des Verkäufers erfolgen kann. Zumindest hat der Verkäufer jedoch einen Zugang zum Hersteller. Denn schließlich liegt es gerade in seinem Interesse, daß der Vertrag nicht rückabgewickelt wird. Vgl. dazu *Beinert,* S. 246, *Götz,* S. 27; *Huber,* Gutachten Kaufvertrag, S. 911, 915; *Heinrichs,* S. 19.

[343] Nach *Kirchhof* (S. 180 ff.) stellt die Nachbesserung im heutigen Geschäftsleben bereits eine selbstverständliche Institution dar. Ähnlich *Landfermann,* RabelsZ 45 (1981), S. 124, 126.

[344] Siehe Staudinger/*Honsell,* Vorbem §§ 459 ff., Rn. 4.

[345] So auch *Beinert,* S. 246, der allerdings nur die Nachbesserungs*befugnis* des Verkäufers meint und diese nicht mit dem Nachbesserungs*anspruch* des Käufers gleichgesetzt wissen möchte. Ebenso *Götz,* S. 44; *Kirchhof,* S. 188. Hingegen will *Peters* bei wirtschaftlichem Bedürfnis und Zumutbarkeit für den Verkäufer einen allgemeinen gesetzlichen Nachbesserungsanspruch des Käufers als zeitliche Ausdehnung des Erfüllungsanspruchs annehmen, JZ 1978, S. 92, 94 ff.

[346] Vgl. *Huber,* Gutachten, S. 647, 765.

[347] So *Huber,* Gutachten, S. 647, 704, 767. Siehe ferner die ausführliche Darstellung bei *Beinert,* S. 221 ff., 232 ff.

Frist die Schlechtleistung nicht beheben. Auch im Gewährleistungsrecht sollte den Rechtsbehelfen des Käufers grundsätzlich eine Nachfrist nach dem Prinzip des § 326 BGB vorgeschaltet sein oder dem Käufer zumindest möglich sein, eine solche zu setzen. Weitere denkbare Begründungen des Nacherfüllungsanspruchs sind eine Analogie zum Werkvertragsrecht oder die Ableitung aus dem Schadensersatzanspruch, der primär auf Naturalrestitution gerichtet ist.[348]

III. Der Schadensersatzanspruch im Gewährleistungsrecht

Das Gewährleistungsrecht des BGB zeichnet sich durch eine zweigleisig angelegte Haftung des Verkäufers aus. Der Käufer einer mangelhaften Sache kann lediglich in dem eng gesteckten Rahmen der §§ 463, 480 Abs. 2 BGB einen vom Verschulden unabhängigen Schadensersatzanspruch geltend machen. Diese Vorschriften setzen voraus, daß entweder der Verkäufer einen Fehler arglistig verschwiegen hat, oder der Kaufsache eine zugesicherte Eigenschaft fehlt. Liegt dies nicht vor, wird dem Käufer selbst für den Fall, daß der Verkäufer den Mangel zu vertreten hat, nach kodifiziertem Recht sein Schaden wegen der mangelhaften Lieferung nicht ersetzt.[349] Die Entscheidung, ob nun eine zugesicherte Eigenschaft bejaht werden kann oder nicht, hat damit für den Käufer weitreichende Konsequenzen. Dabei stellt sich jedoch das Problem, daß man bis heute keine überzeugenden Abgrenzungskriterien zwischen den beiden Haftungsmaßstäben gefunden hat.[350]

Darüber hinaus entspricht der tatsächliche Rechtszustand schon lange nicht mehr dieser beschriebenen Gesetzeslage. Entgegen dem Wortlaut und der Intention des Gesetzgebers, keine allgemeine Haftung des Verkäufers wegen Verschuldens einzuführen,[351] erkennt die Rechtsprechung über das Institut der pFV an, daß der Verkäufer für Folgeschäden an anderen Rechtsgütern, die dem Käufer aus dem Sachmangel erwachsen, bei schuldhaftem Handeln haften muß. Den eigentlichen Mangelschaden, den die Sachmängelhaftung abschließend regelt, umfaßt die pFV jedoch nicht. Notwendige Folge dieser Konstellation von zwei unverbunden nebeneinanderstehenden Schadensersatzansprüchen ist, daß bereits bei der Wahl der Anspruchsgrundlage zwischen den jeweiligen Schadensposten unterschieden werden muß.[352] Betrachtet man unter diesem Gesichtspunkt die Einzelfallentscheidungen der Rechtsprechung, so kann auch nicht ausgeschlossen werden, daß die jeweilige Einordnung vom „erwünschten" Ergebnis - beispielsweise in bezug auf die Durch-

---

348 Dazu weiterführend *Basedow*, Gutachten, S. 66; MüKo/*Westermann*, § 462, Rn. 10, § 463, Rn. 23.

349 Nach Ansicht des Gesetzgebers kann der Käufer lediglich wandeln oder den Preis mindern, vgl. Motive II, S. 229. Daneben kann er jedoch über das Institut der verschuldensabhängigen pFV den Mangelfolgeschaden geltend machen.

350 Vgl. *Huber*, Gutachten Kaufvertrag, S. 911, 915.

351 Siehe zur damaligen Situation die kritische Darstellung von *Jakobs*, Gesetzgebung, S. 115 ff.

352 Als Beispiel für die Problematik um die Einordnung ist die Nichtbenutzbarkeit der mangelhaften Sache anzuführen. Der BGH ordnet es als Mangelschaden ein (BGHZ 77, 215, 218), wohingegen *Flume* sich für den Mangelfolgeschaden ausspricht, AcP 193 (1993) S. 89, 111.

setzbarkeit des Anspruchs - beeinflußt ist.[353] In jedem Fall bedingt die fehlende Abstimmung beider Systeme die aufgezeigten Abgrenzungsprobleme.[354]

Überdies gewährt die Rechtsprechung über das kodifizierte Recht hinaus dem Käufer einen Schadensersatzanspruch durch das Institut der culpa in contrahendo. Anerkannte Fallgruppen dieses Anspruchs sind beispielsweise die Konstellation, daß der Verkäufer eine besondere Beratungs- oder Aufklärungspflicht übernommen und verletzt hat. Diese beiden in der Praxis anerkannten Institute, pFV und culpa in contrahendo, sind eine Fortentwicklung und Erweiterung des Schadensersatzanspruchs des kodifizierten Rechts. Problematisch daran ist nicht, daß das geschriebene Recht auf diese Art und Weise in seiner Systematik und in seinen Ergebnissen beachtlich verändert wurde.[355] Mißlich ist vielmehr, daß das unabgestimmte Nebeneinander eine Vielzahl von Abgrenzungsproblemen zur Sachmängelhaftung eröffnet, was zu einer Verunsicherung des einzelnen Rechtsanwenders führt.

Neben der Korrektur, die das geschriebene Recht durch die pFV schon kurz nach Inkrafttreten des BGB erfahren hat, nahm die Rechtsprechung in der neueren Zeit noch eine weitere vor. So gewährt sie trotz nicht vorhandener Eigenschaftszusicherung durch die Annahme von stillschweigenden Zusicherungen dem Käufer einen Schadensersatzanspruch.[356] Obgleich das käuferfreundliche Ergebnis dieser Entwicklung begrüßenswert ist, darf nicht übersehen werden, daß es sich letztlich um Einzelfallentscheidungen handelt. In einem konkreten Rechtsstreit kann sich der Käufer demnach auf diesen Prozeßausgang nicht verlassen - zur allgemeinen Rechtssicherheit trägt diese Praxis der Gerichte also keineswegs bei. Wenn die Voraussetzungen für den gewährleistungsrechtlichen Schadensersatzanspruch als zu eng aufgefaßt werden, sollte die notwendige Korrektur nicht seitens der Rechtsprechung durch eine „Hilfskonstruktion" vorgenommen werden. Vielmehr ist es Sache des Gesetzgebers, zugunsten der Rechtssicherheit eine entsprechende Regelung zu treffen bzw. bestehende Vorschriften zu ändern.

IV. Die Verjährung im Gewährleistungsrecht

Neben all den genannten Argumenten steht die Verjährungsfrist des § 477 Abs. 1 BGB aufgrund ihrer praktischen Relevanz im Mittelpunkt der Kritik am geltenden

[353] Vgl. *Emmerich* in FS Jahr (1993), S. 267, 269 ff.

[354] Ein Vergleich mit anderen europäischen Rechtsordnungen zeigt demgegenüber, daß die meisten eine umfassende Schadensersatzregelung im Kaufrecht vorsehen und damit auch nicht das Problem der Lückenfüllung haben. Vgl. *Basedow,* Gutachten, S. 31.

[355] Vgl. Abschlußbericht, S. 221.

[356] Siehe BGHZ 48, 118, 123 f.; 59, 158, 160; MüKo/*Westermann*, § 459, Rn. 60; *Heinrichs*, S. 19; *Schack*, AcP 185 (1985), S. 333, 334, 352; *Esser/Weyers*, Bd. II, § 5 II 2 d; *Emmerich* in FS Jahr (1993), S. 267, 271; *Frhr. Marschall v. Bieberstein* in Kolloquium v. Caemmerer (1973), S. 21, 25 ff.

Gewährleistungsrecht.[357] Die hierin geregelte Frist von sechs Monaten für die Geltendmachung der Gewährleistungsansprüche des Käufers verschärft die generell unbefriedigende Situation. Die Dauer von sechs Monaten wird als unzureichend kurz angesehen.[358] Oftmals ist diese Frist bereits abgelaufen, bevor der Käufer vom Mangel der gekauften Sache überhaupt Kenntnis erlangen konnte. Dies gilt beispielsweise für die Fallgestaltungen, in denen der Käufer die erstandene Sache erst Monate nach dem Kauf in Gebrauch nimmt oder der schon bestehende Mangel erst nach längerem Gebrauch festzustellen ist oder auftritt. Ist die Sechsmonatsfrist zum Zeitpunkt der Kenntnisnahme des Mangels bereits abgelaufen, kann der Käufer seine Gewährleistungsansprüche dem Verkäufer gegenüber nicht mehr durchsetzen. Den begrüßenswerten Vorschlag, die Frist für den verborgenen Mangel erst mit Entdeckung des Fehlers oder zumindest der Möglichkeit dazu laufen zu lassen, lehnte die Rechtsprechung mit dem Argument ab, diese Auslegung sei mit dem Wortlaut des § 477 BGB nicht vereinbar.[359]

Um die bestehende, für den Käufer unbefriedigende Regelung dennoch zu korrigieren, setzt die Rechtsprechung an anderen Punkten an. So nimmt sie in einigen Fällen konkludente Parteivereinbarungen über einen verzögerten Fristbeginn an. In anderen Fällen umgeht sie die Frist des § 477 BGB gänzlich, indem sie sich bei den oben erläuterten Abgrenzungsfragen bewußt für die Anwendbarkeit der allgemeinen statt der Gewährleistungsvorschriften entscheidet.[360] Bei diesem Vorgehen ist der jeweilige Anspruch nicht der kurzen Frist des § 477 Abs. 1 BGB, sondern der allgemeinen Frist des § 195 BGB bzw. bei unerlaubter Handlung der Dreijahresfrist des § 852 BGB unterworfen.

Gegen die Ergebnisse dieser einzelfallorientierten Praxis ist wegen der käuferfreundlichen Ausrichtung generell nichts einzuwenden. Dennoch ist kritisch an-

---

[357] Das Problem der stark voneinander abweichenden Verjährungsfristen der allgemeinen und besonderen Leistungsstörungen soll im folgenden lediglich kurz angesprochen werden. Eine umfassende Darstellung würde die Zielsetzung der Arbeit übersteigen.

[358] Vgl. dazu ausführlich *Heinrichs*, Karlsruher Forum 1991, S. 3 ff.; *ders.*, S. 26; *Peters/Zimmermann*, Gutachten, S. 77, 196 f., 226; *Larenz*, Bd. II/1, § 41 II d, Fn. 91; Staudinger/*Honsell*, § 477, Rn. 2 ff.; *Emmerich*, S. 257; Soergel/*Huber*, § 477, Rn. 3 ff.; *Rabe*, NJW 1992, S. 2395, 2396; *Basedow*, Gutachten, S. 79. A.A. *Flume*, AcP 193 (1993), S. 89, 105 f., der lediglich den Fall des versteckten Fehlers als reformbedürftig ansieht; ebenso *Jakobs*, Gesetzgebung, S. 170 ff.; *Joussen*, Referat, S. K 40. - Ausführlich zu *Flume/Jakobs* siehe *Kircher*, S. 240 ff.

[359] Siehe BGHZ 66, 315, 318 ff. In BGHZ 77, 215, 220 ff. führt der BGH aus, daß die Korrektur des § 477 BGB dem Gesetzgeber überlassen bleiben müsse (S. 223).

[360] Siehe zum weiterfressenden Mangel die grundlegende Entscheidung BGHZ 67, 359, 361 ff., dergemäß dem Käufer über die §§ 823 ff. BGB der Schaden ersetzt wird, den er an zunächst mangelfreien Teilen der Kaufsache erlitten hat. Auf die Kritik im Schrifttum, daß damit die Risikoverteilung im Kaufrecht verschoben sei, reagierte die Rechtsprechung mit leichten Korrekturen, die die Abgrenzungsprobleme jedoch lediglich an andere Stellen verschieben. Der dogmatische Widerspruch, der in dieser Rechtsprechung angelegt ist, wurde nicht behoben. Vgl. *Rolland*, S. 8; Abschlußbericht, S. 24.

zumerken, daß diese Rechtsprechungspraxis letztlich kaum noch mit den kodifizierten Vorschriften und damit der vom Gesetzgeber angelegten Systematik des Gewährleistungsrechts übereinstimmt. Die im Vordergrund stehende Zielsetzung der jeweiligen Entscheidung ist gleichsam die Umgehung oder zumindest die Abänderung der aus Käufersicht zu knapp bemessenen Sechsmonatsfrist. Es fragt sich aber, inwieweit es sinnvoll ist, eine unerwünschte Regelung durch das Überwechseln auf Anspruchsgrundlagen aus anderen Normbereichen zu umgehen. Im Interesse der allgemeinen Rechtssicherheit wäre es demgegenüber begrüßenswert, die Vorschrift selbst dahingehend zu korrigieren, daß sie für die beteiligten Parteien eine gerechte und akzeptable Lösung bietet. Beispielsweise könnte der Gesetzgeber die Dauer der Sechsmonatsfrist verlängern oder zumindest im Fall des verborgenen Mangels die Frist erst ab Kenntnisnahme[361] laufen lassen. Indem die Rechtsprechung zur Vermeidung der kurzen Frist auf Anspruchsgrundlagen des allgemeinen Leistungsstörungsrechts oder sogar auf die der unerlaubten Handlung ausweicht, die der Gesetzgeber für den Sachverhalt eigentlich nicht vorgesehen hat, wird das gesamte System in Frage gestellt.

Zuletzt ist noch kurz auf das Verhältnis des § 477 Abs. 1 BGB zur werkvertraglichen Verjährungsfrist des § 638 BGB einzugehen. Die Fristen sind von unterschiedlicher Dauer, so daß letztlich die Qualifizierung des betroffenen Vertrages über die Verjährung des etwaigen Anspruchs entscheidet. Die Rechtsprechung hat beispielsweise aus der Zielsetzung heraus, die Frist des § 477 BGB zu vermeiden, Verträge über neu errichtete Bauwerke selbst dann dem Werkvertragsrecht unterstellt, wenn das Gebäude bei Vertragsschluß bereits vollständig fertiggestellt war.[362] Auch hier ist wiederum nicht das Ergebnis, sondern das beträchtliche Abweichen von der Systematik des Schuldrechts zu kritisieren. Überdies vermag die Begründung der Rechtsprechung hierfür dogmatisch nicht zu überzeugen.[363]

---

[361] Dies wäre mit dem Rechtsgedanken des § 852 Abs. 1 BGB zu begründen, vgl. *Brox*, Bes. SchR, Rn. 92, *Medicus*, SchR II, Rn. 61.

[362] Vgl. BGHZ 74, 204, 206; 108, 164, 167; *Emmerich* in FS Jahr (1993), S. 267, 271.

[363] Siehe *Brambring*, DNotZ 1992, S. 691, 694; Abschlußbericht, S. 24 f.; *Heinrichs*, S. 27.

Kapitel 4: Die Schuldrechtskommission und ihre Reformvorschläge

A. Idee und Entwicklung der Schuldrechtsreform

Im Gegensatz zu der teilweise vertretenen Ansicht, das BGB sei ein perfektes Gesetzeswerk,[364] dessen Gesamtheit nicht durch Teilreformen „durchbrochen" werden dürfe,[365] stellten andere schon zu Beginn des Jahrhunderts dessen Unzulänglichkeiten fest. So war beispielsweise zu hören, es handele sich keineswegs um ein perfektes Menschenwerk, sondern stelle einen „Kompromiß zwischen widerstreitenden Tendenzen (sowie) einen vorsichtigen Abschluß des historisch Gegebenen, nicht (aber) einen kühnen Anfang einer neuen Zukunft" dar.[366] Diese Aussage vermag zu belegen, daß nicht erst in letzter Zeit scharfe Kritik gegenüber dem BGB geäußert wird. Bereits zu seiner Entstehungszeit war das BGB dem Vorwurf ausgesetzt, es stehe nicht auf der Höhe seiner Zeit, sondern orientiere sich an teilweise überholten Lebensverhältnissen.[367]

In Anbetracht dieser schon früh geäußerten Kritik ist jedoch zur Verteidigung des BGB anzuführen, daß seine „Väter" hinsichtlich der Kodifikation keine Perfektion angestrebt hatten. Vielmehr stand damals im Vordergrund, mit Inkrafttreten des Bürgerlichen Gesetzbuches am 1. Januar 1900 erstmalig eine Rechtseinheit des Zivilrechts für das gesamte Gebiet des Deutschen Reiches zu erzielen. Wegen dieses Interesses an der Vereinheitlichung verzichteten die Gesetzesverfasser - gleichsam als Zugeständnis an die neue nationale Einheit[368] - darauf, das Zivilrecht in allen Punkten umfassend zu regeln.[369]

---

364 Zumindest die Verfasser des BGB hatten sich zum Ziel gesetzt, ein in sich geschlossenes Gesetzbuch zu schaffen. Vgl. *Jakobs*, Wissenschaft u. Gesetzgebung, S. 134 ff., insb. S. 159 f. Aus der neueren Literatur siehe *E. Wolf*, ZRP 1982, S. 1, 6; *Schmude*, NJW 1982, S. 2017, 2018. - *Emmerich* ist der Auffassung, daß die Kommissionsvorschläge schon längst geltendes Recht seien (in FS Jahr (1993), S. 267 ff.).

365 Vgl. *E. Wolf*, ZRP 1983, S. 241. *Kohler* verneint gleichfalls die Reformbedürftigkeit des BGB; lediglich seine überkommene Interpretation müsse berichtigt werden (WM 1993, S. 45, 57).

366 So *Zitelmann*, DJZ 5 (1900), S. 2, 3. Allgemein zur Kritik Palandt/*Heinrichs*, Einl., Rn. 5; *Schulte-Nölke*, NJW 1996, S. 1705, 1706 f.

367 Vgl. dazu *Schulte-Nölke*, Jahrbuch Junger Zivilrechtswiss. 1996, S. 9, 11 f.; Palandt/*Heinrichs*, Einl., Rn. 8 m.w.N.

368 Wegen der verschiedenen Lebensverhältnisse hätte eine Vereinheitlichung des Rechts auf manchen Gebieten nur Schaden gebracht, so *Zitelmann*, DJZ 5 (1900), S. 2, 3.

369 Vgl. *A. Wolf*, ZRP 1978, S. 249, 250; *Schmude*, NJW 1982, S. 2017, 2018; ebenso *Braun*, JZ 1993, S. 1, 3. Zum Zweck der Kodifizierung in der damaligen Zeit siehe *Jakobs*, Gesetzgebung, S. 7 f.; ferner *Schulte-Nölke*, NJW 1996, S. 1705 ff.

I. Heutiges Verständnis des BGB

Entgegen der Prognose, die wohl mancher Kritiker zur damaligen Zeit in bezug auf die Zukunft des BGB abgegeben hätte, konnte es sich trotz des gesellschaftlichen, wirtschaftlichen und politischen Wandels in diesem Jahrhundert ohne große Veränderungen bewähren.[370] Insbesondere das Schuldrecht hat nahezu keine Veränderungen oder Ergänzungen erfahren, was besonders erstaunt, da es in weitaus stärkerem Maße als andere Gebiete von Wirtschaftsentwicklungen wie beispielsweise der aufkommenden Massenproduktion betroffen war.

Während die einen den Grund für die Beständigkeit der schuldrechtlichen Materie in deren Elastizität und Anpassungsfähigkeit sehen,[371] führen andere dies darauf zurück, daß der Gesetzgeber bei notwendigen Veränderungen zumeist den Weg der Sondergesetzgebung gegangen ist.[372] Nur wenige Ausnahmeregelungen, wie z.B. das Reisevertragsrecht, fügte man in die bestehenden Vorschriften ein. Ansonsten sind wichtige schuldrechtliche Themen, die erst im Laufe der Zeit für das Rechtsleben an Bedeutung gewonnen haben, außerhalb des BGB geregelt. So wurden beispielsweise das AGB-Gesetz, das Verbraucherkreditgesetz sowie das Produkthaftungsgesetz nicht eingearbeitet. Die Zahl der außerhalb des BGB angesiedelten Gesetze aus dem Bereich des Schuldrechts liegt mittlerweile bei rund 250.[373] In bezug auf die Einheit des Privatrechts ist folglich als Ergebnis festzuhalten, daß die damals mit der Kodifizierung des BGB gewonnene Übersichtlichkeit und Geschlossenheit mittlerweile wieder verloren gegangen ist.

Zudem müßte ein weiterer Grund dazu führen, daß die Gesetzesverfasser des BGB das heute praktizierte Schuldrecht kaum wiedererkennen dürften. Bald nach Inkrafttreten des BGB regelten Rechtsprechung und Lehre grundlegende Fragen, die den gesamten Bereich des Schuldrechts betrafen, außerhalb eines kodifizierten Gesetzestextes. Zwar ermöglichte die Fortentwicklung des Zivilrechts durch die Institute der pFV, der culpa in contrahendo, des Wegfalls der Geschäftsgrundlage so-

---

370 Statt vieler Palandt/*Heinrichs*, Einl., Rn. 10. - Nur kurz erwähnt werden soll, daß es in den dreißiger Jahren seitens der *Akademie für Deutsches Recht* Ansätze zur Überarbeitung des Schuldrechts gab, die für das kodifizierte Recht allerdings ohne Folgen geblieben sind. Vgl. *Stoll*, abgedruckt in Schubert, AkDR Protokolle Bd. III/3, S. 232 ff. Entgegen der Bedenken, es handele sich dabei um nationalsozialistisches Gedankengut, beschäftigen sich die Arbeiten in erster Linie mit allgemeiner zivilrechtlicher Dogmatik. Vgl. dazu *Brüggemeier*, Referat, S. K 48, Fn. 9; *Schwark*, JZ 1980, S. 741. Weiterführend zu den damaligen Reformbestrebungen *Braun*, JZ 1993, S. 1, 3 f.; *Schulte-Nölke*, Jahrbuch Junger Zivilrechtswiss. 1996, S. 9, 15 f.

371 So Soergel/*Teichmann*, Vor § 241, Rn. 1; ähnlich *A. Wolf*, ZRP 1978, S. 249, 250.

372 Historisch betrachtet hat die Entwicklung zur Sondergesetzgebung schon mit dem Abzahlungsgesetz von 1894 begonnen, das nicht in das Schuldrecht des BGB eingearbeitet wurde. Vgl. dazu Protokolle I, S. 475.

373 Vgl. Bundesministerium der Justiz (Hrsg.), Gutachten Bd. I, Einl., S. XII; *A. Wolf*, AcP 182 (1982), S. 80, 83; *Schmude*, NJW 1982, S. 2017, 2018.

wie den Vertrag mit Schutzwirkungen für Dritte und neue Vertragsformen einerseits die Anpassung der gesamten Rechtsmaterie an die sich wandelnden wirtschaftlichen und gesellschaftlichen Verhältnisse. Andererseits ist kritisch anzumerken, daß sich bedingt durch diese Entwicklung das geschriebene Recht und die Rechtswirklichkeit in starkem Maße voneinander entfernt haben und nunmehr voneinander abweichen. Die Überlagerung des kodifizierten Rechts durch die Ergebnisse der Rechtsprechung trägt weder zur Übersichtlichkeit bei, noch gewinnt das tägliche Rechtsleben dadurch an Sicherheit.[374]

II. Idee und Geschichte der Schuldrechtskommission

Seit Mitte der siebziger Jahre beschäftigten sich die Gesetzesverfasser mit der Frage, ob man gegen die Entwicklung von Sondergesetzen sowie gegen die Rechtsfortbildung außerhalb des kodifizierten Rechts einschreiten soll.[375]

Die ersten Überlegungen zur Überarbeitung des Schuldrechts tauchten im Zusammenhang mit den gesetzgeberischen Vorbereitungen zum AGB-Gesetz auf. Den Vorschlag mehrerer Bundesländer, eine Kommission zur Überprüfung des gesamten Vertragsrechts einzusetzen, griff das Bundesministerium für Justiz auf.[376] Es ließ zur Vorbereitung der Reform[377] sowie zur Bestimmung von Art und Umfang[378] 24 Gutachten zu unterschiedlichen schuldrechtlichen Themen erstellen, die

---

374 Vgl. Abschlußbericht, S. 13 f.; *Schwark*, JZ 1980, S. 741; *Schmude*, NJW 1982, S. 2017, 2018; *Landfermann*, RabelsZ 45 (1981), S. 124, 126; *Schlechtriem*, Schuldrechtsreform, S. 58 f.

375 Siehe ausführlich zu der Idee und den Zielen der Schuldrechtsüberarbeitung *A. Wolf*, AcP 182 (1982) S. 80 ff.; *ders.*, ZRP 1978, S. 249, 252 ff.; *Westermann*, ZRP 1983, S. 249 ff.; *Lieb*, AcP 183 (1983) S. 327 ff.; *Schlechtriem*, Schuldrechtsreform, S. 7 ff. Ebenso *Rust*, S. 24 f.

376 Vgl. Bundesministerium der Justiz (Hrsg.), Gutachten Bd. I, Einl., S. XI; *Schlechtriem*, Schuldrechtsreform, S. 8; *Rolland*, NJW 1992, S. 2377, 2378.

377 Im Unklaren war man sich damals über die konkrete Vorgehensweise hinsichtlich des Reformvorhabens. Einerseits war Zielsetzung die Schaffung eines modernen Obligationenrechts, andererseits bestand dahingehend Unsicherheit, wie diese komplexe und doch so differenzierte Materie in einem Gesetzgebungsprozeß zu bewältigen sei. Vgl. *Rolland*, S. 2. Genaue rechtspolitische Vorgaben zu Ziel und Umfang der Reform gab es zum damaligen Zeitpunkt jedenfalls nicht. Dazu *Schwark*, JZ 1980, S. 741 ff.; *Rolland*, NJW 1992, S. 2377, 2378.

378 Die damaligen Reformziele haben weder mit dem Rahmen, der in den achtziger Jahren der Kommission gesetzt worden war, noch mit dem Umfang der heutigen Reformidee etwas gemeinsam. Sie sollen hier nur zur Darstellung der historischen Entwicklung sowie wegen der teils der Reformidee entgegen gebrachten Kritik aufgeführt werden. Neben der Beseitigung der Zersplitterung des Schuldrechts durch Rückführung der Sondergesetze sollten die durch die Fortbildung hervorgebrachten Rechtsinstitute und -grundsätze in das BGB eingearbeitet werden. Ferner wollte man das Schuldrecht durch den Einbau neuer Vertragstypen an die Rechtspraxis anpassen und schließlich den Sozialbezug des Schuldrechts aus rechtspolitischen Zielen stärker betonen. Vgl. dazu *A. Wolf*, AcP 182 (1982), S. 80 ff.; *Schwark*, JZ

zwischen den Jahren 1981 und 1983 in drei Bänden *Gutachten und Vorschläge zur Überarbeitung des Schuldrechts* veröffentlicht wurden. Zwei zentrale von *Huber* erstellten Gutachten befassen sich mit den Leistungsstörungen und dem Kaufvertrag. Ersteres konzentriert sich auf die beiden Punkte, ob in das deutsche Schuldrecht ein Leistungsstörungsrecht nach dem Vorbild der Internationalen Kaufrechte eingeführt werden kann sowie welche Änderungen im Gesetzestext und praktischen Auswirkungen zu erwarten sind.[379] Das zweite Gutachten untersucht, wie sich die Fortbildung der Rechtswirklichkeit auf das Kaufrecht auswirkt.[380]

Bis zur Fertigstellung der Gutachten veränderten sich jedoch die politischen Rahmenbedingungen für das Reformvorhaben.[381] Infolgedessen gab man die ursprüngliche Idee auf, das gesamte Schuldrecht zu reformieren. Die damals erstellten Gutachten besitzen damit hinsichtlich des heutigen Reformumfangs keine Gültigkeit mehr. Sie dienen lediglich vereinzelt als inhaltliche Diskussionsgrundlage. Im Februar 1984 wurde schließlich die *Kommission zur Überarbeitung des Schuldrechts*[382] einberufen, die den Reformauftrag erhielt,

> „Vorschläge zu erarbeiten, die es dem Gesetzgeber erlauben, das allgemeine Leistungsstörungsrecht, das Gewährleistungsrecht des Kauf- und Werkvertrags sowie das Verjährungsrecht unter Berücksichtigung insbesondere der Ergebnisse der Rechtsprechung und der Praxis übersichtlicher zu gestalten".[383]

Neben der Änderung hinsichtlich des Umfangs fand gleichfalls eine Umorientierung in der den Reformbestrebungen zugrundeliegenden Geisteshaltung statt.

1980, S. 741, 742; *Heinrichs*, S. 4 f.; Bundesministerium der Justiz (Hrsg.), Gutachten Bd. I, Einl., S. XI f.

379 Siehe *Huber*, Gutachten, S. 647 ff. Er kommt in seiner umfangreichen Untersuchung zum Ergebnis, daß die Übernahme des *internationalen* Leistungsstörungsrechts bei Anpassung des BGB möglich sei, und betont den auf diese Weise gewonnenen Einklang mit der internationalen Rechtsentwicklung. Gleichzeitig schlägt er vor, die Sachmängelhaftung wegen ihrer engen Verbindung zum Leistungsstörungsrecht unter Aufgabe der Sonderstellung in die allgemeinen Vorschriften einzubinden. Siehe Besprechung des Gutachtens bei *Grunsky*, AcP 182 (1982), S. 451, 458 f., der zwar den vorgeschlagenen Einzellösungen beipflichtet, aber auch Bedenken gegenüber dem „radikalen Schnitt" äußert. Ähnlich *Diederichsen*, AcP 182 (1982), S. 101, 117 ff.; *Lieb*, AcP 183 (1983) S. 327, 342. Gegen die Vorschläge *Hubers* spricht sich *Vollkommer* aus, AcP 183 (1983), S. 525 ff.

380 Siehe *Huber*, Gutachten Kaufvertrag, S. 911 ff.

381 Vgl. *Braun*, JZ 1993, S. 1, 4.

382 Die *Kommission zur Überarbeitung des Schuldrechts* - im folgenden *Schuldrechtskommission* bzw. *Kommission* - setzte sich aus insgesamt 16 Mitgliedern zusammen: aus Hochschullehrern, Richtern, Ministerialbeamten der Landesjustizverwaltungen, einem Rechtsanwalt und einem Notar. In 22 mehrtägigen Sitzungen berieten diese Änderungsvorschläge und erstellten schließlich mit ihrem Abschlußbericht einen Reformvorschlag zum Schuld- und Verjährungsrecht. Nähere Ausführungen dazu *Medicus*, AcP 188 (1988), S. 168 ff.

383 Zur näheren Aufgabenerläuterung der Schuldrechtskommission durch das Bundesministerium der Justiz siehe *Engelhard*, NJW 1984, S. 1201 ff.

Zugunsten nur einzelner punktueller Verbesserungsvorschläge gab man die grundlegenden Veränderungsideen auf.[384] Von einem „Abschied vom BGB", vor dem manche Kritiker der Schuldrechtsüberarbeitung gewarnt hatten,[385] kann jedoch keinesfalls gesprochen werden.[386] Die Kommission hält mit ihren Vorschlägen sowohl an den Grundelementen als auch am vorgegebenen System des BGB fest. Ferner bleiben dessen methodischen Ansätze gewahrt. Trotz der inhaltlichen Änderungsvorschläge vertritt die Kommission die Auffassung, daß das BGB sich im Großen und Ganzen bewährt habe und auch den jeweiligen Anforderungen der Zeit gerecht geworden sei.[387] Unter Wahrung des Gesetzesstils des BGB will sie die bestehenden Grundstrukturen lediglich an den Punkten weiterentwickeln, an denen es ihr zur Beseitigung von Systembrüchen notwendig erscheint.[388]

Im Jahre 1992 erschien der Abschlußbericht der Kommission mit seinen Reformvorschlägen zum allgemeinen Leistungsstörungs-, zum Gewährleistungs- und zum Verjährungsrecht.

B. Die Reformvorschläge im Überblick

Die Schuldrechtskommission hat sich das Ziel gesetzt, mit ihren Vorschlägen die im letzten Kapitel dargestellten Unzulänglichkeiten des BGB zu beheben und auf diesem Wege der schuldrechtlichen Materie zu mehr Übersichtlichkeit und Struktur zu verhelfen. Im Interesse des Rechtsanwenders sollen durch Vereinfachung größere Klarheit erzielt und die im Laufe der Zeit entstandenen Wertungswidersprüche beseitigt werden. Überdies möchte die Kommission mit ihrem Reformentwurf eine Angleichung - insbesondere im Bereich der Leistungsstörungen - an das UN-Kaufrecht[389] erreichen.[390]

Um dieses Konzept zu verwirklichen, erhebt die Kommission in ihrem Entwurf den Terminus der Pflichtverletzung zum zentralen Begriff des allgemeinen Lei-

384 Siehe dazu *Heinrichs*, S. 6.

385 Eine deutliche Absage an die Neuordnung des Schuldrechts erteilt *E. Wolf*, ZRP 1982, S. 1 ff., der in seinen Ausführungen allerdings noch vom Umfang der Reformidee zum Zeitpunkt der Gutachten ausging. Nach seiner Meinung ist das System des BGB nicht verbesserungsfähig. Er sehe keinen sachlichen Grund dafür, das BGB aufzugeben (S. 6). Ebenso stehen *Jakobs*, Gesetzgebung, S. 7 ff. und *Joussen*, Referat, S. K 44, der Reform ablehnend gegenüber. Zusammenfassende Darstellung zur Kritik an der Reform *Rolland*, NJW 1992, S. 2377, 2378 f.

386 Siehe ausführlich zur Kritik an der Schuldrechtsreform das folgende Kapitel 5.

387 Siehe dazu *Rolland*, NJW 1992, S. 2377, 2380.

388 Vgl. *Heinrichs*, S. 8; *Rolland*, NJW 1992, S. 2377, 2380. Demgegenüber sieht *Flume* weder die Notwendigkeit noch die Zweckmäßigkeit für die Eingliederung der Gewährleistungshaftung in das allgemeine Leistungsstörungsrecht. Bei dem Sachmängelrecht handele es sich um bewährte und überzeugende Strukturen des BGB, die nicht unter Übergehung ihrer langen Tradition aufgeben werden sollten, AcP 193 (1993), S. 89, 120.

389 Vgl. unten Kapitel 6, B. II.

390 Vgl. statt vieler *Rolland*, S. 9; ebenso *Medicus*, NJW 1992, S. 2384.

stungsstörungsrechts. Weiterhin schlägt sie vor, die Sachmängelhaftung bei Kauf- und Werkvertrag in die allgemeinen Leistungsstörungen einzufügen und eine einheitliche Verjährungsfrist für alle vertraglichen Ansprüche festzusetzen.

I. Das allgemeine Leistungsstörungsrecht

Bezüglich des allgemeinen Leistungsstörungsrechts will die Kommission nicht nur einzelne Schwachstellen innerhalb der gesetzlichen Vorschriften korrigieren bzw. richterrechtlich geschaffene Institute kodifizieren. Um ein einheitliches in sich geschlossenes Gebilde zu erhalten, stellt sie vielmehr das gesamte System der Leistungsstörungen dogmatisch auf eine weitgehend neue Grundlage.[391]

1. *Pflichtverletzung* als Grundtatbestand

Der Kommissionsentwurf[392] knüpft nicht an einzelne Tatbestände von Leistungsstörungen an, sondern stellt in Anlehnung an das UN-Kaufrecht die Pflichtverletzung[393] in den Mittelpunkt des allgemeinen Leistungsstörungsrechts.[394] Der neu definierte Begriff der Pflichtverletzung, der als Anknüpfungspunkt für die Rechtsbehelfe von Rücktritt (§§ 280, 283 KE) und Schadensersatz (§ 323 KE) dient, verlangt lediglich den objektiven Verstoß des Schuldners gegen eine Pflicht.[395] Folglich kommt es nicht darauf an, ob dem Schuldner ein Verschulden vorzuwerfen ist. Auch muß keine Unterscheidung danach vorgenommen werden, welche Form der Unmöglichkeit vorliegt, ob eine Haupt- oder Nebenpflicht verletzt ist oder auf

391 So *Schapp*, JZ 1993, S. 637 sowie *Ahrens*, ZRP 1995, S. 417, 422.

392 Im folgend abgekürzt als KE.

393 *Huber* hat dagegen in seinem Gutachten (S. 647, 699, 779 f.) den Begriff der Nichterfüllung vorgeschlagen. Das UN-Kaufrecht spricht von *breach of contract* (Vertragsbruch), verwendet aber auch den damit identischen Begriff der Nichterfüllung von Pflichten. Da das UN-Kaufrecht jedoch nur das Kaufvertragsrecht regelt, der dort verwendete Begriff also lediglich Pflichten vertraglicher Art umfaßt, kommt mangels nötiger Allgemeinheit die Übernahme desselben nicht in Betracht. - *Flume* (ZIP 1994, S. 1497) hat sich wegen der historischen Belastung des Begriffs der Pflichtverletzung - die *Akademie für Deutsches Recht* hatte 1936 diese ebenfalls an die Spitze des Leistungsstörungsrechts gesetzt - gegen diesen ausgesprochen. Diese Kritik weisen *Rolland*, Juristentag, Bd. II/2, S. K 156 f. und *Rabe* in Liber Amicorum Rabe (1995), S. 135, 137 ff., überzeugend zurück.

394 Zustimmend *Brüggemeier*, Referat, S. K 58. Kritiker dieser Lösung sind u.a. *Schapp*, JZ 1993, S. 637, 638 f.; *Stürner*, NJW 1994, Beilage zu Heft 25, S. 2, 3; *Ernst*, JZ 1994, S. 801, 805 f.; *ders.*, NJW 1994, S. 2177, 2180. - Allgemein zur Pflichtverletzung *Rabe*, ZIP 1996, S. 1652 ff.

395 *Flume* kritisiert an der *Pflichtverletzung*, daß sie entgegen dem Sprachsinn nicht auf das Verhalten des Leistungspflichtigen bezogen sei. So könne man solche Vorgänge, die mit dessen Verhalten nichts zu tun hätten, wie beispielsweise die davon unabhängige Unmöglichkeit, dem Begriff nicht zuordnen, ZIP 1994, S. 1497. Zu Recht dagegen *Medicus*, Juristentag, Bd. II/2, S. K 133.

welchem Verhalten die Pflichtverletzung beruht.[396] Der Entwurf hat so für sein Leistungsstörungsrecht die bestehenden richterrechtlichen Grundsätze zur Haftung aus pFV weiterentwickelt und verallgemeinert.

Auf eine umfassende Beschreibung der vom Schuldner zu erfüllenden Pflichten verzichtet der Kommissionsvorschlag. Wie bereits im BGB richten sich diese nach dem Inhalt des konkreten Vertragsverhältnisses sowie nach den Vorschriften des besonderen Schuldrechts. Demgegenüber zieht die Kommission die allgemeine Grenze für die Primärleistungspflicht des Schuldners neu. Der Entwurf stellt für das Überwechseln des Gläubigers vom Primär- auf einen Sekundäranspruch nicht mehr auf die vom Schuldner zu vertretende Unmöglichkeit ab.[397] Nach § 275 KE[398] kann der Schuldner nunmehr außer bei einer Geldschuld die Leistung dann verweigern, wenn er sie nicht mit denjenigen Anstrengungen zu erbringen vermag, zu denen er nach Inhalt und Natur des Schuldverhältnisses verpflichtet ist. Entscheidend ist, ob der Schuldner zur Überwindung des Hindernisses verpflichtet ist oder nicht.[399] Gleichzeitig ist der Fortbestand der Leistungspflicht vom Verschuldenskriterium losgelöst. Die wenig überzeugende Regelung des § 275 BGB, die ein Festhalten an einer erkennbar nicht zu erbringenden Leistung verlangt, ist aufgegeben.[400] Auch bleibt § 275 KE nicht mehr auf nachträglich eintretende Leistungshindernisse beschränkt, so daß die gesonderte Regelung der anfänglich unmöglichen Leistung in den §§ 306 ff. BGB entbehrlich ist. Sämtliche Fallgruppen der Unmöglichkeit behandelt der Reformvorschlag damit gleich. Als zweiter Befreiungstatbestand tritt schließlich neben § 275 KE die Vorschrift des § 276 KE, wonach das Fehlen des Vertretenmüssens von der Schadensersatzpflicht befreit.

2. Rücktritt

Der Kommissionsentwurf regelt den Rechtsbehelf des Rücktritts vom gegenseitigen Vertrag für alle Pflichtverletzungen einheitlich. § 323 Abs. 1 S. 1 KE verlangt neben der Pflichtverletzung, daß der Gläubiger dem Schuldner eine angemessene Frist zur Erfüllung gesetzt hat. Wie im BGB kann er erst nach ergebnislosem

---

396 Siehe Abschlußbericht, S. 29, S. 128 ff.; *Schlechtriem*, ZEuP 1993, S. 217, 227; *Westerhoff*, ZG 1994, S. 97, 98. Weiterführend *Ahrens*, ZRP 1995, S. 417, 419.

397 Vgl. Abschlußbericht, S. 117 ff.

398 Während die Schuldrechtskommission § 275 KE als Einrede ausgestaltet hat, sprach sich der 60. Deutsche Juristentag mehrheitlich für eine rechtsvernichtende Einwendung aus, vgl. Beschluß Nr. 5 b, angenommen 66:42:19 (Tagungsbericht, NJW 1994, S. 3075). Siehe *Medicus*, NJW 1992, S. 2384, 2385. Kritisch gegenüber der Ausgestaltung als Einrede *Brüggemeier*, Referat, S. K 61; *Schapp*, JZ 1993, S. 637, 639.

399 Vgl. *Medicus*, NJW 1992, S. 2384, 2385.

400 Siehe *Rolland*, S. 10 f.; Abschlußbericht, S. 120 f.; dagegen *Jakobs*, Gesetzgebung, S. 38 ff. Obwohl *Brüggemeier* der Kritik an § 275 BGB zustimmt, hält er auch die Regelung des § 275 KE für verunglückt. Denn die sachlich zu knapp Vorschrift erfasse ihrem Wortlaut nach nur die wirtschaftliche Unmöglichkeit (Referat, S. K 59 ff.).

Ablauf derselben vom Vertrag zurücktreten.[401] Auf diese Weise wird zum einen der Vorrang des Erfüllungsanspruchs des Gläubigers gegenüber seinen Sekundäransprüchen sichergestellt. Zum anderen erhält der Schuldner die Möglichkeit, seine Leistungspflicht doch noch vertragsgemäß zu erfüllen. Lediglich in Ausnahmefällen, beispielsweise wenn eine Frist offensichtlich keinen Erfolg hätte (§ 323 Abs. 2 Nr. 1 KE), ist sie entbehrlich. Des weiteren hat die Kommission die Fristsetzung wegen der Probleme, die diese in der Praxis bereitet,[402] nicht mehr mit einer Ablehnungsandrohung verbunden. Ebensowenig ist ein Verschulden des Schuldners erforderlich. Zur genauen inhaltlichen Bestimmung der Rücktrittsvoraussetzungen bedient sich der Entwurf schließlich der Begriffe der Zumutbarkeit und des Zweckfortfalls.[403]

Der Tatbestand umfaßt alle Auflösungsmöglichkeiten des geltenden Leistungsstörungsrechts: die §§ 325, 326 BGB, die Vertragsauflösung kraft Gesetzes nach § 323 BGB sowie den Rücktritt wegen pFV.[404] Ausgeschlossen ist der Rücktritt gemäß § 323 Abs. 3 KE in verschiedenen Fällen, beispielsweise wenn die Pflichtverletzung lediglich unerheblich ist (Nr. 1). Ansonsten unterscheidet der Entwurf weder nach der Bedeutung der Pflicht noch nach dem Schweregrad der Verletzung. Nach Fristverstreichung macht jede Pflichtverletzung für den Gläubiger das Festhalten am Vertrag unzumutbar.[405] Grundsätzlich ist auch nur dieser und nicht der Schuldner zum Rücktritt berechtigt.[406]

Dogmatisch neu ist ferner, daß für den gegenseitigen Vertrag bei Vertretenmüssen des Schuldners die Kumulierung von Rücktritt und Schadensersatz zugelassen ist (§ 327 Abs. 1 S. 1 KE).[407] Der Entwurf schreibt damit die bereits bestehende Praxis fest, nach der die in den §§ 325, 326 BGB vorgeschriebene Alternativität beider

---

[401] Siehe Abschlußbericht, S. 31, 162 ff. - Die Kommission hat mit der Anknüpfung an die Pflichtverletzung auf die bestehende Rechtsprechungspraxis reagiert, wonach das Vorliegen der Tatbestandsvoraussetzungen des § 326 BGB eher nachlässig gehandhabt wird. Vgl. dazu BGH NJW 1988, 1778, 1779; 1991, 1823, 1824.

[402] Vgl. Abschlußbericht, S. 134 f.; *Medicus*, NJW 1992, S. 2384, 2386 sowie nur zum Rücktritt *Kötz*, Referat, S. K 19.

[403] Schon das RG führte in zahlreichen Entscheidungen aus, daß der Rücktritt vom Vertrag möglich sein solle, wenn die Vertragsverletzung „die Erreichung des Vertragszwecks derart gefährdet, daß dem Gläubiger die Fortsetzung des Vertragsverhältnisses nicht zugemutet werden kann". Vgl. RGZ 93, 285, 286.

[404] Auch der im BGB gesonderte Rechtsbehelf der Wandlung bei der Lieferung mangelhafter Ware ist im Entwurf durch die Verweisung des § 439 KE von § 323 KE umfaßt.

[405] Vgl. *Brambring*, Sonderheft DNotZ 1993, S. 77, 81. Ferner Abschlußbericht, S. 31.

[406] Die Kritik von *Amann* (Sonderheft DNotZ 1993, S. 83, 86), auch der Schuldner solle bei unverschuldeter Pflichtverletzung nach einer Fristsetzung zurücktreten dürfen, greift nicht. Da der Schuldner sich über § 275 KE von seiner Leistungspflicht befreien kann, ist eine Ausweitung der Vorschrift nicht notwendig. Vgl. *Brüggemeier*, Referat, S. K 75.

[407] Siehe Abschlußbericht, S. 31, 172. - Genau genommen ist nach dem Wortlaut des § 327 Abs. 1 KE der Rücktritt vom Vertrag Voraussetzung für den Schadensersatzanspruch.

Rechtsbehelfe bereits umgangen wird. Dies zeigt sich zum einen in der Schadensberechnung nach der Differenztheorie[408] und zum anderen darin, daß die Rechtsprechung den Gläubiger an einen vorschnell erklärten Rücktritt nicht bindet. Als entscheidendes Argument für das Nebeneinander beider Rechtsbehelfe ist anzuführen, daß der Rücktritt zwar die Leistungspflichten, nicht aber notwendig den Vertrag selbst betrifft. Ein Schadensersatzanspruch ist bei fortbestehendem Vertrag folglich nicht ausgeschlossen.[409]

Hinsichtlich der Ausgestaltung des Rücktrittsrechts sieht der Entwurf im Vergleich zum BGB mehrere Neuerungen vor. Nach § 346 Abs. 1 KE gelten die Rücktrittsvorschriften einheitlich sowohl für den vertraglichen als auch für den gesetzlichen Rücktritt.[410] Gleichzeitig ist der Anspruch auf Nutzungs- und Verwendungsersatz in diesen Absatz sowie in § 347 KE einbezogen, so daß die Verweisung des § 347 S. 2 BGB auf das Eigentümer-Besitzer-Verhältnis entbehrlich ist. Ebenso entfällt § 327 S. 2 BGB und damit die Problematik um seine Auslegung. Die Ausschlußregeln der §§ 350–353 BGB ersetzt der Entwurf durch ein „Rückabwicklungsmodell dem Werte nach" (§ 346 Abs. 2 KE). Liegt ein Verschulden für eine Störung der Rückgewähr vor, geht der zunächst auf Wertersatz gerichtete Anspruch in einen Schadensersatzanspruch über (§ 346 Abs. 4 KE). Schließlich läßt § 346 Abs. 3 KE in mehreren Fallgruppen die Pflicht zum Wertersatz entfallen und regelt lediglich einen bereicherungsrechtlichen Ausgleich.

3. Schadensersatzanspruch

Die Vorschrift des § 280 KE bildet einen umfassenden Tatbestand für Schadensersatzansprüche.[411] Ohne Unterscheidung nach der Art führt jede Pflichtverletzung zu diesem Anspruch, sofern der Schuldner nicht den Beweis dafür erbringt, daß er diese nicht zu vertreten hat. Der Entwurf hält am Verschuldensprinzip des BGB fest,[412] die §§ 276–279 BGB wurden lediglich geringfügig verändert. Die Tatbestände der verschuldensunabhängigen Vertragshaftung sind entfallen. Damit hat die Kommission das ungeschriebene Institut der pFV unter Einbeziehung der bereits kodifizierten Leistungsstörungen von Unmöglichkeit und Verzug festge-

---

[408] *Brüggemeier* kritisiert die Festschreibung der Differenztheorie, die im BGB ein Sonderfall der Schadensberechnung darstelle und in der Mehrzahl der alltäglichen Verbrauchergeschäfte nicht vorliege, als unzulässige Verallgemeinerung. Seiner Meinung nach solle die Alternativität von Rücktritt und Schadensersatz wegen Nichterfüllung beibehalten und dem Gläubiger die Wahl überlassen bleiben, nach welcher Berechnungsmethode er seinen Vermögensschaden liquidiert (Referat, S. K 68 und K 70).

[409] Vgl. *Rolland*, S. 12.

[410] Vgl. MüKo/*Emmerich*, § 275, Rn. 67 f.; ausführlich Abschlußbericht, S. 174 ff.

[411] Siehe Abschlußbericht, S. 30, S. 128 ff.

[412] In diesem Punkt unterscheidet sich der Kommissionsvorschlag von dem von *Huber* vorgelegten Gutachten Leistungsstörungen, das die Garantiehaftung des Einheitlichen Kaufgesetzes vorschlägt. Ausführlich *Huber*, Gutachten, S. 647, 666, 802 ff. - Einen Vergleich zum Recht der unerlaubten Handlung stellt *Westerhoff* (ZG 1994, S. 97, 100) an.

setzt.[413] § 280 Abs. 2 KE modifiziert den Grundtatbestand des Absatz 1 dahingehend, daß der Sekundäranspruch auf Schadensersatz wegen Nichterfüllung neben der verschuldeten Pflichtverletzung die ergebnislose Fristverstreichung verlangt. Der allgemeine Verzögerungsschaden kann weiterhin nur unter den Voraussetzungen des Verzugs geltend gemacht werden. Damit ist diese „Zweispurigkeit" des BGB beibehalten: Absatz 1 regelt nur den Folge- und Begleitschaden, wohingegen Absatz 2 die Nichterfüllungshaftung „statt der Leistung" erfaßt.

4. Kodifikation der richterrechtlichen Institute

Neben diesen gesetzlichen Änderungen kodifiziert der Entwurf die Institute, die durch die Rechtsprechung über die Jahrzehnte außerhalb des BGB entwickelt wurden und in der heutigen Rechtspraxis allgemein anerkannt sind. Die Vorschriften der §§ 241 Abs. 2 S. 2, 305 Abs. 2 KE enthalten nunmehr die gesetzliche Anspruchsgrundlage für den Schadensersatzanspruch aus Verschulden bei Vertragsanbahnung (culpa in contrahendo).[414] Der Ersatzanspruch selbst ergibt sich aus der allgemeinen Anspruchsgrundlage des § 280 Abs. 1 KE. Bewußt sieht der Entwurf von einer detaillierten Regelung, insbesondere der Festlegung von Fallgruppen, ab. Damit soll der Rechtsprechung die Möglichkeit erhalten bleiben, die unter diesem Institut zusammengefaßten Haftungstatbestände fortzubilden.[415]

Mit § 306 KE ist das Institut vom Wegfall der Geschäftsgrundlage nunmehr kodifiziert, indem die von der Rechtsprechung entwickelten Grundsätze übernommen wurden.[416] Für seine Konkretisierung durch die Rechtsprechung läßt der Entwurf bewußt Raum - demgemäß hat man auf das Aufstellen von Regelbeispielen verzichtet. Als vorrangige Rechtsfolge ist die Vertragsanpassung vorgesehen. Lediglich wenn diese unmöglich oder unzumutbar ist, kommt der Rücktritt vom Vertrag in Betracht.

Schließlich ist die Kündigung von Dauerschuldverhältnissen aus wichtigem Grund in § 307 KE kodifiziert, indem gleichsam das Ergebnis der richterrechtlichen Entwicklung - wenn auch nicht allzu konkret - festgehalten wurde.[417]

II. Das Kaufrecht

Aus den Neuerungen im allgemeinen Leistungsstörungsrecht ergeben sich auch wesentliche Änderungen für das Kaufrecht, insbesondere für die Regelung der Gewährleistungshaftung.

---

413 Vgl. *Brüggemeier*, Referat, S. K 64, der jedoch in § 280 KE die deutliche Aussage zugunsten des Verschuldensprinzips vermißt.

414 Vgl. Abschlußbericht, S. 31 f., insb. S. 142 ff.

415 Siehe Abschlußbericht, S. 32.

416 Siehe Abschlußbericht, S. 31, S. 146 ff.

417 Vgl. Abschlußbericht, S. 152 ff.

1. Wegfall des besonderen Gewährleistungsrechts

Mit dem Ziel, die im BGB oftmals problematischen Unterscheidungen zwischen Sach- und Rechtsmangel, Stück- und Gattungskauf sowie Kauf- und Werkvertrag[418] entbehrlich werden zu lassen, fügt der Entwurf die Gewährleistungshaftung in das allgemeine Leistungsstörungsrecht ein.[419] Gemäß § 434 KE ist der Verkäufer nunmehr auch beim Stückkauf dazu verpflichtet, dem Käufer die Ware frei von Sachmängeln zu verschaffen. Damit besteht für alle Fälle des Kaufes die Verpflichtung zur Lieferung einer mängelfreien Sache. Erfüllt der Verkäufer diese Pflicht nicht, stellt dies eine Pflichtverletzung dar. Diese räumt dem Käufer nach den allgemeinen Vorschriften der §§ 280, 283 KE bei Vertretenmüssen den Schadensersatzanspruch sowie nach § 323 KE das Recht zum Rücktritt vom Vertrag ein. Die Differenzierung nach der Schadensart, d.h. nach Mangel- und Mangelfolgeschaden, entfällt folglich. § 435 Abs. 2 KE stellt weiterhin die Falsch- und die Zuweniglieferung dem Sachmangel gleich, es sei denn, daß diese als Erfüllung offensichtlich nicht in Betracht kommen. Es bedarf mithin beim Gattungskauf nicht mehr der problematischen Abgrenzung zwischen Schlecht- und Falschlieferung, da der Entwurf für beide die gleichen Rechtsfolgen vorsieht.

2. Rechte des Käufers bei Lieferung mangelhafter Ware

Indem der Kommissionsentwurf auf die Regelung eines gesonderten Gewährleistungsrechts verzichtet, kann die Haftung des Verkäufers für mangelhafte Sachen in das System der Leistungsstörungen eingefügt werden. Die §§ 438–441 KE regeln die dem Käufer zur Verfügung stehenden Rechtsbehelfe. Hiernach führt die Lieferung einer mangelhaften Sache zunächst zu einem Nacherfüllungsanspruch. Die Rechtsbehelfe des Rücktritts und der Minderung sowie der Schadensersatzanspruch stehen dem Käufer erst nach erfolglosem Ablauf der Nachbesserungsfrist offen.[420]

a. Nacherfüllungsanspruch

Im Gegensatz zum BGB, das nur beim Gattungskauf einen Ersatzlieferungsanspruch vorsieht, eröffnet die Vorschrift des § 438 Abs. 1 S. 1 KE dem Käufer bei

---

418 Für das Werkvertragsrecht selbst sieht der Entwurf keine grundsätzlichen Änderungen vor. Wie im Kaufrecht entfallen die Sonderregeln der Gewährleistungshaftung, die Ansprüche des Bestellers wegen mangelhafter Herstellung sind in das Leistungsstörungsrecht eingefügt. Die Regelungen von Kauf- und Werkvertrag sind damit einander angeglichen, so daß die leidigen Abgrenzungsprobleme zwischen den beiden Vertragstypen entfallen.

419 Vgl. Abschlußbericht, S. 32 f., S. 193 ff.

420 Während der Entwurf hinsichtlich der Rügeobliegenheit des Käufers in § 443 KE noch an § 464 BGB festhielt, also der Käufer nur bei Kenntnis des Mangels mit der Annahme auf die ihm zustehenden Rechte verzichtete, faßte der 60. Deutsche Juristentag einen anderen Beschluß. Demgemäß soll der Entwurf durch eine Rügelast des Käufers bei einem ihm bekannten Mängel ergänzt werden (Tagungsbericht, NJW 1994, S. 3075). Ebenso Juristentag, Bd. II/2, S. K 242, Nr. 15.

Lieferung einer mangelhaften Sache grundsätzlich einen Anspruch auf Nacherfüllung.[421] Die Unterscheidung nach Rechts- und Sachmangel oder Stück- und Gattungskauf ist damit entbehrlich. Hinzu kommt, daß der Anspruch unabhängig vom Vertretenmüssen des Verkäufers besteht. Der Nacherfüllungsanspruch ist gleichsam eine modifizierte Fortsetzung des primären Erfüllungsanspruchs. Er resultiert daraus, daß § 434 KE die Mängelfreiheit der Ware zur Verkäuferpflicht erhebt.[422] Dieser Rechtsbehelf steht im Interesse beider Parteien: Während der Käufer sich regelmäßig die Reparatur oder den Umtausch wünscht, kann der Verkäufer damit die weitergehenden Rechtsbehelfe des Käufers abwenden.[423] Der Verkäufer hat ein Wahlrecht zwischen Nachbesserung und Ersatzlieferung, wobei jedoch letztere den Kauf einer vertretbaren Sache voraussetzt. Die Kosten für die Nacherfüllung trägt der Verkäufer - schließlich ist dieser sachnäher als der Käufer, dem es nur auf die Mängelfreiheit der Ware ankommt.

Als Pendant zum Anspruch des Käufers auf Nachbesserung gewährt der Entwurf dem Verkäufer das „Recht zur zweiten Andienung", also das Recht, Nacherfüllung zu leisten und dadurch die anderen Rechtsbehelfe des Käufers abzuwenden. Zwar erwähnt der Kommissionsvorschlag dieses Recht zur zweiten Andienung nicht ausdrücklich. Es ergibt sich aber aus dem Erfordernis der Fristsetzung zur Nacherfüllung nach den §§ 439 Abs. 1, 440 Abs. 1, 441 Abs. 1 KE. Darüber hinaus steht dem Verkäufer ein Verweigerungsrecht hinsichtlich der Nacherfüllung für den Fall zu, daß diese nur mit unverhältnismäßigen Aufwendungen möglich ist.

b. Rücktritt

An die Stelle der Wandlung als besonderer Rechtsbehelf der Sachmängelhaftung tritt das Rücktrittsrecht des allgemeine Leistungsstörungsrechts.[424] Unter Wegfall aller besonderen Gewährleistungsvorschriften verweist lediglich § 439 Abs. 1 KE auf die allgemeine Rücktrittsregelung des § 323 KE. Für die Rückgängigmachung des Kaufvertrages ist mithin Voraussetzung, daß die dem Verkäufer gesetzte Nacherfüllungsfrist erfolglos verstrichen ist. Im Unterschied zum BGB besteht damit kein Recht zur sofortigen Wandlung. Ferner ist das Recht des Käufers zur Vertragsauflösung nicht mehr als Anspruch, sondern als Gestaltungsrecht ausgestaltet. Dies hat zur Folge, daß der Käufer bereits zu einem früheren Zeitpunkt an seinen erklärten Rücktritt gebunden ist, als dies im BGB der Fall ist.

---

421 Siehe dazu Abschlußbericht, S. 33, S. 209 ff.

422 Siehe *Haas*, NJW 1992, S. 2389, 2392.

423 So Abschlußbericht, S. 210, 212. Kritisch dazu *Flume*, AcP 193 (1993), S. 89, 103. Ausführlich zur Nacherfüllung *Schubel*, ZIP 1994, S. 1330 ff.

424 Vgl. Abschlußbericht, S. 214 ff.

c. Minderung

Anders als die Wandlung bleibt mit § 440 Abs. 1 KE die Minderung als besonderer Rechtsbehelf der Sachmängelhaftung erhalten.[425] Bedingt durch die Eingliederung der Gewährleistungshaftung in das Leistungsstörungsrecht erfährt der geltende Rechtsbehelf jedoch einige inhaltlichen Änderungen. Wie schon der Rücktritt ist die Minderung zum einen in ein Gestaltungsrecht umgeformt. Zum anderen verlangt sie ebenfalls den ergebnislosen Ablauf einer angemessenen Nachbesserungsfrist. Des weiteren erstreckt sie sich wegen der gesetzlichen Gleichstellung von Rechts- und Sachmangel nicht mehr nur auf letzteren. Bei einem unerheblichen Mangel ist die Minderung zudem nicht mehr ausgeschlossen. Schließlich ist auch die Berechnungsmethode des Minderungsbetrages vereinfacht. Die Vorschrift des § 440 Abs. 3 KE knüpft zur Berechnung desselben unter Beibehaltung der relativen Berechnungsmethode nicht an den oftmals nur schwer zu ermittelnden Verkehrswert, sondern an den vereinbarten Kaufpreis an. Ferner legt der Entwurf ausdrücklich fest, daß der Minderungsbetrag auch geschätzt werden darf.

d. Schadensersatzanspruch

Der Kommissionsvorschlag verzichtet auf eine eigenständige gewährleistungsrechtliche Schadensersatzregelung. Der Anspruch auf Schadensersatz wegen Mangelhaftigkeit der Sache richtet sich nach den allgemeinen Vorschriften der §§ 280, 283, 284 KE, auf die § 441 KE verweist.[426] Voraussetzung und Rechtfertigung für diese Haftung des Verkäufers neben den anderen Rechtsbehelfen ist, daß dieser die Mangelhaftigkeit der Sache, also die Pflichtverletzung, zu vertreten hat.[427] Vom Anspruch umfaßt sind sowohl der Mangel- als auch der Mangelfolgeschaden, die problematische Abgrenzung zwischen beiden ist entfallen. Auch unterscheidet der Entwurf nicht mehr zwischen Schadensersatzansprüchen aus pFV und culpa in contrahendo.

Trotz dieser Vereinfachung kann der Entwurf auf die allgemeinen Unterscheidungen im Schadensersatzrecht nicht verzichten.[428] So erfordert der sekundäre Schadensersatzanspruch nach § 283 KE den ergebnislosen Ablauf der Nacherfüllungsfrist. Gleichfalls setzt der Anspruch wegen verzögerter Nacherfüllung Verzug voraus (§ 441 Abs. 2 KE). Weiterhin ist zwischen kleinem und großem Schadensersatz zu differenzieren, da letzterer zusätzlich den Rücktritt vom Vertrag fordert (§ 327 Abs. 1 KE).

---

[425] Der Grund für die Beibehaltung der Minderung ist, daß sie im Gegensatz zum Schadensersatzanspruch von der Verantwortung der Leistungsstörung unabhängig ist. Dazu *Schlechtriem*, Schuldrechtsreform, S. 37. - Ausführlich Abschlußbericht, S. 217 ff.

[426] Siehe Abschlußbericht, S. 220 ff. Ferner *Schmidt* in FS Heinrichs (1998), S. 511, 526.

[427] Vgl. *Haas*, NJW 1992, S. 2389, 2393. Ebenfalls Befürworter des Verschuldensprinzips beim Schadensersatzanspruch ist *Schlechtriem*, Schuldrechtskommission, S. 40 f.

[428] *Jakobs* kritisiert die Einführung eines einheitlichen Schadensersatzanspruchs, der doch wieder nach besonderen Voraussetzungen differenzieren müsse (Gesetzgebung, S. 52).

Das im Entwurf enthaltene Prinzip des einheitlichen Schadensersatzanspruchs baut auf der vom Verkäufer verschuldeten Pflichtverletzung auf. Einerseits ist damit die Garantiehaftung der §§ 463, 480 Abs. 2 BGB entfallen. Dieser Umstand bedeutet eine beachtliche Verbesserung für den Verkäufer. Andererseits wird dem Käufer der Mangelschaden unabhängig davon ersetzt, ob der verkauften Sache eine zugesicherte Eigenschaft fehlt oder der Verkäufer arglistig gehandelt hat. Die Haftung des Verkäufers ist zugunsten des Käufers erweitert.[429]

III. Das Verjährungsrecht

Im Interesse der Einheitlichkeit und Rechtssicherheit[430] vereinfacht der Entwurf das Verjährungsrecht dahingehend, daß er die vertraglichen und die gesetzlichen Ansprüche grundsätzlich übereinstimmend regelt.[431] Sämtliche auf Vertrag beruhenden Ansprüche sind nach § 195 Abs. 1 KE unabhängig von der Kenntnis des jeweiligen Anspruchsgrundes der Dreijahresfrist unterworfen.[432] Auf der einen Seite ist dadurch die dreißigjährige Frist des § 195 BGB, die auf den Erfüllungsanspruch sowie auf die Ansprüche aus pFV und culpa in contrahendo Anwendung findet, beachtlich verkürzt. Auf der anderen Seite entfällt die Sechsmonatsfrist des § 477 BGB.[433] Diese Fristverlängerung für die Geltendmachung gewährleistungsrechtlicher Ansprüche läßt das Abgrenzungsproblem zwischen den Ansprüchen aus Gewährleistungshaftung und pFV entfallen. Die verschiedenen

---

429 Siehe *Rolland*, S. 18.

430 Auch der BGH hat hierzu ausgeführt, daß Einheitlichkeit und Klarheit gerade beim Rechtsinstitut der Verjährung geboten sind, da dessen Ziel die Schaffung von Rechtssicherheit und -frieden sei (BGHZ 59, 72, 74).

431 Die Mängel des BGB lassen sich nicht durch eine allein die Leistungsstörungen betreffende Neuregelung beseitigen. Das neue Leistungsstörungsrecht muß sich auch unmittelbar in den Verjährungsvorschriften widerspiegeln. Vgl. Abschlußbericht, S. 47; *Schlechtriem*, Schuldrechtsreform, S. 49. - *Peters/Zimmermann* schlagen demgegenüber in ihrem Gutachten zu den Verjährungsfristen (S. 77 ff.) für vertragliche und gesetzliche Ansprüche eine einheitliche Frist von zwei Jahren vor. Nach Ansicht der Kommission ist jedoch die Unterscheidung zwischen den beiden Anspruchssystemen notwendig, da die Interessenlagen der Beteiligten jeweils andere seien (Abschlußbericht, S. 35). - Allgemein zum Verjährungsrecht Abschlußbericht, S. 34 ff. sowie S. 42 ff.

432 Ausschlaggebend für die Aufgabe abgestufter Verjährungsfristen war die Schaffung von Rechtsfrieden sowie die Verbesserung von Vorhersehbarkeit und Kalkulierbarkeit gerichtlicher Entscheidungen. Vgl. *Kötz*, Referat, S. K 23. - Kritisch dazu *Westerhoff*, ZG 1994, S. 97, 109 ff.

433 *Joussen* (Referat, S. K 40 f.) spricht sich gegen eine allgemeine Festlegung der Gewährleistungsfrist aus. Seiner Meinung nach ist die Frist vom jeweiligen Produkt abhängig. Da der Gesetzgeber jedoch eine produktbezogene Regelung nicht treffen könne, obliege die Fristbestimmung wie im BGB weiterhin dem Markt und Wettbewerb.

Anstrengungen der Rechtsprechung, die kurze Verjährungsfrist zu umgehen, werden damit überflüssig.[434]

Für bestimmte Ansprüche bestehen jedoch längere Fristen. Hinsichtlich der Ansprüche wegen nicht vertragsgemäßer Beschaffenheit von Bauwerken, ob nun aus Kauf- oder Werkvertrag, oder bei Mängeln am Bauwerk aufgrund der Lieferung von mangelhaften Materialien[435] gilt nach § 195 Abs. 2 S. 1, Abs. 3 KE eine einheitliche Fünfjahresfrist. Ferner verlängert sich nach Absatz 4 der Vorschrift die dreijährige Frist bei arglistigem Verhalten des Schuldners auf zehn Jahre.

Hinsichtlich des Beginns der Verjährung stellt der Entwurf grundsätzlich auf die Fälligkeit des Anspruchs ab (§ 196 Abs. 1 KE). Lediglich bei Ansprüchen auf Schadensersatz und Rückgewähr, die auf einer Vertragspflichtverletzung beruhen, wird nach Absatz 3 der Vorschrift auf den Zeitpunkt der Pflichtverletzung abgestellt. Dabei kommt es weder auf die Kenntnis des Gläubigers vom Vorliegen der Pflichtverletzung noch auf den Schadenseintritt selbst an. Trotz des Wissens um die bekannte Problematik, daß der Gläubigeranspruch damit schon vor seiner Kenntnisnahme verjährt sein kann, trifft der Entwurf keine besondere Regelung für Spätschäden.[436]

Die Verjährungsfrist von Ansprüchen wegen Mangelhaftigkeit bei Kauf- oder Werkvertrag beginnt mit der Übergabe der Sache bzw. mit Fertigstellung oder Abnahme des Werkes zu laufen (§ 196 Abs. 4 KE). Der Grund dafür, den Fristbeginn bei mangelhafter Leistung von der Pflichtverletzung zu lösen, liegt darin, daß der genaue Zeitpunkt der Pflichtverletzung oftmals nicht festzustellen ist. Zudem steht es dem Verkäufer frei, den Mangel noch bis zur Auslieferung der Ware zu beseitigen.[437] Für den Käufer besteht ohnehin erst mit deren Übergabe die Möglichkeit, die Sache auf ihre Vertragsgemäßheit zu untersuchen. Wie bei Absatz 3 ist hier ebenfalls der Fristbeginn von der Kenntnis des Käufers vom Mangel losgelöst.

---

434 Siehe *Rolland*, S. 19; *Brambring*, Sonderheft DNotZ 1993, S. 77, 82; *Rabe*, NJW 1992, S. 2395.

435 Zur Fristenproblematik beim Verkauf neuer Bauwerke *Amann*, Sonderheft DNotZ 1993, S. 83, 98 f. - Der Anspruch wegen der Lieferung mangelhafter Stoffe und Materialien zur Herstellung eines Bauwerks ist ebenfalls unter die Fünfjahresfrist gefaßt. Damit soll dem Bauhandwerker nicht das Risiko verbleiben, seine Regreßmöglichkeit gegenüber dem Lieferanten aus Kauf verloren zu haben, jedoch selbst den Bestelleransprüchen ausgesetzt zu sein. Vgl. Abschlußbericht, S. 51; *Brambring*, DNotZ 1992, S. 691, 699; Rabe, NJW 1992, S. 2395, 2396. Kritisch dazu *Joussen*, Referat, S. K 41.

436 Die Kommission stützt sich dabei darauf, daß im BGB die kurze Dauer der Gewährleistungsfrist im Mittelpunkt der Kritik stehe. Mit der Verlängerung auf drei Jahre spreche daher nichts mehr gegen die Pflichtverletzung als Anknüpfungspunkt für den Verjährungsbeginn. Von einer Sonderregelung für verborgene Spätschäden sah man wegen der damit verbundenen Schwierigkeiten ab. Ausführlich dazu Abschlußbericht, S. 60 f., 65 sowie *Rabe*, NJW 1992, S. 2395, 2397.

437 Siehe Abschlußbericht, S. 63.

Schließlich werden im folgenden die sonstigen verjährungsrechtlichen Regelungen des Entwurfes kurz dargestellt, um ein vollständiges Bild des Verjährungsrechts zu vermitteln.

Gemäß § 198 KE verjähren die auf Gesetz beruhenden Ansprüche ebenfalls einheitlich nach zehn Jahren ab Fälligkeit. Bei der Verjährung von Ansprüchen aus unerlaubter Handlung bleibt es bei der Dreijahresfrist des § 852 BGB ab Kenntnisnahme; ohne Rücksicht auf die Kenntnis gilt allerdings die Frist von zehn Jahren. Diese Regelung ist auf die Ansprüche aus Gefährdungshaftung ausgedehnt (§ 199 KE). Als Besonderheit ist bei der Verletzung besonders schutzwürdiger Rechtsgüter wie Leben, Körper, Freiheit und Gesundheit unabhängig vom Anspruchsgrund bei Unkenntnis des Schadens oder des Verpflichteten eine dreißigjährige Frist festgesetzt.[438] Stehen dem Berechtigten sowohl vertragliche als auch gesetzliche Schadensersatzansprüche zu, regelt § 200 KE diese Anspruchskonkurrenz dahingehend, daß sämtliche Ansprüche einheitlich nach den vertraglichen Vorschriften verjähren.[439] Gemäß § 220 KE können die Parteien durch Rechtsgeschäft die Frist entweder verkürzen[440] oder sie - anders als im BGB - auf bis zu dreißig Jahre verlängern. Schließlich wurde die Wirkung der Verjährung in Form eines dauernden Leistungsverweigerungsrechts beibehalten (§ 221 KE).

C. Zusammenfassung

Die Grundkonzeption des Reformvorschlages sieht eine durch Rechtsbereinigung und -vereinfachung äußerst übersichtliche Gewährleistungshaftung vor. Einerseits wird der Vorrang des Erfüllungsanspruchs durch die Einführung des Nachbesserungsanspruchs des Käufers gestärkt. Letzterer entspricht dem allgemeinen Rechtsbewußtsein und wird auch den Interessen beider Parteien gerecht. Andererseits führt der Entwurf das Schuldrecht durch die Integration der gewährleistungsrechtlichen Rechtsbehelfe in das System der Leistungsstörungen an die bereits bestehende Vertragspraxis heran. Darüber hinaus entfallen mit dem einheitlichen verschuldensabhängigen Schadensersatzanspruch sowie dem kumulativ danebenstehenden, vom Vertretenmüssen unabhängigen Anspruch auf Rücktritt zahlreiche Wertungswidersprüche und Abgrenzungsprobleme oder werden zumindest auf ein Minimum verringert. So sind die Unterscheidungen zwischen Kauf- und Werkvertrag, Rechts- und Sachmangel, Stück- und Gattungskauf sowie Mangel- und Man-

---

438 Kritisch zur Unterscheidung nach der Art des verletzten Rechtsgutes sowie zur generell auf zehn Jahre verkürzten Frist für Ansprüche aus unerlaubter Handlung *Amann*, Sonderheft DNotZ 1993, S. 83, 93 f. A.A. *Brüggemeier*, Referat, S. K 97.

439 Siehe *Peters/Zimmermann*, Gutachten, S. 77, 169 ff. Sinn und Zweck dieser Regelung ist die Vermeidung von Wertungswidersprüchen. Vgl. *Rolland*, S. 19; Abschlußbericht, S. 74. - Die Rechtsprechung bezeichnet dies als unbillig, vgl. BGHZ 116, 297, 303.

440 Zum Schutz des Vertragspartners des Klauselverwenders bestimmt § 11 Nr. 10 lit. f AGBG-KE für die Gewährleistungsansprüche bei neu hergestellten Sachen, daß eine Fristverkürzung unter ein Jahr unzulässig ist. Vgl. Abschlußbericht, S. 281.

gelfolgeschaden jedenfalls hinsichtlich der Rechtsfolgen überflüssig. Lediglich die dogmatisch begründeten Unterscheidungen bestehen fort.

Zudem ist festzuhalten, daß trotz einiger wesentlicher dogmatischer Unterschiede zum BGB die rechtlichen Lösungen des Entwurfes gar nicht sehr von der heutigen Rechtsprechung bzw. der gegenwärtigen Vertragspraxis abweichen.[441] Der Entwurf erzielt die Übereinstimmung von kodifiziertem Recht mit der bestehenden Rechtswirklichkeit. Schließlich sprechen für das *neue* System der Leistungsstörungen auch die sachgerechteren Regelungen im Verjährungsrecht, die einen angemessenen Ausgleich zwischen den Gläubiger- und Schuldnerinteressen schaffen.

441 So *Brambring*, Sonderheft DNotZ 1993, S. 77, 82; ähnlich *Amann*, Sonderheft DNotZ 1993, S. 83, 87.

Kapitel 5: Kritik an der Schuldrechtsreform

In der Literatur wurden weder die Einsetzung der Schuldrechtskommission noch der dieser erteilte Auftrag durchweg positiv aufgenommen. Gleich zu Beginn der Bestrebungen, als anhand der Gutachten Zielsetzung und Umfang der Reform näher definiert werden sollten, befürchteten manche Kritiker, das innere und äußere System des BGB solle tiefgreifend geändert sowie der Kernbereich des bürgerlichen Rechts substanziellen Eingriffen ausgesetzt werden.[442] Soweit diese Kritik sich inhaltlich auf die zu Beginn der achtziger Jahre erstellten Gutachten bezieht, wird im folgenden auf eine Auseinandersetzung mit derselben verzichtet. Denn letztlich wurden sowohl der der Kommission erteilte Auftrag als auch der erstellte Abschlußbericht sehr viel enger gefaßt, so daß diese Stellungnahmen inhaltlich nicht mehr zu greifen vermögen.

Eine zweite Welle kritischer Stimmen setzte - diesmal von der Schuldrechtskommission erhofft[443] - im Jahre 1992 mit der Veröffentlichung des Abschlußberichtes ein. Schließlich erfuhr die Thematik in der Literatur nochmals verstärkt Aufmerksamkeit, als sich der 60. Deutsche Juristentag 1994 in der Abteilung Zivilrecht mit dem Entwurf beschäftigte.[444] In dieser Phase setzten die Kritiker sich weniger mit der grundsätzlichen Idee einer Reform, sondern intensiv mit dem konkreten Inhalt der Vorschläge auseinander.

Bevor eine detaillierte inhaltliche Kritik[445] an der Reformidee und an den Vorschlägen der Kommission vorgenommen wird, ist auf die vereinzelt geäußerten grundlegenden Bedenken hinsichtlich der Legitimität des gesetzgeberischen Handelns[446] für das Gebiet des Schuldrechts einzugehen.

---

442 Siehe dazu *E. Wolf*, ZRP 1982, S. 1, 2; *Jakobs*, Gesetzgebung, S. 8.

443 Vgl. *Kinkel*, seinerzeit Bundesminister der Justiz, im Vorwort des Abschlußberichtes, der die Hoffnung zum Ausdruck bringt, der Entwurf möge eine breite und fruchtbare Diskussion in Wissenschaft, Politik und Öffentlichkeit auslösen.

444 Zum Tagungsverlauf mit Diskussion und Beschlußfassung siehe Ständige Deputation des Deutschen Juristentages, Bd. II/2, S. K 112 ff. Zusammenfassend zum Verlauf siehe Tagungsbericht, NJW 1994, S. 3069 f. sowie zu den Beschlüssen, S. 3075.

445 Siehe dazu die ausführliche Darstellung von *Rust*.

446 Die Frage nach der Berechtigung des Gesetzgebers, die Rechtsentwicklung nicht der Rechtsprechung oder Lehre zu überlassen, sondern selbst reglementierend einzugreifen, stellt sich nicht erst mit den gegenwärtigen Reformbestrebungen. Schon zu Beginn des letzten Jahrhunderts, nach der napoleonischen Gewaltherrschaft über Europa, entfachte zwischen den Rechtsgelehrten *Thibaut* und *von Savigny* der Kodifikationsstreit, inwieweit ein Tätigwerden des Gesetzgebers notwendig sei. Dazu *Braun*, JZ 1993, S. 1, 2.

A. Legitimation gesetzgeberischen Handelns

Jakobs[447] unterteilt in Anlehnung an *von Savigny* das bürgerliche Recht in zwei Bestandteile: das politische Element einerseits und das technische andererseits. Er ist der Ansicht, der Gesetzgeber sei nur dann zur Regelung des bürgerlichen Rechts befugt, wenn es um die schnelle Reaktion auf einen durch politische Entscheidungen zu beseitigenden Mißstand im geltenden Recht gehe. Das Gegenstück zu diesem eingeschränkten Tätigkeitsfeld, dem „politischen Element", sei der der „Jurisprudenz" vorbehaltene Bereich, der sich lediglich mit technischen Fragen befasse. Dies seien insbesondere solche, die sich nur im Gesamtkontext beantworten ließen. Ohne nähere Berücksichtigung des Mandates der Schuldrechtskommission vertritt *Jakobs* die Meinung, daß alle von dieser behandelten Probleme dem Gebiet der technischen Fragen zuzurechnen sind. Infolgedessen spricht er dem Gesetzgeber und der von diesem eingesetzten Kommission die Befugnis ab, das bestehende Schuldrecht zu überarbeiten. Es müsse der Rechtswissenschaft überlassen bleiben, diese grundsätzlichen rechtlichen Zusammenhänge zu erfassen und auftretende Probleme zu lösen.

Zu diesem grundlegenden Kritikpunkt, der jegliche Reformbestrebungen zum geltenden Schuldrecht seitens des Gesetzgebers zunichte machen würde, nahm die Kommission in ihrem Abschlußbericht Stellung.[448] Nach Auffassung ihrer Mitglieder basiert die von *Jakobs* vorgetragene Ansicht nicht auf dem angesprochenen historischen Kodifikationsstreit. In dem damaligen Streit vertrat *von Savigny* den Standpunkt, daß die Kodifizierung von Recht eine Vorbereitung der Rechtswissenschaft im Einklang mit den tragenden Überzeugungen der Zeit voraussetze.[449] Dagegen gehe es heute nicht um die grundsätzliche Frage von Rechtssetzung, sondern lediglich um die Überarbeitung von Vorschriften, die bereits seit fast einhundert Jahren in der Rechtspraxis zur Anwendung kommen. Zudem finde sich für die scharfe Trennung der Zuständigkeitsbereiche von Gesetzgebung auf der einen und „Jurisprudenz" auf der anderen Seite heute keine Grundlage mehr. Entgegen dem Gedanken einer solch strikten Trennung stünden die beiden in einem Verhältnis vernünftiger Partnerschaft. Die Grundlinien, die den Rahmen für Einzelfallentscheidungen der Gerichte abstecken und damit gleichsam als Regelungsschranke fungieren, seien in jedem Fall dem Gesetzgeber vorbehalten.[450]

447 Vgl. *Jakobs*, Wissenschaft u Gesetzgebung, S. 45 ff.; *ders*, Gesetzgebung, S. 8 f, 44 f., 50.

448 Siehe Abschlußbericht, S. 41.

449 Vgl. *Braun*, JZ 1993, S. 1, 2.

450 Vgl. *Schlechtriem*, Schuldrechtsreform, S. 57; ebenso *Lieb*, AcP 183 (1983), S. 327, 335; ähnlich *Westermann*, ZRP 1983, S. 249, 257 f. Dagegen kann nach der Auffassung von *Braun* (JZ 1993, S. 1 f.) in weiten Bereichen des bürgerlichen Rechts auch ohne Gesetz judiziert werden. So müsse sich der Gesetzgeber bei jeder Rechtssetzung fragen, inwieweit ein Eingriff in die Rechtsentwicklung gerechtfertigt sei.

Auch *Rolland*[451] kritisiert die von *Jakobs* vertretene Auffassung dahingehend, daß eine Unterteilung des Rechts in politische und technische Elemente keine klaren Konturen aufweise. Darüber hinaus überzeuge die Aufteilung in verschiedene Zuständigkeiten nicht. Die Kommissionsvorschläge, die *Jakobs* dem technischen Bereich und damit der Rechtswissenschaft zuordnet, beschäftigten sich größtenteils mit der Risikoverteilung zwischen Schuldner und Gläubiger. Die Festlegung von Haftungsrisiken sei aber eine rechtspolitische Aufgabe, so daß selbst nach der Unterteilung von *Jakobs* diesbezüglich die Gesetzgebung zuständig bleibe.

Unterstützung findet diese Argumentation bei *Medicus*[452], der die Haltung von *Jakobs* als unrealistisch bezeichnet. Diese scharfe Trennung könne der Gesetzgeber nicht hinnehmen. Daneben sei sie auch gefährlich, da sich nach längerer Untätigkeit des Gesetzgebers das Problem stelle, ob er überhaupt noch tätig werden könne. Zwar räumt *Medicus* ein, daß auch eine gesetzliche Regelung nicht immer Ungewißheiten und Streit zu verhindern vermag. Doch sei *Jakobs* entgegenzuhalten, daß ein Gesetz, das auf die bestehende Praxis Rücksicht nehme, in der Regel zur Rechtssicherheit führe und die Richtung der nachfolgenden Entwicklung beeinflussen könne. Eine der Jurisprudenz überlassene Rechtsentwicklung verfehle hingegen oftmals vernünftige Ergebnisse.

Überdies wendet sich auch *Schlechtriem* gegen die Ansicht, wonach der Gesetzgeber kein Recht zu einer Reform des Schuldrechts habe.[453] Seiner Meinung nach zielt die wissenschaftliche Aufarbeitung im Unterschied zum gesetzgeberischen Ansatz meist nicht auf die Erstellung eines geschlossenen und praktikablen Gesetzgebungsvorschlages ab. Auch sei zu bedenken, daß ein solches Vorhaben wegen der Komplexität der Materie von einer Einzelperson gar nicht bewältigt werden könne.

Zuletzt ist *Jakobs* entgegenzuhalten, daß es sich bei den Reformvorschlägen nicht um neuartige Lösungen für bis dahin unbekannte Probleme handelt. Denn zum einen geht es um die Kodifizierung anerkannter richterrechtlicher Institute. Zum anderen beabsichtigt der Entwurf, bestehende Abgrenzungsprobleme und Wertungswidersprüche im BGB unter Wahrung der bisherigen Ergebnisse zu beseitigen. Eine Zurückhaltung des Gesetzgebers zugunsten der Jurisprudenz ist - zumindest hinsichtlich der meisten Kommissionsvorschläge - weder angebracht noch wünschenswert.

Festzuhalten ist, daß die von *Jakobs* vorgeschlagene Einteilung in Zuständigkeitsbereiche schon grundsätzlich, für das Schuldrecht mit weiteren Argumenten abzulehnen ist. Es bleibt damit weiterhin dem Gesetzgeber überlassen, bei Rege-

---

451 Siehe *Rolland*, NJW 1992, S. 2377, 2378, der zur Untermauerung seiner Kritik anhand des Beispiels des § 477 BGB die Widersprüche in der Ansicht von *Jakobs* aufzeigt.

452 Vgl. *Medicus*, AcP 186 (1986), S. 286, 288 f.

453 Siehe dazu *Schlechtriem*, Schuldrechtsreform, S. 44 f.

lungsbedarf in dem von der Kommission überarbeiteten Bereich des Schuldrechts tätig zu werden.

B. Zweckmäßigkeit der Überarbeitung des geltenden Schuldrechts

I. Grundsätzliche Bedenken gegen die Schuldrechtsreform

Wolf äußert den Verdacht, der Gesetzgeber verfolge mit der Überarbeitung des Schuldrechts das Ziel, das BGB trotz irreführender Beibehaltung des Namens inhaltlich zu beseitigen.[454] Tatsächlich beschränkt sich die Kommission mit ihrem Entwurf aber auf das Leistungsstörungsrecht unter Einbeziehung der Gewährleistungshaftung sowie auf die Neuordnung des Verjährungsrechts. Der größte Teil des BGB - so die nicht die Leistungsstörungen betreffenden schuldrechtlichen Regelungen, die gesetzlichen Schuldverhältnisse sowie das Sachen-, Familien- und Erbrecht - ist inhaltlich nicht betroffen.[455]

Des weiteren stellt das Schuldrecht des BGB nach Meinung *Wolfs* ein logisch geschlossenes, bis heute unverändert belassenes Rechtssystem dar. Es beantworte alle grundlegenden Fragen des Schuldrechts, alle erdenklichen Einzelfallfragen und Lösungen fügten sich in dieses System notwendig ein.[456] Dieser Aussage ist jedoch vehement zu widersprechen. Es besteht allgemeine Einigkeit darüber, daß das praktizierte Schuldrecht sich über die Jahrzehnte immer weiter vom kodifizierten Recht entfernt hat. Zum einen wurde durch das Hinzutreten von richterrechtlichen Instituten insbesondere das Recht der Leistungsstörungen umgestaltet. Zum anderen sind die ehemals klaren Trennlinien zwischen einzelnen Anspruchsgrundlagen sowie die bewußt getroffenen Wertungen des Gesetzgebers aufgehoben bzw. zumindest verwischt. Allein die Tatsache, daß der Gesetzgeber bis heute fast keine Änderungen an der schuldrechtlichen Materie vorgenommen hat, vermag weder über deren Reformbedürftigkeit als solche noch über die Durchführbarkeit für notwendig erachteter Reformen etwas auszusagen. Überdies ist nicht zutreffend, daß das BGB - abgesehen von wenigen Einzelbestimmungen, die historisch bedingt nicht „glücklich" ausgefallen seien[457] - *mangelfrei* und ein logisch geschlossenes Rechtssystem sei. Bereits in Kapitel 3 wurden die bestehenden Probleme und Unsicherheiten des BGB ausführlich dargelegt. Darüber hinaus fügen sich entgegen der Auffassung *Wolfs* nicht alle durch das kodifizierte Recht getroffenen Lösungen in das bestehende System ein. In vielen Fällen sehen die Gerichte sich gezwungen, Wertungswidersprüche dadurch abzumildern, daß sie Sachverhalte ergebnisorientiert bestimmten Rechtsbehelfen zuordnen, um zu einem für den Rechtssuchenden noch vertretbaren Ergebnis zu gelangen. Es ist sicherlich falsch,

[454] So *E. Wolf*, ZRP 1983, S. 241, dessen Aussage sich allerdings noch auf den von den Gutachten vorgegebenen Umfang der Reformidee bezieht.

[455] Vgl. Abschlußbericht, S. 39.

[456] Vgl. *E. Wolf*, ZRP 1983, S. 241.

[457] So *E. Wolf*, ZRP 1982, S. 1, 6.

weiterhin auf die Korrekturen durch die Rechtsprechung zu vertrauen und damit das für unser Rechtssystem geltende Kodifikationsprinzip außer acht zu lassen. Der Gesetzgeber muß im Interesse eines funktionstüchtigen Zivilrechts die Entwicklungen außerhalb des kodifizierten Rechts nachzeichnen und die im Laufe der Zeit aufgetretenen Mängel selbst korrigieren.[458]

Schließlich beabsichtigt die Kommission mit ihrem Entwurf keine grundlegende Neuordnung des BGB. Lediglich bei vereinzelten Vorschlägen ist ein Wille zu weiterreichenden sachlichen Änderungen erkennbar.[459] Von Eingriffen in die Systematik des BGB kann dabei allerdings nicht die Rede sein. Die Vorschläge beseitigen bestehende Brüche und Wertungswidersprüche. So stellt beispielsweise die Kodifikation der bislang richterrechtlichen Anspruchsgrundlagen die Übereinstimmung von Gesetzestext mit der Rechtswirklichkeit wieder her. Schon seit langem kommen den Instituten der pFV und culpa in contrahendo im Rechtsalltag eine führende Rolle zu, die sich im Gesetz jedoch nicht widerspiegelt. Der Entwurf führt in vielen Bereichen, gerade bezüglich der zahlreichen Abgrenzungsproblematiken, zu einer Vereinfachung des Rechts. Diese Simplifizierung hat wiederum zur Folge, daß das Recht für den einzelnen Anwender berechenbarer ist, so daß sich eine Prognose über den Prozeßausgang weniger vage als heute darstellt. Das gesamte BGB gewinnt durch die Beseitigung der Unzulänglichkeiten, mit denen sich Rechtsprechung und -wissenschaft im Grunde seit Inkrafttreten desselben beschäftigen, an Rechtsklarheit und -sicherheit.

Weiterhin läßt sich zur Verteidigung des Entwurfes anführen, daß selbst in den überarbeiteten Rechtsgebieten die für das BGB charakteristischen Grundelemente und -strukturen gewahrt bleiben.[460] So übernimmt der Kommissionsentwurf beispielsweise die dem bestehenden Leistungsstörungsrecht zugrundeliegende Struktur, dergemäß das Vorliegen von bestimmten Tatbestandsvoraussetzungen jeweils verschiedene Rechtsfolgen nach sich zieht. Anknüpfungspunkt bleibt folglich der Tatbestand. Selbst bei den Punkten, in denen die Vorschläge zu einer völligen Neugestaltung einzelner gesetzlicher Regelungen führen, fügen diese sich in das System des BGB ein.[461] Aber nicht nur inhaltlich hält man am „Vorbild" des BGB fest. Die Kodifikation in ihrer Gesamtheit - sogar das Recht der Schuldverhältnisse im zweiten Buch, das inhaltlich die einschneidendsten Änderungen erfährt - ist äußerlich im Aufbau größtenteils unverändert.[462] Das vorhandene Normengerüst und seine Strukturen bleiben im Entwurf gewahrt. Beispielsweise wird die Grenze der Primärleistungspflicht trotz inhaltlicher Änderung auch künftig durch die Vorschrift § 275 geregelt. Ferner wird an der Regelungstechnik des BGB festgehalten:

---

458 Ebenso *Kötz*, Referat, S. K 25 f.

459 Vgl. *Brambring*, DNotZ 1992, S. 691; Abschlußbericht, S. 39.

460 Vgl. *Hensen* in Podiumsdiskussion, Sonderheft DNotZ 1993, S. 103 sowie Abschlußbericht, S. 39.

461 Vgl. *Brambring*, DNotZ 1992, S. 691.

462 Siehe Abschlußbericht, S. 39; ebenso *Kohler*, WM 1993, S. 45.

Zum einem ist weiterhin das Allgemeine vor dem Speziellen „vor die Klammer gezogen". Zum anderen bemühte man sich mit Erfolg, die Sprache des BGB zu treffen.[463] Hinzu kommt, daß sich durch das Einfügen der Gewährleistungshaftung in das allgemeine Leistungsstörungsrecht sowie durch die weiteren Änderungen die Anzahl der schuldrechtlichen Vorschriften verringert hat. Die auch daraus resultierende Vereinfachung der Strukturen macht das geschriebene Recht für den Anwender verständlicher, das gesamte BGB gewinnt damit an Übersichtlichkeit.

Abschließend ist festzuhalten, daß die von *Wolf* vorgebrachten Einwände gegen eine Reform des Schuldrechts nicht greifen. Die Rechtswirklichkeit hat sich seit der Kodifizierung des BGB gerade im Gebiet des Schuldrechts grundlegend verändert. Die erforderlichen Anpassungen können von Rechtsprechung und -wissenschaft allein nicht mehr bewältigt werden, ohne die Unübersichtlichkeit ins Unermeßliche zu steigern. Die Ergebnisse, zu denen das „reformierte" Recht gelangt, weichen nur in geringem Maße von denen des BGB ab. Der entscheidende Unterschied der neuen Regelungen ist begrüßenswerterweise, daß sie die Grundprinzipien des Leistungsstörungsrechts klar und frei von Widersprüchen sowie rechtspolitisch einleuchtend festschreiben.[464] Das Recht ist damit aus sich heraus verständlich, so daß sich Einordnung und Bewertung des Einzelfalls weitaus einfacher und leichter gestaltet. Die im BGB durch übermäßige Differenzierungen hervorgerufenen Spannungen und Härten werden vermieden. Da der Reformentwurf nicht von den mit geltendem Recht erzielten Ergebnissen abweicht, stehen diesen Vorteilen bei einem Vergleich keine inhaltlichen Nachteile in Form einer Verschlechterung der gegenwärtigen Lage gegenüber. Durchgreifende grundsätzliche Bedenken gegen die Reform des Schuldrechts bestehen daher nicht.

II. Einzelne Kritikpunkte am Kommissionsentwurf

1. Dogmatischer Ansatzpunkt

Die neuen dogmatischen Grundstrukturen des Kommissionsentwurfes stoßen nicht auf einhellige Zustimmung. So lehnt *Flume* die vorgeschlagene Neuregelung von allgemeinem Leistungsstörungsrecht und Sachmängelhaftung ab. Seine Kritik gründet darauf, daß durch den Wegfall des Gewährleistungsrechts überzeugende Strukturen des BGB entgegen der auf römischem Recht bestehenden kontinentaleuropäischen Tradition aufgegeben würden. Diese habe sich aber bewährt.[465] Indem der Entwurf das Sonderrecht der Schlechtleistung im Kaufvertrag abschafft und die vertragliche Verschuldenshaftung des Verkäufers einführt, stelle er zwei dogmatisch unterschiedliche Haftungssysteme gleich. Es werde verkannt, daß das

---

463 So *Hensen* in Podiumsdiskussion, Sonderheft DNotZ 1993, S. 103.

464 Diese Attribute schreibt die Kommission im Abschlußbericht (S. 20) den Grundprinzipien des UN-Kaufrechts zu. Angesichts der weitgehenden Anlehnung des Entwurfs an das UN-Kaufrecht können diese jedoch auch für den Kommissionsvorschlag übernommen werden.

465 Siehe *Flume*, AcP 193 (1993), S. 89; zustimmend *Joussen*, Referat, S. K 29.

allgemeine Leistungsstörungs- und das besondere Gewährleistungsrecht wegen ihrer unterschiedlichen Problematik voneinander unabhängig zu regeln seien.[466] Ebenso bestehe unverändert die Notwendigkeit, den Spezieskauf gesondert vom Gattungskauf zu regeln. Der Unterschied zwischen beiden liege darin, daß der Spezieskäufer bei der Lieferung mangelhafter Ware die Erfüllungspflicht nicht als primären Rechtsbehelf durchsetzen und verlangen könne, an deren Stelle eine mangelfreie Sache zu liefern.[467]

Schließlich läßt sich nach Ansicht *Flumes* die allgemeine Schadensersatzhaftung auf das Erfüllungsinteresse,[468] die der Entwurf auch bei der Schlechtlieferung vorsieht, nur damit begründen, daß die Lieferung mangelhafter Ware keine Erfüllung darstelle. Der Verkäufer unterliege jedoch gerade beim Stückkauf hinsichtlich der Beschaffenheit der Kaufsache keiner allgemeinen Erfüllungspflicht - abgesehen von Zusicherung und Arglist. Außer gemäß § 463 BGB sei daher beim Stückkauf ein Schadensersatzanspruch auf das Erfüllungsinteresse nicht möglich. Wenn Kaufvertrag und Wirklichkeit nicht übereinstimmen, hafte der Verkäufer lediglich auf Wandlung oder Minderung.

a. Einbindung der Sachmängelhaftung und Gleichbehandlung von Spezies- und Gattungskauf

Die dogmatische Kritik *Flumes* an der Grundstruktur des Entwurfes vermag nicht zu überzeugen. Der vom Gesetzgeber gewählte Aufbau, der bei Schlechtleistung im Spezieskauf von Erfüllung ausgeht und gleichzeitig dem Käufer gewährleistungsrechtliche Sonderrechte zur Verfügung stellt, ist nur eine von drei denkbaren Lösungsmöglichkeiten.[469] Einerseits ist es nicht selbstverständlich, daß dem Spezieskäufer bei Schlechtleistung überhaupt Rechtsbehelfe gewährt werden. Andererseits könnte man die Lieferung mangelhafter Stückware, wie schon beim Rechtsmangel im Kauf- sowie generell im Werkvertragsrecht, als Nichterfüllung einordnen. Der im BGB gewählte „Mittelweg" ist lediglich der Versuch, die römische Rechtstradition - nämlich die neben dem Vertrag stehende Haftung - mit dem

---

466 So *Flume*, AcP 193 (1993), S. 89, 98.

467 Vgl. *Flume*, ZIP 1994, S. 1497, 1500; *ders.*, AcP 193 (1993), S. 89, 99 ff. mit Verweisen zur Ablehnung des Nacherfüllungsanspruchs auf *Jakobs* (Gesetzgebung, S. 96 ff.) und die Beratungen der zweiten Kommission, Protokolle I, S. 697 f. Dagegen schreibt *Brüggemeier* den aus dem letzten Jahrhundert stammenden Argumenten für die heutige rechtspolitischen Diskussion keine Aussagekraft zu (Referat, S. K 80).

468 Weiterführend zur Verschuldenshaftung bei Sachmängeln *Flume*, AcP 193 (1993), S. 89, 103 f., 108 ff.; *ders.*, ZIP 1994, S. 1497, 1498. Die Haftung im Gewährleistungsrecht stelle auf das Kennenmüssen des Mangels ab. Dieser Umstand sei jedoch nicht mit dem durch das Leistungsstörungsrecht geregelte schuldhafte Tun oder Unterlassen gleichzusetzen, um eine Haftung auf das Erfüllungsinteresse zu rechtfertigen.

469 Vgl. dazu *Brüggemeier*, Referat, S. K 83.

allgemeinen Schuldrecht zu verbinden.[470] *Flume* ist daher entgegenzuhalten, daß er mit seiner Kritik weder die bestehenden Strukturen in Frage stellt noch sich auf andere, von Tradition und geltendem Recht abweichende Denkmodelle einläßt.[471]

Der Entwurf stellt - der heute entwickelten Industriegesellschaft entsprechend - den Kauf vertretbarer Sachen in den Mittelpunkt der kaufrechtlichen Regelungen. Dieser neu definierte Anwendungsbereich geht deutlich weiter als die Bestimmung des gegenwärtigen Gattungskaufes. Nach dem Reformvorschlag fällt jeder Kauf einer neu hergestellten Sache unter diesen Begriff, wohingegen nach dem BGB solche Geschäfte als Stückkäufe zu qualifizieren wären. Bei dieser Konstruktion ist auch der primäre Rechtsbehelf der Nacherfüllung, für dessen gesetzliche Begründung laut *Flume* kein Anlaß besteht,[472] als Fortsetzung des vorrangigen Erfüllungsanspruchs problemlos möglich und sachlich angemessen. Die Pflicht des Verkäufers zur „Gutleistung", also zur Lieferung einer mangelfreien Ware, ist mithin in den meisten Fällen des bisher als Stückkauf eingeordneten Geschäfts dogmatisch nicht ausgeschlossen. Lediglich in wenigen Fällen des Spezieskaufes besteht keine Möglichkeit zur Nachbesserung. Allerdings bleibt der Vertrag nach Streichung des § 306 BGB nunmehr weiterhin bestehen und der Käufer kann nach den allgemeinen Vorschriften vom Vertrag zurücktreten sowie bei Verschulden des Verkäufers einen Schadensersatzanspruch geltend machen.[473] Darüber hinaus läßt sich gegen die Ansicht *Flumes* anführen, daß das Modell, die Mangelhaftigkeit beim Stückkauf als Nichterfüllung einzuordnen, schließlich auch dem BGB nicht unbekannt ist - so im Fall des Rechtsmangels, für den der Verkäufer nach den allgemeinen Vorschriften haftet.[474]

Es bleibt festzuhalten, daß es dem Reformmodell gelingt, das Prinzip der Pflicht zur Gutleistung auch beim Spezieskauf durchzuhalten. Dies ist einerseits die Voraussetzung für die Einbindung der gesonderten Gewährleistungshaftung in das allgemeine Leistungsstörungsrecht. Andererseits läßt es das Erfordernis entfallen, den Spezieskauf im Vergleich zum Gattungskauf gesondert zu regeln.[475] Der Verlust der speziellen kaufrechtlichen Sachmängelhaftung als Element der römischen

---

[470] Vgl. zur historischen Entwicklung des Gewährleistungsrechts oben Kapitel 1, B. I. - Kritisch zu diesem „Mittelweg" *Rabel*, Warenkauf Bd. II, S. 101 ff.

[471] Ähnlich *Rabe* in Liber amicorum Rabe (1995), S. 135, 136.

[472] Vgl. *Flume*, AcP 193 (1993), S. 89, 99 ff., 120.

[473] Siehe das Beispiel von *Brüggemeier*, Referat, S. K 82, der Verkauf eines angeblichen Original-Gemäldes, das in Wahrheit von einem anderen Maler stammt und nicht zu einem Original nachgebessert werden kann. Ferner Abschlußbericht, S. 195 f.

[474] *Flume* (ZIP 1994, S. 1497, 1498) führt richtig aus, daß der Entwurf für die Rechtsmängel eine Haftungsverringerung statuiert, da lediglich bei Verschulden auf das Erfüllungsinteresse gehaftet wird. Seiner Schlußbewertung, es sei kein Grund für die Änderung der bestehenden Rechtslage ersichtlich, ist jedoch nicht zuzustimmen. Schließlich beseitigt der Entwurf durch die Gleichstellung den Unterschied zwischen Rechts- und Sachmangel und vermeidet die häufige Abgrenzungsproblematik. Vgl. Abschlußbericht, S. 196.

[475] Vgl. *Brüggemeier*, Referat, S. K 84.

Rechtstradition ist gegenüber den dargestellten Vorteilen zu verkraften. Auch wird er insbesondere dadurch ausgeglichen, daß mit dem Zusammenführen beider Haftungssysteme sowohl die Abgrenzungs- als auch die Rechtsanwendungsprobleme entfallen. Der Ansicht *Flumes*, die Rechtsprechung könne die Probleme des BGB allein bewältigen,[476] pflichteten die Kommissionsmitglieder nicht bei. Ihrer Meinung nach sind die bestehenden Probleme dogmatisch nur dadurch zu lösen, daß die Sachmängelhaftung in das allgemeine Recht der Leistungsstörungen eingebunden wird.[477]

b. Haftungserweiterung des Verkäufers bei Schlechtlieferung

Zweiter Kritikpunkt *Flumes* an der Dogmatik des Entwurfes ist die erweiterte Schadensersatzhaftung des Verkäufers für die sachliche Beschaffenheit der Kaufsache. Auch diesem Ansatzpunkt, demgemäß der gewährleistungsrechtliche Schadensersatzanspruch und der des allgemeinen Leistungsstörungsrechts grundverschieden seien,[478] ist zu widersprechen. Die auf das Erfüllungsinteresse gerichtete Fahrlässigkeitshaftung ist entgegen dem Vortrag *Flumes* auch dem BGB nicht unbekannt. Zum einen besteht die gemeinrechtliche Verschuldenshaftung des Instituts der pFV, die beinahe so alt ist wie das BGB selbst. Zum anderen erzielt die Rechtsprechung eine praktische Ausweitung der Haftung nach § 463 BGB, indem sie verstärkt auf stillschweigende Zusicherungen zurückgreift.[479]

Diese Konstellation verdeutlicht einen wesentlichen Punkt: Das geltende Recht steht heute für die Regelung seiner Gewährleistungshaftung durch das Zusammenspiel von kodifiziertem Recht einerseits und der Rechtsprechung andererseits an einer Gabelung. Für die Zukunft bedarf es der grundsätzlichen Entscheidung, in welche der beiden Richtungen die Entwicklung weitergehen soll. Die im Kommissionsvorschlag dargelegte Möglichkeit liegt darin, die Fahrlässigkeitshaftung des allgemeinen Leistungsstörungsrechts in das Kaufrecht zu übernehmen.[480] Die andere Möglichkeit bestünde demgegenüber in dem verstärkten Ausbau der Zusicherungshaftung, die letztlich auf eine Garantiehaftung zuliefe.[481]

---

476 Siehe *Flume*, AcP 193 (1993), S. 89, 118.

477 Vgl. Abschlußbericht, S. 195.

478 So *Flume*, AcP 193 (1993), S. 89, 108 ff.

479 Vgl. dazu oben Kapitel 3, C. III. Ferner *Brüggemeier*, Referat, S. K 84.

480 *Brüggemeier* (Referat, S. K 87) unterstützt den Kommissionsentwurf mit den Argumenten, daß dieser Ansatz zum einen besser in die deutsche Rechtstradition passe und zum anderen auch an die Rechtsprechung des Reichsgerichts sowie alte Reformansätze anknüpfe. - Demgegenüber sieht *Emmerich* keine Notwendigkeit für eine Gesetzesänderung, da die allgemeine Verschuldenshaftung bereits geltendes Recht sei (in FS Jahr (1993), S. 267 ff.).

481 Anhänger dieser dem UN-Kaufrecht entsprechenden Variante ist *Jakobs*, Gesetzgebung, S. 128 ff.; ähnlich *Huber*, Gutachten, S. 647, 866 ff., insb. S. 877 f. Allgemein zu den Lösungsmodellen *Schack*, AcP 185 (1985), S. 333, 335 ff.

Vergleicht man die anhand der beiden Varianten erzielten Ergebnisse, so fällt auf, daß der Unterschied zwischen beiden letztlich geringfügiger ist als dies auf den ersten Blick erscheinen mag. Die mit der Fahrlässigkeitshaftung eingeführte Verpflichtung zur Lieferung sachmängelfreier Ware bedeutet für den Verkäufer keine unangemessene Haftungsverschärfung. Anders als § 463 BGB setzt der Schadensersatzanspruch nämlich zumindest Fahrlässigkeit voraus, so daß über den Verschuldensgrundsatz bezüglich der an den Verkäufer gestellten Anforderungen Differenzierungen vorgenommen werden können. So kann bei der Frage nach der im Verkehr erforderlichen Sorgfalt einmal nach der Art des Kaufvertrages sowie danach unterschieden werden, ob es sich um einen gewerblichen oder privaten Verkauf handelt.[482] Ferner spricht für die Fahrlässigkeitshaftung, daß sie die Einbindung der Sachmängelhaftung in das allgemeine Leistungsstörungsrecht ermöglicht und folglich eine Vereinfachung des bestehenden Rechtssystems nach sich zieht. Eine grundlegende Änderung tritt lediglich in der Haftung für den Mangelschaden bei fahrlässigem Verhalten des Verkäufers ein. Hierin liegt der einzige Unterschied zum BGB. Ein weiterer Vorteil der vorgeschlagenen Fahrlässigkeitshaftung ist, daß der Verkäufer weniger belastet wird, da er die anderen Rechtsbehelfe innerhalb der ihm gesetzten Nachfrist abzuwenden vermag.[483] Die begrenzte Haftung des Verkäufers auf Wandlung und Minderung beim Stückkauf verliert dadurch gleichfalls ihre Berechtigung. Entgegen der Ansicht *Flumes* kann damit eine allgemeine Schadensersatzhaftung auf das Erfüllungsinteresse auch für die Schlechtleistung beim Stückkauf eingeführt werden. Demgegenüber spricht für die Variante der Zusicherungshaftung, daß durch deren Ausbau die bislang bestehenden Unterschiede zwischen dem innerdeutschen und dem grenzüberschreitenden Warenverkehr zugunsten eines einheitlichen Systems entfielen und insoweit eine nicht zu unterschätzende Einheitlichkeit im gesamten Rechtsleben erzielt werden könnte.

Nach Abwägung der für und gegen die beiden Alternativen sprechenden Argumente bleibt festzuhalten, daß die Vorteile der von der Kommission vorgeschlagenen Fahrlässigkeitshaftung - insbesondere wegen des Gewinns eines umfassenden allgemeinen Leistungsstörungsrechts - überwiegen. Die Haftungserweiterung in bezug auf den Mangelschaden steht diesem Ergebnis auch nicht entgegen. Diese stellt eine angemessene Regelung dar, gerade da der jetzige Rechtszustand, der lediglich den Ausgleich des Mangelfolgeschadens vorsieht, unbefriedigend erscheint. Durch die Fahrlässigkeitshaftung findet weder eine Verfremdung des geltenden Kaufrechts statt, noch werden die dem Sachkauf eigenen Regelungsprobleme verkannt.[484] Die von *Flume* geäußerte Kritik, eine erweiterte Schadensersatzhaftung sei wegen der gravierenden Unterschiede zur allgemeinen Schadensersatzhaftung auf die Schlechtlieferung nicht anwendbar, überzeugt insgesamt nicht.

---

[482] Vgl. *Brüggemeier*, Referat, S. K 88; Abschlußbericht, S. 196.

[483] So Abschlußbericht, S. 224.

[484] Vgl. *Brüggemeier*, Referat, S. K 79; ebenso *Huber*, Haftung des Verkäufers, S. 31 f.

2. Rechtssystematischer Ansatzpunkt

Verschiedene Stimmen haben sich zu den systematischen Strukturen des Entwurfes kritisch geäußert. Insbesondere die Konstruktion der Pflichtverletzung als einheitlicher Tatbestand wird abgelehnt. So vertritt *Ernst* den Standpunkt, diese Umstrukturierung stelle eine tiefgreifende Systemänderung dar, für die - selbst bei einer grundlegenden Vereinfachung gegenüber dem BGB - keine praktische Rechtfertigung vorhanden sei.[485] Darüber hinaus bedeute die neue Systematik entgegen der Ansicht der Kommissionsmitglieder im Vergleich zu den bestehenden Strukturen keine Vereinfachung. Der Begriff der Pflichtverletzung sei nicht geeignet, die verschiedenen Tatbestände, zwischen denen das geltende Recht differenziert, zusammenzufassen.[486] Auch nach der Ansicht *Stürners* hält der Entwurf sein Versprechen nach Vereinfachung letztlich nicht durch. Er bewertet den Abschied vom Störungstatbestand als halbherzig.[487] Trotz des Einheitstatbestandes müsse man weiterhin nach den verschiedenen Grundformen des geltenden Leistungsstörungsrechts unterscheiden. Der Entwurf beseitige die Abgrenzungsprobleme nicht gänzlich. Schließlich sei die Gefahr groß, daß mit der Schaffung eines neuen Leistungsstörungssystems - wenn auch unbeabsichtigt - neue Probleme entstünden, die zum jetzigen Zeitpunkt nicht absehbar seien. Das monoistische Grundkonzept der Kommission im allgemeinen Leistungsstörungsrecht bedeute einen zu starken Eingriff in die Systematik des BGB, den die versprochene Gesetzesvereinfachung nicht ausgleiche.

a. Praktische Rechtfertigung der Systemänderung

Einigkeit unter Befürwortern und Kritikern der Reform besteht zumindest hinsichtlich eines Punktes: Die Ergebnisse der heutigen Rechtspraxis im Leistungsstörungsrecht entsprechen schon seit langem nicht mehr dem kodifizierten Recht.[488] Wie bereits ausgeführt,[489] kann man die Einteilung der Leistungsstörungen, die nach der Art der Leistungshindernisse differenziert und die Unmöglichkeit in den Mittelpunkt stellt, kaum als gelungen bezeichnen. Indem die Rechtsprechung diese vorgegebene Ausgangssituation durch weitere Institute schon frühzeitig zu korrigieren versuchte, ist die scharfe gesetzliche Abgrenzung zwischen den einzelnen Störungsarten verlorengegangen.

---

485 Siehe *Ernst*, NJW 1994, S. 2177, 2180; *ders.*, JZ 1994, S. 801, 808.

486 Vgl. dazu *Stürner* in Podiumsdiskussion, Sonderheft DNotZ 1993, S. 105; *Ernst*, NJW 1994, S. 2177, 2180; *ders.*, JZ 1994, S. 801, 808. Ausführlich zum bestehenden System der Leistungsstörungen *Wiedemann* in FS Rechtswiss. Fak. Köln (1988), S. 367, 369 ff. - Ähnlich *Schapp*, JZ 1993, S. 637, 638, der als Rücktrittsgrund nicht die Pflichtverletzung in den Vordergrund stellen möchte, sondern die schwere Vertragsstörung.

487 Vgl. *Stürner* in Podiumsdiskussion, Sonderheft DNotZ 1993, S. 110; *ders.*, NJW 1994, Beilage zu Heft 25, S. 2, 3, der die Rechtsfolgenorientierung des Kommissionsentwurfs kritisch betrachtet.

488 Vgl. *Hensen* in Podiumsdiskussion, Sonderheft DNotZ 1993, S. 103.

489 Vgl. dazu oben Kapitel 3, B. I.

Der Entwurf vermag demgegenüber alle Leistungsstörungen, also die Verletzung jeglicher Pflichten des Schuldners, in einem Begriff zusammenzufassen. Vorteilhaft ist daran, daß die vielfältigen und unübersichtlichen Differenzierungen sowie die dadurch bedingten, teilweise unverständlichen Ungleichheiten entfallen. Das geschriebene Recht wird für den Anwender wieder aus sich heraus verständlich. Die Kritik, der Begriff der Pflichtverletzung sei nicht brauchbar, um alle denkbaren Tatbestände der Leistungsstörungen zu erfassen, überzeugt nicht. Überdies folgen der *einheitlichen Pflichtverletzung* auf der Tatbestandsseite - soweit möglich - *einheitliche Rechtsbehelfe*. Die wegen der verschiedenen Haftungsmaßstäbe notwendigen Differenzierungen im Tatbestand sind damit hinfällig.[490] Die neue Systematik ist dadurch gerechtfertigt, daß sich trotz der Umstrukturierung des Leistungsstörungsrechts die praktisch erzielten Ergebnisse gleichbleiben.[491] Der von *Ernst* erhobene Einwand, es fehle schon die Rechtfertigung für diese einschneidende Änderung, greift damit nicht. Im Ergebnis stehen dem Kommissionsvorschlag rechtssystematische Gründe nicht entgegen.

b. Vereinfachung trotz beibehaltener Differenzierungen

Weiterhin bleibt zu klären, inwieweit die Reformvorschläge zum Leistungsstörungsrecht tatsächlich zu einer grundlegenden Vereinfachung des BGB führen. *Stürner* gibt diesbezüglich zu bedenken, daß das Bedürfnis nach Differenzierungen im Einzelfall trotz des Einheitstatbestandes weiterhin bestehen bleibt. Schließlich unterscheide das geltende Recht bei der Haftung nicht grundlos nach Risikosphären, die letztlich hinter den einzelnen Differenzierungen stünden.[492] So ist richtig, daß der Entwurf nicht gänzlich auf die Unterscheidungen zwischen den einzelnen Leistungsstörungen verzichtet. Bestimmte Sachgesetzlichkeiten - beispielsweise die notwendige Mahnung im Fall des Rücktritts bei Verzug[493] - sind zwingend. Die Befürchtung von *Ernst*, daß gerade das Gegenteil der erwünschten Übersichtlichkeit erzielt werde, ist nicht eingetroffen. Die notwendigen Unterscheidungen haben weiterhin Bestand.

Auch wurde die fehlende Konkretisierung und die Kürze des Begriffs der Pflichtverletzung in Frage gestellt.[494] In diesem Punkt ist der Auffassung *Hensens* dahin-

---

490 Daß der Entwurf damit, anders als das BGB, auch eine Leistungspflicht für objektiv Unmögliches statuiert, ist zwar nicht unbedingt lebensnah. Dieser Umstand allein vermag aber nicht die Einführung des Einheitsbegriffes der Pflichtverletzung zu verhindern.

491 Siehe *Hensen* in Podiumsdiskussion, Sonderheft DNotZ 1993, S. 104.

492 Dazu *Stürner* in Podiumsdiskussion, Sonderheft DNotZ 1993, S. 106; ebenso *Flume*, ZIP 1994, S. 1497, 1500. Zustimmend *Ernst*, JZ 1994, S. 801, 805, der darüber hinaus kritisiert, daß durch den Entwurf mit dem Wegfall der Unterscheidungen gerade das Gegenteil von der erwünschten Transparenz erzielt werde.

493 Nach § 323 Abs. 2 Nr. 1 KE ist die Fristsetzung bei Unmöglichkeit jedoch entbehrlich.

494 *Schapp* bezweifelt, daß der Begriff der Pflichtverletzung sich in seiner Abstraktheit durchsetzen kann. Die Kommission habe bei seiner Bestimmung die Grenze zwischen Dogmatik und Gesetzgebung nicht gewahrt, da letztere normalerweise - im Gegensatz zur Dogmatik -

gehend zuzustimmen, daß lediglich ein Oberbegriff für die schon bestehenden Leistungsstörungen geschaffen wurde. Der Vorteil der neuen Regelung liegt seiner Ansicht nach darin, daß erstmalig die pFV gesetzlich geregelt ist. Den Verlust der Untergruppen der Unmöglichkeit ließe sich dafür verkraften.[495] Des weiteren bedeutet der Begriff der Pflichtverletzung auch nicht, daß es die einzelnen Tatbestände der Unmöglichkeit nicht mehr gibt. Sie bestehen nach wie vor weiter, bilden jedoch für die Haftungsfrage keine selbständigen Kategorien mehr.[496] Auf die Normierung eines abschließenden Pflichtenprogramms habe die Kommission bewußt verzichtet, um für künftige Rechtsentwicklungen offen zu sein.[497] Eine Alternative zum Einheitstatbestand sei, durch gezielte Gesetzesänderung alle bestehenden Abgrenzungsprobleme einzeln zu lösen und dadurch insgesamt eine größere Rechtssicherheit zu erzielen. Jedoch spricht für das einheitliche Konzept der Kommission, daß es zum einen die nicht gerechtfertigten Differenzierungen des BGB beseitigt. Lediglich die den Tatbeständen immanenten und damit notwendigen Unterscheidungen bleiben bestehen. Zum anderen stellt der Entwurf insofern einen Fortschritt dar, als er sich weitaus besser lesen läßt als das BGB[498] und dem Rechtsanwender zu einer größeren Berechenbarkeit verhilft.

Festzuhalten bleibt, daß die Änderung im System der Leistungsstörungen durch den Gewinn an Vereinfachung und Vereinheitlichung gerechtfertigt ist. Der Entwurf nimmt weder für sich in Anspruch, durch die einheitliche Pflichtverletzung auf jegliche Unterscheidungen zwischen den bestehenden Leistungsstörungen verzichten zu können, noch ist dies seine Intention. Zwar vermag der Entwurf die bestehenden Abgrenzungsprobleme nicht vollends zu unterbinden. Zumindest ist ihre Anzahl aber deutlich verringert. Schließlich ist der Einheitstatbestand entgegen der von *Ernst* vertretenen Ansicht[499] nicht lediglich anders, sondern einfacher und besser als die geltende Systematik des BGB.

---

lediglich in Ausnahmefällen aus Anschaulichkeitsgründen zu Generalklauseln greife, JZ 1993, S. 637, 641. Zustimmend *Ernst*, NJW 1994, S. 2177, 2181; *ders.*, JZ 1994, S. 801, 805.

[495] So *Hensen* in Podiumsdiskussion, Sonderheft DNotZ 1993, S. 109 f. Ähnlich *Grunsky*, AcP 182 (1982), S. 453, 459, der allerdings auch den Verlust der in den Teilbereichen erreichten Präzision zu bedenken gibt. Vergleichbare Bedenken äußerte *Diederichsen*, AcP 182 (1982), S. 101, 118, der damals noch die Auffassung vertrat, daß die klassischen Rechtsinstitute der Leistungsstörung unverzichtbar seien.

[496] Vgl. *Rabe* in Liber amicorum Rabe (1995), S. 135, 147; *ders.*, ZIP 1996, S. 1652, 1655.

[497] Siehe *Brambring* in Podiumsdiskussion, Sonderheft DNotZ 1993, S. 110; ebenso *Heinrichs*, Juristentag, Bd. II/2, S. K 190. Dagegen gibt *Schapp* (JZ 1993, S. 637, 641) zu bedenken, daß zur Zeit keine ausgebildete allgemeine Lehre zur Pflichtverletzung bestehe.

[498] Vgl. *Stürner* in Podiumsdiskussion, Sonderheft DNotZ 1993, S. 113.

[499] Siehe *Ernst*, NJW 1994, S. 2177, 2180.

3. Wirtschaftlicher Ansatzpunkt

Neben dogmatischen und systematischen Kritikpunkten bestehen auch in wirtschaftlicher Hinsicht generelle Bedenken gegenüber dem Reformvorhaben. Die große Mehrheit der Stimmen in der Literatur ist sich dahingehend einig, daß die Schuldrechtskommission bei ihrem Entwurf auch ganz grundsätzliche Aspekte wirtschaftlicher Art berücksichtigt habe.[500]

a. Unzumutbare wirtschaftliche Belastungen

Nach Ansicht der Wirtschaftsvertreter bringt der Entwurf für ihren Bereich sowie für den der Industrie unzumutbare wirtschaftliche Belastungen mit sich, die man nicht hinnehmen könne.[501] Insbesondere *Joussen* übt in seinem Referat auf dem 60. Deutschen Juristentag aus dem Blickwinkel eines Wirtschaftsjuristen unter vehementer Verteidigung des BGB scharfe Kritik an den Vorschläge. Als Hauptkritikpunkt nennt er die Haftungserweiterung des Verkäufers. Indem man den § 463 BGB mit seiner Sperrwirkung aufgebe und die sich auch auf den Mangelschaden erstreckende allgemeine Verschuldenshaftung einführe, werde der Verkäufer unverhältnismäßig schwer belastet. Der Entwurf verschiebe das generelle Haftungsrisiko auf den Verkäufer, da die Lieferung einer mangelhaften Sache nunmehr stets eine Pflichtverletzung darstelle, die bei Vertretenmüssen einen umfassenden Schadensersatzanspruch des Käufers auslöse. Diese Schadensersatzpflicht könne schlimmstenfalls zur Vernichtung von kleineren Betrieben führen.

Die Vorschläge stünden ferner in krassem Gegensatz zur heutigen Rechtswirklichkeit: So sei bei sämtlichen Industriegeschäften die Haftung für Folgeschäden, also Mangel- und Mangelfolgeschäden, in den Verkaufs- und Lieferungsbedingungen ausgeschlossen.[502] Schließlich sei zu beachten, daß zu dieser Haftungserweiterung die Verlängerung der Gewährleistungsfrist von sechs Monaten auf drei Jahre hinzukomme.[503] Das infolgedessen erhöhte Gewährleistungsrisiko könne die Wirtschaft nicht tragen, da es weder versicherbar noch durch zulässige

---

[500] So der Beschlußvorschlag auf dem 60. Deutschen Juristentag zu Punkt 3: „Bei der Schuldrechtsreform sollen in einem künftigen Gesetzgebungsverfahren auch die wirtschaftlichen Auswirkungen verstärkt berücksichtigt werden." Angenommen mit dem Abstimmungsergebnis: 82:36:16 Stimmen, vgl. Ständige Deputation des Deutschen Juristentages, Bd. II/1, S. K 103.

[501] *Joussen*, Referat, S. K 29 ff., kritisiert, daß der Entwurf gar nicht oder zumindest zu wenig die wirtschaftlichen Konsequenzen der Reformvorschläge bedenke. Ebenso *Steinkopf*, Juristentag, Bd. II/2, S. K 163 ff.; *Küpper*, Juristentag, Bd. II/2, S. K 165 ff. Ähnlich warnt *Stürner* in Podiumsdiskussion, Sonderheft DNotZ 1993, S. 112, bezüglich der Haftungsentwicklung vor einer Überforderung der Wirtschaft.

[502] Siehe dazu *Joussen* mit zahlreichen Beispielen (Referat, S. K 33 ff.).

[503] Auf die Kritik *Joussens* zur Verlängerung der Verjährungsfrist für Schlechtlieferung durch die Vereinheitlichung der vertraglichen Verjährungsfrist wird nachfolgend unter lit. b näher eingegangen.

Steuerrückstellungen aufzufangen sei.[504] Auch *Stürner* [505] hält diese Kritik *Joussens* für zumindest erwägenswert.

Dieser einseitigen Kritik an der Haftungserweiterung des Verkäufers ist entgegenzutreten. Während die Kritiker von unzumutbaren wirtschaftlichen Belastungen für Wirtschaft und Industrie sprechen und an der Haftungssperre des § 463 BGB festhalten wollen,[506] stießen die Kommissionsvorschläge sowohl bei den Verbraucherverbänden als auch beim Deutschen Richterbund auf große Zustimmung.[507] Zwar ist nachzuvollziehen, daß die bisherige haftungsrechtliche Besserstellung des Verkäufers für die Wirtschaft eine verteidigungswürdige Position darstellt. Es ist aber kein Grund dafür ersichtlich, warum der Verkäufer bei Schlechtlieferung gegenüber dem Käufer in den Genuß einer Haftungserleichterung kommen und nicht im Umfang des allgemeinen Schadensersatzes wegen Verschuldens bei Vertragsschluß haften soll. Verkauft er eine Sache, die er nicht kennt, muß er sich zuvor bezüglich ihrer Beschaffenheit vergewissern.[508] Überdies ist der Einwand unbegründet, der Entwurf bevorzuge einseitig den Käufer. Zumindest der Verlust des Rechts auf Wandlung und Minderung wirkt sich auch für diesen nachteilig aus. Der Reformvorschlag verschiebt allenfalls die Haftungsgrenze zwischen den beiden Parteien in die Mitte, so daß man von der endlich erreichten Gleichstellung beider Parteien sprechen kann.

Auch kommt dem Argument der fehlenden Versicherbarkeit des erhöhten Haftungsrisikos keine zentrale Bedeutung in der Diskussion zu.[509] Entgegen der Ansicht der Wirtschaftsvertreter ist es zu vernachlässigen, denn das allgemeine Versicherungsrecht wird sich bei künftigen Vertragsabschlüsse gezwungenermaßen an die *neue* haftungsrechtliche Situation anpassen. Es ist schließlich nicht Aufgabe des Gesetzgebers, der anhand von Reformvorschlägen das BGB verbessern will,

---

[504] Siehe *Joussen*, Referat, S. K 30 und 38; ähnlich *Stürner*, NJW 1994, Beilage zu Heft 25, S. 2, 4.

[505] Vgl. *Stürner*, NJW 1994, Beilage zu Heft 25, S. 2, 4.

[506] *Joussen* geht in seinen auf dem 60. Deutschen Juristentag vorgetragenen Thesen (Referat, S. K 45) sogar noch weiter: Er fordert in These 5, daß die Ersatzansprüche für mängelbedingte Folgeschäden auf die Fälle von § 463 BGB und die grob fahrlässig handelnder Lieferanten beschränkt werden.

[507] Der *Deutsche Richterbund* hält den Entwurf für begrüßenswert, Juristentag, Bd. II/2, S. K 199. Zum einen diene die Vereinfachung des materiellen Rechts der Entlastung der Rechtspflege. Zum anderen werde die Rechtsprechung für den Bürger wieder berechenbarer. Ferner äußert sich das *Justizministerium Nordrhein-Westfalen* positiv zum Entwurf, der ohne Kontinuitätsbruch zur Verbesserung des BGB führe (Juristentag, Bd. II/2, S. K 154). Ebenso die Arbeitsgemeinschaft der *Verbraucherverbände*, Juristentag, Bd. II/2, S. K 118 ff.

[508] So *Kanzleiter* in Podiumsdiskussion, Sonderheft DNotZ 1993, S. 114.

[509] Siehe als Wirtschaftsvertreter *Joussen*, Referat, S. K 36 ff. sowie *Schmidt-Salzer* als Vertreter der Versicherungen, Juristentag, Bd. II/2, S. K 123 ff. - Der Beschlußvorschlag auf dem 60. Deutschen Juristentag zu Punkt 12 b: „Die Reform des Schuldrechts muß die Versicherbarkeit von Schadensrisiken berücksichtigen." wurde mit 36:77:8 Stimmen abgelehnt. Vgl. Ständige Deputation des Deutschen Juristentages, Bd. II/1, S. K 104.

auf die bestehende Versicherungspraxis Rücksicht zu nehmen. Selbst bei der versicherungsrechtlichen Anpassung an die neue Rechtslage, indem die Mehrkosten durch eine Prämienerhöhung auf alle Versicherungsnehmer umverteilt werden, käme es zu einer gerechten Verteilung, die letztlich beide Vertragspartner zu tragen haben. Die Parteien befinden sich nämlich - außer bei Endverbrauchergeschäften - nicht immer auf derselben Seite. Vielmehr stehen sie beim Industriegeschäft abwechselnd auf der Käufer- oder Verkäuferseite.

Darüber hinaus vermag das Argument, die *neue* Schadensersatzpflicht vernichte kleinere Betriebe, nicht zu überzeugen. Denn die Vertreter der Wirtschaft übersehen bei ihrer „einseitigen" Betrachtungsweise zum einen, daß andernfalls der Betrieb des Käufers wegen des fehlenden Ausgleichs des Mangelschadens der Insolvenzgefahr ausgesetzt ist. Zum anderen findet sich der Verkäufer in anderen Fällen in der Rolle des Käufers wieder und kommt damit bei Schlechtleistung in den Genuß des allgemeinen Schadensersatzanspruchs. Eine einseitige Belastung einer bestimmten Wirtschaftsgruppe ist also nicht festzustellen.

b. Beweissituation und prozessuale Geltendmachung

Weiterhin weisen Kritiker[510] darauf hin, daß sich durch die Verlängerung der Sechsmonatsfrist des § 477 BGB auf drei Jahre die Beweissituation verschlechtere, ob und in welchem Umfang ein Mangel bei Gefahrübergang vorgelegen hat. Ferner fürchten sie, die allgemeine Haftung des Verkäufers für Mangelschäden führe letztlich bei den Käufern zu einer Sorgloseinstellung und infolgedessen zu einer erhöhten Anzahl von Prozessen.

Das oftmals angeführte Argument, mit fortschreitendem Zeitablauf verschlechtere sich die Beweissituation,[511] ist zwar nicht von der Hand zu weisen. Dennoch ist es nur in begrenztem Umfang zutreffend. Da die Beweislast für das Vorliegen eines Mangels bei Gefahrübergang beim Käufer liegt, ist nicht nachzuvollziehen, warum gerade der Verkäufer durch die Fristverlängerung benachteiligt sein soll. Nicht für den Verkäufer, sondern für den Käufer wird es mit verstreichender Zeit problematisch, die Voraussetzungen seines Anspruchs zu beweisen. Infolge dieser sich bei Zeitablauf verschlechternden Beweissituation steigt auch nicht die Anzahl der Prozesse in dem Maße, wie die Kritiker generell befürchten. Denn wegen des bereits nach einiger Zeit höheren Prozeßrisikos wird der Käufer lediglich dann im Unterschied zum geltenden Recht einen Prozeß anstrengen, wenn der Mangel erst nach

510 Vgl. u.a. *Joussen*, Referat, S. K 39 ff., der sich auf die Motive zu § 477 BGB sowie die höchstrichterliche Rechtsprechung beruft. In seiner These 7 führt er aus, daß die Gewährleistungszeit von sechs Monaten aus § 477 BGB als gesetzliche Regelung sachgerecht sei (S. K 45). Ebenso *Jakobs*, Gesetzgebung, S. 187.

511 Für eine kurze Frist sprechen das schutzwürdige Interesse des Verkäufers, die durch Zeitablauf bedrohte Beweisnot sowie der Verlust etwaiger Regreßansprüche gegenüber Dritten. Jedoch unterbindet eine zu kurze Frist überhaupt die Geltendmachung des Gläubigeranspruchs. Vgl. dazu BGHZ 77, 215, 219 ff.; 88, 130, 137 f.; 110, 88, 92.

längerem Gebrauch auftritt bzw. festzustellen ist. Daß der Käufer damit im Fall von verborgenen Mängeln überhaupt die Möglichkeit zur Geltendmachung seiner Ansprüche hat, ist aber doch sehr begrüßenswert. Denn es entspricht dem allgemeinen Gerechtigkeitsgedanken. Abschließend sei zur Verjährungsproblematik erwähnt, daß der Entwurf die Verjährungsfrist für die Ansprüche aus pFV und culpa in contrahendo von dreißig auf drei Jahre verkürzt. Dies führt zu einer beachtenswerten Besserstellung des Verkäufers, die sich auch in wirtschaftlicher Hinsicht - so hinsichtlich notwendiger Rückstellungen und Versicherungen - auswirkt und damit gleichsam eine Kompensation für die Verlängerung der Sechsmonatsfrist darstellt.

c. Transaktionskosten des Reformvorschlages

Einen weiteren, aus einem gänzlich anderen Blickwinkel besehenen wirtschaftlichen Aspekt in der Diskussion um die Schuldrechtsreform spricht *Ernst* an. Er vertritt die Auffassung, die Kosten für die Umsetzung der Reformvorschläge seien wegen der einschneidenden Änderungen überproportional hoch. Durch die Beschränkung des Reformumfangs auf das „wirklich nötige Maß" reduziere man diese Kosten und fördere darüber hinaus eine zügigere Umsetzung.[512] Ohne im einzelnen auf die Transaktionskosten einzugehen, spricht *Schlechtriem* sich jedoch mit Recht gegen eine Reduzierung der Reform auf rein kodifikatorische Maßnahmen aus. Wenn man nur die richterrechtlichen Institute kodifiziere und einzelne Mängel durch gezielte Gesetzesänderungen abstelle, würden die Strukturmängel des BGB nicht korrigiert.[513]

Dieser Ansicht ist zuzustimmen. Nur durch die vorgeschlagenen dogmatischen Systemeinschnitte sind die Schwächen und Mängel zu beheben. Dem Argument der geringeren Kosten kommt in der Diskussion um die Reform keine eigenständige Bedeutung zu, da das von der Kommission avisierte Ziel durch einen „reduzierten" Reformumfang erst gar nicht erreicht werden könnte. Schließlich hat der Rechtsausschuß des Deutschen Bundestages die angestrebte Vereinfachung begrüßt und die Verabschiedung im Bundestag für einen Zeitpunkt ab dem Jahre 1998 in Aussicht gestellt.[514] Auch wenn dies zeitlich schon überschritten ist, so bestätigt es doch, daß die zu erwartenden Kosten für eine zügige Umsetzung grundsätzlich keinen Hinderungsgrund darstellen. Die Transaktionskosten als Argument gegen die geplante Reform per se sowie gegen deren Umfang vermögen nicht zu überzeugen.

---

[512] Vgl. *Ernst*, NJW 1994, S. 2177, 2181. Ähnlich *Kretschmer* als Vertreter des Bundesverbandes der Deutschen Industrie, Juristentag, Bd. II/2, S. K 122.

[513] Vgl. *Schlechtriem*, Juristentag, Bd. II/2, S. K 143.

[514] So *Eylmann*, Vorsitzender des Rechtsausschusses, in Podiumsdiskussion, Sonderheft DNotZ 1993, S. 102.

4. Rechtspolitischer Ansatzpunkt

Überdies ist auf die rechtspolitischen Bedenken einzugehen, die kritische Stimmen dem Kommissionsvorschlag entgegenbringen. Sie beziehen sich einerseits auf die Entwicklung des Privatrechts auf der europäischen Ebene. Andererseits wird die Anlehnung des Entwurfes an das UN-Kaufrecht kritisiert.[515]

a. Vorrang der europäischen Rechtsvereinheitlichung

Die Vertreter von Wirtschaft und Industrie führen gegen die Reformidee ins Feld, daß sowohl das Sekundärrecht der Europäischen Gemeinschaft als auch die Rechtsprechung des Europäischen Gerichtshofes sich immer stärker auf das nationale Schuldrecht auswirke und dieses verändere.[516] Daher bestehe zur Zeit für dessen Reform kein Handlungsbedarf, insbesondere da sich auch darüber hinaus mehrere international besetzte Gruppen um die europäische Zivilrechtsangleichung bemühten.[517] Es sei wenig sinnvoll, den dort zu erwartenden Ergebnissen durch einen „deutschen Alleingang" vorzugreifen.[518]

Dieser Argumentation ist jedoch entgegenzutreten. Zwar ist richtig und begrüßenswert, daß verschiedene Stellen an der Vereinheitlichung der europäischen Vertragsrechtsmaterie arbeiten. Diese sind jedoch nicht als verbindliche Konvention, sondern lediglich als Modell zur Unterstützung der mittelbaren Rechtsangleichung, gedacht.[519] Weiterhin stellen die Aktivitäten weder hinsichtlich ihres Regelungsumfangs eine Konkurrenz für den Kommissionsentwurf dar. Noch sind sie zeitlich und in ihrer wissenschaftlichen Vorbereitung so weit fortgeschritten, daß ihre Ergebnisse in bezug auf eine nationale Reform abgewartet werden sollten.[520]

---

515 Auf diese Aspekte mit ihren unterschiedlichen Ansatzpunkten soll hier nur ganz kurz eingegangen werden. Die ausführliche Darstellung erfolgt zum einen unten in Kapitel 6, zum anderen in Kapitel 8, auf die hiermit verwiesen sei. Siehe ferner grundsätzlich dazu *Magnus*, RabelsZ 45 (1981), S. 144 ff.; *Ulmer*, JZ 1992, S. 1 ff.

516 Siehe *Kretschmer* als Vertreter des Bundesverbandes der Deutschen Industrie, Juristentag, Bd. II/2, S. K 122, sowie weitere Diskussionsteilnehmer wie beispielsweise *Bleutge* (S. K 138). Ebenso weist *Ernst*, NJW 1994, S. 2177, 2178, auf zwei noch in das deutsche Schuldrecht einzuarbeitende EG-Richtlinien hin, die gleichfalls eine Umstrukturierung des BGB zur Folge hätten. *Kötz* verweist diesbezüglich auf die Forderung des Europäischen Parlaments nach einem einheitlichen europäischen Gesetzbuch (Referat, S. K 24).

517 Gemeint sind hiermit die an einem europäischen Vertragsrecht arbeitende *Lando-Kommission* sowie das *Unidroit-Projekt* zur Ausarbeitung von Regeln für internationale Handelsverträge. Hinsichtlich näherer Einzelheiten dazu sei auf die ausführliche Darstellung unten in Kapitel 9 verwiesen.

518 Vgl. *Ernst*, NJW 1994, S. 2177, 2178.

519 Vgl. zum Unidroit-Projekt *Rolland*, NJW 1992, S. 2377, 2383.

520 Siehe *Rolland*, S. 20; *ders.*, NJW 1992, S. 2377, 2383. - *Kötz* gibt zu bedenken, daß momentan für ein einheitliches Schuldrechtsgesetzbuch weder das praktische Bedürfnis noch der notwendige politische Wille in den Mitgliedstaaten vorhanden seien (Referat, S. K 24).

Ferner ist zu bemerken, daß das BGB bei zukünftigen Arbeiten an einem europäischen Gesetzbuch im „Wettbewerb der Kodifikationen"[521] gegenüber den anderen europäischen Rechtsordnungen kaum konkurrenzfähig wäre. Der Grund dafür liegt darin, daß sich die Rechtsfindung mit der Überlagerung des geschriebenen Rechts durch die Rechtsprechung letztlich als zu kompliziert gestaltet. Demgegenüber würde eine reformierte, aus sich heraus verständliche Kodifikation mit widerspruchsfreien Ergebnissen wegen der verbesserten Praktikabilität einen großen Fortschritt darstellen. Sie hätte den Vorteil, für das europäische Ausland mehr Transparenz aufzuweisen.[522] Von einem reformierten BGB könnte einerseits ein nicht zu unterschätzender Impuls in bezug auf die Ausarbeitung eines europäischen Zivilgesetzbuches ausgehen. Andererseits käme dem deutschen Recht eine weitaus überzeugendere Ausgangsposition bei den Verhandlungen um die europäische Rechtsvereinheitlichung zu als mit dem BGB.[523]

Die verschiedenen, insgesamt sehr positiv zu bewertenden Ansätze auf europäischer Ebene zur Vereinheitlichung der Zivilrechtsmaterie stehen schließlich der inzwischen schon weit vorangeschrittenen Idee der nationalen Schuldrechtsreform keinesfalls im Ausschlußverhältnis gegenüber. Zumal man die Bemühungen um eine europäische Rechtseinheit zeitlich nicht überblicken kann, finden die Vereinheitlichungs- und Vereinfachungsbestrebungen auf beiden Ebenen, der nationalen und der europäischen, nebeneinander jeweils ihre Berechtigung.

b. Zweckmäßigkeit der Anlehnung an das UN-Kaufrecht

Daneben beanstanden die Kritiker die grundsätzliche Anlehnung des Reformvorschlages an das für den internationalen Warenverkehr geltende UN-Kaufrecht. Diese äußert sich in erster Linie durch die Bedeutung des Begriffs der Pflichtverletzung.[524] Das UN-Kaufrecht gelte lediglich für den Handelskauf und sei am Kauf beweglicher Gattungssachen ausgerichet, es regele damit lediglich einen Teilbereich des Kaufrechts. Ferner sei es zu sehr auf grenzüberschreitende Käufe im kommerziellen Bereich zugeschnitten, so daß es sich nicht für die Übernahme als nationales Kaufrecht eigne. Beispielsweise sei im Gegensatz zu dem im internationalen Handel vorherrschenden Distanzkauf im nationalen der Platzkauf vorherrschend. Ein weiterer Unterschied liege darin, daß im nationalen Recht zumeist der

---

[521] So *Heinrichs*, S. 34.

[522] Vgl. *Hensen* in Podiumsdiskussion, Sonderheft DNotZ 1993, S. 104. - Nach *Kötz* verringert sich mit dem Entwurf der Abstand vom BGB zu den europäischen Nachbarrechten, Referat, S. K 28 (These 4). Dagegen sieht *Ernst* in den Kommissionsvorschlägen eine Entfernung von den kontinental-europäischen Nachbarrechten (NJW 1994, S. 2177, 2178).

[523] Ebenso *Kötz*, Referat, S. K 24; *Schlechtriem*, Schuldrechtsreform, S. 46 f. Siehe auch *Brüggemeier*, der die allgemeinen Grundprinzipien des Kommissionsentwurfs in der Diskussion um die Europäisierung des Privatrechts für anschlußfähig hält (Referat, S. K 73).

[524] Vgl. *Kretschmer* als Vertreter des Bundesverbandes der Deutschen Industrie, Juristentag, Bd. II/2, S. K 122; ebenso *Joussen*, Referat, S. K 45 (These 2) sowie ausführlich *Ernst*, NJW 1994, S. 2177, 2178.

Konsument im Vordergrund stehe und den Schutz der Rechtsordnung benötige. Weiterhin ließe sich das UN-Kaufrecht als Warenkaufrecht auch nicht auf andere Vertragstypen wie den Kauf eines Grundstücks oder den Dienstvertrag übertragen.[525] Mangels Regelungen für ein allgemeines Leistungsstörungsrecht sei es ein unzureichendes Modell für die Reform des BGB und die Neukonzeption des allgemeinen Schuldrechts.[526] Schließlich wird gleichzeitig beanstandet, daß der Entwurf - entgegen der Bekundung der Kommission - in nicht wenigen Punkten von den Regelungen des UN-Kaufrechts abweicht.[527] Demnach sei die von den Befürwortern des Entwurfes so positiv hervorgehobene Übereinstimmung beider Systeme letztlich doch nicht so groß.

Dieser Kritik an der Anlehnung der Kommissionsvorschläge am UN-Kaufrecht muß widersprochen werden. Entgegen der Auffassung der Kritiker läßt sich die Systematik des UN-Kaufrechts mit dem einheitlichen Begriff der Vertragsverletzung sowie einheitlichen Rechtsfolgen unproblematisch auf das allgemeine Leistungsstörungsrecht des BGB übertragen. Der tatsächliche Unterschied zwischen den Vorschriften des internationalen und des nationalen Kaufrechts ist bei weitem nicht so groß, wie die Kritiker es darzustellen versuchen. So findet man viele Regelungen des UN-Kaufrechts, die in den nationalen Rechtsordnungen wiederkehren oder sogar diesen entnommen wurden.[528] Obgleich der Einwand zutrifft, der Entwurf übernehme das UN-Kaufrecht nicht vollständig, läßt dieser sich jedoch weitgehend entkräften. Schließlich ist eine vollständige Übereinstimmung zwischen beiden Systemen weder unbedingt erforderlich noch angesichts der unterschiedlichen Zielsetzungen für sinnvoll zu erachten. Aufgrund der verschiedenen Anwendungsbereiche der beiden Rechtssysteme ist es nur verständlich, daß sie in manchen Einzelregelungen voneinander abweichen. Letztlich basieren sie dennoch auf denselben Grundentscheidungen.[529] Mit Hilfe der Reformvorschläge würde der Abstand des BGB zu den Regeln des internationalen Warenkaufs erheblich verringert.[530] Somit ist dem Argument, daß der weitgehende Gleichlauf beider Systeme eine generelle Rechtsvereinfachung mit sich bringt, nur zuzustimmen. Es kann schließlich auf Dauer nicht von Vorteil sein, daß im deutschen Recht das allgemeine Leistungsstörungsrecht durch zwei gänzlich voneinander verschiedene

---

525 Allgemein dazu *Jakobs*, Gesetzgebung, S. 10 ff.

526 So *Ernst*, NJW 1994, S. 2177, 2178.

527 *Ernst* führt als Beispiel die nicht in den Entwurf übernommene Garantiehaftung des UN-Kaufrechts an (NJW 1994, S. 2177, 2178).

528 Siehe *Basedow*, Gutachten, S. 11.

529 Vgl. *Rolland*, NJW 1992, S. 2377, 2380. Weiterführend zum Einfluß des UN-Kaufrechts auf die Schuldrechtsreform *Schubert*, in Einheitliches KaufR u. nat. ObligationenR, S. 415 ff.

530 Siehe *Kötz*, Referat, S. K 28 (These 4).

Normensysteme geregelt ist: das UN-Kaufrecht für den grenzüberschreitenden Warenkauf einerseits und das BGB für den innerdeutschen Kauf andererseits.[531]

5. Kritik an einzelnen Reformvorschlägen

Neben diesen eher generellen Kritikpunkten an der Schuldrechtsreform in ihrer Gesamtheit bemängeln schließlich Stimmen der Literatur - wenn auch bisher nur vereinzelt - manche Eingriffe in Teilbereichen bzw. Kommissionsvorschläge zu einzelnen Vorschriften.[532] Nachfolgend sollen zwei dieser Probleme angesprochen, auf eine detaillierte Auseinandersetzung mit denselben allerdings verzichtet werden, da dies die Zielsetzung der Arbeit übersteigt.

Kohler, der sich dem Bereich des Rücktritts widmet, kommt zu dem Ergebnis, daß der Reformvorschlag zum Rücktrittsrecht sich nicht als überzeugend erweise.[533] Seiner Auffassung nach zerstöre die alleinige Überarbeitung des Schuldrechts die Einheit des BGB. Durch die verschiedenartige Behandlung gleichartiger Sachverhalte leide der Entwurf an inneren Selbstwidersprüchen und damit an fehlender Überzeugungskraft. Beispielsweise sei der Wegfall der als Anspruch ausgestalteten Wandlung in § 465 BGB nicht zu begrüßen, da eine entsprechende Regelung den Übergang auf den Schadensersatzanspruch nach erklärtem Rücktritt begrenzen müsse. Zudem übergehe der Reformvorschlag die um den rechtssystematisch verteidigungswürdigen § 350 BGB bestehende Problematik, indem er auf eine differenzierte Regelung verzichte.[534]

Dieser Kritik am Reformvorschlag zum Rücktrittsrecht ist nicht beizupflichten. Zwar hat *Kohler* Recht mit seiner Aussage, bereits nach geltendem Recht sei die Kumulierung von Rücktritt und Schadensersatz über das Wahlrecht zwischen Austausch- und Differenztheorie möglich. Dennoch ist entgegen seiner Ansicht die Festlegung dieser Regelung in § 327 Abs. 1 S. 1 KE nicht überflüssig. Als Bestandteil der neuen Systematik der Leistungsstörungen mit der Pflichtverletzung, die auch das Verhältnis der Rechtsbehelfe zueinander schlüssig festsetzt, gilt die Regelung sowohl für den gesetzlichen als auch für den vertraglichen Rücktritt. Gerade dadurch wird einheitliches Recht geschaffen und nicht - nach der Ansicht *Kohlers* - zerstört. So kann die Wandlung als Gestaltungsrecht ausgeformt werden,

---

531 Vgl. mit Recht *Engelhard*, NJW 1984, S. 1201, 1205; Abschlußbericht, S. 20 sowie *Rolland*, NJW 1992, S. 2377, 2380. - Zur Bedeutung des UN-Kaufrechts in der Praxis führt *Joussen*, Referat, S. K 44, aus, daß zur Zeit die Wirtschaft in aller Regel die Anwendung des UN-Kaufrechts in ihren Bedingungen ausdrücklich ausschließe. Ähnlich *Kretschmer* als Vertreter des Bundesverbandes der Deutschen Industrie, Juristentag, Bd. II/2, S. K 122. Dagegen *Hensen* in Podiumsdiskussion, Sonderheft DNotZ 1993, S. 115.

532 Siehe zu einigen Einzelfragen *Stürner*, NJW 1994, Beilage zu Heft 25, S. 2, 4 ff. Darüber hinaus setzte sich der *DAV* (Stellungnahme), wenn auch erst Ende 1997, mit den einzelnen Reformvorschriften umfassend auseinander.

533 Siehe *Kohler*, WM 1993, S. 45, 57.

534 So *Kohler*, WM 1993, S. 45, 47, 51 f.

ohne daß der Wechsel von einem Rechtsbehelf zum anderen ein Problem darstellt. Darüber hinaus darf auch nicht der bis heute heftig umstrittene Problemkreis um den Verschuldensbegriff in den §§ 347 ff. BGB sowie das damit in unmittelbarem Zusammenhang stehende Problem des § 327 S. 2 BGB beschönigt werden. Die geltende Rechtslage ist nach allgemeiner Meinung mehr als unbefriedigend, so daß der Reformentwurf eine begrüßenswerte Verbesserung darstellt. Inwieweit jede Veränderung der Kommissionsvorschläge für sich genommen zu einer Besserstellung führt, mag an dieser Stelle dahinstehen. Schließlich bietet der Entwurf ein in sich schlüssiges Gesamtkonzept, daß gegenüber dem bestehenden Recht in jeder Hinsicht vorziehungswürdig ist.

Ähnlich kritisch ist *Ernst* gegenüber der Reformregelung zum Versendungskauf eingestellt.[535] Den Fall des in § 447 BGB geregelten Versendungskaufs ändert der Entwurf mit § 446 KE dahingehend ab, daß der Verkäufer - wie in allen anderen Fällen auch - die Vergütungsgefahr bis zu dem Zeitpunkt trägt, in dem der Käufer den Besitz an der Sache erlangt. Damit werde ein neuer „Schuldtyp" geschaffen, da der Käufer anders als bei der Bringschuld die Beförderungskosten zu tragen habe (§ 447 KE), die bestehenden Abgrenzungsfragen würden jedoch nicht entfallen.[536] Darüber hinaus kritisiert *Ernst*, daß die Kommission für den Handelskauf eine dem § 447 BGB entsprechende Regelung beibehalten will, die dahingehende Änderung des HGB jedoch bisher nicht beabsichtigt sei. Mithin sei der Vorschlag an sich noch nicht beratungsfähig. Schließlich entferne sich der Entwurf mit dieser Lösung von einem Großteil der anderen nationalen Rechte sowie von der Regelung des UN-Kaufrechts.[537]

Diese Kritik an der Neuregelung des Versendungskaufs ist nicht von der Hand zu weisen. So ist zunächst das Argument erwägenswert, daß gemäß dem Reformvorschlag weiterhin die Unterscheidung zwischen dem Versendungskauf und der Bringschuld vorzunehmen ist. Denn nur bei der Bringschuld ist der Transport eine Leistungspflicht des Verkäufers, der gleichfalls die Kosten für diesen zu tragen hat, und die Konkretisierung beim Gattungskauf erfolgt erst am Wohnsitz des Käufers. Auch der zweite Kritikpunkt von *Ernst*, die „geplante" voneinander abweichende Regelung bei Verbraucher- und Handelskauf, vermag durchzugreifen. Zwar hat auch *Huber* in seinem Gutachten eine ähnliche Differenzierung vorgesehen.[538] Allerdings ist dessen Vorschlag dahingehend konsequent, als gleichzeitig der Handelskauf neu geregelt ist. Der Entwurf „beabsichtigt" hingegen lediglich

---

[535] Vgl. *Ernst*, ZIP 1993, S. 481 ff.; ebenso kritisch *Stürner*, NJW 1994, Beilage zu Heft 25, S. 2, 5 f. Demgegenüber wurde der Beschlußvorschlag auf dem 60. Deutschen Juristentag zu Punkt 8 a „Die Neuregelung der besonderen Gefahrtragungsregeln im Kaufrecht (Übergabe als alleiniger Zeitpunkt des Gefahrübergangs) ist zu begrüßen." mit 93:34:2 Stimmen angenommen. Vgl. Ständige Deputation des Deutschen Juristentages, Bd. II/1, S. K 104.

[536] So *Ernst*, ZIP 1993, S. 481 f.; a.A. Abschlußbericht, S. 235.

[537] Siehe *Ernst*, ZIP 1993, S. 481, 482 m.w.N.

[538] Vgl. *Huber*, Gutachten Kaufvertrag, S. 911, 919 f.

die entsprechende Änderung des HGB, so daß es sich - da lückenhaft - nur um eine unzulängliche Reform handelt. Hinzu kommt, daß § 446 KE inhaltlich von den Regelungen aller anderen nationalen Rechtsordnungen, der üblichen Klauselpraxis und der entsprechenden Vorschrift im UN-Kaufrecht abweicht, wonach die Ware beim Versendungskauf auf Gefahr des Käufers reist. Diese eigenständige Vorgehensweise ist gerade im Hinblick auf die internationale Rechtsangleichung nicht zu begrüßen, zumal auch die wenigen von der Kommission angeführten Argumente nicht durchzuschlagen vermögen. Damit ist *Ernst* in seiner Kritik an der „reformierten" Versendungskaufsregelung zuzustimmen.

Ohne dieses Ergebnis zu einer einzelnen Vorschrift des Reformentwurfes überzubewerten, so darf man den Umstand, daß manche Neuregelung die Rechtslage weder vereinfacht noch verbessert, doch nicht gänzlich außer acht lassen. Denn es zeigt die Notwendigkeit, daß weniger der Reformvorschlag in seiner Gesamtheit als die einzelnen Regelungen noch nicht ausreichend diskutiert wurden. So ist beispielsweise ein weiterer - bisher nicht diskutierter - Streitpunkt die Einführung einer allgemeinen Rügelast des Käufers nach Kenntnis vom Mangel. Während der Reformentwurf eine solche ablehnt,[539] hat sich der 60. Deutsche Juristentag in seinen Beschlüssen dafür ausgesprochen.[540] Der Entwurf stellt damit lediglich die Diskussionsgrundlage dar, aufgrund derer zwar das Gesamtbild nicht aus dem Blick gelassen werden darf, aber einzelne Vorschriften dessen ungeachtet kritisch beleuchtet oder gar verworfen werden können. Es bleibt zu hoffen, daß diese Auseinandersetzung in Kürze eingehend stattfinden wird.

III. Zusammenfassung

Die Frage, ob die Überarbeitung des Schuldrechts zweckmäßig erscheint, ist folglich zu bejahen. Zum einen ist festzuhalten, daß Rechtsprechung und -wissenschaft die notwendigen Anpassungen des BGB an die Rechtswirklichkeit nicht mehr allein vornehmen können. Demgegenüber gelingt es dem Kommissionsvorschlag, das allgemeine Leistungsstörungsrecht unter Wahrung der bestehenden Grundstrukturen klar und frei von Widersprüchen festzuschreiben. Zum anderen erweisen sich auch die verschiedenen Kritikpunkte in dogmatischer, rechtssystematischer, wirtschaftlicher und rechtspolitischer Hinsicht nicht als Hinderungsgründe.

So greift der dogmatische Ansatz nicht, daß die Sachmängelhaftung sich nicht in das Leistungsstörungsrecht einbinden lasse. Auch sind mit der allgemeinen Verschuldenshaftung gerechte Ergebnisse zu erzielen. Entgegen der rechtssystematischen Bedenken bringt die Änderung im System der Leistungsstörungen einen Gewinn an Vereinfachung und Vereinheitlichung mit sich. Obzwar nicht alle

---

[539] Vgl. Abschlußbericht, S. 226.

[540] Beschlußfassung zu Punkt 15, angenommen mit 75:36:12 Stimmen, vgl. Ständige Deputation des Deutschen Juristentages, Bd. II/1, S. K 105.

Abgrenzungsprobleme vollends unterbunden werden können, ist deren Anzahl mit der einheitlichen Pflichtverletzung zumindest deutlich verringert. Weiterhin liegt die Haftungsverschiebung zulasten des Verkäufers noch im Rahmen einer zumutbaren Belastung, zumal sie zukünftig von den Versicherungsgesellschaften aufgefangen werden wird. Gleichfalls vermag der wirtschaftliche Aspekt der höheren Prozeßzahl nach Verlängerung der Verjährungsfrist nicht zu greifen, da die sich durch Zeitablauf verschlechternde Beweissituation dies unterbinden wird. Ebensowenig laufen die hohen Transaktionskosten der Reformidee zuwider. Ferner stehen die begrüßenswerten Vereinheitlichungsbestrebungen auf europäischer Ebene der nationalen Reform nicht entgegen, da diese weder in zeitlicher Hinsicht noch vom Umfang her eine Alternative darstellen. Ein „reformiertes" BGB verschafft der Bundesrepublik Deutschland zudem eine bessere Verhandlungsposition bei diesen zukünftigen Projekten. Durch die Anlehnung des Reformentwurfes an das UN-Kaufrecht wird eine weitgehende Angleichung von nationalem und internationalem Kaufrecht erzielt. Dieser rechtspolitische Umstand dient letztlich der generellen Rechtsvereinfachung und spricht damit für die Umsetzung der Reformvorschläge. Schließlich zeigt die vereinzelte Kritik an einzelnen Regelungen oder Vorschriften, daß die Diskussion um die Reformvorschläge noch nicht ausreichend geführt worden ist. Eine Ablehnung des Reformvorhabens in seiner Gesamtheit hat dies jedoch nicht zur Folge.

C. Fehlender gesellschaftspolitischer Konsens

Wolf kritisiert ferner, daß - anders als bei den Vorbereitungen zum BGB gegen Ende des letzten Jahrhunderts - hinsichtlich der heutigen Reformpläne keine allgemein rechtspolitische Diskussion in der Öffentlichkeit geführt wurde bzw. werde.[541] Damals seien dem Kodifizierungsverfahren Vorbereitungen auf der politischen, wissenschaftlichen sowie gesetzgeberischen Ebene vorausgegangen. Auf diese Weise habe die Öffentlichkeit zumindest die Möglichkeit gehabt, am damaligen Rechtssetzungsprozeß mitzuwirken. Da das jetzige Reformvorhaben sich thematisch gleichfalls mit schuldrechtspolitischen Grundsatzfragen beschäftige, fordert *Wolf* insoweit auch für die Kommissionsvorschläge einen hinreichend gesellschaftspolitischen Konsens. Bedauerlicherweise sei dieser in der heutigen Zeit zu vermissen.

Der These des fehlenden gesellschaftspolitischen Konsenses muß widersprochen werden, insbesondere da deren Billigung zu einem weitgehenden Stillstand der Gesetzgebung führen müßte. In den seltensten Fällen der Rechtssetzung besteht die von *Wolf* geforderte Einigkeit in gesellschaftspolitischer Hinsicht schon zu Beginn

[541] Siehe *E. Wolf*, ZRP 1982, S. 1, 3, wobei auch hier wieder anzumerken ist, daß seine Kritikpunkte sich auf die zu Beginn der achtziger Jahre veröffentlichten, weitaus umfangreicheren Gutachten beziehen. - Zur Entstehungsgeschichte des BGB *Schubert/Jakobs*, Materialien zur Entstehungsgeschichte, S. 125 ff.

des jeweiligen Vorhabens.[542] Zumeist bildet sich in der Öffentlichkeit ein Konsens erst im Laufe der Diskussion um einen unterbreiteten Änderungsvorschlag. Die im Abschlußbericht formulierten Vorschläge stellen zunächst den ersten Schritt hin zu einer demokratischen Willensbildung dar. Der Abschlußbericht hat - wie seinem Vorwort zu entnehmen ist - das Ziel, die Diskussion in Wissenschaft, Politik und Öffentlichkeit zu entfachen und einen Abschluß in der Ausarbeitung eines Gesetzentwurfes zu finden.[543] Auch *Schlechtriem* vertritt die Ansicht, daß erst anhand eines Entwurfes eine sinnvolle Diskussion geführt werden könne, um daran anschließend über die tatsächliche Reformbedürftigkeit des BGB zu entscheiden.[544] Die Initiative zur Reform muß vom Gesetzgeber ausgehen, bevor sich ein gesellschaftspolitischer Konsens überhaupt bilden kann. Darüber hinaus geben die zahlreichen Beiträge, Stellungnahmen sowie Äußerungen in Diskussionen Zeugnis davon, daß momentan in der Öffentlichkeit um die Bildung eines Grundkonsenses gerungen wird.

Schließlich bleibt zu erwähnen, daß die Eingriffe in das bestehende Rechtssystem bezüglich des Ausmaßes und des Umfanges entgegen der Auffassung von *Wolf* nicht so einschneidend sind, daß man sie mit der tiefgreifenden Neuerung durch die Erstkodifizierung des BGB vor mehr als einhundert Jahren vergleichen kann. Denn zum einen fügt der Entwurf die allgemein anerkannten ungeschriebenen Institute in das kodifizierte Recht ein. Zum anderen beseitigt er - zumindest größtenteils - die bestehenden Mängel des BGB, deren Vorliegen nicht in Zweifel gezogen wird. Lediglich hinsichtlich Art und Weise der jeweiligen Korrektur besteht Uneinigkeit.[545] Entsprechend diesem eng umrissenen und abgegrenzten Umfang der Vorschläge muß die grundsätzlich berechtigte Forderung nach dem allgemeinen gesellschaftspolitischen Konsens hinsichtlich dessen Ausmaßes wesentlich geringer ausfallen. Insgesamt sind die an die heutigen Reformbestrebungen anzulegenden Anforderungen und Maßstäbe in jeglicher Hinsicht weitaus niedriger anzusetzen als zur damaligen Zeit.

Der Forderung nach einem gesellschaftspolitischen Konsens ist damit lediglich insoweit stattzugeben, als diesem in bezug auf die heutige Reformidee eine geringere Bedeutung zukommt als zur Zeit der Kodifizierung des BGB. Die Kritik des fehlenden gesellschaftspolitischen Konsenses setzt in einem zu frühen Stadium der Entwicklung der Reformidee an. Erst durch den Abschlußbericht und die um die Vorschläge geführte Diskussion läßt sich in bezug auf die Notwendigkeit der Reformierung eine Entscheidung treffen. Im Moment befinden wir uns in der Phase, in der ein gesellschaftspolitischer Konsens bezüglich der Reform des BGB gesucht und, zumindest teilweise, schon gefunden worden ist.

---

542 So zutreffend *Rolland*, NJW 1992, S. 2377, 2379, der zur Unterstützung seiner Ansicht mehrere Beispiele aus der neueren Gesetzgebungspraxis anführt.

543 So *Kinkel*, seinerzeit Bundesminister der Justiz, im Vorwort des Abschlußberichtes.

544 Siehe *Schlechtriem*, Schuldrechtsreform, S. 45.

545 Vgl. dazu Abschlußbericht, S. 39 f.

D. Verhältnis von Gesetzgebung und Rechtsprechung

Schließlich werden gegenüber den Reformvorschlägen auch solche Einwände erhoben, die das Verhältnis von Gesetzgebung und Rechtsprechung betreffen. Nach Ansicht der Kritiker hat hier eine ungünstige Verschiebung stattgefunden. So führt *Wolf* an, daß die Übernahme der Rechtsprechungsergebnisse gleichsam eine „Kapitulation der Gesetzgebung vor der Rechtsprechung" darstelle.[546] Diese Konstellation führe dazu, daß sich das Verhältnis zwischen beiden ins Gegenteil verkehre, wodurch wiederum die Kodifikation inhaltlich aufgelöst werde. Von einer Anpassung an die Rechtswirklichkeit könne man seiner Meinung nach nicht sprechen. Ähnlich befürchtet *Jakobs*, daß die Kommission, verleitet durch die vielen Einzelentscheidungen der Rechtsprechung, die Entwurfsvorschriften mit einer ausufernden Kasuistik überlaste.[547] *Ernst* bedauert schließlich, daß der Entwurf die Auseinandersetzung mit der Rechtsprechung vernachlässige.[548] So müsse sich ein Reformvorschlag, der im Widerspruch zur Rechtsprechung steht, mit den jeweiligen Argumenten auseinandersetzen und vorgebrachte Bedenken zerstreuen.

Die Befürchtung einer in den Vorschlägen liegenden „Kapitulation der Gesetzgebung" ist unbegründet. Die Kommission hat nicht lediglich die Ergebnisse der Rechtsprechung „blind" in die Kodifikation übernommen,[549] sondern sich bei jeder erstmals in das BGB eingefügten Regelung von sachlichen Gründen leiten lassen. Zweifelsfrei fanden dabei auch die Ergebnisse der Rechtsprechung Berücksichtigung, zumal die Kommissionsmitglieder ihr diesbezügliches Wissen während der Beratungen nicht unberücksichtigt lassen konnten. Auch versprach man sich von der Auswertung des in den Rechtsprechungsansichten enthaltenen reichen Erfahrungsschatzes einen großen Nutzen.[550] Es ist Verdienst des Entwurfes, das geschriebene Recht wieder an die bestehende Wirklichkeit anzupassen mit der Folge, daß die allgemeine Rechtsfindung anhand der Kodifikation vonstatten geht.

Überdies ist dem Einwand von *Jakobs* zu widersprechen, der Vorschlag sei wegen der Übernahme der Rechtsprechungsergebnisse mit Kasuistik überfrachtet. Die Kommissionsmitglieder sind im Abschlußbericht zu Recht der Ansicht, ein gutes Mittelmaß hinsichtlich des Verhältnisses von Gesetzgebung und Rechtsprechung

---

546 Vgl. *E. Wolf*, ZRP 1982, S. 1, 3.

547 Siehe *Jakobs* (Wissenschaft u. Gesetzgebung, S. 145 ff.) mit vielen Bespielen.

548 Als Beispiel führt *Ernst* (NJW 1994, S. 2177, 2179 f.) § 200 KE an. Entgegen der gefestigten Rechtsprechung, vertragliche und deliktische Ansprüche unabhängig voneinander zu beurteilen, bestimme diese Vorschrift den Vorrang der für den vertraglichen Anspruch geltenden Verjährungsfrist. Gegen diese Kritik wendet sich *Diederichsen*: Zum einen habe die Sachnähe für den Vorrang der vertraglichen Verjährungsfrist gesprochen, zum anderen der BGH selbst den Gesetzgeber zu einer Entscheidung aufgefordert (Juristentag, Bd. II/2, S. K 216).

549 Vgl. *Rolland*, NJW 1992, S. 2377, 2379; zustimmend *Ernst*, NJW 1994, S. 2177, 2179.

550 So Abschlußbericht, S. 40.

gefunden zu haben.[551] Einerseits kodifiziert der Entwurf nunmehr Rechtsprechungsergebnisse, die schon seit Jahrzehnten allgemeine Anwendung finden[552]; von einer „ausufernden" Kasuistik kann hingegen nicht gesprochen werden. Andererseits ist *Jakobs* entgegenzuhalten, daß die Anzahl der Vorschriften im Vergleich zum BGB erheblich reduziert ist. Darüber hinaus hat die Kommission an der bestehenden Tradition, Rechtsprechung und -wissenschaft jeweils ein eigenes Betätigungsfeld einzuräumen, festgehalten. So wurde bewußt darauf verzichtet, alle Bereiche bis ins Detail zu regeln. Letztlich kommt der Vorschlag mit geringerem Regelungsaufwand aus als das BGB.[553]

Schließlich greifen auch die von *Ernst* geäußerten Bedenken nicht durch, der Entwurf vernachlässige die Auseinandersetzung mit der Rechtsprechung. Es läßt sich dagegen anführen, daß die Kommission zum einen nicht nur die Ergebnisse der Rechtsprechung kodifiziert, sondern darüber hinaus in Abstimmung mit der neuen Systematik des Leistungsstörungsrechts eigene Ansätze zur Vereinfachung und Vereinheitlichung der Materie einbringt. Zwar ist nicht von der Hand zu weisen, daß vereinzelte Vorschläge von gängigen Rechtsprechungsergebnissen abweichen.[554] Dies ist jedoch darauf zurückzuführen, daß für die Kommission im Vordergrund stand, einen in sich geschlossenen Entwurf vorzulegen. In Anbetracht dessen rechneten ihre Mitglieder sogar damit, daß einzelne Regelungen zumindest bei einigen auf Widerspruch stoßen würden.[555] Trotz dieses Umstandes ist dem Entwurf in seiner Gesamtheit aber nicht vorzuwerfen, daß er sich nicht ausreichend mit der Rechtsprechung auseinandergesetzt habe. Schließlich spiegelt der Abschlußbericht nicht alle diskutierten Punkte wider.[556] Vielmehr hat der Entwurf eine Diskussionsgrundlage geschaffen, um die Vorschriften des BGB mit den Vorschlägen der Kommission zu vergleichen, Argumente für und gegen die jeweiligen Lösungen auszutauschen und abschließend eine Entscheidung zwischen den beiden Möglichkeiten zu treffen.

Mithin ist keinem der angeführten Kritikpunkte zuzustimmen. Weder kommt die Übernahme der Rechtsprechungsergebnisse einer „Kapitulation der Gesetzgebung" gleich, noch leidet der Entwurf an einer „ausufernden" Kasuistik. Ebensowenig hat die Kommission die Auseinandersetzung mit der Rechtsprechung vernachlässigt. Die Vorschläge leisten - unter Beachtung und Wahrung des traditionellen Verhältnisses von Gesetzgebung und Rechtsprechung - die begrüßenswerte Kodifizierung von „Richterrecht" bei gleichzeitiger Reduzierung des Normenumfangs.

---

551 Vgl. Abschlußbericht, S. 40.

552 Als Beispiele seien die culpa in contrahendo und die pFV genannt.

553 Siehe *Rolland*, NJW 1992, S. 2377, 2379 sowie Abschlußbericht, S. 40 f.

554 Wie beispielsweise die Erweiterung des Schadensersatzanspruches.

555 So Abschlußbericht, S. 222.

556 So weist *Diederichsen*, Juristentag, Bd. II/2, S. K 216, unter Zurückweisung der Kritik von *Ernst* darauf hin, daß der Abschlußbericht lediglich einzelne der diskutierten Themen wiedergibt.

E. Zusammenfassung

Es bleibt festzuhalten, daß weder die gegen die grundsätzliche Idee der Schuldrechtsüberarbeitung noch die gegenüber einzelnen Vorschlägen vorgebrachten Kritikpunkte durchzugreifen vermögen. Vergleicht man den Reformentwurf mit dem BGB, so überzeugt ersterer insbesondere durch seine Einfachheit, Geradlinigkeit und Klarheit.[557]

Gegenüber den Vorteilen, die der Reformvorschlag im Verhältnis zum BGB vorzuweisen hat, sind die durchgreifenden Kritikpunkte an einzelnen Kommissionsvorschlägen zu vernachlässigen. Hervorzuheben ist, daß es dem Entwurf gelingt, das geltende Schuldrecht durch eine stimmige und in sich geschlossene Systematik weitaus transparenter auszugestalten und dabei gleichzeitig bestehende Mängel zu beheben. Angesichts der Anlehnung an die Grundentscheidungen des UN-Kaufrechts werden überdies der nationale und der internationale Warenkauf einander angeglichen, so daß insgesamt in der Bundesrepublik Deutschland eine wesentlich vereinfachte Rechtskonstellation vorherrschen würde. Überdies sind die neu konzipierten Regelungen und Prinzipien auch anschlußfähig in bezug auf die sich intensivierende Diskussion um eine europäische Rechtseinheit. Sie schaffen damit eine gute Ausgangsposition im „Wettbewerb der Kodifikationen". Würde man hingegen zunächst die europäische Rechtsvereinheitlichung abwarten, hätte dies lediglich zur Folge, daß das BGB selbst bezüglich seiner gelungenen Lösungen keine Beachtung fände. Denn wegen seiner für Dritte nur schwer zu erschließenden Rechtsfindung vermag das BGB eventuell gar keinen Einfluß auszuüben.

Wenn auch vereinzelte von den Kritikern vorgebrachte Argumente - wie beispielsweise von *Ernst* zum Versendungskauf - nicht von der Hand zu weisen sind, so darf man diese gleichwohl nicht überbewerten. Denn bei einer Gesamtabwägung vermögen diese sich nicht in dem Maße auszuwirken, um einen „Abschied vom Reformentwurf" zu bewirken. Darüber hinaus nimmt die Kommission für ihre Vorschläge nicht in Anspruch, die jeweils einzige und bestmögliche Lösung für die bestehenden Probleme und Mängel des BGB gefunden zu haben. Der Entwurf soll lediglich die Grundlage für die Diskussion um die Reformierung des geltenden Rechts bilden. Jede Kritik an den Vorschlägen, ob nun berechtigt oder nicht, verschafft der Reformidee eine größere Präsenz in der Öffentlichkeit und verhilft ihr damit zu einer breiteren allgemeinen Akzeptanz. Diese zunächst eher langsam in Gang gekommene, mittlerweile aber auf breiterer Basis geführte Diskussion ermöglicht eine Meinungsbildung bezüglich der Vorschläge. Damit ist gleichzeitig der Kritik entgegengetreten, die Reformpläne seien von keinem gesellschaftspolitischen Konsens getragen. Schließlich ist die Kodifizierung der Rechtsprechungsergebnisse keine „Kapitulation der Gesetzgebung", sondern dient bei Wahrung des traditionellen Verhältnisses und Verringerung der Normenanzahl der vereinfachten Rechtsfindung.

---

[557] Ebenso *Heinrichs*, S. 34.

Kapitel 6: Internationales Warenkaufrecht

Am 1. Januar 1991 ist das am 11. April 1980 in Wien geschlossene *Übereinkommen der Vereinten Nationen über Verträge über den internationalen Warenkauf*[558] für die Bundesrepublik Deutschland in Kraft getreten. Als Bestandteil des nationalen Rechts der Vertragsstaaten steht das UN-Kaufrecht als Teil des deutschen Rechts neben den Regelungen des BGB.

Inzwischen ist das UN-Kaufrecht eine der wichtigsten privatrechtlichen Konventionen im internationalen Handel. Es konnte sich weltweit als zentrale Rechtsgrundlage für den Import und Export von Gütern durchsetzen.[559] Man kann damit festhalten, daß das angestrebte Ziel, die weltweite Vereinheitlichung für das Recht des grenzüberschreitenden Warenverkehrs, erreicht wurde.[560] Den Verfassern des UN-Kaufrechts ist durch abwägende Rechtsvergleichung eine Synthese der verschiedenen Rechtsordnungen gelungen; die durch abweichende Interessen der Vertreter des *Common Law* einerseits und des kontinentalen Rechtskreises andererseits bedingten Gegensätze wurden überbrückt. Zwar konnte man sich nicht bezüglich aller Regelungen des UN-Kaufrechts für die jeweils sachgerechteste Lösung entscheiden. Auch blieben bestimmte Rechtsprobleme ungeregelt.[561] Doch stellt dieser Umstand ein Zugeständnis an die von allen Seiten erhoffte weltweite Akzeptanz und Verbreitung dar. Daß solche Überlegungen letztlich sachgemäß waren, vermag auch die hohe Zahl der Vertragsstaaten zu bezeugen: Mittlerweile gilt das UN-Kaufrecht in 54 Staaten[562], wobei alle Kontinente sowie verschiedenen Wirtschafts- und Sozialordnungen vertreten sind.

---

558 Siehe BGBl. 1989 II, S. 586. - Im deutschen Schrifttum besteht keine einheitliche Kurzbezeichnung für das Übereinkommen. Teilweise wird es mit CISG (Convention on Contracts for the International Sale of Goods) oder mit CIS (Convention on International Sale) abgekürzt. Daneben existieren die Abkürzungen WKR (Wiener Kaufrecht), UNÜ (UN-Übereinkommen), UN-WKG (UN-Warenkaufgesetz) sowie die in der vorliegenden Arbeit durchgehend gebrauchte Bezeichnung UN-Kaufrecht bzw. UNKR.

559 Vgl. *Karollus*, S. 9; ebenso *Schlechtriem*, JZ 1988, S. 1037, 1048.

560 Vgl. Staudinger/*Magnus*, Einl. UNKR, Rn. 1, 3; Schlechtriem/*Schlechtriem*, Einl. UNKR, S. 25.

561 Ebenso *Rudolph*, Einf. UNKR, Rn. 14.

562 Vgl. zum aktuellen Stand Fundstellennachweis B (Völkerrechtliche Vereinbarungen, Verträge zur Vorbereitung und Herstellung der Einheit Deutschlands) in BGBl. 1999 Teil II.

A. Historische Entwicklung der Rechtsvereinheitlichung auf internationaler Ebene

Das UN-Kaufrecht ersetzt für Deutschland seit dem 1. Januar 1991 die beiden für den internationalen Warenkauf geltenden Haager Kaufrechtsübereinkommen von 1964. Seine weltweite Geltung und die allgemeine Akzeptanz in den internationalen Wirtschaftskreisen sind das Ergebnis einer ausführlichen und gründlichen Vorbereitung.[563] Mit dem UN-Kaufrecht haben die verschiedenen Bemühungen um die Rechtsvereinheitlichung im grenzüberschreitenden Warenverkehr ihren Abschluß gefunden. Es bildet auf der internationalen Ebene den Schlußpunkt einer Entwicklung, dem in langer Vorbereitung viele, immer wieder verbesserte Entwürfe sowie insbesondere die praxiserprobten Haager Kaufrechtsübereinkommen vorausgegangen sind.

I. Anfänge des internationalen Warenkaufrechts

Die Geschichte der internationalen Kaufrechtsvereinheitlichung nahm ihren Anfang in den zwanziger Jahren dieses Jahrhunderts. Seit 1928 bemühte sich auf Anregung von *Ernst Rabel*[564] das vom Völkerbund geschaffene *Internationale Institut für die Vereinheitlichung des Privatrechts* (Unidroit) in Rom um die Rechtsvereinheitlichung des grenzüberschreitenden Warenverkehrs.[565] Unter dem maßgeblichen Einfluß des deutschen Mitglieds im Direktionsrat *Rabel* bildete das Unidroit-Institut im Jahre 1930 ein Komitee aus Vertretern der vier Privatrechtssysteme: dem anglo-amerikanischen, dem skandinavischen, dem deutschen und dem romanischen Rechtskreis. Ziel dieses erstmalig rechtsvergleichenden Ansatzes war es, die wesentlichen Sachprobleme anhand eines Entwurfes für ein Weltkaufrecht herauszuarbeiten und denkbare Lösungen aufzuzeigen.[566] Ausgehend vom sog. Blauen Bericht[567] von 1929, einer Sammlung allgemeiner Grundsätze auf rechtsvergleichender Basis, erarbeitete das Komitee den ersten Entwurf[568], der 1935 vorgelegt wurde. Nach Fertigstellung des zweiten Entwurfs[569] von 1939 mußten die Arbeiten

---

[563] Vgl. Staudinger/*Magnus*, Einl. UNKR, Rn. 19.

[564] *Rabel* war der Gründer und damalige Direktor des Kaiser-Wilhelm-Instituts für ausländisches und internationales Privatrecht in Berlin. Mit seiner grundlegenden rechtsvergleichenden Untersuchung „Das Recht des Warenkaufs" aus den Jahren 1936/1958 schaffte er die Basis für die nachfolgenden Bemühungen um die Kaufrechtsvereinheitlichung.

[565] Siehe *Rabel*, RabelsZ 9 (1935), S. 1 ff., 339 ff. = abgedruckt in Leser, Ges. Aufsätze, Bd. III, S. 522 ff. Ferner *Schlechtriem*, in Einheitliches KaufR u. nat. ObligationenR, S. 27 ff.; *Kindler*, Jahrbuch f. Ital. Recht 5 (1992), S. 201 f.

[566] So *v. Caemmerer*, AcP 178 (1978), S. 121, 124.

[567] Rapport sur le droit comparé en matière de vente par l'Institut für Ausländisches und Internationales Privatrecht de Berlin, abgedruckt in Leser, Ges. Aufsätze, Bd. III, S. 381 ff.

[568] *Rabel*, Warenkauf Bd. II, S. 374 ff. = abgedruckt in Leser, Ges. Aufsätze, Bd. III, S. 530 ff.

[569] Projet d'une loi Uniforme sur la Vente Internationale des Objets Mobiliers Corporels, abgedruckt in *Rabel*, Warenkauf Bd. II, S. 395 ff.

während des zweiten Weltkrieges unterbrochen und konnten erst 1947 wieder aufgenommen werden.

II. Haager Kaufrechtsübereinkommen von 1964

Nach dem zweiten Weltkrieg nahm sich neben dem Unidroit-Komitee auch die *Haager Konferenz*[570] der Idee der internationalen Kaufrechtsvereinheitlichung an und legte zum Abschluß ihrer diplomatischen Konferenz im Jahre 1951 einen eigenen Entwurf vor. Gleichzeitig beschloß sie die Einrichtung einer eigenen Kaufrechtskommission.[571] Die von beiden Institutionen mehrfach überarbeiteten Entwürfe bildeten schließlich die Grundlage für die 1964 anberaumte Haager Kaufrecht-Konferenz.

Unter der Teilnahme von 28 Staaten wurden auf der Haager Konferenz am 1. Juli 1964 das *Einheitliche Gesetz über den Abschluß von internationalen Kaufverträgen über bewegliche Sachen* sowie das *Einheitliche Gesetz über den internationalen Kauf beweglicher Sachen* verabschiedet.[572] Die Aufspaltung der Rechtsmaterie in Vorschriften zum Inhalt des Kaufvertrages einerseits und solche zum Vertragsschluß andererseits hatte zwei Gründe: Zum einen wollte man vermeiden, daß ein an der Vereinheitlichung des materiellen Kaufrechts interessierter Staat wegen der Regelungen zum Vertragsschluß vor einer Ratifizierung zurückschreckt.[573] Aufgrund der teils erheblich voneinander abweichenden Rechtssysteme unter den Teilnehmerstaaten hatte man derartige Reaktionen befürchten müssen. Zum anderen existierten zum damaligen Zeitpunkt Pläne für ein weltweit geltendes Übereinkommen zum Abschluß internationaler Verträge, das auch den Kauf umfassen sollte.[574] Damit erschien die Aufteilung in zwei getrennte Übereinkommen als sinnvoll.

Wesentliches Merkmal der Kaufrechtsübereinkommen ist, daß sie keinen Kompromiß aus den jeweiligen Regelungen der nationalen Rechtsordnungen darstellen. Sie setzen sich gerade nicht aus Teilen bereits bestehender Kodifikationen zusammen. Bei ihrer Ausarbeitung stand das Bemühen im Vordergrund, aus rechtsvergleichender Sicht die jeweils beste Lösung für ein neues Weltkaufrecht zu fin-

---

[570] Die *Haager Konferenz* ist eine internationale Staatenkonferenz, die seit Ende des letzten Jahrhunderts wichtige Beiträge zur Fortentwicklung und Vereinheitlichung des internationalen Privat- und Verfahrensrechts geleistet hat. Wenn ihre Arbeiten auch nicht immer unmittelbar zu ratifizierten Übereinkommen geführt haben, so sind ihre Lösungen oftmals in andere nationale oder internationale Regelungen eingeflossen. Siehe allgemein *Pirrung* in FS Ferid (1988), S. 339 ff.

[571] Siehe zur weiteren Entwicklung *Riese*, RabelsZ 22 (1957), 16 f.; *ders.*, RabelsZ 29 (1965), 1 ff.; *v. Caemmerer*, RabelsZ 29 (1965), S. 101 ff.

[572] Allgemein zur Konferenz *Riese*, RabelsZ 29 (1965), S. 1 ff.

[573] Siehe *Mertens/Rehbinder*, Einl., Rn. 11.

[574] Siehe *Dilger*, RabelsZ 45 (1981), S. 169, 170; *Jagert/Derichsweiler*, JuS 1989, S. 972, 973; *Stötter*, S. 56, S. 413.

den.[575] So wurde sowohl die sichtende und vergleichende Vorarbeit als auch die Ausarbeitung der Übereinkommen selbst in wissenschaftlicher Distanz zu den verschiedenen Rechtssystemen und damit weitgehend neutral durchgeführt.[576] Die Konferenzteilnehmer traten nicht als Verfechter ihrer eigenen nationalen Regelungen auf, sondern erarbeiteten sachlich überzeugende Lösungen, die auch die internationale Wirtschaftspraxis berücksichtigten. Gleichzeitig gelang es den Verfassern, bestimmte Sachfragen und deren Lösungen in zentralen Begriffen zu definieren. Erwähnenswert ist schließlich die knappe und klare Gesetzessprache, die den europäischen Kodifikationsstil fortzuführen vermochte.

Trotz aller Bemühungen seitens der „Väter" des grenzüberschreitenden Kaufrechts brachten die Haager Kaufrechtsübereinkommen dennoch keine weltweite Vereinheitlichung des internationalen Warenkaufes.[577] Die Ursache für ihren „Fehlschlag" in Anwendung und Verbreitung liegt dabei weniger in der Qualität der sachlichen Regelungen als in den politischen Motiven einzelner Staaten.[578] Insbesondere die unausgewogene Zusammensetzung der Teilnehmerstaaten sowie die daraus resultierende geringe Zahl der Unterzeichnerstaaten verhinderten eine breitere Akzeptanz. Insgesamt haben neben der Bundesrepublik Deutschland letztlich nur acht weitere Staaten[579] die Übereinkommen ratifiziert und überdies teils von Vorbehaltsmöglichkeiten Gebrauch gemacht. Hinzu kommt, daß innerhalb des ohnehin kleinen Teilnehmerkreises mit 28 Staaten[580] während der Beratungen 19 westeuropäische Staaten lediglich drei Entwicklungsländer gegenüberstanden. Die sozialistischen Staaten waren nur durch das ehemalige Jugoslawien sowie Ungarn vertreten. Schließlich führte die fehlende Beteiligung der ehemaligen UdSSR dazu, daß die Ratifizierung durch weitere sozialistische Länder ausblieb.[581]

Aber nicht nur die Großzahl der Entwicklungsländer und die ehemaligen UdSSR sahen ihre Interessen gegenüber den westlichen Industrieländern ungenügend vertreten. Auch die an der Konferenz beteiligten Staaten kritisierten die erzielten Er-

---

575 Vgl. Dölle/*Dölle*, Einl. EKG, S. 31 f.; *v. Caemmerer*, AcP 178 (1978), S. 121, 124; *Mertens/Rehbinder*, Einl., Rn. 9; *Stötter*, S. 416.

576 Kritisch merkt *Mertens* dazu an, daß aus politischen Erwägungen auch Kompromisse geschlossen wurden, die hinter einer optimalen Lösung zurückblieben (in FS Bärmann (1975), S. 651, 656).

577 Siehe Schlechtriem/*Schlechtriem*, Einl. UNKR, S. 25; *Magnus*, in Einheitliches Wiener Kaufrecht, S. 5, 6.

578 Vgl. *Detzer/Thamm*, BB 1992, S. 2369; *Herber*, in UNCITRAL-Übereinkommen, S. 3; *Mertens* in FS Bärmann (1975), S. 651, 655; *Dilger*, RabelsZ 45 (1981), S. 169, 173.

579 Dies sind die Staaten Belgien, Gambia, Israel, Italien, Luxemburg, Niederlande, San Marino und das Vereinigte Königreich. Für die Bundesrepublik Deutschland traten sie am 16. April 1974 in Kraft, BGBl. 1974 I, S. 358.

580 Siehe *Hermann*, IPRax 1981, S. 109, 110; *Jagert/Derichsweiler*, JuS 1989, S. 972. - Vgl. Liste der Teilnehmerstaaten bei *Riese*, RabelsZ 29 (1965), S. 1.

581 Vgl. *Schlechtriem*, in Einheitliches KaufR u. nat. ObligationenR, S. 27, 31; *Huber*, RabelsZ 43 (1979), S. 413, 414; Staudinger/*Magnus*, Einl. UNKR, Rn. 24.

gebnisse. Beispielsweise befand Österreich die Übereinkommen als zu voluminös und detailliert, Schweden sprach ihnen die Eignung für die in der Praxis auftretenden Vertragsvarianten ab.[582] Andere wichtige und an der Ausarbeitung maßgeblich beteiligte Teilnehmer wie Frankreich, die USA oder die skandinavischen Staaten setzten die Übereinkommen erst gar nicht in Kraft.[583] Die zurückhaltende Haltung der USA beruhte zum einen darauf, daß deren föderalistisches System jedem Einzelstaat die Gesetzgebungskompetenz im Bereich des Privatrechts zuweist. Zum anderen hatte der Uniform Commercial Code (UCC) wenige Jahre zuvor das Kaufrecht vereinheitlicht.[584] Ähnlich wie im Fall der ehemaligen UdSSR hemmte die ausbleibende Ratifizierung seitens der USA als bedeutender Handelspartner die Anwendung der Haager Kaufrechtsübereinkommen. Damit erschöpfte sich ihre Bedeutung in einem auf Westeuropa begrenzten Vereinheitlichungsversuch - ein für den gesamten grenzüberschreitenden Warenkauf geltendes Recht ist nicht geschaffen worden.[585] Dennoch ist anzuführen, daß sich die Übereinkommen dort, wo sie ratifiziert und umgesetzt wurden, trotz anfänglichen Zögerns der Wirtschaft als praktikables Kaufrecht durchzusetzen vermochten und infolgedessen auch bei Gericht zur Anwendung kamen.[586]

III. UN-Kaufrecht von 1980

Bedingt durch die geringe Akzeptanz der Einheitlichen Kaufrechtsübereinkommen setzte die Generalversammlung der Vereinten Nationen im Jahre 1966 die *Kommission der Vereinten Nationen für Internationales Handelsrecht* (UNCITRAL)[587] ein. Diese erhielt den Auftrag, ein „weltweit annehmbareres Kaufrecht" zu schaffen.[588] Demgemäß wandte sich die Kommission bereits 1968 - noch vor Inkrafttreten der Haager Kaufrechtsübereinkommen - deren Überprüfung und Überarbeitung zu. Da bis auf wenige Bedenken gegenüber einzelnen Details die Gesamtregelungen grundsätzlich für akzeptabel erachtet wurden, sah man von einer völligen Neu-

---

582 Zur Kritik insgesamt siehe UNCITRAL-Yearbook I (1968–1970), S. 162 f. Nr. 8 ff.

583 So *Schlechtriem,* in Einheitliches KaufR u. nat. ObligationenR, S. 27, 30; *ders.*, JZ 1988, S. 1037.

584 Vgl. *v. Caemmerer*, SJZ 77 (1981), S. 257, 258 f.; *ders.*, AcP 178 (1978), S. 121, 122; Dölle/*Dölle*, Einl. EKG, S. 37; *Jagert/Derichsweiler*, JuS 1989, S. 972.

585 Vgl. Staudinger/*Magnus*, Einl. UNKR, Rn. 23; *ders.*, in Einheitliches Wiener Kaufrecht, S. 5, 8; *Schlechtriem*, JZ 1988, S. 1037; *v. Caemmerer*, AcP 178 (1978), S. 121, 122.

586 Siehe Schlechtriem/*Schlechtriem*, Einl. UNKR, S. 25; *ders.*, in Einheitliches KaufR u. nat. ObligationenR, S. 27, 30; ferner *Magnus,* in Einheitliches Wiener Kaufrecht, S. 5, 9. Siehe allg. die Entscheidungssammlung von *Schlechtriem/Magnus*.

587 The United Nations Commission on International Trade Law, vgl. Resolution Nr. 2205 (XXI) der Generalversammlung der Vereinten Nationen vom 17. Dezember 1966, UNCITRAL-Yearbook I (1968–1970), S. 72 ff.

588 Vgl. UNCITRAL-Yearbook I (1968–1970), S. 17 Nr. 16; Soergel/*Lüderitz*, Einl. EKG, Rn. 5.

regelung ab.[589] Die Struktur der Haager Übereinkommen diente als Ausgangspunkt und bildete den ständig präsenten Hintergrund für die Neubearbeitung der Materie. Viele der dort festgelegten Grundlinien und wichtige Sachlösungen übernahm das UN-Kaufrecht im wesentlichen. Daraus erklärt sich, daß manche Stimmen das UN-Kaufrecht sogar als „Neuauflage" der Haager Kaufrechtsübereinkommen bezeichneten.[590]

Aufgrund der Erfahrungen bei den Haager Übereinkommen legte man diesmal bei der Zusammensetzung der Kommission und der Arbeitsgruppen besonderen Wert darauf, daß alle Regionen der Welt ausreichend vertreten waren. Eine gewisse Kontinuität der Arbeit wurde überdies durch die Mitarbeit einiger bereits bei den Kaufrechtsübereinkommen beteiligter Delegierten gewahrt. Dennoch ließ sich nicht verhindern, daß die Interessengegensätze zwischen den Industriestaaten auf der einen und den Dritte-Welt-Ländern auf der anderen Seite weitaus stärker hervortraten als bei den früheren Verhandlungen.[591]

In Arbeitsgruppen wurden mehrere aufeinander folgende Entwürfe auf der Grundlage des Haager Kaufrechtsübereinkommens erstellt,[592] bis schließlich 1977 auf der 10. UNCITRAL-Sitzung der Wiener Entwurf[593] verabschiedet werden konnte. Als Fortentwicklung des Haager Kaufabschlußgesetzes entstand im selben Jahr der Entwurf für ein Vertragsschlußgesetz[594], das man ein Jahr später auf der 11. UNCITRAL-Sitzung mit dem materiellen Einheitskaufrecht nach weiterer Überarbeitung zum New Yorker Entwurf[595] zusammenfügte. Letzterer sowie die Stellungnahmen der Regierungen der UN-Staaten bildeten die Grundlage der im Frühjahr 1980 in Wien abgehaltenen Konferenz.

Von den insgesamt 62 Teilnehmerstaaten votierten bei der Schlußabstimmung 42 Staaten für die erarbeitete Fassung des UN-Kaufrechts, während sich neun Staaten der Stimme enthielten - Gegenstimmen gab es nicht.[596] Nach erforderlicher Hinterlegung von zehn Ratifizierungsurkunden konnte das UN-Kaufrecht schließlich am 1. Januar 1988 in Kraft treten.[597] In der Bundesrepublik Deutschland wurde es mit

---

589 Siehe *Neumayer* in FS v. Caemmerer (1978), S. 955, 956; Staudinger/*Magnus*, Einl. UNKR, Rn. 24; *ders.*, in Einheitliches Wiener Kaufrecht, S. 5, 10.

590 So *Detzer/Thamm*, BB 1992, S. 2369; ähnlich *Magnus*, in Einheitliches Wiener Kaufrecht, S. 5, 24 ff.

591 Vgl. Schlechtriem/*Schlechtriem*, Einl. UNKR, S. 26 f.

592 Siehe zu den Arbeiten der Kommission statt vieler *Huber*, RabelsZ 43 (1979), S. 413 ff.

593 Abgedruckt in UNCITRAL-Yearbook VIII (1977), S. 15 ff. Nr. 35.

594 Abgedruckt in UNCITRAL-Yearbook IX (1978), S. 83 ff.

595 Abgedruckt in UNCITRAL-Yearbook IX (1978), S. 14 ff. Nr. 28.

596 Bei der Schlußabstimmung waren nicht mehr alle Teilnehmerstaaten anwesend, so daß sich daraus die Differenz zu den erwähnten 62 Staaten ergibt.

597 Das Übereinkommen liegt als authentischer und gleichberechtigter Text in den Sprachen Arabisch, Chinesisch, Englisch, Französisch, Russisch und Spanisch vor, die für alle Vertragsstaaten gleichermaßen rechtlich verbindlich sind. Die offizielle deutsche Übersetzung -

dem dazugehörigen Vertragsgesetz nach Billigung des Bundesrates am 20. April 1989 vom Bundestag angenommen und trat nach Kündigung der Haager Übereinkommen zum 1. Januar 1991 in Kraft.

B. Die Übereinkommen zum internationalen Warenkauf

Das aus den Haager Kaufrechtsübereinkommen weiterentwickelte UN-Kaufrecht verkörpert den Abschluß der Idee, ein international vereinheitlichtes Warenkaufrecht zu schaffen. Es besticht insbesondere durch seine Einfachheit, Praktikabilität und Klarheit der Sprache. Die Partei eines grenzüberschreitenden Vertrages muß sich nunmehr nicht mehr mit den unterschiedlichsten Rechten seiner Vertragsgegner auseinandersetzen, sondern kann seine Geschäfte auf einer einheitlichen Rechtsbasis abwickeln.[598] Wie die Entstehungsgeschichte aufzeigt, wäre die Wiener Kaufrechtskonvention ohne seine Vorläufer, die Haager Übereinkommen, nicht denkbar. Aus diesem Grund soll nunmehr zunächst auf diese näher eingegangen werden.

I. Die Haager Einheitlichen Kaufgesetze

Wie bereits erwähnt, wurden auf der Haager Konferenz im Jahre 1964 zwei voneinander getrennte Übereinkommen ausgearbeitet: ein Gesetz über das Zustandekommen von Kaufverträgen und ein Gesetz über das materielle Kaufrecht. Da sie als Rahmenabkommen konzipiert und damit innerstaatlich nicht unmittelbar anwendbar waren, bedurfte es für ihre Einführung - beide konnten unabhängig voneinander ratifiziert werden - jeweils eines Ausführungsgesetzes. In der Bundesrepublik Deutschland galten die am 17. Juli 1973 verabschiedeten Einheitlichen Kaufgesetze vom 16. April 1974 bis zum 31. Dezember 1990.[599]

1. Einheitliches Kaufabschlußgesetz

Das Einheitliche Kaufabschlußgesetz (EAG) soll im weiteren nicht näher behandelt werden. Es beschränkt sich inhaltlich auf das Zustandekommen des vertraglichen Konsenses. Hingegen regelt es nicht Fragen der Form, der Vertretung oder der materiellen Wirksamkeit des Vertrages bei Dissens, Willensmängeln oder Ver-

---

mit dem Regierungsentwurf des Gesetzes zum Übereinkommen der Vereinten Nationen vom 11. April 1980 und der Denkschrift zum UN-Kaufrecht, S. 38 ff. - stellt lediglich eine rechtlich unverbindliche Hilfestellung für die deutschen Gerichte bei der Anwendung des Übereinkommens dar. Im Zweifelsfall gebührt dem Originaltext in den sechs Vertragssprachen Vorrang vor der deutschen Fassung.

598 Siehe *Magnus*, in Einheitliches Wiener Kaufrecht, S. 5, 28; *Piltz*, Internationales Kaufrecht, § 1 Rn. 28.

599 Einheitliches Gesetz über den Abschluß von internationalen Kaufverträgen über bewegliche Sachen vom 17. Juli 1973, BGBl. 1973 I, S. 868 f. sowie Einheitliches Gesetz über den internationalen Kauf beweglicher Sachen vom 17. Juli 1973, BGBl. 1973 I, S. 856 ff.; beide in der Bundesrepublik Deutschland außer Kraft ab dem 1. Januar 1991 gemäß dem Gesetz vom 5. Juli 1989, BGBl. 1989 II, S. 586.

bots- und Sittenwidrigkeit. Wichtig zu erwähnen ist jedoch, daß sich das Kaufabschlußgesetz vom BGB weit weniger unterscheidet als das Übereinkommen zum materiellen Kaufrecht. Der Grund für diese Nähe liegt darin, daß sich die deutschen Regelungen bei der Ausarbeitung des EAG weitgehend gegenüber den anderen Rechten durchzusetzen vermochten.[600]

2. Einheitliches Kaufgesetz

Das Einheitliche Kaufgesetz (EKG) läßt sich im Gegensatz zum Kaufabschlußgesetz inhaltlich nur schwer definieren. Prinzipiell regelt es den Kaufvertrag über bewegliche Sachen mit Auslandsberührung, also den internationalen Warenkauf. Es ist dispositiver Natur. Der sachliche Regelungsbereich beschränkt sich auf die dem Kaufvertrag entspringenden schuldrechtlichen Verpflichtungen der Parteien. In erster Linie bestimmen sich diese Rechte und Pflichten nach dem ausgehandelten Vertrag sowie nach den zwischen den Parteien ausgebildeten Gepflogenheiten und Gebräuchen. Etwaige Störungen in der Ordnung der Rechtsbehelfe regelt demgegenüber das EKG durch Rechts- und Sachmängelvorschriften, die von abschließendem Charakter sind.

Abgesehen von den bemerkenswerten inhaltlichen Regelungen zeichnet sich das EKG insbesondere durch zwei Merkmale aus: das Ziel weltweiter Geltung und die Vereinfachung der geltenden und bewährten Kaufregeln.[601] Es ersetzt überkommene Rechtsinstitute durch neue, die dem Anwender plausiblere Rechtsfolgen eröffnen.[602] So bedeutet die Sachmängelhaftung im EKG innerhalb des vertraglichen Haftungssystems des Verkäufers eine vollständige Neuerung und Umstrukturierung im Vergleich zu den meisten nationalen Rechtsordnungen. Diese neuen Regelungen dienten nicht nur den Verfassern des UN-Kaufrechts als Grundlage, sondern beeinflußten auch - teils später mittelbar über das UN-Kaufrecht - verschiedene nationale Rechte sowie insbesondere die Arbeit der deutschen Schuldrechtskommission.[603]

a. Wegfall des besonderen Gewährleistungsrechts

Der maßgebliche Unterschied zur Systematik des BGB ist, daß das EKG die Sachmängelhaftung in Anlehnung an das skandinavische und anglo-amerikanische Kaufrecht in das allgemeine System der Vertragsverletzungen einfügt.[604] Folge dieser Umstrukturierung ist der Wegfall der besonderen Gewährleistungsvorschriften: Die Lieferung einer mangelhaften Sache stellt die Verlet-

---

600 Vgl. Dölle/*Dölle*, Einl. EKG, S. 36.

601 So Dölle/*Dölle*, Einl. EKG, S. 32.

602 Siehe dazu Dölle/*Dölle*, Einl. EKG, S. 34.

603 Vgl. dazu ausführlich oben Kapitel 4.

604 Dölle/*Stumpf*, Vor Art. 33–49 EKG, Rn. 2; *v. Caemmerer*, AcP 178 (1978), S. 121, 138; *Herberger*, S. 202 f.; *Kreuzer* in Kolloquium v. Caemmerer (1973), S. 35 ff.

zung der vertraglichen Pflicht dar, eine vertragsgemäße Sache zu liefern. Diese „Mängelgarantie" ist bei Gattungs- und Spezieskauf eine echte primäre Pflicht des Verkäufers.[605] Damit ist die Schlechtlieferung den anderen Formen der Leistungsstörungen grundsätzlich gleichgestellt. Hierin liegt auch die entscheidende Vereinfachung und Neuerung, da alle Fälle ohne vorangegangene Unterscheidung oder Abgrenzung einheitlich unter den Begriff der vertragswidrigen Leistung gefaßt sind.[606] Der tiefe, auf die römische Rechtstradition zurückgehende „Graben" zwischen Erfüllungs- und Gewährleistungshaftung ist „zugeschüttet"[607].

b. Haftungsvoraussetzungen

Entsprechend der geschlossenen Systematik des EKG ziehen alle Vertragsverletzungen grundsätzlich die gleichen Rechtsfolgen nach sich. Lediglich in einigen Konstellationen treten aufgrund bestimmter Eigenarten ergänzende Vorschriften hinzu. Diese Lösung weist auf der einen Seite den beachtenswerten Vorteil der Einheitlichkeit und Klarheit auf. Überdies ist sie auch technisch den mitunter verwirrenden Differenzierungen des BGB überlegen. Auf der anderen Seite steht der Preis für diese Einheitlichkeit, daß nämlich auf die individuellen Verhältnisse der Vertragsparteien wenig Rücksicht genommen werden kann.[608] Nur die Entlastungsvorschrift des Art. 74 EKG dient in Einzelfällen der Vermeidung von unbilligen Ergebnissen.[609]

Der zentrale Begriff des Leistungsstörungsrechts im EKG ist die wesentliche Vertragsverletzung[610]. Wird diese bejaht, kann die Gegenpartei von der Durchführung des Vertrages Abstand nehmen. Andernfalls steht ihr lediglich ein Anspruch auf Schadensersatz zu. Mithin ist nicht die Art der Leistungsstörung, sondern deren Gewicht für die Rechtsfolgen einer Vertragsverletzung entscheidend. Grundsätzlich definiert der Katalog des Art. 33 Abs. 1 EKG den Begriff der Vertragswidrigkeit. Im EKG dient die Vertragsverletzung zur Abgrenzung von solchen Störungen, die keine Haftung nach sich ziehen. Dagegen grenzt das BGB zwischen Sachmangel und Nichterfüllung ab.[611] Das EKG verzichtet auf die „subtile Unter-

---

605 Siehe Dölle/*Dölle*, Einl. EKG, S. 35.

606 Vgl. *Mertens* in FS Bärmann (1975), S. 651, 654; Dölle/*Stumpf*, Vor Art. 33–49 EKG, Rn. 1; *v. Caemmerer*, AcP 178 (1978), S. 121, 138; ausführlich *Huber* in FS v. Caemmerer (1978), S. 837 ff.

607 So *v. Caemmerer*, AcP 178 (1978), S. 121, 128. Dazu *Huber*, JBl. 1989, S. 273.

608 Es wird weniger auf individuelle Fähigkeiten der Parteien abgestellt, sondern darauf, was man vernünftigerweise von einer Partei unter gleichen Umständen verlangen kann.

609 Siehe dazu *Kreuzer* in Kolloquium v. Caemmerer (1973), S. 35, 40; *Heldrich*, S. 2156, 2157 ff.; *v. Caemmerer*, AcP 178 (1978), S. 121, 128 f.; Dölle/*Dölle*, Einl. EKG, S. 34.

610 Die Definition der wesentlichen Vertragsverletzung in Art. 10 EKG wird allgemein als wenig geglückt bezeichnet. Dazu Dölle/*Huber*, Art. 10 EKG, Rn. 11; *v. Caemmerer*, AcP 178 (1978), S. 121, 131. Allgemein *Leser* in Kolloquium v. Caemmerer (1973), S. 1 ff.

611 Vgl. *Rabel*, Warenkauf Bd. II, S. 288; Dölle/*Stumpf*, Vor Artt. 33–49 EKG, Rn. 2.

scheidung"[612] zwischen Weniger, Mehr, Aliud, Kauf nach Probe, Fehler oder Fehlen einer zugesicherten Eigenschaft. Etwaige Abgrenzungsprobleme bestehen nicht, zumal bereits bei Vorliegen des objektiven Tatbestandes einer Vertragsverletzung jeweils gleiche Rechtsfolgen vorgesehen sind. Schließlich ist das Verschulden der gegnerischen Partei für die Sanktion einer Vertragsverletzung unerheblich.

c. Rechtsbehelfe des Käufers

Nach Art. 18 EKG ist der Verkäufer zur Lieferung und Eigentumsverschaffung an der verkauften Sache verpflichtet. Der Begriff der Lieferung verlangt die Aushändigung einer vertragsgemäßen, also mangelfreien Sache. Bei Nichterfüllung dieser Pflicht liegt eine Vertragsverletzung (*breach of contract*) vor. Dem Käufer stehen als Rechtsbehelfe wahlweise der fortbestehende Erfüllungsanspruch, das Vertragsaufhebungs- und das Minderungsrecht sowie der Anspruch auf Schadensersatz offen. Trotz der systematischen Einheitlichkeit sind die verschiedenen Vertragswidrigkeiten und Rechtsfolgen in jeweils getrennten Vorschriften geregelt.[613] Auf nationale Rechtsbehelfe kann der Käufer nicht zurückgreifen.[614]

Gemäß Artt. 24, 41 EKG steht der Erfüllungsanspruch bei einer Vertragsverletzung als gleichwertiger Rechtsbehelf neben der Vertragsaufhebung und dem Schadensersatzanspruch. Er ist lediglich dann ausgeschlossen, wenn - wie bei Massegütern - ein Deckungskauf den Gebräuchen entspricht und möglich ist. Ebenso entfällt der Anspruch bei vorübergehender bzw. dauernder nicht zu vertretender Unmöglichkeit.[615]

---

612 So *Heldrich*, S. 2156, 2158.

613 Zu dieser Anordnung ist kritisch zu bemerken, daß die Aufteilung der verschiedenen Fälle unter Berücksichtigung von Situation und Charakter der verletzten Pflicht einen Überblick im EKG nur schwer zuläßt. Im Hinblick auf die fortschrittliche Einordnung der Sachmängel in das allgemeine System der Vertragsverletzungen stelle dies jedoch lediglich einen Schönheitsfehler dar. Siehe Dölle/*Weitnauer*, Vor Artt. 78–81 EKG, Rn. 28; *v. Caemmerer*, AcP 178 (1978), S. 121, 136. Die Redaktoren des EKG führten „praktische Gründe" (*Riese*, RabelsZ 22 (1957), S. 16, 47) für die gewählte Darstellung an.

614 Nicht von dieser Regelung erfaßt sind die Rechtsbehelfe wegen arglistiger Täuschung und vorsätzlicher Schädigung. Auch Ansprüche aus unerlaubter Handlung sowie Rechte wegen Erklärungsirrtums sind nicht ausgeschlossen. Vgl. allg. Soergel/*Lüderitz*, Art. 34 EKG, Rn. 2 ff.; Dölle/*Stumpf*, Art. 34 EKG, Rn. 2 ff.; *Mertens/Rehbinder*, Art. 34 EKG, Rn. 5.

615 Mit dieser Regelung hat das EKG einen Mittelweg zwischen dem *Common Law* und den kontinentalen Rechtsordnungen gewählt. Ersteres schließt den Erfüllungsanspruch gänzlich aus und verweist die verletzte Partei auf ihren Schadensersatzanspruch, wohingegen in letzteren die Vertragserfüllung im Vordergrund steht. Weiterführend *v. Caemmerer*, AcP 178 (1978), S. 121, 131; Dölle/*Huber*, Art. 24 EKG, Rn. 11.

Als besondere Ausprägung des Erfüllungsanspruchs[616] kann der Käufer unter gewissen Voraussetzungen auch Nachlieferung oder -besserung verlangen, Art. 42 Abs. 1 lit. a–c EKG. Lit. a gewährt ein generelles Nachbesserungsrecht gegenüber dem verkaufenden Erzeuger und Hersteller, soweit dieser mit eigenen Mitteln dazu in der Lage ist.[617] Gleichfalls hat der Käufer beim Stückkauf ein Nachlieferungsrecht, wenn eine andere Sache als die geschuldete oder nur ein Teil davon geliefert wird (lit. b). Beim Gattungskauf kann er verlangen, daß ihm anstelle der vertragswidrigen eine vertragsgemäße Sache geliefert bzw. bei Zuweniglieferung diese ergänzt wird (lit. c).[618]

Stellt bereits die Nichterfüllung der Lieferpflicht für sich eine wesentliche Vertragsverletzung i.S.d. Art. 10 EKG dar oder läßt der Verkäufer die bei einer unwesentlichen Vertragsverletzung erforderliche Nachfrist verstreichen, kann der Käufer sich von der Vertragsbindung lossagen. Die Folge dieser Vertragsaufhebung ist die Umgestaltung des Schuldverhältnisses: Noch nicht erfüllte Leistungspflichten erlöschen, bereits empfangene Leistungen müssen zurückgewährt werden.[619] Unberührt von diesem Umstand bleibt lediglich ein etwaiger Schadensersatzanspruch (Art. 78 Abs. 1 EKG). Überdies ist das Recht zur Vertragsauflösung erheblich beschränkt. Zum einen kann der Verkäufer mit dem „Recht zur zweiten Andienung" dieser zuvorkommen. Zum anderen wird der Vertrag erst aufgehoben, wenn der Mangel weder behebbar ist noch innerhalb einer angemessenen Liefer- oder Nachfrist behoben wird.[620] Der Grund für diese Einschränkungen liegt darin, daß man für die Vertragsaufhebung eine Anpassung an die Entwicklung von Vertragspraxis und Lieferbedingungen - nämlich den weitgehend vertraglichen Ausschluß - erzielen wollte. Gerade im internationalen Warenkauf ist diese Beschränkung zur Vermeidung des oftmals langen Transportweges sowie der damit verbundenen Kosten jedoch auch zweckdienlich.[621] Denn es kommt hinzu, daß das Recht zur Vertragsaufhebung verschuldensunabhängig ist (Art. 74 Abs. 3 EKG).

Darüber hinaus steht dem Käufer nach Art. 46 EKG die Minderung, d.h. die Herabsetzung des Kaufpreises, als Rechtsbehelf zur Verfügung. Sie garantiert dem Käufer einen Mindestschutz: Unabhängig von Wesentlichkeit der Ver-

---

616 Siehe *Kreuzer* in Kolloquium v. Caemmerer (1973), S. 35, 44 f.; *v. Caemmerer*, AcP 178 (1978), S. 121, 140.

617 Vgl. Soergel/*Lüderitz*, Art. 42 EKG, Rn. 2; *Mertens/Rehbinder*, Art. 42 EKG, Rn. 3, 8; Dölle/*Stumpf*, Art. 42 EKG, Rn. 1 f.

618 Siehe *Mertens/Rehbinder*, Art. 42 EKG, Rn. 12 f.

619 Siehe *v. Caemmerer*, AcP 178 (1978), S. 121, 134; *Riese*, RabelsZ 22 (1957), S. 16, 96 f.; *Leser* in Kolloquium v. Caemmerer (1973), S. 1, 5 ff.

620 Vgl. Soergel/*Lüderitz*, Art. 43 EKG, Rn. 3 f.; *v.Caemmerer*, AcP 178 (1978), S. 121, 141.

621 Siehe *Mertens/Rehbinder*, Art. 43/44 EKG, Rn. 2.

tragsverletzung und Vertretenmüssen des Verkäufers kann er den Kaufpreis durch formlose Erklärung herabsetzen.[622]

Der Schadensersatzanspruch steht dem Käufer in Anlehnung an den im *Common Law* und im skandinavischen Recht entwickelten Grundsatz[623] stets zu (Art. 41 Abs. 2 EKG), soweit der Schaden weder bereits gedeckt ist noch die Entlastungsregelung des Art. 74 EKG eingreift. Eine Besonderheit ist, daß er nach den Art. 82 ff. EKG kumulativ neben anderen Ansprüchen steht, wobei sich Inhalt und Umfang jeweils entsprechend ändern.[624] Neben dem Erfüllungsanspruch geltend gemacht, umfaßt er zusätzliche Aufwendungen und Verspätungsschäden. Im Fall der Vertragsaufhebung kann der Schaden überdies den höheren Preis einer anderweitig erstandenen Sache sowie generell durch die Nichtlieferung bedingte Schäden beinhalten. Ohne Rücksicht auf die Wesentlichkeit führt jede Vertragsverletzung zur Schadensersatzpflicht, wenn sich der Schuldner nicht nach Art. 74 EKG entlasten kann.[625] Die für das gesamte Leistungsstörungsrecht geltende Befreiungsklausel des Art. 74 EKG regelt einheitlich, unter welchen Umständen der Schuldner von der Haftung entbunden ist.[626] Das Prinzip ist ähnlich wie bei der Bewertung der wesentlichen Vertragsverletzung: Denn Vertragsinhalt und -zweck - also der Parteiwille - entscheiden darüber, ob der Schuldner für eine Leistungsstörung einzustehen hat.[627] Damit nähert sich das EKG an die kontinentaleuropäischen Rechte an, die für einen Schadensersatzanspruch das Verschulden voraussetzen. Denn trotz andersartiger Systematik unterscheiden sich letztlich die praktischen Ergebnisse des EKG nur in wenigen Fällen vom „Vertretenmüssen" des Verschuldensprinzips.[628]

Der Schadensersatzanspruch nach Art. 41 Abs. 2 EKG stellt keinen speziellen Rechtsbehelf für Sachmängel dar, sondern ist Ausfluß der allgemeinen Ersatzpflicht des Verkäufers für eine Vertragsverletzung.[629] Inhaltlich umfaßt er gleich-

---

[622] Vgl. Soergel/*Lüderitz*, Art. 46 EKG, Rn. 1; *Mertens/Rehbinder*, Art. 46 EKG, Rn. 2.

[623] Vgl. *Rabel*, Warenkauf Bd. II, S. 254; Dölle/*Stumpf*, Art. 41 EKG, Rn. 6; *Mertens/Rehbinder*, Vor Art. 82 EKG, Rn. 9.

[624] Siehe *Heldrich*, S. 2156, 2161; *Mertens/Rehbinder*, Vor Art. 82 EKG, Rn. 3; *Herberger*, S. 206. - Diese Möglichkeit herrschte bereits im romanischen Rechtskreis vor. Dazu *v. Caemmerer*, AcP 178 (1978), S. 121, 133.

[625] Siehe Dölle/*Weitnauer*, Vor Artt. 82–89 EKG, Rn. 4; Soergel/*Lüderitz*, Vor Art. 82 EKG, Rn. 1.

[626] Vgl. Soergel/*Lüderitz*, Art. 74 EKG, Rn. 28; Dölle/*Stoll*, Art. 74 EKG, Rn. 12.

[627] Dabei war der Punkt, wie die Entlastung des Schuldners beurteilt werden sollte, unter den Verfassern des EKG wegen der stark voneinander abweichenden Systeme sehr umstritten. Die Spanne reichte vom Verschuldensprinzip bis zur Garantieübernahme. Vgl. dazu *v. Caemmerer*, AcP 178 (1978), S. 121, 141 f.

[628] Dazu *v. Caemmerer*, AcP 178 (1978), S. 121, 135; Dölle/*Stoll*, Art. 74 EKG, Rn. 37 f.

[629] Trotz verschiedener Bedenken gegen diese Regelung einigte man sich mit Hinweis auf das anglo-amerikanische Recht auf diese Lösung. Vgl. Dölle/*Stumpf*, Art. 41 EKG, Rn. 7. Kritisch dazu *Weitnauer*, zit. bei *Riese*, RabelsZ 29 (1965), S. 1, 54.

falls die im BGB über die pFV geregelten Fälle.[630] Die Berechnung der Höhe des Anspruchs erfolgt abstrakt nach Marktpreis und Deckungsgeschäft, wobei auch sonstige Schäden und Nebenschäden ersetzt werden. Beachtenswert ist die Begrenzung auf den bei Vertragsschluß vorhersehbaren Schaden (Art. 82 EKG).[631] Diese auf das französische, englische und US-amerikanische Recht zurückgehende normative Grenze bestimmt das jeweils vom Schuldner bzw. vom Gläubiger zu tragende Risiko.

II. Das UN-Kaufrecht

Das UN-Kaufrecht, das - anders als die Haager Kaufrechtsübereinkommen - keiner gesonderten innerstaatlichen Umsetzung bedarf, sondern unmittelbar anwendbar ist,[632] beinhaltet Vorschriften für internationale Warenkaufverträge. Neben dem Vertragsschluß regelt es die Rechte und Pflichten der Parteien sowie die Folgen von Störungen in der Vertragsdurchführung, mit anderen Worten die Rechtsbehelfe einer Parteien für den Fall, daß die andere Seite die ihr obliegenden Vertragspflichten nicht ordnungsgemäß erfüllt (Leistungsstörung).[633] Es stellt ein abgeschlossenes System dar, innerhalb dessen eine Rückgriffsmöglichkeit auf etwaige nationale Rechtsbehelfe nicht möglich ist.[634] Für darüber hinausgehende Rechtsfragen, die das Übereinkommen nicht erfaßt, ist weiterhin auf das nationale materielle Recht desjenigen Staates zurückzugreifen, auf das die Kollisionsvorschriften des maßgeblichen internationalen Privatrechts verweisen.

Die Zielrichtung des UN-Kaufrechts, die Rechtsvereinheitlichung im internationalen Warenhandel, bedingt nicht nur Kompromißlösungen bei manchen Regelungen. Auch die häufige Verwendung unbestimmter Rechtsbegriffe und der Verzicht auf *hard and fast rules* sind der Preis für ein international geltendes Warenkaufrecht, obwohl die Teilnehmerstaaten stark voneinander abweichende Begriffswelten und Traditionen aufweisen.[635] Dennoch besitzt das UN-Kaufrecht für die Praxis zahlreiche nicht zu unterschätzende Vorzüge: Es ist neutral und frei von nationalen Eigentümlichkeiten. Ferner entfallen die vormals von den Vertragsparteien hingenommenen Kompromisse bei der Wahl des für den Vertrag geltenden Rechts.[636] Überdies kann der dem Übereinkommen entgegengebrachten Kritik, es

---

[630] Vgl. *Mertens/Rehbinder*, Art. 42 EKG, Rn. 12; Soergel/*Lüderitz*, Art. 41 EKG, Rn. 4.

[631] Siehe Dölle/*Weitnauer*, Vor Artt. 82–89 EKG, Rn. 38 ff.; Soergel/*Lüderitz*, Art. 82 EKG, Rn. 9 f.; *v. Caemmerer*, AcP 178 (1978), S. 121, 145 f.; *Kranz*, S. 169 ff.

[632] Vgl. Schlechtriem/*Schlechtriem*, Einl. UNKR, S. 27; *ders.*, JZ 1988, S. 1037, 1038.

[633] Über Art. 92 Abs. 1 UNKR kann ein Vertragsstaat jedoch eine Ratifikation unter Ausschluß der Abschlußregeln bzw. des materiellen Kaufrechts vornehmen. Eine Teilratifikation ist damit jeweils möglich.

[634] Siehe Staudinger/*Magnus*, Vorbem Art. 30 ff. UNKR, Rn. 2; *Herber/Czerwenka*, Einf. UNKR, Rn. 3.

[635] So Schlechtriem/*Schlechtriem*, Einl. UNKR, S. 31; *ders.*, JZ 1988, S. 1037, 1038.

[636] Vgl. dazu *Piltz*, UN-Kaufrecht, Rn. 20.

regele ausschließlich den internationalen Warenkauf und sei lediglich ein Kompromiß auf dem kleinsten gemeinsamen Nenner, nicht zugestimmt werden. Denn indem das UN-Kaufrecht den Kaufvertrag als Kernstück einer jeden Vertragsordnung mit seinen Vertragsverletzungen und den dazugehörigen Sanktionen regelt, hat dies für die Ausgestaltung der anderen Vertragstypen gleichsam Vorbildcharakter.[637] Schließlich steht dieser Kritik entgegen, daß das Übereinkommen verschiedene nationale Kodifikationen wie das *Nieuw Burgerlijk Wetboek* der Niederlande und die Reformvorschläge der deutschen Schuldrechtskommission maßgeblich beeinflußt hat.[638]

1. Anwendungsbereich

Das UN-Kaufrecht gilt, ohne daß eine Vereinbarung zwischen den Parteien notwendig ist,[639] für jeden grenzüberschreitenden Vertrag, der einen bestimmten Bezug zu den Vertragsstaaten aufweist. Dieser Bezug entsteht zum einen, wenn sich die Niederlassung oder der gewöhnliche Aufenthalt der Parteien in verschiedenen Vertragsstaaten befinden. Zum anderen ist es anwendbar, wenn die Regelungen des internationalen Privatrechts auf das Recht eines Vertragsstaates verweisen (Art. 1 Abs. 1 lit. a und b UNKR).[640]

Der sachliche Anwendungsbereich des Übereinkommens erfaßt nur Kaufgeschäfte über bewegliche Sachen. Dabei sind Verbraucherkäufe, also solche Geschäfte, die der Erwerber erkennbar für den persönlichen Gebrauch tätigt, ausgeschlossen (Art. 2 lit. a UNKR). Hintergrund dieser Begrenzung ist, daß das Übereinkommen für den internationalen Handel gedacht ist. Allein die Regelung des gewerbsmäßigen bzw. beruflichen Kaufvertrages war beabsichtigt.[641] Die nationalen Verbraucherschutzregeln, wie beispielsweise die deutschen Gesetze zum Widerruf von Haustürgeschäften und ähnlichen Geschäften oder zu Verbraucherkrediten, soll das Übereinkommen nicht unterlaufen.[642]

2. Allgemeine Grundzüge

Gemäß Art. 4 UNKR regelt das Übereinkommen den Abschluß des Kaufvertrages sowie die aus diesem erwachsenden Rechte und Pflichten der Vertragsparteien.

---

637 Vgl. Staudinger/*Magnus*, Einl. UNKR, Rn. 2.

638 Das UN-Kaufrecht war u.a. Vorbild für das Neue Zivilgesetzbuch der Niederlande von 1992, die skandinavischen Kaufrechte sowie einige Nachfolgestaaten der ehemals sozialistischen Staaten wie die ehemalige UdSSR und die Tschechische Republik. Weiterführend Schlechtriem/*Schlechtriem*, Einl. UNKR, S. 31; *Magnus*, in Einheitliches Wiener Kaufrecht, S. 5, 24.

639 Vgl. Staudinger/*Magnus*, Einl. UNKR, Rn. 37; *Piltz*, UN-Kaufrecht, Rn. 29.

640 Siehe statt vieler Staudinger/*Magnus*, Art. 1 UNKR, Rn. 3, 84 ff., 92 ff.

641 Vgl. *Herber/Czerwenka*, Art. 2 UNKR, Rn. 4 ff.; Soergel/*Lüderitz*, Art. 2 UNKR, Rn. 2.

642 Staudinger/*Magnus*, Art. 2 UNKR, Rn. 10, 29; Bianca/Bonell/*Khoo*, Art. 2 UNKR, Bem. 2.2; *Jagert/Derichsweiler*, JuS 1989, S. 972, 974.

Hingegen ist die außerhalb dieses reinen Schuldrechtsbereiches liegende Eigentumsverschaffung nicht Bestandteil des Übereinkommens (Art. 4 S. 2 lit. b UNKR). Die Wirkungen des Vertrages auf die Eigentumslage sind grundsätzlich der zur Anwendung kommenden *lex rei sitae* zu entnehmen.[643] Die Ursache für die Beschränkung auf die Grundprinzipien des Vertrages liegt darin, daß die Vorschriften auf möglichst viele verschiedene Kaufvertragstypen Anwendung finden sollen. Aus demselben Grund kommt auch dem uneingeschränkten Vorrang von Parteiwille, Parteigepflogenheiten und internationalen Handelsbräuchen ein besonderer Stellenwert zu.[644] Die folgenden Prinzipien skizzieren die Grundkonzeption des materiell-rechtlichen Kaufrechts des Übereinkommens:[645]

Zunächst regelt das UN-Kaufrecht den Abschluß des Kaufvertrages, auf dessen ausführliche Erörterung jedoch verzichtet werden muß. Das Rückgrat des UN-Kaufrechts bilden die Regeln des Leistungsstörungsrechts, insbesondere die Rechtsbehelfe beider Vertragsparteien. Jeder Verstoß gegen eine Vertragspflicht, sei es Unmöglichkeit, Schlechtlieferung oder die Verletzung einer Nebenpflicht, fällt unter den einheitlichen Begriff der Vertragsverletzung und löst die Rechtsbehelfe Erfüllung, Vertragsaufhebung und Schadensersatz aus. Den Schadensersatzanspruch kann die betroffene Partei stets kumulativ zu den anderen Rechtsbehelfen geltend machen. Jede Vertragsverletzung zieht demnach zumindest einen Anspruch auf Ersatz des verursachten Schadens nach sich, wenn dieser bei Vertragsschluß absehbar war. Neben den genannten drei zentralen Rechtsbehelfen besteht noch die Möglichkeit der Minderung. Sämtliche Rechtsbehelfe entstehen, ohne daß ein Verschulden der vertragsbrüchige Partei Voraussetzung ist. Lediglich beim Schadensersatzanspruch kann diese sich entlasten, indem sie den Nachweis dafür erbringen, daß die Umstände des Verstoßes außerhalb ihrer Kontrolle und ihres Einflusses lagen. Schließlich ist die Vertragsaufhebung erst bei Vorliegen einer wesentlichen Vertragsverletzung möglich.

3. Wegfall des besonderen Gewährleistungsrechts

Die Sachmängelhaftung des UN-Kaufrechts ist keine vom allgemeinen Leistungsstörungsrecht selbständig geregelte Materie. Vielmehr ist es in dieses integriert. Mit der Grundentscheidung, die Vertragsmäßigkeit der Ware in Art. 35 UNKR einheitlich festzulegen, entfallen einerseits die Unterscheidungen zwischen Unmöglichkeit und Verzug, zwischen Qualitäts- und Quantitätsabweichungen, Aliud-Lieferung und Verpackungsfehler. Andererseits ist es irrelevant, ob der Stö-

---

643 Der Grund für diesen Ausschluß liegt darin, daß sich das Konsensualprinzip des romanischen Rechtskreises und des *Common Law* nicht mit dem Traditionsprinzip des deutschen Rechtskreises vereinbaren läßt. Vgl. *Jagert/Derichsweiler*, JuS 1989, S. 972, 975; Staudinger/*Magnus*, Art. 4 UNKR, Rn. 32; Schlechtriem/*Huber*, Art. 30 UNKR, Rn. 7.

644 So *Herber/Czerwenka*, Einf. UNKR, Rn. 12; Staudinger/*Magnus*, Einl. UNKR, Rn. 29.

645 Siehe dazu allgemein Staudinger/*Magnus*, Einl. UNKR, Rn. 31; *Schlechtriem*, JZ 1988, S. 1037, 1042 ff.; *Griehsler*, in Einheitliches Wiener Kaufrecht, S. 1 ff.

rung Verschulden oder Zufall zugrundeliegt. Allein das Vorliegen der Vertragsverletzung selbst ist entscheidend, nicht deren Ursache.[646] Die nationalen Regelungen zur Gewährleistungshaftung mit oftmals nicht nachvollziehbaren Unterscheidungen bezüglich Art und Ursache der Leistungsstörung entfallen mit einem Schlag. Weiterhin werden alle in Art. 35 UNKR genannten Arten der Vertragsverletzung in bezug auf die Rechtsfolgen grundsätzlich gleich behandelt. Dabei regelt das UN-Kaufrecht die möglichen Rechtsbehelfe nicht wie das EKG unmittelbar im Anschluß an jede einzelne Vertragsverletzung, sondern faßt sie für jede Vertragspartei in einem Abschnitt Rechtsbehelfe nach deren Pflichten zusammen.[647]

Allerdings ließ sich die Idee, gänzlich unabhängig von der Art der Pflichtverletzung stets alle Rechtsbehelfe zuzulassen, für die vertragswidrige Beschaffenheit der Ware nicht durchhalten. Das Grundprinzip, wonach bei jeder Pflichtverletzung dem Betroffenen jeder Rechtsbehelf zusteht, ist im UN-Kaufrecht sogar weniger konsequent durchgehalten als in den Haager Kaufgesetzen.[648] Beispielsweise besteht ein Nacherfüllungsanspruch als Ersatzlieferung nur, wenn zusätzlich eine wesentliche Vertragsverletzung vorliegt. Weiterhin ist der Nachbesserungsanspruch dahingehend eingeschränkt, daß er unter Berücksichtigung aller Umstände zumutbar sein muß - so im Fall des reinen Wiederverkäufers. Schließlich ist die Möglichkeit zur Vertragsaufhebung ebenfalls durch die Bedingung der wesentlichen Vertragsverletzung sowie dadurch stark eingeschränkt, daß die Sache im wesentlichen unversehrt zurückzugeben ist. Damit bestehen in der Rechtswirklichkeit die verschiedenen Arten an Leistungsstörungen fort, auch das UN-Kaufrecht vermag vereinzelte Differenzierungen nicht zu verhindern.[649] In diesen Beispielen wären bei einer noch weitergehenden Vereinheitlichung die Rechtsfolgen für die jeweilige Vertragsverletzung nicht mehr angemessenen gewesen.[650] Dennoch haben die Verfasser sich bemüht, die Unterscheidungen auf sachlich erforderliche Differenzierungen zu beschränken. Auch wurden diese vereinzelten Besonderheiten in die Gesamtstruktur eingebunden.

4. Haftungsvoraussetzungen

a. Leistungspflicht des Verkäufers

Das Recht der Leistungsstörungen im UN-Kaufrecht umfaßt die nicht ordnungsgemäße Leistungserbringung seitens des Verkäufers. Dessen zentrale Ver-

[646] Vgl. *Schlechtriem*, Einheitliches UN-Kaufrecht, S. 65; *Heldrich*, S. 2156, 2157; umfassend *Ziegler*, S. 29 ff.

[647] So *Niggemann*, in Einheitliches Wiener Kaufrecht, S. 77, 95.

[648] Vgl. *v. Hoffmann*, in Einheitliches KaufR u. nat. ObligationenR, S. 293; *Schlechtriem*, JZ 1988, S. 1037, 1045. Ähnlich *Rudolph*, Vor Art. 45 UNKR, Rn. 11.

[649] Siehe dazu Staudinger/*Magnus*, Art. 45 UNKR, Rn. 25 ff.; Schlechtriem/*Schlechtriem*, Einl. UNKR, S. 29.

[650] Vgl. dazu *Schlechtriem*, Einheitliches UN-Kaufrecht, S. 65; *Niggemann*, in Einheitliches Wiener Kaufrecht, S. 77, 95.

pflichtung ist die Lieferung der verkauften Ware (Art. 30 UNKR). Während im EKG die Lieferung nicht vertragsgemäßer Ware keine Lieferung darstellte, hat der Verkäufer im UN-Kaufrecht mit einer solchen Lieferung zwar die Lieferpflicht erfüllt, aber seine in Art. 35 UNKR normierten Pflichten verletzt.[651] Art. 35 UNKR, die Grundvorschrift des Leistungsstörungsrecht des Übereinkommens, konkretisiert die allgemeine Lieferpflicht des Verkäufers hinsichtlich der Sachbeschaffenheit der Ware.[652] Dabei ist der Begriff der Sachbeschaffenheit weit zu verstehen: Neben der Qualität ist gleichfalls auf Menge, Art und Verpackung der Ware abzustellen. Erfüllt der Verkäufer seine Pflicht bezüglich der physischen Beschaffenheit der Ware nicht, ist diese nicht vertragsgemäß. Demgegenüber regeln die rechtliche Beschaffenheit, also die Freiheit von Rechten oder Ansprüchen Dritter (Rechtsmangel), die Artt. 41, 42 UNKR. Maßgeblicher Zeitpunkt für die Vertragsgemäßheit der Ware ist der Gefahrübergang (Art. 36 UNKR). Erwähnenswert ist schließlich, daß der Haftungsausschluß des EKG für unerhebliche Abweichungen nicht in das UN-Kaufrecht übernommen wurde mit der Folge, daß der Verkäufer auch für solche grundsätzlich einzustehen hat. Erklären läßt sich dies damit, daß das Übereinkommen für die Rechtsbehelfe von Vertragsaufhebung und Ersatzlieferung eine wesentliche Vertragsverletzung voraussetzt.[653]

b. Wesentliche Vertragsverletzung

Eine zentrale Stellung innerhalb des Übereinkommens - wie bereits im EKG - nimmt die wesentlichen Vertragsverletzung ein (Art. 25 UNKR).[654] Diesem Begriff liegt die Idee zugrunde, der betroffenen Partei die Geltendmachung der ein-

---

651 Siehe *Herber/Czerwenka*, Art. 35 UNKR, Rn. 2; Schlechtriem/*Schwenzer*, Art. 35 UNKR, Rn. 2; Bianca/Bonell/*Bianca*, Art. 35 UNKR, Bem. 2.4.; *Lüderitz*, in Einheitliches KaufR u. nat. ObligationenR, S. 179, 185 f. Ferner *Aue*, S. 57 ff.

652 Nach Art. 35 UNKR ist die Lieferung einer bestimmten Ware vertragswidrig, wenn diese in Qualität, Quantität, Art oder Verpackung nicht den vertraglichen Festlegungen entspricht, mithin nicht nur bei qualitativen Mängel wie der Schlechtlieferung, sondern auch bei Mengenabweichungen oder bei Falschlieferung (Aliud). Die Anforderungen ergeben sich in erster Linie aus den getroffenen Parteiabsprachen, ergänzend bestimmt Absatz 2 der Vorschrift die vom Verkäufer zu beachtenden Standarts, den gewöhnlichen Gebrauchszweck und deutlich zum Ausdruck gebrachte besondere Zwecke.

653 Siehe UNCITRAL-Yearbook IV (1973), S. 44 Nr. 61 Fn. 8, S. 64 Nr. 43; Staudinger/*Magnus*, Art. 35 UNKR, Rn. 4; *Schlechtriem*, Einheitliches UN-Kaufrecht, S. 57; Schlechtriem/*Schwenzer*, Art. 35 UNKR, Rn. 32. A.A. *Neumayer/Ming*, Art. 35 UNKR, Anm. 2; *Heilmann*, S. 202 ff.

654 Die Definition dieses Begriffes war sowohl bei den Vorarbeiten als auch auf der Wiener Konferenz stark umstritten. Der Grund dafür war, daß sich unter den verschiedenen Rechtsordnungen kaum einheitliche Regelungen für die Voraussetzungen zur Vertragsaufhebung finden ließen und die Verhandlungsteilnehmer von entsprechend auseinanderliegenden Positionen aufeinander zugehen mußten. Zur Geschichte siehe Bianca/Bonell/*Will*, Art. 25 UNKR, Bem. 1; *Schlechtriem*, Einheitliches Kaufrecht, S. 37 ff. Allgemein Staudinger/*Magnus*, Art. 25 UNKR, Rn. 2; *Schlechtriem*, JZ 1988, S. 1037, 1043; *Posch/Kandut*, in Einheitliches Wiener Kaufrecht, S. 59, 60; *v. Caemmerer* in FS Coing II (1982), S. 33 ff.

schneidenden Rechtsbehelfe von Vertragsauflösung und Ersatzlieferung nur bei Vorliegen einer gravierenden Vertragsverletzung zur Verfügung zu stellen. Art. 25 UNKR orientiert sich an dem durch den Vertrag konkretisierten und vorhersehbaren subjektiven Interesse des Gläubigers an der Vertragserfüllung.[655] Über die Durchbrechung des dem Übereinkommen zugrundeliegenden Prinzips der Vertragsaufrechterhaltung entscheidet das Gewicht der Pflichtverletzung. Anhand der Abgrenzungskriterien zwischen wesentlicher und unwesentlicher Vertragsverletzung wird demnach mit jeweils unterschiedlich einschneidenden Rechtsbehelfen auf die bestimmte Vertragsverletzung reagiert.

Die Vertragsverletzung als solche setzt lediglich die Verletzung einer vertraglichen Pflicht voraus. Ein Unterscheidung zwischen Nicht- und Schlechterfüllung oder Haupt- und Nebenpflicht ist insoweit nicht notwendig, gleichfalls spielt der Charakter der verletzten Pflicht keine Rolle. Damit ist jede Lieferung, die in Erfüllung des Vertrages erfolgt, aber nicht dessen Anforderungen entspricht, vertragswidrig. Auf die Genehmigungsfähigkeit der Lieferung kommt es nicht an.[656] Auch das Verschulden oder das Vertretenmüssen aus anderen Gründen ist unerheblich für die Bejahung der Vertragsverletzung. Das UN-Kaufrecht statuiert eine objektive Haftung des Verkäufers.[657] Erst bei der Prüfung von Entlastungsmöglichkeiten im Rahmen des Art. 79 UNKR kommt dieser Umstand zum Tragen.

Die Wesentlichkeit der Vertragsverletzung wird bejaht, wenn diese die berechtigten Vertragserwartungen der betroffenen Partei in objektiver Sicht beeinträchtigt, also der zu erwartende Vorteil entzogen wird und dies auch vorauszusehen war.[658] Bei Bejahung werden die wirtschaftlich oftmals gravierenden Konsequenzen in Form des Rücktransportes bzw. der Lagerung sowie der Gefahr der Verschlechterung der Ware dem Verkäufer auferlegt, indem der Käufer die Rechtsbehelfe Ersatzlieferung und Vertragsaufhebung geltend machen kann.[659] Liegt hingegen keine wesentliche Vertragsverletzung i.S.d. UN-Kaufrechts vor, stehen letzterem lediglich die Ansprüche auf Erfüllung und Schadensersatz zu.

---

[655] Siehe dazu ausführlich *Holthausen*, RIW 1990, S. 101 ff.; ferner *Schlechtriem*, Einheitliches UN-Kaufrecht, S. 48 ff.; *Herber*, in UNCITRAL-Übereinkommen, S. 21; *Diedrich*, RIW 1995, S. 11, 12 f.

[656] Vgl. Staudinger/*Magnus*, Art. 45 UNKR, Rn. 9 f.; Schlechtriem/*Huber*, Art. 45 UNKR, Rn. 2; *Schwenzer*, NJW 1990, S. 602, 605; *Piltz*, in Handbuch des Kaufvertragsrechts, Rn. 135.

[657] Siehe *Herber/Czerwenka*, Art. 45 UNKR, Rn. 3; Schlechtriem/*Huber*, Art. 45 UNKR, Rn. 10; Staudinger/*Magnus*, Art. 45 UNKR, Rn. 11.

[658] Siehe Staudinger/*Magnus*, Art. 25 UNKR, Rn. 2, 9; *Schlechtriem*, Einheitliches UN-Kaufrecht, S. 47; *Griehsler*, in Einheitliches Wiener Kaufrecht, S. 1, 3.

[659] Vgl. *v. Caemmerer* in FS Coing II (1982), S. 33, 50; Schlechtriem/*Schlechtriem*, Art. 25 UNKR, Rn. 4; *ders.*, JZ 1988, S. 1037, 1043.

c. Ausschluß der Haftung

Das UN-Kaufrecht schließt die Haftung des Verkäufers in zwei Fällen aus. Zum einen entfällt nach Art. 35 Abs. 3 UNKR seine Verantwortung für eine Vertragswidrigkeit des Absatz 2 der Vorschrift, wenn der Käufer dieselbe bei Abschluß des Vertrages kennt oder über sie nicht in Unkenntnis sein kann. Nach überwiegender Ansicht genügt dafür nicht bereits grob fahrlässige Unkenntnis, sondern lediglich „ins Auge springende Vertragswidrigkeiten" vermögen die Haftung auszuschließen.[660] Einer ausdrücklichen Regelung der zugesicherten Eigenschaft bedurfte es im Übereinkommen nicht, da diese Gruppe unter Absatz 1 der Vorschrift fällt und somit nicht ausgeschlossen ist. Denn die Ausschlußregelung bezieht sich gerade nicht auf die vertragliche Leistungsbeschreibung.[661]

Zum anderen hat der Verkäufer für eine Vertragswidrigkeit dann nicht einzustehen, wenn der Käufer seiner Untersuchungs- und Rügepflicht nach den Artt. 38, 39 UNKR innerhalb einer angemessenen Frist nicht nachkommt. Sinn und Zweck dieser Obliegenheit[662] des Käufers ist, daß der Verkäufer die Vertragsverletzung eventuell beheben, sich auf eine mögliche Streitigkeit vorbereiten kann und schließlich ab einem bestimmten Zeitpunkt Gewißheit über seine Rechte aus dem Vertrag hat. Sie gilt für alle Vertragswidrigkeiten i.S.d. Art. 35 UNKR.[663] Der Begriff der Angemessenheit in Art. 39 Abs. 1 UNKR[664] und damit auch die Fristdauer bestimmt sich für jeden Einzelfall nach der Art der Ware sowie dem geltend gemachten Rechtsbehelf. Die Frist läuft ab dem Zeitpunkt, in dem der Käufer die Vertragswidrigkeit festgestellt hat oder hätte feststellen müssen. Bei unterlassener bzw. nicht gehöriger Anzeige gegenüber dem Verkäufer gilt die Ware andernfalls als genehmigt mit der Folge, daß der Käufer das Recht verliert, sich auf die Vertragsverletzung zu berufen. Demnach kann er keinen der in Art. 45 UNKR genannten Rechtsbehelfe geltend machen. Schließlich kann nach den Artt. 40 und 44

---

660 Siehe Schlechtriem/*Schwenzer*, Art. 35 UNKR, Rn. 34; *Huber*, RabelsZ 43 (1979), S. 413, 479. A.A. Staudinger/*Magnus*, Art. 35 UNKR, Rn. 48; *Herber/Czerwenka*, Art. 35 UNKR, Rn. 10; *Honnold*, Rn. 229; *Neumayer/Ming*, Art. 35 UNKR, Anm. 13, die für die Haftung grob fahrlässige Unkenntnis ausreichen lassen.

661 Dies folgt aus dem klaren Wortlaut der Vorschrift sowie aus der Entstehungsgeschichte. Siehe dazu Official Records, S. 426 f., Art. 33 Nr. 5 ff.

662 Siehe statt vieler Soergel/*Lüderitz*, Art. 38 UNKR, Rn. 1.

663 Demgegenüber statuiert Art. 43 UNKR für einen Rechtsmangel lediglich die Rügepflicht (Art. 43 UNKR).

664 Bei einem Vergleich des Art. 39 UNKR mit der entsprechenden Regelung im EKG fällt auf, daß die „kurze" Frist des letzteren durch die bedeutend flexiblere und käuferfreundlichere „angemessene" Frist ersetzt wurde. Siehe zu den Gründen UNCITRAL-Yearbook III (1972), S. 87 Nr. 74 ff. sowie Yearbook IV (1973), S. 48 Nr. 85. Weiterführend Schlechtriem/*Schwenzer*, Art. 39 UNKR, Rn. 1 f. m.w.N.

UNKR bzw. über den Verzicht des Verkäufers die Rügepflicht auch entbehrlich sein.[665]

5. Rechtsbehelfe des Käufers

In den Artt. 45–52 UNKR sind die Rechtsbehelfe des Käufers bei einer Vertragsverletzung, also bei Lieferung vertragswidriger Ware i.S.d. Art. 35 UNKR, geregelt. Art. 45 UNKR gibt eine Übersicht über die dem Käufer bei Vertragsverletzung durch den Verkäufer zustehenden Rechtsbehelfe.[666] Auffällig an dem geschlossenen Rechtsbehelfssystem ist seine grundsätzliche Orientierung an der Aufrechterhaltung und Durchführung des Vertrages. Zum Ausdruck kommt dies einerseits in der Gewährung des Erfüllungsanspruchs als primärer Rechtsbehelf sowie dem beschränkten Vertragsauflösungsrecht des Käufers, andererseits im kodifizierten Nacherfüllungsrecht des Verkäufers.[667]

Überdies stehen die einzelnen Rechtsbehelfe des Übereinkommens, soweit miteinander vereinbar, in keinem Ausschließlichkeitsverhältnis zueinander. Gemäß Art. 45 Abs. 2 UNKR kann der Käufer den Schadensersatzanspruch mit den anderen ihm zustehenden Rechten kombinieren. Diese Grundstruktur entstammt dem anglo-amerikanischen Rechtskreis, wo der Schadensersatz die übliche Sanktion für eine Verletzung darstellt, die Vertragsaufhebung hingegen eine grundlegende Pflichtverletzung oder besondere Zusicherung erfordert.[668]

a. Erfüllungsanspruch und Nacherfüllungsansprüche

Art. 46 UNKR gewährt dem Käufer grundsätzlich für jede Art der Pflichtverletzung das Recht, vom Verkäufer weiterhin die Erfüllung der diesem obliegenden Vertragspflichten zu verlangen. Dabei sind sowohl der Spezies- als auch der Gattungskauf umfaßt.[669] Dieser als Rechtsbehelf ausgestaltete Anspruch stellt das Pendant zu den in den Artt. 30 ff. UNKR geregelten primären Erfüllungsverpflich-

---

665 Gemäß Art. 40 UNKR treten die Rechtsfolgen der unterlassenen Rügepflicht dann nicht ein, „wenn die Vetragswidrigkeit auf Tatsachen beruht, die der Verkäufer kannte bzw. über die er nicht in Unkenntnis sein konnte und die er dem Käufer nicht offenbart hat". Daneben verbleiben dem Käufer bei einer vernünftigen Entschuldigung für die versäumte Rügefrist grundsätzlich das Recht zur Minderung und zum Schadensersatz (Art. 44 UNKR). Schließlich kann der Verkäufer auf den Einwand der versäumten Rüge - auch konkludent - verzichten.

666 Die gleichfalls von diesen Vorschriften umfaßte Rechtsmängelhaftung soll hier nicht näher behandelt werden. - Ausführlich zu den Rechtsbehelfen des Käufers *Hutter*, S. 97 ff.; *Ziegler*, S. 140 ff. sowie *Kircher*, S. 57 ff.

667 Siehe Staudinger/*Magnus*, Vorbem Art. 45 ff. UNKR, Rn. 6; *Honnold*, Rn. 245.1; *Rudolph*, Einf. UNKR, Rn. 15; *Farnsworth*, in Lausanner Kolloquium, S. 83, 84 f.

668 Siehe *Basedow*, Gutachten, S. 40, 76; *Honnold*, Rn. 301. Ferner *Leser*, in Einheitliches KaufR u. nat. ObligationenR, S. 225, 227 ff.

669 Vgl. *v. Hoffmann*, in Einheitliches KaufR u. nat. ObligationenR, S. 293.

tungen des Verkäufers dar.[670] Ausgeschlossen ist der in Art. 46 Abs. 1 UNKR enthaltene allgemeine Erfüllungsanspruch lediglich, wenn er mit einem anderweitig geltend gemachten Recht unvereinbar ist. Dies ist beispielsweise der Fall bei der Vertragsaufhebung und der Minderung.[671] Darüber hinaus ist der Erfüllungsanspruch nach überwiegender Ansicht dann ausgeschlossen, wenn der Verkäufer für den Hinderungsgrund, auf dem die Nichterfüllung beruht, gemäß Art. 79 UNKR nicht einzustehen hat. Zwar bezieht sich dessen Absatz 5 ausdrücklich nur auf die Schadensersatzpflicht. Diese am Wortlaut ausgerichtete Auslegung widerspricht aber dem Sinn der Vorschrift und ist daher abzulehnen.[672] Schließlich entfällt der Anspruch unabhängig von der Entlastungsklausel bei objektiv dauernder Unmöglichkeit.

Eine weitere Einschränkung erfährt der Erfüllungsanspruch durch die prozessuale Vorbehaltsklausel des Art. 28 UNKR. Demgemäß besteht zwar grundsätzlich ein Anspruch auf Erfüllung, dieser ist aber nur dann gerichtlich durchsetzbar, wenn das Gericht nach seinem nationalen Recht zur Erfüllung in Natur verurteilen würde. Hintergrund dieser Regelung ist, daß die anglo-amerikanischen Staaten den Anspruch auf Erfüllung in Natur (*specific performance*) nur ausnahmsweise gewährt, wenn der Gläubiger daran ein besonderes Interesse hat.[673] Die Verfasser des Übereinkommens haben sich mit dieser Regelung für eine Kompromißlösung zwischen den verschiedenen Rechtssystemen der Teilnehmerstaaten entschieden.

Die Absätze 2 und 3 des Art. 46 UNKR enthalten Klarstellungen sowie Beschränkungen dieses allgemeinen Anspruchs für den Fall, daß der Verkäufer bereits Ware geliefert hat, diese jedoch nicht vertragsgemäß ist. Beim Gattungskauf ist er auf die Ersatzlieferung gerichtet, also die Lieferung anderer mangelfreier Ware (Abs. 2). Voraussetzung ist allerdings, daß die Vertragsverletzung i.S.d. Art. 35 UNKR wesentlich ist und zudem rechtzeitig gerügt wurde. Die Begrün-

---

670 Diese Unterscheidung zwischen Leistungspflicht einerseits und Erfüllungsanspruch andererseits geht auf das *Common Law* zurück. Dagegen sehen die kontinental-europäischen Rechte den Anspruch als deren logische Konsequenz. Siehe Schlechtriem/*Huber*, Art. 46 UNKR, Rn. 3; *Piltz*, Internationales Kaufrecht, § 5 Rn. 130.

671 Vgl. Honsell/*Schnyder/Straub*, Art. 46 UNKR, Rn. 24; *Schlechtriem*, Einheitliches UN-Kaufrecht, S. 66; *Herber*, in UNCITRAL-Übereinkommen, S. 30.

672 Entgegen dem Wortlaut ist nach Historie und systematischer Stellung der Vorschrift der Erfüllungsanspruch in Art. 79 Abs. 5 UNKR einzubeziehen. So befreite bereits Art. 74 EKG den Schuldner vom primären Erfüllungsanspruch des Gläubigers. Zum UN-Kaufrecht Schlechtriem/*Stoll*, Art. 79 UNKR, Rn. 55; Staudinger/*Magnus*, Art. 46 UNKR, Rn. 25; *Huber*, in Einheitliches KaufR u. nat. ObligationenR, S. 199, 204 ff. A.A. *Herber/Czerwenka*, Art. 79 UNKR, Rn. 23; *Reinhart*, Art. 79 UNKR, Rn. 11; *Rummel*, in Einheitliches Wiener Kaufrecht, S. 177, 185; *Schlechtriem*, Einheitliches UN-Kaufrecht, S. 96 f. Ebenso *Karollus*, S. 141, 211, der sich auf Sinn und Zweck des Erfüllungsanspruchs bezieht. - Zur Entscheidungspraxis *Magnus*, ZEuP 1995, S. 202, 212.

673 Der anglo-amerikanische Rechtskreis verurteilt im Regelfall nur zum Schadensersatz. Vgl. *Zweigert/Kötz*, § 35 IV, S. 477 ff. Ferner Schlechtriem/*Huber*, Art. 28 UNKR, Rn. 3; Honsell/*Karollus*, Art. 28 UNKR, Rn. 1.

dung für diese Beschränkung auf schwerwiegende Fälle ist, daß man dem Verkäufer nicht bei jeglichen Mängeln - wie bei der Vertragsaufhebung - die im internationalen Handel oft hohen Rückführungs- und nochmaligen Transportkosten auferlegen wollte.[674] Demgegenüber kann der Käufer einer Spezies- oder Gattungssache nach rechtzeitiger Rüge unabhängig vom Gewicht der Vertragswidrigkeit Nachbesserung[675] verlangen, wenn diese unter Berücksichtigung aller Umstände dem Verkäufer zuzumuten ist (Abs. 3). Die Grenze der Zumutbarkeit soll verhindern, daß der Verkäufer schikaniert bzw. zu unverhältnismäßigen Aufwendungen gezwungen wird. Vorrangig ist daher auch bei deren Beurteilung auf die Verhältnisse und das Interesse des Verkäufers abzustellen.[676]

b. Nacherfüllungsrecht des Verkäufers

Ergänzend zu Art. 46 UNKR räumt das Übereinkommen dem Verkäufer in Art. 48 UNKR für jede Form der Vertragsverletzung ein „Recht zur zweiten Andienung" nach Ablauf des Liefertermins ein. Dies ist zwar kein Rechtsbehelf des Käufers, er erhält aber damit die ordnungsgemäße Leistung, ohne seine Ansprüche auf Erfüllungsersatz geltend zu machen. Dieses *Recht* zur Nacherfüllung, das zwar den Artt. 46 und 50 UNKR vorgeht, steht aber unter dem Vorbehalt des Art. 49 UNKR, daß der Käufer mithin die Vertragsaufhebung noch nicht erklärt hat.[677] Andernfalls könnte der Verkäufer dem Käufer sein Recht durch nachträgliche Erfüllung wieder entziehen. Weitere Voraussetzung der Nacherfüllung ist die Zumutbarkeit für den Käufer: Der Verkäufer darf sich weder unverhältnismäßig viel Zeit lassen, noch darf der Käufer unzumutbare Unannehmlichkeiten erleiden oder in Ungewißheit über die Erstattung etwaiger Auslagen gelassen werden. Folge einer korrekten Nacherfüllung ist, daß der Käufer alle Rechte wegen der ursprünglichen Vertrags-

---

674 So wurde auch der von der Bundesrepublik Deutschland gestellte Antrag, die Anforderungen an die Ersatzlieferung zu vermindern, mit der Begründung abgelehnt, daß sich diese wegen des doppelten Transports für den Verkäufer praktisch wie eine Vertragsauflösung auswirke. Siehe zum Antrag Official Records, S. 337, Art. 42 Nr. 47.

675 Der Nachbesserungsanspruch wurde auf Antrag der skandinavischen Ländern und der Bundesrepublik Deutschland als Absatz 3 des Art. 46 UNKR in das Übereinkommen eingefügt, als die von diesen angestrebte Aufweichung des Absatz 2 unter den Teilnehmerstaaten keine Mehrheit fand. Vgl. dazu Official Records, S. 112 f., Art. 42 Nr. 3 VIII, Nr. 9.

676 Vgl. *Piltz*, Internationales Kaufrecht, § 5 Rn. 151; *v. Hoffmann*, in Einheitliches KaufR u. nat. ObligationenR, S. 293, 296 f.; Schlechtriem/*Huber*, Art. 46 UNKR, Rn. 58. Ähnlich *Reinhart*, Art. 46 UNKR, Rn. 9, der allerdings einen objektiven Maßstab anlegen will.

677 Siehe *Herber/Czerwenka*, Art. 48 UNKR, Rn. 9; Schlechtriem/*Huber*, Art. 48 UNKR, Rn. 17 ff., 23; Soergel/*Lüderitz*, Art. 48 UNKR, Rn. 3; *Reinhart*, Art. 48, Rn. 4; Honsell/*Schnyder/Straub*, Art. 48 UNKR, Rn. 35; *v. Hoffmann*, in Einheitliches KaufR u. nat. ObligationenR, S. 293, 299; kritisch *Karollus*, S. 142 f. A.A. Bianca/Bonell/*Will*, Art. 48 UNKR, Bem. 2.1.1.1.1.; *Piltz*, Internationales Kaufrecht, § 4 Rn. 65; *Holthausen*, RIW 1990, S. 101, 103 f. sowie Staudinger/*Magnus*, Art. 48 UNKR, Rn. 22, die bereits die Berechtigung zur Aufhebung genügen lassen wollen.

verletzung verliert, lediglich der Verzögerungsschaden (Art. 48 Abs. 1 S. 2 UNKR) bleibt von dieser unberührt.[678]

Die Absätze 2–4 des Art. 48 UNKR regeln das Verfahren, das dem Verkäufer ermöglicht, innerhalb einer angemessenen Frist eine Entscheidung über die Ausübung des Vertragsaufhebungsrechts herbeizuführen. Ohne diese Regelung bestünde für ihn das Risiko, daß der Käufer vor Abschluß der Nacherfüllung noch die Vertragsaufhebung erklärt. Der Verkäufer kann entweder den Käufer auffordern, ihm mitzuteilen, ob er die nachträgliche Erfüllung annimmt (Abs. 2). Dabei muß der Verkäufer eine Frist für die Nacherfüllung setzen. Oder es genügt nach Absatz 3 lediglich die Mitteilung, er werde nacherfüllen. Widerspricht nun der Käufer nicht fristgerecht bzw. schweigt gänzlich, steht dem Verkäufer nach herrschender Ansicht selbst dann ein Nacherfüllungsrecht zu, wenn die Voraussetzungen des Abs. 1 nicht vorliegen.[679]

c. Vertragsaufhebung

Art. 49 UNKR gewährt dem Käufer das Recht, einseitig die Aufhebung des Vertrages zu *erklären* mit der Folge, daß die ursprünglichen Verpflichtungen beider Parteien vollständig beseitigt werden.[680] Grundsätzlich ist dieser Rechtsbehelf nur gestattet, wenn die Pflichtverletzung eine wesentliche Vertragsverletzung i.S.d. Art. 25 UNKR darstellt (Art. 49 Abs. 1 lit. a UNKR). Denn bei geringfügigen Störungen sollen die Nachteile des Käufers nach der Konzeption des Übereinkommens durch Erfüllung, Minderung und vor allem Schadensersatz ausgeglichen werden.[681] Die Vertragsaufhebung ist gleichsam als *ultima ratio* innerhalb der dem Käufer zustehenden Rechte gedacht[682] und besteht lediglich, wenn der Vertrag „nicht mehr zu retten ist"[683]. Dieser Möglichkeit gleichgestellt ist der Fall der nicht

---

678 Vgl. *Schlechtriem*, Einheitliches UN-Kaufrecht, S. 68; *Niggemann*, in Einheitliches Wiener Kaufrecht, S. 77, 101; Staudinger/*Magnus*, Art. 48 UNKR, Rn. 33.

679 Siehe Schlechtriem/*Huber*, Art. 48 UNKR, Rn. 32; Bianca/Bonell/*Will*, Art. 48 UNKR, Bem. 2.2; *Karollus*, S. 148; Soergel/*Lüderitz*, Art. 48 UNKR, Rn. 6; *Piltz*, Internationales Kaufrecht, § 5 Rn. 139. A.A. Honsell/*Schnyder/Straub*, Art. 48 UNKR, Rn. 39.

680 Im Unterschied zu dieser Aufhebungserklärung im UN-Kaufrecht sah das EKG noch verschiedene Möglichkeiten zur Vertragsaufhebung kraft Gesetzes vor. Der Grund für die Aufgabe dieser Regelung liegt in dem Bedürfnis, Unsicherheiten hinsichtlich der Pflichten der Parteien beim Vertragsbruch zu vermeiden. Vgl. UNCITRAL-Yearbook III (1972), S. 85 Nr. 29 f.

681 Ebenso wie die Vertragsaufhebung ist die Ersatzlieferung gemäß Art. 46 Abs. 2 UNKR ausgeschlossen. - Ausführlich zu den Voraussetzungen der Vertragsaufhebung *Kappus*, RIW 1992, S. 528, 530 ff.; *Huber*, JBl. 1989, S. 273, 275.

682 Vgl. Diskussion zu diesem Punkt, Official Records, S. 354 f., Art. 45 Nr. 67 ff.; ferner Honsell/*Schnyder/Straub*, Art. 49 UNKR, Rn. 2; Piltz, Internationales Kaufrecht, § 5 Rn. 194; Schlechtriem/*Huber*, Art. 49 UNKR, Rn. 2; *Welser*, in Das UNCITRAL-Kaufrecht, S. 105, 120.

683 *Niggemann*, in Einheitliches Wiener Kaufrecht, S. 77, 102. - Siehe zum umstrittenen Verhältnis von Vertragsaufhebung und Nacherfüllungsrecht *Karollus*, ZIP 1993, S. 490 ff.

wesentlichen Nichtlieferung, nachdem die vom Käufer gesetzte Nachfrist fruchtlos abgelaufen ist (Art. 49 Abs. 1 lit. b UNKR). Ansonsten kann der Käufer - in Abweichung zum EKG - auch nicht eine unwesentliche Vertragsverletzung zur „wesentlichen" aufwerten und die Vertragsaufhebung dadurch herbeiführen, daß seine für die Beseitigung des Mangels gesetzte Nachfrist abläuft.[684]

In beiden Alternativen bedarf die Vertragsaufhebung der Erklärung durch den Käufer, die Vertragswidrigkeit führt nicht kraft Gesetzes zur Aufhebung. Auch kann die Erklärung bereits mit einer Nachfristsetzung verbunden werden. Absatz 2 des Art. 49 UNKR enthält verschiedene Regelungen zu den Fristen für die Aufhebungserklärung. So ist nach erfolgter Lieferung der Rechtsbehelf innerhalb einer angemessenen Frist zu erklären, andernfalls verliert der Käufer sein Aufhebungsrecht.[685] Hinsichtlich des Fristbeginns wird nach Fallgruppen unterschieden: Hat der Verkäufer verspätet geliefert, läuft die Frist ab dem Zeitpunkt, in dem der Käufer positive Kenntnis von der erfolgten Lieferung erlangt (lit. a).[686] Demgegenüber läuft sie nach lit. b bei allen anderen Vertragsverletzungen, insbesondere bei der Lieferung nicht vertragsmäßiger Ware, sobald der Käufer die Vertragswidrigkeit kannte oder kennen mußte (i), bei Nachfristsetzung gemäß Art. 47 UNKR entweder mit deren erfolglosem Ablauf oder mit Weigerungserklärung des Verkäufers (ii) sowie nach Ablauf der im Rahmen des Nacherfüllungsrechts dem Verkäufer gesetzten Frist (Art. 48 Abs. 2 UNKR) bzw. der Erklärung des Käufers, daß er die Nacherfüllung ablehne (iii). Schließlich verliert der Käufer mit der Erklärung sein Recht, auf andere, mit der Aufhebung nicht vereinbare Rechtsbehelfe überzuwechseln.

Die Rechtsfolge der Vertragsaufhebung durch den Käufer regelt Art. 81 UNKR: Beide Parteien werden unmittelbar von ihren Primärpflichten befreit, bereits erbrachte Leistungen sowie sonstige Vorteile sind zurückzugewähren. Allerdings führt der Rechtsbehelf nicht zur Beseitigung des Vertrages, sondern lediglich zu dessen Umgestaltung in ein Abwicklungsverhältnis.[687] Dieses bildet den Rahmen für die weitergeltenden Rechte und Pflichten wie den Schadensersatzanspruch sowie die Vertragsabwicklung selbst. Art. 82 Abs. 1 UNKR beschränkt die Ver-

---

684 Der Grund für diese von Art. 44 Abs. 2 EKG abweichende Regelung ist, daß die Rückabwicklung des Vertrages wegen der hohen Kosten und Risiken auf wirklich gewichtige Fälle beschränkt bleiben und nicht durch eine Fristsetzung umgangen werden soll. Vgl. *Schlechtriem*, ZEuP 1993, S. 217, 240; *v. Caemmerer* in FS Coing II (1982), S. 33, 50; *Piltz*, in Handbuch des Kaufvertragsrechts, Rn. 147; *Herber*, in UNCITRAL-Übereinkommen, S. 31. Ferner ausführlich *Leser*, in Einheitliches KaufR u. nat. ObligationenR, S. 225, 230 ff.

685 Hintergrund dieser Fristsetzung ist, daß man u.a. unterbinden wollte, daß der Käufer im Hinblick auf eine mögliche Preisentwicklung seine Entscheidung hinauszögert. Auch wollte man für beide Parteien bezüglich des umfassenden Rechtsbehelfs alsbald Klarheit schaffen. Vgl. *Piltz*, UN-Kaufrecht, Rn. 271; Schlechtriem/*Huber*, Art. 49 UNKR, Rn. 3.

686 Siehe Schlechtriem/*Huber*, Art. 49 UNKR, Rn. 37.

687 Siehe Schlechtriem/*Leser*, Vor Art. 81–84 UNKR, Rn. 8; *Piltz*, Internationales Kaufrecht, § 5 Rn. 285.

tragsaufhebung durch die Bedingung, daß dem Käufer die unversehrte Rückgabe der empfangenen Leistung überhaupt tatsächlich möglich sein muß.[688] Absatz 2 der Vorschrift verkehrt diese Grundentscheidung jedoch gleichsam in ihr Gegenteil, indem er auch die Rückgabe beschädigter Ware ausreichen läßt bzw. die Aufhebung sogar bei Wegfall der Rückgabe nach Weiterverkauf oder Verarbeitung gewährt. Das Risiko für Zufall und höhere Gewalt trägt so der Verkäufer.[689] Im Ergebnis ist damit die Ausnahme „Aufhebung" zur Regel gemacht.

Zum Ausgleich dieser Risikoverteilung bestimmt Art. 84 Abs. 2 UNKR, daß der Verkäufer als Vorteilsausgleich den Gegenwert für die dem Käufer verbliebenen Vorteile aus der Ware neben der Rückgabe derselben (lit. a) bzw. bei Unmöglichkeit der unversehrten Rückgewähr Wertersatz als Surrogat (lit. b) erhält. Umfaßt sind von dem Anspruch alle Nutzungen, also Früchte und Gebrauchsvorteile. Die Erstattung der Nutzungskosten sowie des Verwendungsersatzes durch den Käufer erfolgt unmittelbar durch Abzug vom „Vorteil" an der empfangenen Ware.[690] Nicht von diesem Posten erfaßt sind nach überwiegender Ansicht hingegen die im Übereinkommen nicht geregelten „nicht gezogenen Nutzungen". Lediglich tatsächliche Nutzungen sind auszugleichen.[691] Schließlich regelt Art. 84 Abs. 1 UNKR als weiteren Vorteilsausgleich die Zinspflicht des Verkäufers für den zurückzugewährenden Kaufpreis.[692]

---

688 Siehe *Leser*, in Einheitliches KaufR u. nat. ObligationenR, S. 225, 242 ff.; *Reinhart*, Art. 82 UNKR, Rn. 2; Bianca/Bonell/*Tallon*, Art. 82 UNKR, Bem. 1.1. - Die Einschränkung der Rückabwicklung basiert auf der Alternativität von Rücktritt und Schadensersatz: Aus prozeßökonomischen Gründen soll von Anfang an der Rücktritt dem Käufer nicht offen stehen. Da im UN-Kaufrecht jedoch die beiden Rechtsbehelfe regelmäßig kombiniert werden, ist die Sperre des Art. 82 Abs. 1 UNKR eher fragwürdig. Näher zu dieser Problematik Schlechtriem/*Leser*, Vor Artt. 81–84 UNKR, Rn. 10, 17 m.w.N.

689 Siehe *Reinhart*, Art. 82 UNKR, Rn. 4; *Karollus*, S. 150 f.; Schlechtriem/*Leser*, Art. 82 UNKR, Rn. 16.

690 Siehe *Karollus*, S. 154; Schlechtriem/*Leser*, Art. 84 UNKR, Rn. 20; *ders.*, in Einheitliches KaufR u. nat. ObligationenR, S. 225, 250; *Reinhart*, Art. 84 UNKR, Rn. 7; *Rudolph*, Art. 84 UNKR, Rn. 6.

691 Vgl. *Schlechtriem*, Einheitliches UN-Kaufrecht, S. 102 f.; *Reinhart*, Art. 84 UNKR, Rn. 5; *Karollus*, S. 153 f.; *Enderlein/Maskow*, Art. 84 UNKR, Anm. 3; *Neumayer/Ming*, Art. 84 UNKR, Anm. 3. Dieser Auffassung ist wegen des klaren Wortlauts zuzustimmen. Demgegenüber wollen Schlechtriem/*Leser*, Art. 84 UNKR, Rn. 22, und *Herber/Czerwenka*, Art. 84 UNKR, Rn. 5, bezüglich der nicht gezogenen Nutzungen auf die allgemeine Schadensminderungspflicht nach Art. 77 UNKR zurückgreifen.

692 Über Höhe und Modalität der Zinsberechnung konnte für das Übereinkommen keine Einigung erzielt werden, so daß lediglich die Zinspflicht, nicht aber die Berechnungsgrundlage festgelegt ist. Es stehen sich zwei Auffassungen gegenüber: einerseits die Berechnung über das nationale Recht, auf das die Kollisionsnormen des anzuwendenden internationalen Privatrechts verweisen, andererseits ohne kollisionsrechtliche Ableitung nach der am Niederlassungsort des Verkäufers üblichen Zinshöhe. Dazu ausführlich Schlechtriem/*Leser*, Art. 84 UNKR, Rn. 13; ferner *Herber*, in UNCITRAL-Übereinkommen, S. 46 f.; *Diedrich*, RIW 1995, S. 11, 14 f.; *Kindler*, Jahrbuch f. Ital. Recht 5 (1992), S. 201, 214 ff.

d. Minderung

Liefert der Verkäufer vertragswidrige Ware, kann der Käufer unter der Bedingung, daß dem Verkäufer kein Recht zur Mängelbeseitigung zusteht, über den Rechtsbehelf der Minderung den vereinbarten Kaufpreis herabsetzen (Art. 50 UNKR). Die Minderung gewährt dem Käufer das Recht zur Anpassung des Vertrages an die neue Situation, ohne daß die gegenseitigen Verpflichtungen verändert werden.[693] Er behält die nicht vertragskonforme Ware, lediglich der Kaufpreis wird - unabhängig davon, ob er bereits gezahlt hat - verringert. In der Praxis des internationalen Warenkaufs kommt dem Rechtsbehelf allerdings keine große Bedeutung zu, da sich der Käufer in der Regel mit dem Schadensersatzanspruch besser stellt. Dieser ist sowohl einfacher zu berechnen als auch zumeist umfangreicher.[694] Darüber hinaus ist die Minderung noch aus einem anderen Grund erheblich eingeschränkt, denn häufig kann und darf der Verkäufer den Mangel durch Nacherfüllung beheben.

Nach überwiegender Ansicht umfaßt die Minderungsmöglichkeit nicht den Rechts-, sondern lediglich den Sachmangel i.S.d. Art. 35 UNKR.[695] Zudem kommt es auf die Wesentlichkeit der Vertragsverletzung wie bei der Vertragsaufhebung nicht an. Schließlich muß der Käufer nach ordnungsgemäßer Mängelrüge für die Geltendmachung des Rechtsbehelfs eine Minderungserklärung abgeben.[696] Die Herabsetzung des Preises tritt nicht bereits kraft Gesetzes ein. Mit dieser rechtsgestaltenden Erklärung ist der Käufer an die Minderung gebunden.[697] Bezüglich der Berech-

---

693 Vgl. Honsell/*Schnyder/Straub*, Art. 50 UNKR, Rn. 2; Schlechtriem/*Huber*, Art. 50 UNKR, Rn. 1.

694 Siehe Schlechtriem/*Huber*, Art. 50 UNKR, Rn. 3; ausführlich *Basedow*, Gutachten, S. 73. Demgegenüber bewertet *v. Hoffmann* die Einführung der Minderung im Übereinkommen als großen Fortschritt, in Einheitliches KaufR u. nat. ObligationenR, S. 293, 300 f.

695 Vertreter dieser zutreffenden Auffassung sind *Schlechtriem*, Einheitliches UN-Kaufrecht, S. 56 Fn. 248, S. 63 Fn. 281, zurückhaltender S. 70; Honsell/*Schnyder/Straub*, Art. 45 UNKR, Rn. 54; Schlechtriem/*Schwenzer*, Art. 41 UNKR, Rn. 20; Schlechtriem/*Huber*, Art. 50 UNKR, Rn. 8; *Karollus*, S. 158; *Piltz*, Internationales Kaufrecht, § 5 Rn. 304. A.A. *Welser*, in Das UNCITRAL-Kaufrecht, S. 105, 122 f.; *Reinhart*, Art. 50 UNKR, Rn. 2; *Herber/Czerwenka*, Art. 50 UNKR, Rn. 3; *Neumayer/Ming*, Art. 50 UNKR, Anm. 2; Staudinger/*Magnus*, Art. 50 UNKR, Rn. 10, die entgegen von Wortlaut und Entstehungsgeschichte der Vorschrift auch den Rechtsmangel unter Art. 50 UNKR fassen.

696 Siehe Soergel/*Lüderitz*, Art. 50 UNKR, Rn. 5; Staudinger/*Magnus*, Art. 50 UNKR, Rn. 15; *Enderlein/Maskow*, Art. 50 UNKR, Anm. 2, *Herber/Czerwenka*, Art. 50 UNKR, Rn. 4; Honsell/*Schnyder/Straub*, Art. 50 UNKR, Rn. 25. Dagegen verlangt Schlechtriem/*Huber* (Art. 50 UNKR, Rn. 17) keine besondere Erklärung, da Art. 50 UNKR eine solche nicht ausdrücklich verlangt.

697 Vertreter dieser überwiegenden Auffassung sind u.a. Staudinger/*Magnus*, Art. 50 UNKR, Rn. 15; *Neumayer/Ming*, Art. 50 UNKR, Anm. 1, *Karollus*, S. 158; Soergel/*Lüderitz*, Art. 50 UNKR, Rn. 5; Honsell/*Schnyder/Straub*, Art. 50 UNKR, Rn. 31. Demgegenüber sieht *Huber* die Minderung nicht als Gestaltungsrecht an, sondern will den Käufer mit der geltend gemachten Minderung nicht gebunden wissen. Seiner Ansicht nach trete die Bindung erst mit

nungsart schreibt das Übereinkommen die proportionale Methode fest. Hintergrund dieser Entscheidung ist die Wahrung des von beiden Parteien begründeten Äquivalenzverhältnisses von Leistung und Gegenleistung. Die Eigenart der Kaufpreisbildung, also ein für den Käufer vergleichsweise günstiger Preis, soll grundsätzlich erhalten bleiben.[698] Die Minderung berechnet sich demzufolge im Verhältnis des Wertes der tatsächlich gelieferten Ware zu dem hypothetischen Wert, den vertragskonforme Ware zum Zeitpunkt der Lieferung hat. Indem der Wertvergleich sich nicht auf den Vertragspreis, sondern auf den Wert bei Lieferung bezieht, können dem Käufer dagegen die Vorteile eines günstigen Kaufes wiederum verloren gehen. Dahinter steht der Gedanke, daß der Käufer über den Rechtsbehelf der Minderung ebensowenig ein unverhältnismäßig günstiges Ergebnis erzielen soll.[699]

e. Schadensersatz

Das Übereinkommen gewährt dem Käufer in Art. 45 Abs. 1 lit. b UNKR grundsätzlich bei jeder Vertragsverletzung des Verkäufers einen Schadensersatzanspruch.[700] Voraussetzung für diesen Rechtsbehelf ist allein das Vorliegen einer ordnungsgemäß gerügten Pflichtverletzung. Der einheitliche Anspruch ist als generelle Garantiehaftung ausgestaltet; er ist gänzlich unabhängig von Verschulden, Zusicherungen oder Garantien des Verkäufers.[701] Eine Befreiung von dieser Haftung tritt nach Art. 79 UNKR lediglich im Fall eines unvorhersehbaren und nicht zu überwindenden objektiven Leistungshindernisses ein. Die Abgrenzung zwischen Haftung und Nichthaftung erfolgt danach, inwieweit der Grund für den Eintritt der Vertragswidrigkeit auf einer außerhalb des Einflußbereiches des Verkäufers liegenden Ursache beruht.[702] Die dogmatisch zentrale Funktion des Art. 79 UNKR, die Garantiehaftung mittels objektiver Beherrschbarkeit und über das Verschuldenselement zu begrenzen, ist jedoch eher eine theoretische; in der Praxis

der Einigung der Parteien ein. Vgl. Schlechtriem/*Huber*, Art. 45 UNKR, Rn. 30 f., Art. 50 UNKR, Rn. 17.

698 Siehe *Rudolph*, Art. 50 UNKR, Rn. 9.

699 Vgl. *Niggemann*, in Einheitliches Wiener Kaufrecht, S. 77, 106; *Honnold*, Rn. 313; *Schlechtriem*, Einheitliches UN-Kaufrecht, S. 70.

700 Ausführlich dazu *Kranz*, S. 190 ff.

701 Siehe Schlechtriem/*Huber*, Art. 45 UNKR, Rn. 37; Honsell/*Schnyder/Straub*, Art. 45 UNKR, Rn. 70; *Karollus*, S. 206; *Stoll*, in Einheitliches KaufR u. nat. ObligationenR, S. 257; *Posch*, in Das UNCITRAL-Kaufrecht, S. 153, 174; *Rummel*, in Einheitliches Wiener Kaufrecht, S. 177 f.; *Schlechtriem*, Einheitliches UN-Kaufrecht, S. 95; *Piltz*, in Handbuch des Kaufvertragsrechts, Rn. 81 ff., 158 f. Rechtsvergleichend zur Haftungsbefreiung *Bartels/Motomura*, RabelsZ 43 (1979), S. 649 ff.

702 Die dem anglo-amerikanischen Rechtskreis entnommene Regelung in Art. 79 UNKR stellt zwar keine Verschuldenshaftung i.S.d. § 276 BGB, aber auch keine reine Erfolgshaftung dar. Trotz der unterschiedlichen Regelungen weichen die Lösungen im Ergebnis nur unwesentlich voneinander ab. Denn letztlich werden bei der Zurechnung von Leistungsstörungen Elemente des Verschuldens und der objektiven Einstandspflicht miteinander verbunden. Vgl. dazu *Schlechtriem*, JZ 1988, S. 1037, 1047; Schlechtriem/*Stoll*, Art. 79 UNKR, Rn. 9; *Welser*, in Das UNCITRAL-Kaufrecht, S. 105, 128.

spielt die Entlastung nur in wenigen Fällen eine Rolle.[703] Ferner entfällt die Schadensersatzhaftung des Verkäufers nach Art. 80 UNKR, wenn die Nichterfüllung durch ein Verhalten des Käufers selbst verursacht wurde.[704] Beachtenswert ist dabei, daß Art. 80 UNKR sich auf alle Rechtsbehelfe des Käufers bezieht, die Entlastungsregel des Art. 79 UNKR hingegen lediglich die Schadensersatzhaftung und - nach überwiegender Ansicht - den Erfüllungsanspruch entfallen läßt.

Ist der Verkäufer dem Käufer zur Schadensersatzleistung verpflichtet, bestimmen sich Umfang und Höhe nach den Artt. 74 ff. UNKR.[705] Wie bereits ausgeführt, schließen sich die einzelnen Rechtsbehelfe des Übereinkommens nicht gegenseitig aus. Der Käufer kann den Schadensersatzanspruch sowohl neben als auch anstelle anderer Rechtsbehelfe geltend machen, so daß sich auch der konkrete Umfang des stets auf Geldersatz gerichteten Anspruchs danach richtet.[706] Neben dem Erfüllungsanspruch haftet der Verkäufer lediglich auf Verzögerungs-, Begleit- und Folgeschäden. Verbindet der Käufer seinen Anspruch mit der Vertragsaufhebung, erhält er vollen Schadensersatz wegen Nichterfüllung. Die Verbindung von Minderung und Schadensersatzanspruch führt hingegen zum Abzug des Minderungswertes vom Gesamtschaden.

Der Grundsatz des Übereinkommens ist der Ausgleich aller entstandenen Nachteile einschließlich des entgangenen Gewinns: einerseits das Interesse des Käufers an den mit der Erfüllung verbundenen Vorteilen, andererseits sein Interesse, durch die Vertragsverletzung keinen Schaden an anderen Rechtsgütern zu erleiden.[707] Nach Art. 74 S. 2 UNKR ist die Höhe des Anspruchs durch das Kriterium der Vorhersehbarkeit begrenzt. Lediglich der Schaden soll ersetzt werden, der für den Verkäufer bei Vertragsschluß als mögliche Folge der Vertragswidrigkeit voraussehbar war.[708] Diese im anglo-amerikanischen Recht verankerte Schadensbegrenzungsre-

---

703 Grundgedanke dieser Schadensbegrenzungsregel ist, den Umfang der Haftung an Sinn und Zweck des konkreten Vertrages auszurichten. Die Ersatzpflicht der Parteien soll auf die bei Vertragsschluß vorauszusehenden Schadensrisiken beschränkt werden, so daß diese sich auf die sie betreffenden Haftungsrisiken einstellen und damit kalkulieren können. Vgl. dazu schon *Rabel*, Warenkauf Bd. I, S. 473 ff. sowie Staudinger/*Magnus*, Art. 79 UNKR, Rn. 4; *Leser* in FS Kitagawa (1992), S. 455, 459 f.

704 Vgl. *Rummel,* in Einheitliches Wiener Kaufrecht, S. 177, 192; *Schlechtriem*, Einheitliches UN-Kaufrecht, S. 100.

705 Die Art. 74–77 UNKR regeln lediglich die Haftungskonsequenzen, nicht jedoch die Verpflichtung selbst. In der Denkschrift zum UN-Kaufrecht, S. 38, 58, dergemäß auch die Voraussetzungen des Anspruchs dort geregelt sind, ist dies mißverständlich ausgedrückt.

706 Vgl. Schlechtriem/*Leser*, Vor Artt. 81–84 UNKR, Rn. 7; Schlechtriem/*Huber*, Art. 45 UNKR, Rn. 39 ff.

707 *Schlechtriem*, Einheitliches UN-Kaufrecht, S. 90; *Karollus*, S. 213 ff.; *Piltz*, Internationales Kaufrecht, § 5 Rn. 440; Schlechtriem/*Stoll*, Art. 74 UNKR, Rn. 2.

708 Siehe *Rummel*, in Einheitliches Wiener Kaufrecht, S. 177, 181 f.; *Stoll*, in Einheitl. KaufR u. nat. ObligationenR, S. 257, 260 ff.; *Schlechtriem*, JZ 1988, S. 1037, 1046; *Detzer/ Thamm*, BB 1992, S. 2369, 2374; *Posch*, in Das UNCITRAL-Kaufrecht, S. 153, 174 ff.

gel setzt das Schadensereignis und die zu ersetzenden Nachteile in unmittelbare Beziehung zueinander. Darüber hinaus verpflichtet Art. 77 UNKR den Käufer zu Maßnahmen zur Schadensreduzierung. Die Verletzung dieser Obliegenheit verringert andernfalls seinen Schadensersatzanspruch.[709] Schließlich ergänzen die Artt. 75 und 76 UNKR die grundsätzlich konkrete Schadensberechnung des Art. 74 UNKR für den Deckungskauf und bei Verneinung desselben durch die Möglichkeit der abstrakten Berechnung bei Ware mit einem Marktpreis.

f. Rechtsbehelfe außerhalb des UN-Kaufrechts

Das Übereinkommen regelt die vertraglichen Ansprüche des Käufers wegen einer Vertragsverletzung des Verkäufers abschließend.[710] Damit ist der Käufer grundsätzlich nicht berechtigt, anstelle oder neben einem Anspruch aus dem UN-Kaufrecht einen aus dem nationalen Recht konkurrierenden Anspruch, beispielsweise aus Delikt oder aus ungerechtfertigter Bereicherung, geltend zu machen.[711] Diesem anders als im EKG nicht ausdrücklich geregelten Umstand liegt zum einen der Gedanke zugrunde, daß die internationalen Regeln der Artt. 35, 39, 74 S. 2 UNKR, die der Käufer durch Rückgriff zu umgehen versucht, dem Schutz des Verkäufers dienen. Ein Rückgriff würde folglich zur einseitigen Begünstigung des Käufers führen. Zum anderen wäre bei Gewährung nationaler Rechtsbehelfe die Einheitlichkeit der Haftung für eine Vertragsverletzung durchbrochen, da die Haftungssysteme der nationalen Rechte stark voneinander abweichen.[712]

Findet nach dem internationalen Privatrecht deutsches Recht neben dem UN-Kaufrecht Anwendung, stellt sich die Frage, inwieweit darüber hinaus Institute des deutschen Schuldrechts anwendbar sind. Die Antwort richtet sich danach, inwieweit sich das jeweilige Rechtsinstitut auf eine eigentliche Verkäuferpflicht bezieht, also in den Regelungsbereich des UN-Kaufrechts fällt.[713] Demgemäß bleibt lediglich der Rechtsbehelf wegen arglistiger Täuschung von den internationalen Vorschriften unberührt. Dagegen enthält das Übereinkommen in den Artt. 35 Abs. 1, 40 UNKR abschließende Aufklärungsregeln für den Verkäufer mit der Folge, daß Ansprüche aus culpa in contrahendo ausgeschlossen sind. Auch das Institut der pFV kommt neben den Artt. 45 ff. UNKR nicht zur Anwendung, da der gesamte Bereich der Schlecht- und Nichterfüllung zuzüglich Rechtsfolgen abschließend

---

709 Vgl. *Schlechtriem*, Einheitliches UN-Kaufrecht, S. 92; *Piltz*, in Handbuch des Kaufvertragsrechts, Rn. 164.

710 Ausgenommen sind lediglich die Ansprüche wegen Personenschäden, die nach Art. 5 UNKR nicht in den Geltungsbereich des Übereinkommens fallen.

711 Siehe Schlechtriem/*Herber*, Art. 4 UNKR, Rn. 23; Schlechtriem/*Huber*, Art. 45 UNKR, Rn. 50; *Piltz*, Internationales Kaufrecht, § 2 Rn. 128 f.; *Honnold*, Rn. 73; *Niggemann*, in Einheitliches Wiener Kaufrecht, S. 77, 106 ff.; *Schlechtriem*, Einheitliches UN-Kaufrecht, S. 66; Staudinger/*Magnus*, Art. 45 UNKR, Rn. 43.

712 Vgl. Schlechtriem/*Huber*, Art. 45 UNKR, Rn. 47.

713 Siehe *Honnold*, Rn. 65; Schlechtriem/*Herber*, Art. 4 UNKR, Rn. 23; Schlechtriem/*Huber*, Art. 45 UNKR, Rn. 49 ff.;

geregelt ist.[714] Die Anwendbarkeit nationalen Deliktsrechts ist demgegenüber umstritten. Zwar erfaßt der Regelungsbereich des Übereinkommens an sich nicht das Recht der unerlaubten Handlung mit der Folge, daß es grundsätzlich zur Anwendung käme. Nach überwiegender Auffassung findet das Deliktsrecht aber seine Grenze im Zweck entgegenstehender Vorschriften des UN-Kaufrechts.[715]

g. Durchsetzbarkeit der Rechtsbehelfe

Die gerichtliche Geltendmachung der Ansprüche aus dem Übereinkommen erfolgt kraft Gesetzes bei den staatlichen Gerichten. Vereinbaren die Parteien die Zuständigkeit eines Schiedsgerichts, können sie den Rechtsstreit auch vor diesem austragen. Welches Zivilgericht nun zuständig ist, richtet sich nach den zivilprozessualen Vorschriften der einzelnen Staaten. Es gilt das lex-fori-Prinzip, d.h. das Gericht wendet grundsätzlich nur die am Gerichtsort geltenden prozessualen Regelungen an. Dabei weisen manche Staaten Sonderregelungen für Rechtsstreitigkeiten mit Auslandsbezug auf; andere wiederum erfassen diese Fälle mit ihren allgemeinen Vorschriften. Die Zuständigkeit der deutschen Gerichte bestimmt sich damit nach den §§ 12 ff. ZPO. Schließlich gelten in Teilbereichen staatsvertragliche Vereinbarungen wie beispielsweise das Europäische Gerichtsstands- und Vollstreckungsabkommen (EuGVÜ).[716]

---

714 Siehe *Niggemann*, in Einheitliches Wiener Kaufrecht, S. 77, 107; *Schlechtriem*, Einheitliches UN-Kaufrecht, S. 66; Schlechtriem/*Huber*, Art. 45 UNKR, Rn. 55 ff.; *ders.*, JBl. 1989, S. 273, 278; Staudinger/*Magnus*, Art. 4 UNKR, Rn. 41 f.

715 Vgl. dazu Schlechtriem/*Huber*, Art. 45 UNKR, Rn. 58; *Schlechtriem*, Einheitliches UN-Kaufrecht, S. 21. A.A. Staudinger/*Magnus*, Art. 5 UNKR, Rn. 11 ff.; *ders.*, ZEuP 1993, S. 79, 96; *Reinhart*, Art. 5 UNKR, Rn. 5; Soergel/*Lüderitz*, Art. 5 UNKR, Rn. 3, die sich für die uneingeschränkte Anwendung des nationalen Deliktsrechts aussprechen.

716 Dieses *Brüssler Übereinkommen* von 1968 regelt die internationale Zuständigkeit in Zivil- und Handelssachen sowie die Anerkennung und Vollstreckung der in den Vertragsstaaten ergangenen Gerichtsentscheidungen.

Kapitel 7: Allgemeiner Vergleich der Struktur des Gewährleistungsrechts von BGB, UN-Kaufrecht und Kommissionsentwurf

Nach den vorangegangenen Kapiteln stellt sich nunmehr die Frage, ob die Vorschläge der Schuldrechtskommission gemäß ihren Ankündigungen tatsächlich den Vorschriften sowie der Struktur des UN-Kaufrechts entsprechen oder ob sie doch von den dort getroffenen Aussagen und Wertungen abweichen. Käme man zu dem Ergebnis, daß die Abweichungen größer sind als angenommen, wäre zumindest das Argument des Gewinns der Rechtsvereinheitlichung für das in der Bundesrepublik Deutschland geltende Recht im Ergebnis marginal und unbedeutend. Des weiteren stellt sich die Frage, in welchem Maße die Reformvorschläge von den geltenden Regelungen des BGB abweichen und welche Konsequenzen dies nach sich zieht.

Seit Beginn des Jahres 1991 ist das UN-Kaufrecht für den Bereich des internationalen Sachkaufes in der Bundesrepublik Deutschland geltendes Recht. Es steht neben dem BGB, das die innerstaatlichen Verträge regelt. Wie bereits sein Name verdeutlicht, enthält das UN-Kaufrecht allein kaufrechtliche Bestimmungen, während BGB und Kommissionsentwurf auch das Recht der allgemeinen Leistungsstörungen erfassen. Diese Diskrepanz bezüglich des Regelungsumfangs sollte man jedoch nicht überbewerten. Denn letztlich ist sie nicht schwerwiegend genug, um einer Gegenüberstellung der gewährleistungsrechtlichen Vorschriften entgegenzustehen. Zudem kommt den kaufrechtlichen Bestimmungen - also auch denen des UN-Kaufrechts - ein gewisser „Modellcharakter" für die Ausgestaltung des Leistungsstörungsrechts zu. Der Grundgedanke einer einzelnen Vorschrift läßt sich auf die allgemeine Regelung übertragen. Hinzu kommt, daß der Rückgriff auf das allgemeine Leistungsstörungsrecht bei dem anzustellenden Vergleich schon aus einem ganz anderen Grund nicht zu vermeiden ist. Denn sowohl das UN-Kaufrecht als auch der Entwurf haben die Haftung für Sachmängel in das allgemeine Leistungsstörungsrecht eingebunden, der Sachmangel wird grundsätzlich wie jede andere Leistungsstörung behandelt. Abgesehen von den Unterschieden, die in der Natur der Sachmängelhaftung liegen und besondere Regelungen verlangen, kann das Leistungsstörungsrecht folglich nicht ungeachtet bleiben, sondern ist in den Vergleich einzubeziehen.

A. Haftungsvoraussetzungen

I. Leistungsstörung, Vertragsbruch und Pflichtverletzung

Das BGB unterscheidet in seinem allgemeinen Schuldrecht zwischen zwei Arten von Leistungsstörungen - der Unmöglichkeit und dem Verzug -, ohne daß es einen umfassenden Oberbegriff gibt. Neben diesen gesetzlich normierten Störungsfällen erfaßt die Leistungsstörung des geltenden Rechts auch die speziell geregelte Schlechtleistung der Sachmängelhaftung sowie die richterrechtliche pFV. Im Mittelpunkt des Systems steht die eher selten eintretende Unmöglichkeit. Das hieraus resultierende Problem und die damit in direktem Zusammenhang stehende Abgrenzungsproblematik zwischen den verschiedenen Arten der Unmöglichkeit wurde bereits ausführlich dargestellt.[717] Zudem ist der Begriff der Leistungsstörung im Gegensatz zu den beiden anderen Rechten lediglich deskriptiv.[718] Die zahlreichen Abgrenzungsprobleme zwischen den einzelnen Störungstatbeständen, insbesondere auch hinsichtlich der unterschiedlichen Verjährungsfristen, lassen sich mit seiner Hilfe nicht lösen.

Demgegenüber bauen sowohl das UN-Kaufrecht als auch der Reformentwurf das Leistungsstörungsrecht auf einem einheitlichen Grundtatbestand auf, der alle Störungsfälle erfaßt. Ferner gehen sie von einem im wesentlichen einheitlichen System der Rechtsfolgen aus, soweit nicht ausnahmsweise Unterscheidungen nach Art und Modalität der Leistungsstörung geboten sind.[719] Auf dem Begriff der Pflichtverletzung bzw. des Vertragsbruchs basiert jeweils das gesamte System der schuldrechtlichen Beziehungen und deren Verletzung durch den Schuldner. Es handelt sich bei diesen Grundtatbeständen nicht lediglich um deskriptive Begriffe, sondern sie haben eine systemtragende Funktion inne. Weder das UN-Kaufrecht noch der Entwurf benötigen die Unmöglichkeit als Tatbestand der Leistungsstörungen. Beide Rechte knüpfen an die Nichterfüllung der jeweiligen Pflicht und nicht an den Grund der Nichterfüllung an. Über ein etwaiges Verschulden des Schuldners sagen die Grundtatbestände nichts aus, sie verlangen lediglich die objektive Verletzung einer Pflicht. Worin diese im Einzelfall konkret besteht, richtet sich nach dem jeweils zugrundeliegende Schuldverhältnis. Die unterschiedliche Benennung für den Grundtatbestand in UN-Kaufrecht und Entwurf läßt sich darauf zurückführen, daß das UN-Kaufrecht wegen seines Umfangs lediglich die Verletzung vertraglicher Pflichten regelt, die Pflichtverletzung im Reformentwurf hingegen neben den vertraglichen auch noch die gesetzlichen Pflichten des Schuldners umfaßt. Trotz der abweichenden Bezeichnung unterscheiden sich beide jedoch nicht in ihrer dogmatischen und gesetzessystematischen Funktion. Sie sind wegen ihrer umfassend einheitlichen Begriffsbestimmung zu befürworten.

II. Der Sachmangel als Störungstatbestand

In allen drei Rechten ist der Fehler oder Mangel der Sache, die Differenz zwischen der Sollbeschaffenheit des geschuldeten Leistungsgegenstandes und der Istbe-

---

717 Vgl. oben Kapitel 3, B. I.

718 Siehe *Schlechtriem*, ZEuP 1993, S. 217, 221.

719 Siehe Schlechtriem/*Schwenzer*, Art. 35 UNKR, Rn. 4; *Herber*, in UNCITRAL-Kaufrecht, S. 29; *Jagert/Derichsweiler*, JuS 1989, S. 972, 976 f.; *Detzer/Thamm*, BB 1992, S. 2369, 2373 f.; *Rudolph*, Vor Art. 45 UNKR, Rn. 11.

schaffenheit der gelieferten Sache, der zentrale Begriff für die Regelung der Sachmängelhaftung.

1. Der Begriff des Sachmangels

Hinsichtlich der Festlegung der Eigenschaften, die die Kaufsache im einzelnen aufweisen soll, enthalten weder das BGB noch der Entwurf, noch das UN-Kaufrecht eine Vorschrift. Alle drei Rechte überlassen die Bestimmung der Sollbeschaffenheit den Parteivereinbarungen und der Auslegung des Vertrages. Demgegenüber regeln sie alle die negative Abweichung vom Geschuldeten, also den Begriff von Fehler bzw. Mangel als negative Wendung. Eine erwähnenswerte Unterscheidung liegt allerdings in der Ausgestaltung der jeweiligen Regelung: Das UN-Kaufrecht bedient sich zur Bestimmung der Vertragsgemäßheit der Ware - anders als die beiden anderen - in Art. 35 Abs. 2 UNKR eines Fehlerkatalogs mit objektiven Kriterien. Dieser greift subsidiär für den Fall ein, daß die Parteien im Vertrag keine Leistungsbeschreibung gemäß Absatz 1 der Vorschrift getroffen haben.[720] Inhaltlich unterscheidet sich diese Regelung jedoch nicht von den beiden anderen Rechten. § 459 Abs. 1 BGB zieht für den Fall, daß keine Abmachung über die Qualität der Kaufsache getroffen wurde, hilfsweise den gewöhnlichen Verwendungszweck als Maßstab für die geschuldete Beschaffenheit heran. Ähnlich bestimmt § 435 Abs. 1 S. 2 KE, daß „die Sache frei von Sachmängeln (ist), wenn sie sich für die nach dem Vertrag vorausgesetzte, sonst für die gewöhnliche Verwendung eignet". Dieser Formulierungsvorschlag lehnt sich ohne inhaltliche Veränderung unmittelbar an die Fassung des § 459 Abs. 1 S. 1 BGB an.[721] Die Beachtlichkeit des Verwendungszwecks ist folglich von allen drei Rechten anerkannt, sie kommen alle zum selben Ergebnis.

Es läßt sich festhalten, daß alle drei Rechte übereinstimmend vom subjektiven Fehlerbegriff ausgehen. Auch im BGB, das selbst keine ausdrückliche gesetzliche Aussage hinsichtlich des Maßstabes trifft und dessen § 459 Abs. 1 BGB dem Wortlaut nach eher für den objektiven Fehlerbegriff spricht, konnte sich die subjektive Fehlertheorie durchsetzen.[722]

Weiterhin ist zu erwähnen, daß § 435 Abs. 2 KE im Gegensatz zum BGB die Falsch- und Zuweniglieferung ausdrücklich dem Sachmangel gleichstellt. Vorteilhaft an dieser Regelung ist, daß dadurch die problematische Abgrenzung zwischen den einzelnen Tatbeständen entfällt, die im geltenden Recht wegen der un-

---

720 Vgl. Schlechtriem/*Schwenzer*, Art. 35 UNKR, Rn. 12 ff. - Das UN-Kaufrecht hat sich auf der einen Seite insoweit dem kontinentalen Modell angeschlossen, als es nicht wie die Rechtsordnungen des *Common Law* die positive Sollbeschaffenheit der Sache regelt, sondern die Abweichung vom Geschuldeten. Auf der anderen Seite entstammt die Verwendung eines exemplifizierten Fehlerkataloges dem UCC, vgl. den detaillierten Katalog in UCC §§ 2–314 (2). Dazu ausführlich *Basedow*, Gutachten, S. 44.

721 Siehe Abschlußbericht, S. 202.

722 Vgl. dazu oben Kapitel 2, B. I. 1.

terschiedlichen Rechtsfolgen notwendig ist. Ebenso sieht das UN-Kaufrecht in Art. 35 Abs. 1 UNKR die Gleichsetzung von Qualitäts-, Quantitätsabweichungen und Aliud-Lieferung vor.[723] Da sich die Rechtsfindung nach dem BGB in diesem Punkt im Vergleich zu den eindeutigen und klaren Regelungen der beiden anderen Rechten weitaus unübersichtlicher und problematischer gestaltet, ist der Ansatz von UN-Kaufrecht und Reformentwurf vorzuziehen.

Schließlich weisen alle untersuchten Rechte in bezug auf den Ausschluß der Haftung wegen unerheblicher Mängel verschiedene Regelungen auf und gelangen teils zu unterschiedlichen Ergebnissen. § 459 Abs. 1 S. 2 BGB statuiert bei Fehlern - jedoch nicht in den Fällen von zugesicherter Eigenschaft oder Rechtsmangel - eine Bagatellgrenze. Ist der Wert oder die Tauglichkeit lediglich unerheblich gemindert, tritt die Haftung des Verkäufers nicht ein. Die beiden anderen Rechte besitzen demgegenüber keine derartige Regelung. So verzichtet der Vorschlag auf eine Erheblichkeitsschranke, da andernfalls die Haftung für Sachmängel geringer ausfiele, als er für Leistungspflichten allgemein vorsieht. Dafür findet die Differenzierung auf der Rechtsfolgenseite statt: Der Rücktritt ist gemäß § 323 Abs. 3 Nr. 1 KE ausgeschlossen, wenn die Pflichtverletzung - sowohl Sach- als auch Rechtsmängel sind dabei erfaßt - nur unerheblich ist. Die anderen dem Käufer zur Verfügung stehenden Rechtsbehelfe werden von dieser Regelung nicht berührt.[724] Ähnlich begründet das UN-Kaufrecht die fehlende Regelung der unerheblichen Vertragswidrigkeit. Beim grenzüberschreitenden Kaufvertrag ist die Vertragsaufhebung nach Art. 49 Abs. 1 lit. a UNKR nur bei Vorliegen einer wesentlichen Vertragsverletzung vorgesehen, so daß für die Regelung der unerheblichen Vertragsverletzung keine Notwendigkeit besteht.[725] Auch die Ersatzlieferung nach Art. 46 Abs. 2 UNKR verlangt eine wesentliche Vertragsverletzung, die Ansprüche auf Nachbesserung, Schadensersatz und Minderung stehen dem Käufer allerdings auch unterhalb der Wesentlichkeitsgrenze offen. Die Regelungen in Entwurf und UN-Kaufrecht gelangen damit zum selben Ergebnis.

2. Sachmangel und Eigenschaftszusicherung

Neben der Haftung für Fehler steht im BGB die Haftung für das Fehlen zugesicherter Eigenschaften, § 459 Abs. 2 BGB.[726] Wie bereits ausgeführt,[727] ist diese auf das römische Recht zurückgehende Zweigleisigkeit der Haftung problematisch, weil beide Haftungstatbestände unterschiedliche Rechtsfolgen nach sich ziehen.

---

[723] Siehe zur Aliud-Lieferung in BGB und UN-Kaufrecht *Bitter/Bitter*, BB 1993, S. 2315 ff.

[724] Vgl. Abschlußbericht, S. 204.

[725] Das Haager Kaufrecht hat in Art. 33 Abs. 2 EKG noch festgelegt, daß unerhebliche Abweichungen irrelevant sind. Das UN-Kaufrecht hat demgegenüber bewußt auf die Übernahme dieser Regelung verzichtet. Vgl. zu den Gründen UNCITRAL-Yearbook IV (1973), S. 44, Nr. 61 Fn. 8.

[726] Auf die Haftung des Verkäufers für Arglist soll hier nicht näher eingegangen werden.

[727] Vgl. oben Kapitel 1, B. I.

Dies bedeutet, daß die Unterscheidung zwischen den beiden Absätzen des § 459 BGB unerläßlich ist.

Demgegenüber enthalten weder das UN-Kaufrecht noch der Kommissionsvorschlag eine solche Zweiteilung der Einstandspflicht des Verkäufers. Beiden ist die Rechtsfigur der zugesicherten Eigenschaft, die im BGB anders als der Fehler die verschuldensunabhängige Schadensersatzpflicht nach § 463 BGB auslöst, unbekannt. Der Schadensersatzanspruch erstreckt sich hier auf alle Fälle von Sachmängeln.[728] Eine Unterscheidung zwischen beiden Rechten läßt sich allerdings hinsichtlich des Verschuldenserfordernisses feststellen: Während der Entwurf nach § 280 KE für die Schadensersatzpflicht das Vertretenmüssen der Pflichtverletzung voraussetzt und insoweit im Ergebnis zur Einschränkung des Anspruchs entsprechend § 463 BGB kommt,[729] wird der Schuldner im UN-Kaufrecht grundsätzlich nur dann entlastet, wenn die Leistungsstörung auf unüberwindbaren, bei Vertragsschluß nicht voraussehbaren sowie für den Schuldner nicht beherrschbaren Hindernissen beruht. Trotz dieses Unterschieds in der Verantwortlichkeit weichen die jeweiligen Ergebnisse in der Praxis nicht in dem Maße voneinander ab wie dies auf den ersten Blick erscheinen mag.[730]

Es ist festzuhalten, daß durch die allgemeine Akzeptanz des subjektiven Fehlerbegriffs die Vereinbarung über die Sollbeschaffenheit auf der einen und die Eigenschaftszusicherung auf der anderen Seite nur noch sehr schwer voneinander zu trennen sind.[731] Dies findet seine Bestätigung in der allgemeinen Tendenz der deutschen Rechtsprechung hinsichtlich des Auswegs der Annahme stillschweigender Zusicherungen. Indem der Vorschlag und das UN-Kaufrecht im Gegensatz zum BGB die Schlechtleistung in das allgemeine System der Leistungsstörungen einfügen, gelangen diese zur Vereinheitlichung der Tatbestände und Rechtsfolgen von Sachmängel- und Zusicherungshaftung. Diese Regelung ist dem BGB vorzuziehen.

3. Maßgeblicher Zeitpunkt

Im Gewährleistungsrecht bedarf es hinsichtlich der Haftung des Verkäufers eines bestimmten Zeitpunktes, zu dem die Kaufsache frei von Mängeln sein muß. § 459 BGB erklärt den Gefahrübergang zum maßgeblichen Zeitpunkt, ab dem der Käufer auch das Risiko für nicht von ihm verschuldete Verschlechterungen der Sache

---

728 An dieser Stelle soll der Anspruch auf Schadensersatz nur kurz behandelt werden. Die ausführlichere Darstellung des Rechtsbehelfs erfolgt in diesem Kapitel unten bei B. II. 3.

729 Da der Verkäufer sich bei Anwendung der Regeln des Kommissionsentwurfs für den Fall, daß er fälschlich bestimmte Eigenschaften zugesichert hat, nur schwerlich exkulpieren kann, ist das Verschuldenserfordernis im Kommissionsvorschlag in der Praxis gegenüber § 463 BGB nicht eingeschränkt. Siehe dazu *Basedow*, Gutachten, S. 50.

730 Siehe ausführlich dazu *Schlechtriem*, ZEuP 1993, S. 217, 228 f. Ähnlich Schlechtriem/*Stoll* Art. 79, Rn. 10.

731 Vgl. *Basedow*, Gutachten, S. 49.

trägt. Auch der in § 463 S. 1 BGB geregelte Anspruch auf Schadensersatz wegen Nichterfüllung, demgemäß auf den Zeitpunkt des Kaufes abzustellen ist, ändert diesen Zeitpunkt nicht ab. Denn die Vorverlegung dient lediglich der Sicherstellung, daß die zugesicherte Eigenschaft auch schon bei Vertragsschluß nicht vorhanden war.[732] Überdies muß der Mangel zum Zeitpunkt des Gefahrübergangs auch objektiv bestanden haben oder, für den Fall, daß er sich erst später zeigt, zumindest im Keim angelegt gewesen sein.[733] Das UN-Kaufrecht trifft mit Art. 36 UNKR eine identische Regelung.[734]

Der Reformentwurf enthält hingegen keine besondere Regelung bezüglich des Zeitpunktes, in dem die Mangelfreiheit gegeben sein muß. Als Grund für das Fehlen einer solchen wird angeführt, daß zum einen der Rechtsmangel im BGB auch ohne die Festlegung eines Zeitpunktes auskommt. Zum anderen bestimme das geltende Recht für den Sachmangel nur deshalb einen Zeitpunkt, weil die Sachmängelfreiheit nicht von der Leistungspflicht des Verkäufers umfaßt ist.[735] Da der Entwurf jedoch die Pflicht zur mangelfreien Lieferung festschreibt, ist die ausdrückliche Bestimmung des Zeitpunktes nicht mehr notwendig. Gleichwohl beabsichtigen die Kommissionsmitglieder keine Änderung der mit dem BGB erzielten Ergebnisse.[736] Im allgemeinen ist nach dem Entwurf auf den Zeitpunkt abzustellen, in dem der Verkäufer seine Leistungspflicht erfüllt. Ein Sachmangel darf also nicht zum Zeitpunkt der Übergabe vorliegen.

Als Ergebnis ist festzuhalten, daß jede der untersuchten Regelungen hinsichtlich des Zeitpunktes, an dem die Mangelfreiheit der Sache gegeben sein muß, auf die Erfüllung der Leistungspflicht und damit auf den Gefahrübergang abstellt. Dies gilt auch für die Fälle des vorzeitigen Gefahrübergangs und des erst später entstandenen Mangels. Der einzige Unterschied zwischen den drei Rechten liegt darin, daß BGB und UN-Kaufrecht diesen Zeitpunkt im Gesetz festschreiben, der Reformentwurf hingegen, unter Wahrung der mit dem BGB erzielten Ergebnisse, auf die Kodifizierung verzichtet.

---

732 Vgl. dazu oben Kapitel 2, B. III.

733 Siehe näher MüKo/*Westermann*, § 459, Rn. 29 f.; Soergel/*Huber*, § 459, Rn. 87.

734 Siehe Schlechtriem/*Schwenzer*, Art. 36 UNKR, Rn. 3 f. m.w.N.; ausführlich *Heilmann*, S. 220 ff.

735 § 434 BGB bestimmt für den Rechtsmangel keinen Zeitpunkt. Da die Gefahr der Inanspruchnahme durch Dritte allerdings erst mit dem Eigentumsübergang entsteht, ist dieser (Übergabe oder Auflassung) entscheidend. Vgl. RGZ 111, 86, 89; Soergel/*Huber*, § 434, Rn. 81 f. - Allgemein dazu Abschlußbericht, S. 197 f.

736 Siehe Abschlußbericht, S. 198.

4. Haftungsmaßstab

a. Vertragsauflösung und Minderung

Im UN-Kaufrecht genügt sowohl für das Recht zur Vertragsaufhebung (Art. 49 UNKR) als auch für das zur Minderung (Art. 50 UNKR) die objektive Vertragswidrigkeit. Ebenso hat das BGB, das für den Rücktritt im allgemeinen Schuldrecht grundsätzlich das Vertretenmüssen des Schuldners verlangt,[737] die §§ 462, 459 BGB als Garantiehaftung des Verkäufers ohne Verschuldenserfordernis ausgestaltet. Dasselbe gilt für die Herabsetzung des Kaufpreises. Der Entwurf verzichtet gegenüber dem BGB auf die eigenständige Regelung der Wandlung, indem er das Gewährleistungsrecht in das Leistungsstörungsrecht einfügt. § 439 KE verweist auf die allgemeine, für alle Pflichtverletzungen geltende Vorschrift des § 323 KE, dergemäß es für die Vertragsauflösung nicht darauf ankommt, ob der Schuldner die Pflichtverletzung zu vertreten hat. Obwohl die Minderung in § 440 KE anders als die Wandlung nicht in das allgemeine Leistungsstörungsrecht eingegliedert wurde, ist diese gleichfalls verschuldensunabhängig. Es bleibt damit inhaltlich bei der Regelung des BGB.

b. Schadensersatz wegen Nichterfüllung

Weitaus uneinheitlicher als bei Wandlung und Minderung sind die drei Rechte bezüglich des Haftungsmaßstabes für den Anspruch auf Schadensersatz wegen Nichterfüllung ausgestaltet. Obgleich der Schadensersatzanspruch im BGB grundsätzlich vom Verschulden (§ 276 BGB) abhängig ist, beinhaltet das BGB davon wichtige Ausnahmetatbestände: Zum einen weichen die Vorschriften der §§ 278, 279 BGB dieses Verschuldenserfordernis auf. Zum anderen haftet der Verkäufer wegen eines Sachmangels nach den §§ 463, 480 Abs. 2 BGB lediglich innerhalb der engen Grenzen von Eigenschaftszusicherung und Arglist auf den Mangelschaden, ohne daß zusätzlich ein Verschulden seinerseits vorliegen muß. Neben dieser Haftung steht das von der Rechtsprechung entwickelte Institut der pFV, demgemäß der Verkäufer bei Verschulden für den Mangelfolgeschaden einzustehen hat. Die Ausdehnung dieses Rechtsinstituts zu einem allgemeinen Schadensersatzanspruch für fahrlässig verursachte Mangelschäden wird unter Anerkennung der in den §§ 463, 480 Abs. 2 BGB bewußt zum Ausdruck kommenden Wertung des Gesetzgebers entschieden abgelehnt.

Das UN-Kaufrecht, das entgegen dem BGB keine eigenständige Regelung des Gewährleistungsrechts kennt, regelt den allgemeinen Anspruch auf Schadensersatz wegen Nichterfüllung verschuldensunabhängig. Der Anspruch nach Art. 45 Abs. 1 lit. b UNKR beruht auf dem Prinzip, daß der Verkäufer für die Erfüllung seiner vertraglichen Pflichten kraft Gesetzes haftet.[738] Allerdings befreit ihn neben

[737] Dazu kritisch oben Kapitel 3, B. III.

[738] Der allgemeine Schadensersatzanspruch in Art. 45 Abs. 1 lit. b UNKR ist im Vergleich zum BGB weder vom Verschulden entsprechend der §§ 276, 278 BGB, noch von besonderen

Art. 80 UNKR die Vorschrift des Art. 79 UNKR von seiner Haftung bei solchen Hinderungsgründen, die außerhalb seines Einflußbereiches liegen und die er vernünftigerweise bei Vertragsschluß weder in Betracht zu ziehen noch zu vermeiden noch zu überwinden brauchte.[739] Damit unterscheidet sich das UN-Kaufrecht von den Regelungen des BGB nicht im Haftungsmaßstab, sondern lediglich im Umfang. Denn der Rechtsbehelf im UN-Kaufrecht ersetzt neben dem Mangel- auch den Mangelfolgeschaden und differenziert nicht zwischen Mangel und Zusicherung.

Von den Regelungen dieser beiden Rechte unterscheidet sich die Schadensersatzhaftung des Verkäufers nach dem Kommissionsvorschlag in verschiedener Hinsicht. Zum einen verliert der verschuldensunabhängige Schadensersatzanspruch der §§ 463, 480 Abs. 2 BGB seine Sonderstellung, indem der Entwurf einen allgemeinen Schadensersatzanspruch bei fahrlässigem Verhalten des Verkäufers einführt. Zum anderen ist durch die Verweisung des § 441 KE auf die Vorschriften der §§ 280, 283 KE klargestellt, daß der Verkäufer nunmehr - auch anders als im UN-Kaufrecht - nur bei Vertretenmüssen der Mangelhaftigkeit auf Schadensersatz haftet. Schließlich erstreckt sich der „reformierte" Anspruch gleichermaßen auf Mangel- und Mangelfolgeschaden.

Trotz der großen Unterschiede in der Systematik der drei Rechte ist jedoch festzustellen, daß alle drei in der konkreten Rechtsanwendung in vielen Fällen zu gleichen oder zumindest ähnlichen Ergebnissen führen.[740] Der Reformvorschlag, der gegenüber dem BGB erstmals den Mangelschaden nur bei Verschulden des Verkäufers ersetzt, gelangt in der Praxis zu ähnlichen Ergebnissen wie das UN-Kaufrecht, wenngleich letzteres verschuldensunabhängig die Eingrenzung des Anspruchs über Art. 79 UNKR vornimmt.[741] Auch beim Vergleich von BGB und Reformentwurf ist zu bemerken, daß ungeachtet des kodifizierten Verschuldensprinzips der Vorschlag im wesentlichen nur die Rechtsprechungspraxis zum Schadensersatzanspruch festschreibt: Zum einen stellt die pFV nach geltendem Recht - wenn auch nur für den Mangelfolgeschaden - auf das Verschuldenserfordernis ab.[742] Zum anderen wird der Mangelschaden oftmals durch die Bejahung

---

Umständen, die der Verkäufer zu vertreten hat, wie nach § 279 BGB die Erfüllung von Gattungsschulden oder die Fähigkeit zur Verschaffung unbelasteten Eigentums, noch von besonderen vertraglichen Garantiezusagen wie in den §§ 463 S. 1, 480 Abs. 2 BGB abhängig. Siehe dazu ausführlich Schlechtriem/*Huber*, Art. 45 UNKR, Rn. 37 sowie unten Kapitel 6, B. II. 5. e.

739 Siehe dazu *Basedow*, Gutachten, S. 42.

740 So auch *Rudolph*, Vor Art. 45 UNKR, Rn. 6; Schlechtriem/*Stoll*, Art. 79 UNKR, Rn. 9.

741 So läßt die Formulierung des § 276 KE zur Bestimmung der Haftung des Verkäufers in der Praxis viel Spielraum. Weiterführend dazu *Schlechtriem*, ZEuP 1993, S. 217, 229 f.

742 Vgl. Abschlußbericht, S. 222.

einer stillschweigenden Zusicherung ersetzt. Die Einführung der allgemeinen Schadensersatzhaftung führt lediglich zu einer geringfügigen Verschärfung.[743]

5. Ausschluß der Haftung

Stellt man die drei Rechte bezüglich ihrer Regelungen zum Ausschluß der Gewährleistungshaftung für Sachmängel einander gegenüber, sind mehrere Gemeinsamkeiten festzustellen. So weisen alle die Regelung auf, dergemäß die Gewährleistungsansprüche bei Kenntnis des Käufers vom Mangel ausgeschlossen sind. Daneben kann die Haftung des Verkäufers dadurch ausgeschlossen sein, daß der Käufer seiner Pflicht, die Ware zu untersuchen und etwaige Mängel zu rügen, gar nicht bzw. nicht innerhalb der geforderten Frist nachkommt.

a. Kenntnis des Käufers vom Mangel

Nach § 460 S. 1 BGB entfällt die Haftung des Verkäufers in dem Fall, daß der Käufer den Sachmangel zum Zeitpunkt des Vertragsschlusses kannte. Dabei setzt der Ausschluß positives Wissen des Käufers um den Mangel voraus. Die Kenntnis vom Mangel schließt selbst dann die Haftung aus, wenn der Verkäufer die Fehlerfreiheit zugesichert hat.[744] Satz 2 der Vorschrift erweitert den Gewährleistungsausschluß auf den Fall der grob fahrlässigen Unkenntnis des Käufers vom Fehler, es sei denn, daß der Verkäufer eine Zusicherung abgegeben oder den Fehler arglistig verschwiegen hat.

Ebenso bestimmt Art. 35 Abs. 3 UNKR, daß der Verkäufer für eine Vertragswidrigkeit nach Absatz 2 nicht haftet, die der Käufer bei Vertragsschluß kannte oder über die er nicht in Unkenntnis sein konnte. Diese zweite Variante verlangt im Vergleich zum BGB mehr als dessen grobe Fahrlässigkeit, nach überwiegender Ansicht ist der Ausschluß im UN-Kaufrecht lediglich bei „ins Auge springenden" Vertragswidrigkeiten zu bejahen. Im Ergebnis basieren jedoch beide Rechte auf derselben Grundentscheidung und unterscheiden sich lediglich in den Formulierungen hinsichtlich des Verschuldensgrades.[745] Hinzu kommt, daß in Art. 35 Abs. 3 UNKR anders als im BGB der Fall der zugesicherten Eigenschaft nicht ausdrücklich geregelt ist. Der Grund dafür liegt allerdings darin, daß die Zusicherung nicht unter Absatz 2, sondern unter Absatz 1 der Vorschrift fällt, so daß in einem solchen Fall schon nach dem Gesetzeswortlaut die Ausschlußregelung des Absatz 3 nicht zum Tragen kommt.[746]

---

[743] Siehe *Huber*, Gutachten, S. 647, 666.

[744] Vgl. MüKo/*Westermann*, § 460, Rn. 4.

[745] Vgl. *Basedow* (Gutachten, S. 58), der beide Regelungen noch mit anderen nationalen Rechtsordnungen vergleicht.

[746] Siehe Schlechtriem/*Schwenzer*, Art. 35 UNKR, Rn. 37.

Auch der Kommissionsentwurf enthält eine entsprechende Ausschlußregel in § 442 KE.[747] In Abweichung zum BGB genügt hier jedoch nicht mehr die grob fahrlässige Unkenntnis des Käufers. Vielmehr vermag allein seine positive Kenntnis vom Mangel die Haftung des Verkäufers auszuschließen. Die Nichtübernahme des § 460 S. 2 BGB in den Entwurf resultiert aus der neuen Systematik, dergemäß nicht mehr zwischen Fehler und zugesicherter Eigenschaft unterschieden werden muß, sowie daraus, daß dem Ausschlußtatbestand bei grober Fahrlässigkeit wegen allgemeiner Beweisschwierigkeiten keine große praktische Bedeutung zukommt.[748]

b. Untersuchungs- und Rügepflicht des Käufers

Eine Besonderheit des innerdeutschen Rechts stellt die Differenzierung zwischen einem kaufmännischen und einem „gewöhnlichen" Käufer hinsichtlich der Verpflichtung zur unverzüglichen Untersuchung der Ware und Anzeige von Mängeln dar. § 377 HGB erlegt dem Käufer beim zweiseitigen Handelskauf diese beiden Pflichten auf. Ohne unverzügliche Rüge gilt die Ware als genehmigt mit der Folge, daß der kaufmännische Käufer die ihm wegen des Mangels zustehenden Rechte verliert. Überdies wird nach § 378 HGB eine Falsch- und Zuweniglieferung hinsichtlich der Untersuchungs- und Rügepflicht grundsätzlich der Schlechtlieferung in § 377 HGB gleichgestellt. Lediglich bei grober Artabweichung des Gelieferten zum Geschuldeten ist der Käufer von diesen Pflichten entbunden.[749] Der Rechtsverlust beim Handelskauf tritt folglich auch ohne die positive Kenntnis des Käufers vom Mangel ein.[750] Im Unterschied dazu verliert der „gewöhnliche" Käufer nach § 464 BGB lediglich bei positiver Kenntnis vom Mangel seine Gewährleistungsansprüche, wenn er die Sache vorbehaltlos annimmt. Die Möglichkeit des Erkennenkönnens oder -müssens des Fehlers spielt hier keine Rolle.

Das UN-Kaufrecht trifft demgegenüber keine Unterscheidung zwischen kaufmännischem und gewöhnlichem Kauf.[751] So bestimmt Art. 39 Abs. 1 UNKR, daß

---

747 Die Vorschrift des § 442 KE faßt die Regelung der Kenntnis von einem Rechtsmangel, in § 439 BGB eigenständig kodifiziert, mit der Vorschrift zur Kenntnis vom Sachmangel zusammen. Ihr Absatz 2 übernimmt die besondere Regelung zum Grundstückskauf (§ 439 Abs. 2 BGB), wobei dessen Anwendungsbereich im Entwurf auf alle im Grundbuch eingetragenen Rechte ausgedehnt ist.

748 Vgl. dazu Abschlußbericht, S. 226.

749 Die Einschränkung der Rügepflicht nach § 378 HS. 2 HGB stellt auf die Genehmigungsfähigkeit der Ware ab: Anders als bei § 377 HGB entfällt die Rügepflicht des Käufers in den Fällen, in denen die Ware wegen ihrer Abweichung nicht mehr genehmigungsfähig ist. Weiterführend Baumbach/*Hopt*, § 378 HGB, Rn. 2 ff.

750 Siehe *Basedow*, Gutachten, S. 58.

751 Vgl. *Welser*, in Das UNCITRAL-Kaufrecht, S. 105, 111. - Grundlage der Rügepflicht in Art. 39 Abs. 1 UNKR ist die Pflicht des Käufers zur Untersuchung der Ware innerhalb einer kurzen Frist (Art. 38 UNKR). - Die Anwendung des UN-Kaufrechts ist zwar nicht auf Handelskäufe i.S.d. deutschen Rechts beschränkt (Art. 1 Abs. 3 UNKR). Dennoch schließt Art. 2 lit. a UNKR den Kauf von Ware für den persönlichen Gebrauch aus seinem Anwendungsbereich aus.

jeder Käufer jede Vertragswidrigkeit innerhalb einer angemessenen Frist rügen muß und zwar ab dem Zeitpunkt, in dem er sie festgestellt hat oder hätte feststellen müssen. Damit differieren BGB und UN-Kaufrecht bei der Bestimmung des Zeitraums, in dem die Ware zu untersuchen und eventuell zu rügen ist, lediglich in der getroffenen Wortwahl. Inhaltlich stimmen sie überein, da der Käufer jeweils so schnell wie möglich Anzeige zu erstatten hat.[752] Der Begriff der Vertragswidrigkeit erfaßt im UN-Kaufrecht zudem sowohl die Schlecht- als auch die Falsch- als auch die Zuweniglieferung. Wie im deutschen Handelsrecht gilt die Ware ansonsten als genehmigt mit der Folge, daß der Käufer alle Rechtsbehelfe verliert, die ihm nach Art. 45 UNKR zustünden.[753] Abschließend zu erwähnen ist, daß die Rügepflicht des Käufers darüber hinaus nach verschiedenen Vorschriften des UN-Kaufrechts ausgeschlossen sein kann.

Der Vorschlag stimmt mit den Regelungen des BGB hinsichtlich der Untersuchungs- und Rügepflicht des Käufers weitgehend überein.[754] Der Grund dafür ist, daß der Reformauftrag an die Schuldrechtskommission seinem Umfang nach die handelsrechtlichen Vorschriften nicht einbezog. Dennoch weist der Entwurf einen Unterschied zum BGB auf: Wie schon im UN-Kaufrecht fallen neben der Schlechtlieferung die Falsch- und Zuweniglieferung grundsätzlich unter die Pflichtverletzung. Lediglich Extremabweichungen stehen nach § 435 Abs. 2 HS. 2 KE dem Sachmangel nicht gleich. Die Unterscheidung zwischen genehmigungsfähigen und nicht genehmigungsfähigen Abweichungen aus § 378 HGB entfällt.[755] Im Vergleich zu § 378 HGB reicht die Ausnahmeregelung des § 435 Abs. 2 HS. 2 KE aber weniger weit.[756] Im Ergebnis bleibt festzuhalten, daß der Entwurf an der grundsätzlichen Trennung zwischen kaufmännischem und „gewöhnlichem" Kauf in bezug auf die Untersuchungs- und Rügepflicht letztlich keine Änderung vornimmt.

---

752 Siehe *Heilmann*, S. 323; *Herber/Czerwenka*, Art. 39 UNKR, Rn. 9; *Reinhart*, Art. 39 UNKR, Rn. 5. A.A. Schlechtriem/*Schwenzer*, Art. 39 UNKR, Rn. 15.

753 Vgl. statt vieler Schlechtriem/*Schwenzer*, Art. 39 UNKR, Rn. 5, 15, 30 m.w.N.

754 *Basedow*, Gutachten, S. 60, sowie *Joussen* (Referat, S. K 42) schlagen demgegenüber in Anlehnung an das UN-Kaufrecht die Ausdehnung der Untersuchungs- und Rügepflicht auf das Recht des BGB vor. Etwaige Härten für den Endverbraucher könnten durch die Konkretisierung der jeweiligen Untersuchungspflicht im Einzelfall abgemildert werden. Auch der 60. Deutsche Juristentag hat eine für dem Käufer bekannte Mängel beschlossen, Ständige Deputation des Deutschen Juristentages, Bd. II/2, S. K 242, Nr. 15.

755 Nach dem Entwurf verliert die vom Gesetzgeber restriktiv gemeinte Ausnahmeregelung des geltenden Rechts zur Rügepflicht bei nicht genehmigungsfähigen Abweichungen an Bedeutung, da die kurze Verjährungsfrist des § 477 BGB im Interesse beider Parteien verlängert ist. Damit besteht nicht mehr die Notwendigkeit, eine nicht genehmigungsfähige Abweichung anders als den Sachmangel zu behandeln. Vgl. Abschlußbericht, S. 203.

756 Während § 378 HGB nach der Genehmigungsfähigkeit differenziert, erfaßt die Ausnahmeregelung des § 435 Abs. 2 HS. 2 KE die Fälle, die „als Erfüllung offensichtlich nicht in Betracht kommen".

III. Rechts- und Sachmangel

Ein weiterer Unterschied zwischen BGB, UN-Kaufrecht und Reformvorschlag besteht in der Ausgestaltung des Rechtsmangels im Vergleich zum Sachmangel. Zum besseren Verständnis der jeweils unterschiedlichen Regelungen von Rechts- und Sachmangel innerhalb der drei Rechte sind der eigentlichen Gegenüberstellung beider Mangelarten zunächst grundsätzliche Ausführungen zur Mangelfreiheit der Kaufsache sowie zur dogmatischen Einordnung von Sach- und Rechtsmangel vorangestellt.

1. Mangelfreiheit der Ware

Im BGB sind Rechts- und Sachmangel bedingt durch ihre dogmatische Einordnung gänzlich unterschiedlich geregelt. § 434 BGB erlegt dem Verkäufer die Pflicht auf, die Sache dem Käufer frei von Rechten Dritter zu verschaffen. Die Nichteinhaltung dieser Pflicht ist als ein Fall der Nichterfüllung nach den allgemeinen Regeln des Leistungsstörungsrechts zu behandeln. Anders als bei der Sachmängelhaftung hat der Käufer einen klagbaren Erfüllungsanspruch auf Beseitigung der Rechte Dritter.[757] Das Pendant zu diesem Beseitigungsanspruch des Käufers - als fortbestehender Erfüllungsanspruch - bildet die Beseitigungspflicht des Verkäufers. Gemäß § 440 Abs. 1 BGB stehen dem Käufer die allgemeinen Rechte wegen Nichterfüllung nach den §§ 320–327 BGB zu. In bezug auf den Sachmangel sieht das BGB hingegen keine § 434 BGB vergleichbare Verpflichtung des Verkäufers vor. Zwar legt § 480 Abs. 1 BGB für den Gattungskauf den Anspruch auf Lieferung mangelfreier Ware fest. Für den Stückkauf fehlt jedoch eine entsprechende Regelung. Vielmehr ist der Sachmangel in den gewährleistungsrechtlichen Sondervorschriften der §§ 459 ff. BGB geregelt, die sowohl bezüglich ihrer Voraussetzungen als auch ihrer Rechtsfolgen von den allgemeinen Vorschriften erheblich abweichen. Denn Anknüpfungspunkt für diese Haftung ist nicht die Verletzung der Pflicht zur Lieferung mangelfreier Ware, sondern allein das Vorliegen des Sachmangels.[758] Die Mangelfreiheit selbst ist im BGB nicht Inhalt der Leistungspflicht des Verkäufers, so daß der Käufer diesbezüglich auch keinen Primäranspruch durchsetzen kann.

Von diesen differierenden Regelungen für Rechts- und Sachmangel im BGB weichen die beiden anderen Rechte erheblich ab. Sowohl das UN-Kaufrecht als auch der Entwurf verpflichten den Verkäufer generell zur Lieferung mangelfreier Ware. Das UN-Kaufrecht unterscheidet zwar auch zwischen den beiden Mangelarten. Für die einzelnen Rechtsbehelfe entwickelt dies jedoch keine Relevanz. Denn die in Art. 45 Abs. 1 UNKR geregelten Rechte des Käufers setzen immer die Nichterfüllung einer Vertragspflicht durch den Verkäufer voraus, wobei zu seinen Pflichten zum einen die Lieferung vertragsgemäßer Ware (Artt. 30, 35 UNKR, Sachmangel),

757 Siehe ausführlich MüKo/*Westermann*, § 434, Rn. 1 f.

758 Vgl. Abschlußbericht, S. 194.

zum anderen die Freiheit von Rechten und Ansprüchen Dritter (Art. 41 UNKR, Rechtsmangel) zählen.[759] Obwohl das UN-Kaufrecht also Rechts- und Sachmangel jeweils selbständig regelt, stimmen sie hinsichtlich der nachfolgenden Rechtsbehelfe überein, so daß hier der für die Rechtsfolge entscheidenden Abgrenzungsfrage im BGB kein großes Gewicht zukommt.[760]

Der Entwurf geht im Vergleich dazu mit der grundsätzlichen Gleichstellung von Rechts- und Sachmangel noch einen Schritt weiter. So bestimmt die Vorschrift des § 434 KE, daß „dem Käufer die Sache frei von Sach- und Rechtsmängeln zu verschaffen" ist. Auf diese Weise erreicht er, daß zum einen für den Verkäufer die Pflicht zur Lieferung sach- und rechtsmangelfreier Ware besteht, zum anderen die problematische Unterscheidung zwischen beiden Mangelarten gänzlich entfällt. Im Ergebnis ist damit die Haftung für Rechts- und Sachmangel in das System des allgemeinen Leistungsstörungsrecht eingefügt, wohingegen das BGB dies lediglich für den Rechtsmangel festschreibt.[761] Die generelle Gleichsetzung von Rechts- und Sachmangel ist wegen ihrer Klarheit und Einfachheit dem BGB vorzuziehen.

2. Ausgestaltung des Rechtsmangels

Stellt man die jeweiligen Regelungen zum Rechtsmangel einander gegenüber, ist zu bemerken, daß alle in der grundsätzlichen Ausgestaltung des Rechtsmangels weitestgehend übereinstimmen. Lediglich in einzelnen kleinen Punkten weichen sie voneinander ab.

Das BGB versteht unter einem Rechtsmangel, daß der Verkäufer dem Käufer zwar die Sache selbst, aber nicht die nach dem Kaufvertrag vorgesehene Rechtsstellung verschafft. Entsprechend verpflichtet § 434 BGB den Verkäufer, die Sache dem Käufer frei von Rechten Dritter zu verschaffen.[762] Für den Fall der Nichterfüllung verweist § 440 Abs. 1 BGB auf die Vorschriften des allgemeinen Leistungsstörungsrechts. Der Reformentwurf übernimmt diese Regelung unverändert in § 436

[759] Siehe ausführlich Schlechtriem/*Huber*, Art. 45 UNKR, Rn. 3.

[760] So auch Schlechtriem/*Schwenzer*, Art. 35 UNKR, Rn. 5. Lediglich im Hinblick auf den Haftungsausschluß bei Kenntnis des Käufers kommt der Abgrenzung zwischen beiden Mangelarten noch Bedeutung zu. So sind zum einen die Anforderungen an den Ausschluß der Haftung bei Kenntnis für die Sachmängelhaftung nach Art. 35 Abs. 3 UNKR strenger, zum anderen gilt nach Art. 39 Abs. 2 UNKR die zweijährige Ausschlußfrist nicht für Rechtsmängel. Vgl. dazu ausführlich Schlechtriem/*Schwenzer*, Art. 35 UNKR, Rn. 5 sowie Art. 41 UNKR, Rn. 5.

[761] Siehe ausführlich Abschlußbericht, S. 195 ff.

[762] Von den Sonderregeln für Rechtsmängel bei Grundstücken hat der Entwurf die Regelung des § 435 Abs. 1 BGB in § 436 Abs. 2 KE inhaltlich weitgehend übernommen, zudem ist die Begrenzung der Haftung hinsichtlich öffentlich-rechtlicher Lasten aus § 436 BGB mit dem § 437 Abs. 2 KE beibehalten worden. Absatz 1 der Reformvorschrift sieht abweichend zum BGB die Regelung von Anliegerbeiträgen vor. Das UN-Kaufrecht hingegen umfaßt lediglich den Kauf von beweglichen körperlichen Sachen (Art. 1 Abs. 1 UNKR), der Grundstückskauf ist folglich gar nicht geregelt.

Abs. 1 KE. Auch das UN-Kaufrecht wählt wie die beiden anderen Rechte als Anknüpfungspunkt für den Rechtsmangel die bestehenden Rechte Dritter an der Sache (Art. 41 UNKR). Darüber hinaus erweitert es den Begriff des Rechtsmangels um die von einem Dritten beanspruchten Rechte. Auf das eigentliche Bestehen des Rechts kommt es damit beim UN-Kaufrecht nicht an, wohingegen in BGB und Entwurf nur ein tatsächlich bestehendes Recht einen Rechtsmangel darzustellen vermag.[763]

Überdies regelt die Vorschrift des Art. 42 UNKR die Haftung des Verkäufers für Rechte oder Ansprüche Dritter aufgrund gewerblichem oder anderem geistigen Eigentum. Sie ist im Vergleich zur Haftung für die anderen Rechtsmängel nach Art. 41 UNKR erheblich beschränkt. Das BGB weist zu diesem Punkt keine eigenständige Regelung auf. Dies ist darauf zurückzuführen, daß die Freiheit von Schutzrechten bereits der allgemeinen Rechtsmängelhaftung zugerechnet wird.[764] Auch die Verfasser der Reformvorschläge sehen keine Notwendigkeit für eine gesonderte Kodifizierung dieser besonderen Ausprägung des Rechtsmangels, da dieser eher seltene Fall über die Vertragsauslegung zu lösen sei.[765]

Ein weiterer Unterschied in der Gestaltung des Rechtsmangels besteht zwischen den drei Rechten hinsichtlich des Verschuldenserfordernisses. Im BGB ist der Rechtsmangel insoweit nicht vollständig in das allgemeine Leistungsstörungsrecht integriert, als der Verkäufer sein anfängliches Unvermögen auch ohne Verschulden zu vertreten hat. Damit liegt im Ergebnis zumeist eine verschuldensunabhängige Garantiehaftung vor.[766] Der Vorschlag differenziert demgegenüber - entsprechend der generellen Einordnung als Pflichtverletzung - hinsichtlich des Verschuldenserfordernisses erst bei den einzelnen Rechtsbehelfen. Als Folge davon unterscheiden sich die Ergebnisse des Entwurfs von denen des BGB dahingehend, daß nach reformiertem Recht der Rücktritt bei anfänglichem Unvermögen zwar weiterhin verschuldensunabhängig ist, der Anspruch auf Schadensersatz wegen Nichterfüllung aber Verschulden verlangt. Das UN-Kaufrecht läßt indes den Verkäufer für die Rechtsverschaffung grundsätzlich ohne Rücksicht auf das Vertretenmüssen einstehen, so daß - zumindest für das anfängliche Unvermögen - die Ergebnisse denen des BGB entsprechen. Obschon der Kommissionsvorschlag den Schadensersatzanspruch damit gegenüber dem UN-Kaufrecht und dem BGB unter strengere Voraussetzungen stellt, ist die Neuerung begrüßenswert.[767] Denn der Vorteil, daß die Gesetzessystematik mit Wegfall der Abgrenzungsproblematik um beide Mangelarten an Klarheit gewinnt, vermag die Verschärfung wieder auszugleichen.

763 Siehe Schlechtriem/*Schwenzer*, Art. 41 UNKR, Rn. 9 m.w.N.; zum BGB Soergel/*Huber*, § 434, Rn. 80.

764 Siehe Soergel/*Huber*, § 434, Rn. 41; MüKo/*Westermann*, § 434, Rn. 6.

765 Vgl. Abschlußbericht, S. 206.

766 Weiterführend MüKo/*Westermann*, §§ 440, 441, Rn. 8.

767 Ebenso Abschlußbericht, S. 205; a.A. *Ernst*, JZ 1994, S. 801, 809; *ders.*, Rechtsmängelhaftung, § 15 III 3 c, S. 208.

B. Rechtsbehelfe

Für den Vergleich der verschiedenen Rechtsbehelfe, die das BGB, das UN-Kaufrecht und der Reformentwurf dem Käufer aufgrund eines Sachmangels eröffnen, ist zunächst zwischen primären und sekundären Rechtsbehelfen zu unterscheiden. Die ersteren bezeichnen den Erfüllungs- bzw. gegebenenfalls den Nacherfüllungsanspruch. Erst mit Überschreiten einer durch das jeweilige Recht festgelegten Grenze besteht für den Verkäufer nicht mehr die Pflicht zur Erfüllung. Statt dessen kommen die sekundären Rechtsbehelfe zur Anwendung. Dies sind die Ansprüche auf Vertragsauflösung, auf Minderung sowie auf Schadensersatz wegen Nichterfüllung.

I. Primäre Rechtsbehelfe

Unter den Begriff der primären Rechtsbehelfe sind neben dem allgemeinen Erfüllungsanspruch des Käufers gegenüber dem Verkäufer auch die sogenannten Nacherfüllungsansprüche, d.h. Ersatzlieferung und Nachbesserung, als besondere Ausgestaltung des ursprünglichen Erfüllungsanspruchs zu fassen.

1. Erfüllungsanspruch

a. Pflicht des Verkäufers zur sachmängelfreien Lieferung

Bei näherer Betrachtung der Ausgestaltung des Erfüllungsanspruchs in den drei Rechten fällt auf, daß nach dem BGB - im Gegensatz zu den anderen - die Lieferung einer mangelfreien Sache nicht zur Erfüllungspflicht des Verkäufers gehört. Anders als bei der Regelung des Rechtsmangels weist das BGB keine Vorschrift auf, aufgrund derer die Sachmängelfreiheit der Ware zur Leistungspflicht des Verkäufers erhoben ist.[768] An dieser Rechtslage vermag auch die Vorschrift des § 480 Abs. 1 BGB, dergemäß dem Gattungskäufer die Lieferung einer mangelfreien Sache als Rechtsbehelf zusteht, nichts zu ändern. In Konsequenz der an anderer Stelle befürworteten Gewährleistungstheorie[769], wonach die Leistungspflicht des Verkäufers beim Stückkauf gerade nicht die Freiheit von Sachmängeln umfaßt, so daß die Lieferung mangelhafter Ware die Vertragserfüllung nicht verhindert, stellt die Sachmängelhaftung im BGB ein von der Erfüllungspflicht gänzlich zu unterscheidendes Rechtsinstitut dar.[770] Der Käufer einer Speziessache kann also nach bestehendem Recht wegen eines Sachmangels keinen Anspruch auf Erfüllung bzw. Ersatzlieferung oder Nachbesserung geltend machen.

Demgegenüber verpflichten sowohl das UN-Kaufrecht in Art. 35 Abs. 1 UNKR als auch der Reformvorschlag mit § 434 KE den Verkäufer zur Lieferung sachmängelfreier Ware. Mit dieser Pflicht des Verkäufers korrespondiert jeweils der Erfül-

---

[768] Vgl. oben Kapitel 2, A. I.

[769] Siehe dazu oben Kapitel 1, B. II. 2.

[770] Vgl. *Larenz*, Bd. II/1, § 41 I.

lungsanspruch des Käufers für den Fall, daß ihm eine mit Sachmängeln behaftete Sache geliefert wird. Diesen Anspruch kann der Käufer gegenüber dem Verkäufer geltend machen, indem er (Nach-)Erfüllung in Form von Ersatzlieferung bzw. Nachbesserung oder - nach Überschreiten der Grenze zur Erfüllungspflicht - die sekundären Rechtsbehelfe verlangt.

b. Grenze der Erfüllungspflicht

Die drei Rechte stimmen in ihrer Systematik dahingehend überein, daß sie einen grundsätzlichen Erfüllungsanspruch als primären Rechtsbehelf kennen und festschreiben.[771] Allerdings kann die Erfüllungsverpflichtung des Verkäufers nicht unbegrenzt Bestand haben, sondern entfällt mit einem ganz bestimmten, von jedem einzelnen Recht festgelegten Zeitpunkt innerhalb der Vertragsbeziehung. Erst nach Überschreiten dieser „Schwelle" ist der Verkäufer auf der einen Seite von seiner Leistungspflicht befreit und dem Käufer stehen auf der anderen Seite wegen Nichterfüllung die sekundären Rechtsbehelfe zur Verfügung.

Das BGB wählt als äußerste Grenze für die Erfüllungspflicht des Schuldners die Unmöglichkeit. So entsteht bei anfänglich objektiver Unmöglichkeit nach § 306 BGB erst gar keine vertragliche Verpflichtung. Für nachträgliche Unmöglichkeit bestimmt weiterhin die Vorschrift des § 275 BGB, daß die Erfüllungspflicht des Schuldners erlischt. Allerdings wird die Entscheidung des Gesetzgebers, die Unmöglichkeit als Grenze für die Leistungspflicht des Schuldners festzusetzen, generell als nicht sehr gelungen angesehen.[772] Zur Korrektur dieser Situation erkennt die Rechtspraxis noch weitere Institute als Befreiungsgrund von der Leistungspflicht des Schuldners an. Als Beispiele lassen sich die faktische und wirtschaftliche Unmöglichkeit, der Wegfall der Geschäftsgrundlage, die Vorratsschuld bei einer Gattungsschuld und der Fall, daß die Erfüllung nur unter unverhältnismäßigen Aufwendungen möglich ist, sowie schließlich der Rückgriff auf § 242 BGB anführen.[773]

---

[771] Dabei ist ohne Bedeutung, daß § 241 BGB dieses nur beiläufig bestimmt. Der Erfüllungsanspruch des Käufers wird hier nicht als besonderer Rechtsbehelf, sondern als identisch mit der Leistungspflicht des Verkäufers verstanden. Vgl. *Larenz*, Bd. I, § 2 II. - Das angloamerikanische Recht hingegen läßt den Anspruch auf Durchführung des Vertrages in der vereinbarten Weise (*specific performance*) nur ausnahmsweise bei besonderem Interesse des Gläubigers zu. Die gerichtliche Durchsetzbarkeit des grundsätzlich bestehenden Erfüllungsanspruchs kann durch Art. 28 UNKR eingeschränkt sein. Vgl. *Rabel*, Warenkauf Bd. I, S. 375 ff. Weiterführend *Zweigert/Kötz*, § 35 IV, S. 477 ff.; *Drobnig*, in Dubrovnik Lectures, S. 305, 320; *Kindler*, Jahrbuch f. Ital. Recht 5 (1992), S. 201, 217 ff.

[772] Vgl. dazu oben Kapitel 3, B. I.

[773] Entgegen dem Wortlaut des § 275 BGB, demgemäß die Verpflichtung des Schuldners nur bei nichtzuvertretender Unmöglichkeit erlischt, wird der Schuldner in der Rechtspraxis auch bei Verschulden von seiner Pflicht zur Erfüllung befreit. Er haftet dem Gläubiger jedoch auf Schadensersatz. Vgl. allgemein zu den Befreiungsgründen des Schuldners MüKo/*Emmerich*, Vor § 275, Rn. 20 ff. m.w.N.

Demgegenüber setzen Entwurf und UN-Kaufrecht eine andere Grenze fest, ab der der Schuldner von seiner Leistungspflicht befreit ist. Der Reformvorschlag stellt unter bewußter Abkehr von der Unmöglichkeit als maßgebliches Kriterium für das Schicksal des Erfüllungsanspruchs auf das zwischen den Parteien bestehende Schuldverhältnis selbst ab. Nach § 275 S. 1 KE begrenzen nunmehr Inhalt und Natur des Schuldverhältnisses diejenigen Anstrengungen, die der Schuldner zur Leistungserbringung vorzunehmen hat.[774] Von dieser Regelung ausdrücklich ausgenommen ist die Geldschuld, da Geld als immer beschaffbar angesehen wird.[775] Anders als im BGB bezieht sich der Befreiungsgrund des § 275 S. 1 KE ausschließlich auf die Erfüllungspflicht des Schuldners und damit gleichzeitig auf den Erfüllungsanspruch des Gläubigers. Die anderen Rechtsbehelfe wegen einer Pflichtverletzung bleiben davon gänzlich unberührt, die Verantwortung des Schuldners hierfür richtet sich vielmehr nach § 276 Abs. 1 KE.

Das UN-Kaufrecht knüpft mit Art. 79 UNKR hinsichtlich der Befreiung des Schuldners an solche Hindernisse an, die außerhalb seines Einflußbereiches liegen und die Pflichterfüllung in einer für ihn unüberwindbaren und unvorhergesehenen Weise vereiteln. Für die Bestimmung der Beherrschbarkeit eines Risikos stellt das Übereinkommen ebenso wie die Reformkommission auf den Sinn und Zweck des vertraglichen Schuldverhältnisses ab, auch wenn dies im UN-Kaufrecht nicht so deutlich wie in § 275 S. 1 KE zum Ausdruck kommt.[776] Durch berichtigende Auslegung des Art. 79 Abs. 5 UNKR, der ausdrücklich nur die Schadensersatzpflicht nennt, erfaßt die Entlastungsregel auch den Erfüllungsanspruch. Darüber hinaus entfällt der Anspruch auf Erfüllung unabhängig von Art. 79 UNKR bei objektiv dauernder Unmöglichkeit der Leistung.

2. Nacherfüllungsansprüche

Im Unterschied zu den beiden anderen Rechten versagt das BGB dem Käufer einer Speziessache sowohl den Anspruch auf Nachlieferung als auch den auf Nachbesserung. Zur Begründung dieser Entscheidung führte der Gesetzgeber an, daß es dem Wiederverkäufer oftmals nicht möglich sei, bestehende Sachmängel ohne unverhältnismäßigen Aufwand zu beseitigen.[777] Allein beim Gattungskauf räumt das BGB die Pflicht zur Nacherfüllung ein. Demgegenüber sehen UN-Kaufrecht und Reformvorschlag uneingeschränkt - also bei Spezies- und Gattungskauf - Regelungen für Nacherfüllungsansprüche vor. Aus dogmatischer Sicht spiegelt diese Ge-

---

[774] Während der Abschlußbericht diese Grenze als Einrede ausgestaltet, hat der 60. Deutsche Juristentag sich für die Einwendung ausgesprochen (Ständige Deputation des Deutschen Juristentages, Bd. II/2, S. K 242, Nr. 5 lit. b).

[775] Siehe *Schlechtriem*, ZEuP 1993, S. 217, 224; Abschlußbericht, S. 120 f.

[776] Vgl. Schlechtriem/*Stoll*, Art. 79 UNKR, Rn. 7; *Herber*, in UNCITRAL-Übereinkommen, S. 47; *Karollus*, S. 207 ff.

[777] Siehe Motive II, S. 227.

setzeslage mit den jeweiligen Ansprüchen auf Nacherfüllung in allen drei Rechten die bestehende Pflicht des Verkäufers zur Lieferung mangelfreier Ware wider.

a. Nachlieferung

Die Nachlieferung ist als Rechtsbehelf grundsätzlich nur bei Gattungskäufen sowie beim Kauf vertretbarer Sachen - nach diesem Kriterium differenziert der Entwurf - denkbar. So legt das BGB auch nur für den Gattungskauf einen generellen Anspruch auf Nachlieferung mangelfreier Ware fest (§ 480 Abs. 1 BGB). Dieser Anspruch des Käufers besteht als zeitliche Fortführung des primären Erfüllungsanspruchs selbst über den Zeitpunkt des Gefahrübergangs hinaus fort.[778] Hingegen ist dem BGB ein mit diesem Anspruch korrespondierendes Recht des Verkäufers zur zweiten Andienung, das einer Abwendungsbefugnis bezüglich der anderen Rechtsbehelfe des Käufers gleichkäme, unbekannt.[779]

Von dieser Regelung weichen das UN-Kaufrecht und der Vorschlag in erheblichem Maße ab. Art. 46 Abs. 2 UNKR stellt klar, daß bei Lieferung einer nicht vertragsgemäßen Gattungssache der Erfüllungsanspruch des Käufers auf andere mangelfreie Ware bestehen bleibt. Beim Spezieskauf liegt ein Nachlieferungsanspruch hingegen grundsätzlich nicht vor.[780] Dies gilt im Unterschied zum Entwurf gleichfalls für den Stückkauf einer vertretbaren Sache, da der Verkäufer in diesem Fall keine Beschaffungsschuld wie beim Gattungskauf übernommen hat.[781] Demgegenüber erfüllt der Verkäufer mit der Lieferung eines Aliuds seine Pflicht nicht vertragsgemäß, so daß ein Nachlieferungsanspruch des Käufers besteht. Überdies erfährt der Anspruch auf Ersatzlieferung im Vergleich zum allgemeinen Erfüllungsanspruch dahingehend eine Einschränkung, daß der Käufer ihn lediglich für den Fall verlangen kann, daß eine wesentliche Vertragsverletzung vorliegt. Hierin besteht ein Unterschied zwischen der Regelung des UN-Kaufrechts und § 480 Abs. 1 BGB.[782] Ferner begrenzt das UN-Kaufrecht die Nachlieferung zeitlich insoweit, als der Käufer den Anspruch in Zusammenhang mit der Mängelrüge nach Art. 39 UNKR, zumindest aber innerhalb einer angemessenen Frist geltend machen

---

778 Siehe *Basedow*, Gutachten, S. 63; ebenso *Rudolph*, Vor Art. 45 UNKR, Rn. 6.

779 Anders als die Regelung des innerdeutschen Kaufrechts die Vorschrift des § 634 BGB für den Werkvertrag. - Allerdings ist das Nacherfüllungsrecht des Verkäufers zumeist vertraglich vereinbart, so daß sich die Rechtspraxis in ihren Ergebnissen kaum von denen des UN-Kaufrechts unterscheidet. Vgl. *Detzer/Thamm*, BB 1992, S. 2369, 2373.

780 Vgl. Soergel/*Lüderitz*, Art. 46 UNKR, Rn. 4; *Reinhart*, Art. 46 UNKR, Rn. 5; *Welser*, in Das UNCITRAL-Kaufrecht, S. 105, 118; a.A. *v. Hoffmann*, in Einheitliches KaufR u. nat. ObligationenR, S. 293, 295.

781 Siehe Schlechtriem/*Huber*, Art. 46 UNKR, Rn. 23.

782 Der Antrag der deutschen Vertreter auf der Wiener Konferenz, den Nachlieferungsanspruch generell zu gewähren und nur bei Unzumutbarkeit auszuschließen, wurde abgelehnt. Vgl. Official Records, S. 78, Art. 42 Nr. 5; S. 112 f., Art. 42 Nr. 3 IV, VIII; S. 337, Art. 42 Nr. 46 ff. Ferner *Schlechtriem*, Einheitliches UN-Kaufrecht, S. 67.

muß.[783] Anders als im BGB ist mit Art. 48 UNKR das Recht des Verkäufers zur zweiten Andienung ausdrücklich kodifiziert.[784] Es steht gewissermaßen dem Nachlieferungsanspruch des Käufers gegenüber. Als Voraussetzung ist jedoch genannt, daß zum einen keine unzumutbare zeitliche Verzögerung für den Käufer eintreten darf. Zum anderen muß dieser von den Kosten der zweiten Andienung sowie den daraus resultierenden Schäden freigestellt werden.[785] Das Recht zur zweiten Andienung ergibt sich konsequenterweise daraus, daß der Käufer grundsätzlich erst nach Ablauf der Nachfrist, die er gemäß Art. 47 UNKR dem Verkäufer zur Erfüllung seiner Pflichten gesetzt hat, zur Ausübung der sekundären Rechtsbehelfe berechtigt ist. Zuvor kann der Verkäufer durch Nachlieferung vertragsgemäßer Ware die Rechtsbehelfe des Käufers abwehren. Es führt im Vergleich zum BGB zu bestimmten Einschränkungen des Rechts des Käufers, zwischen den verschiedenen Rechtsbehelfen zu wählen.

Auch der Kommissionsvorschlag gewährt einerseits dem Käufer einen Anspruch auf Nachlieferung mangelfreier Ware, andererseits dem Verkäufer das Recht zur zweiten Andienung. Letzteres regelt zwar § 438 KE nicht ausdrücklich. Es ergibt sich jedoch daraus, daß der Käufer - wie im UN-Kaufrecht - erst nach erfolglosem Fristablauf die ihm zustehenden Sekundärrechte wegen mangelhafter Lieferung geltend machen kann.[786] Der Anspruch des Käufers richtet sich ganz allgemein auf Nacherfüllung. Das Wahlrecht zwischen beiden Ausgestaltungen, der Nachlieferung und der Nachbesserung, steht nur dem Verkäufer zu.[787] Für den Fall, daß dieser durch die Nacherfüllung unangemessen belastet wird, kann er diese verweigern. Die entsprechende Grenze zieht der Entwurf mit § 438 Abs. 3 KE - über das Leistungsverweigerungsrecht des § 275 KE hinaus[788] - schon bei unverhältnismäßigen Aufwendungen für die Nacherfüllung. Dies ist interessengerecht und bedeutet im Ergebnis keine Einschränkung der Rechtsstellung des Käufers. Während der

783 Dies entspricht der Regelung in §§ 480 Abs. 1 S. 2, 466 BGB, wobei die innerdeutsche Frist dem Käufer vom Verkäufer gesetzt wird, das UN-Kaufrecht hingegen ordnet sie gesetzlich an.

784 Allerdings ist dieses Recht zur zweiten Andienung dem Vorbehalt des Art. 49 UNKR unterstellt. Dies hat zur Folge, daß der Verkäufer dem Käufer, der das Recht zur Vertragsaufhebung bereits erlangt hat, dieses nicht mehr durch nachträgliche Erfüllung entziehen kann.

785 Vgl. *Basedow*, Gutachten, S. 65; ausführlich Schlechtriem/*Huber*, Art. 48 UNKR, Rn. 12 ff.

786 Vgl. Abschlußbericht, S. 211.

787 Als Grund für die Entscheidung, die Wahl zwischen den beiden Formen der Nacherfüllung dem Verkäufer zu überlassen, führt der Abschlußbericht (S. 212) an, daß es die Interessenlage des Verkäufers gebiete, ihm zu überlassen, auf welche Weise er seine Pflicht zur Lieferung einer mangelfreien Sache erfüllen möchte. Der Käufer hat dagegen nur das Recht, eine mangelfreie Sache zu erhalten.

788 Vgl. Abschlußbericht, S. 213; ähnlich *Schlechtriem*, ZEuP 1993, S. 217, 227.

Verkäufer vor unangemessenen Belastungen geschützt ist, bleiben dem Käufer bis auf die Nacherfüllung alle anderen Rechtsbehelfe erhalten.[789]

b. Nachbesserung

Die zweite Form der Nacherfüllung bei Lieferung nicht vertragsgemäßer Ware ist die Nachbesserung. Im Gegensatz zur Nachlieferung ist diese nicht auf den Gattungskauf beschränkt, sondern kommt grundsätzlich auch beim Kauf einer Speziessache zum Tragen. Wie bereits zur Nachlieferung ausgeführt, hat das BGB die Nachbesserung weder als Anspruch des Käufers noch als Recht des Verkäufers zur Abwendung sonstiger Rechtsbehelfe gesetzlich geregelt.[790] Demgegenüber gewähren sowohl das UN-Kaufrecht als auch der Entwurf ausdrücklich die Beseitigung von Mängeln, d.h. die Nachbesserung als besondere Ausgestaltung des allgemeinen Erfüllungsanspruchs.

Das Übereinkommen stellt in Art. 46 Abs. 3 UNKR klar, daß der Erfüllungsanspruch des Käufers bei Lieferung nicht vertragsgemäßer Ware auch auf Nachbesserung gerichtet sein kann. Anders als beim Nachlieferungsanspruch kommt hier der Wesentlichkeit der Vertragsverletzung keine Bedeutung zu. Indes erfolgt die Grenzziehung, inwieweit der Käufer den Anspruch auf Nachbesserung bei einem behebbaren Mangel geltend machen kann, über das Kriterium der Zumutbarkeit für den Verkäufer.[791] Die zeitliche Einschränkung der Geltendmachung innerhalb einer angemessenen Frist gilt hier ebenso wie beim Nachlieferungsanspruch. Auch dem Recht des Verkäufers, durch Nachbesserung die anderen Rechtsbehelfe des Käufers abzuwehren, entspricht die Regelung zur Nachlieferung. Der Verkäufer kann innerhalb einer für den Käufer zumutbaren Frist sowie unter der Maßgabe nachbessern, daß letzterem keine Kosten entstehen (Art. 48 Abs. 1 UNKR). Die Kostenfrage für die Nachbesserung und den Ausgleich etwaiger, mit dieser in Zusammenhang stehender Schäden regelt das UN-Kaufrecht im Gegensatz zu § 476 a BGB[792] nicht ausdrücklich. Jedoch erschließt sich deren Übernahme durch den Verkäufer aus der Vorschrift des Art. 48 Abs. 1 S. 1 UNKR.

---

789 Dazu kritisch *Stürner*, NJW 1994, Beilage zu Heft 25, S. 2, 5 f.

790 Nach überwiegender Ansicht regeln die §§ 462, 463, 480 BGB die Sachmängelhaftung abschließend. Es sei zuviel verlangt, daß ein „normaler" Verkäufer über seine Funktion als Händler hinaus auch noch als Reparaturwerkstatt tätig werden müsse. Vgl. *Basedow*, Gutachten, S. 65; näher dazu MüKo/*Westermann*, § 462, Rn. 9 m.w.N.; a.A. *Götz*, S. 29 ff. - Trotz fehlender gesetzlicher Regelung können die Parteien aber einen Nachbesserungsanspruch des Käufers vereinbaren, wie § 476 a BGB zu entnehmen ist. Erfolgt diese Vereinbarung nicht individualvertraglich, sondern über allgemeine Geschäftsbedingungen, greift § 11 Nr. 10 AGBG. Weiterführend MüKo/*Westermann*, § 462, Rn. 11.

791 Vgl. ausführlich zum Begriff der Zumutbarkeit Schlechtriem/*Huber*, Art. 46 UNKR, Rn. 58 m.w.N.

792 Die Vorschrift des § 476 a BGB ergänzt die verbreitete vertragliche Ersetzung der Gewährleistungsansprüche durch ein Nach*besserungs*recht. Für ein vereinbartes Nach-

Für den Reformvorschlag kann in bezug auf die Ausgestaltung des Nachbesserungsanspruchs bei Lieferung mangelhafter Ware geschlossen auf die Ausführungen zur Nachlieferung verwiesen werden. Denn die Vorschrift des § 438 KE unterscheidet hinsichtlich der Geltendmachung nicht zwischen diesen beiden. Nur der Verkäufer hat das Wahlrecht zwischen Nachlieferung und -besserung. In jedem Fall trägt nach Absatz 2 der Vorschrift dieser die Kosten für das von ihm gewählte Verfahren. Mit dieser Regelung stimmt der Entwurf inhaltlich mit der entsprechenden Vorschrift im BGB, § 476 a S. 1 BGB, überein.[793]

Die generelle Einführung von Anspruch des Käufers sowie Recht des Verkäufers auf Nacherfüllung - in Form der Nachlieferung und -besserung - in UN-Kaufrecht und Kommissionsvorschlag sind als Mittel zur Aufrechterhaltung des Vertrages dem kodifizierten Recht im BGB vorzuziehen. Schließlich spiegelt diese Rechtslage nicht nur die gängige nationale und internationale Vertragspraxis wider, sondern entspricht auch den Interessen der Vertragsparteien.

II. Sekundäre Rechtsbehelfe

Hinsichtlich der Sekundärrechtsbehelfe, die dem Käufer wegen eines Sachmangels zur Verfügung stehen, stimmen die drei untersuchten Rechte überein: Dem Käufer stehen gleichermaßen prinzipiell die Rückabwicklung des Vertrages, die Minderung des Kaufpreises und der Schadensersatzanspruch zu. Allerdings unterscheiden sich die entsprechenden Vorschriften - bedingt durch die jeweils voneinander abweichende Einordnung in das Gesamtsystem - hinsichtlich ihrer Stellung innerhalb des Rechts. Während das BGB durch besondere Gewährleistungsvorschriften alternativ die Rechtsbehelfe von Wandlung, Minderung und - unter den qualifizierten Voraussetzungen - Schadensersatz wegen Nichterfüllung gewährt, verzichten das UN-Kaufrecht und die Vorschläge auf eine gesondert geregelte Sachmängelhaftung. Statt dessen fügen sie diese Rechtsbehelfe fast ausnahmslos[794] in das allgemeine Leistungsstörungsrecht ein.

Neben der abweichenden Einordnung differieren die drei Rechte in der konkreten Ausgestaltung der einzelnen Rechtsbehelfe. Im nachfolgenden Vergleich werden die von BGB, UN-Kaufrecht und Reformentwurf jeweils geforderten Voraussetzungen für die einzelnen Rechtsbehelfe einander gegenübergestellt. Daran anschließend wird das Verhältnis der Rechtsbehelfe zueinander innerhalb der einzelnen Rechte näher betrachtet.

---

*lieferungs*recht kommt eine entsprechende Anwendung in Betracht. Siehe statt vieler MüKo/*Westermann*, § 476 a, Rn. 1; Soergel/*Huber*, § 476 a, Rn. 12.

[793] Siehe Abschlußbericht, S. 212.

[794] Lediglich die Minderung bleibt in Art. 50 UNKR und § 440 KE als spezifischer Rechtsbehelf des Käufers erhalten. Vgl. oben Kapitel 4, B. II. 2. c. bzw. Kapitel 6, B. II. 5. d.

1. Vertragsauflösung

Alle drei untersuchten Rechte gewähren dem Käufer bei der Lieferung mangelhafter Ware das Recht zur Vertragsauflösung mit der Folge, daß einerseits der Verkäufer den Kaufpreis zurückzuzahlen und andererseits der Käufer die Kaufsache zurückzugeben hat. Lediglich in der Ausgestaltung des Rechtsbehelfs, insbesondere bezüglich der Modalitäten der Rückabwicklung sowie bezüglich der Haftung des Käufers als Rückgewährschuldner, weichen BGB, UN-Kaufrecht und Reformvorschlag voneinander ab.

a. BGB

Beim Sachmangel ist die Vertragsauflösung innerhalb der besonderen Gewährleistungshaftung durch den Rechtsbehelf der Wandlung (§ 462 BGB) geregelt, ohne daß zwischen Spezies- und Gattungskauf differenziert wird. Auf ein Vertretenmüssen des Verkäufers kommt es nicht an. Ausgeschlossen ist das Wandlungsrecht nach § 459 Abs. 1 S. 2 BGB für den Fall, daß der Fehler die Ware bezüglich Wert oder Tauglichkeit lediglich unerheblich mindert. Beim Fehlen zugesicherter Eigenschaften besteht keine solche Einschränkung.[795] Anders als nach UN-Kaufrecht und Entwurf hat im BGB der Verkäufer einer Speziessache nicht die Möglichkeit, die Auflösung des Vertrages durch Nachlieferung oder -besserung innerhalb einer bestimmten Frist abzuwenden. Der Käufer kann unmittelbar den Kauf rückgängig zu machen, ohne daß es einer Fristsetzung bedarf. Dennoch bestimmt § 465 BGB, daß der Verkäufer sich zur Vollziehung der Wandlung mit dieser einverstanden erklären muß. Der Rechtsbehelf ist damit nicht als Gestaltungsrecht, sondern als Anspruch ausgebildet.

Aus dem Vollzug der Wandlung folgt zum einen, daß der Käufer das *ius variandi*, also sein Recht, auf die anderen Rechtsbehelfe überzuwechseln, verliert. Zum anderen wird der Kaufvertrag in ein Rückgewährschuldverhältnis umgestaltet (§§ 467, 346 ff. BGB). Im Rahmen dieses Rückgewährschuldverhältnisses hat der Verkäufer den Kaufpreis zuzüglich Zinsen zurückzuzahlen, der Käufer hat hingegen die Sache rückzuübereignen sowie gezogene Nutzungen herauszugeben bzw. für schuldhaft nicht gezogene Nutzungen Ersatz zu leisten. Schließlich setzt das Wandlungsrecht voraus, daß die Kaufsache nicht wesentlich verschlechtert ist und dem Verkäufer zurückgegeben werden kann. Der zufällige Untergang derselben geht zu Lasten des Verkäufers (§§ 350, 351 BGB).[796] Zur heftig umstrittenen Frage, inwieweit der Käufer als Rückgewährschuldner Schadensersatz leisten muß,

795 Vgl. MüKo/*Westermann*, § 459, Rn. 55, 59.

796 Die Regelung der Rückabwicklung im BGB - von verschiedener Seite als unübersichtlich und gesetzestechnisch mißglückt bezeichnet - ist einer der strittigen Punkte im Gewährleistungsrecht. Dazu statt vieler *v. Caemmerer* in FS Larenz (1973), S. 621, 629 ff. Ferner *Kohler*, WM 1993, S. 45 ff.

wenn die Rückgabe der zurückzugewährenden Sache nur in verschlechtertem Zustand möglich ist, sei auf die obigen Ausführungen verwiesen.[797]

b. UN-Kaufrecht

Anders als das BGB besitzt das UN-Kaufrecht kein eigenständiges Gewährleistungsrecht, sondern faßt den Sachmangel unter den allgemeinen Leistungsstörungstatbestand der Vertragsverletzung. Nach Art. 49 Abs. 1 lit. a UNKR ist für das Recht des Käufers, den Vertrag aufzuheben, eine wesentliche Vertragsverletzung i.S.d. Art. 25 UNKR Voraussetzung.[798] Damit darf der Mangel der gelieferten Ware im Hinblick auf die vertragliche Verpflichtung des Verkäufers nicht nur von untergeordneter Bedeutung sein. Dies ist dann gegeben, wenn der Käufer wegen des Sachmangels kein Interesse mehr an der Durchführung des Vertrages hat. Im UN-Kaufrecht muß also der Sachmangel objektiv so schwerwiegend sein, daß allein sein Vorliegen die Vertragsauflösung rechtfertigt. Das Aufhebungsrecht des Käufers ist folglich an strengere Voraussetzungen gebunden als das Wandlungsrecht im BGB, für das jeder Sachmangel genügt.[799] Schließlich ist für die Bestimmung des Begriffs der Wesentlichkeit zu beachten, daß das UN-Kaufrecht dem Käufer in der Regel kein sofortiges Recht zur Vertragsaufhebung eröffnet, wenn der objektiv zwar gewichtige Mangel innerhalb einer angemessenen Frist nach Absendung der Mängelrüge (Art. 39 UNKR) durch Nacherfüllung behoben werden kann.[800] Hingegen vermag das allgemeine Nacherfüllungsrecht des Verkäufers (Art. 48 UNKR) gerade nicht das Recht des Käufers zur Vertragsaufhebung zu beschränken.[801] In Übereinstimmung zum BGB ist für die Aufhebung des Vertrages unerheblich, inwieweit der Verkäufer für den Sachmangel nach Art. 79 UNKR einzustehen hat.

---

797 Vgl. dazu bereits oben Kapitel 2, C, I. 2. b. bb.

798 Daneben kann sich der Käufer auch bei unwesentlicher Nichtlieferung trotz Fälligkeit bzw. bei Zweifeln hinsichtlich der Erheblichkeit nach fruchtlos abgelaufener Nachfrist vom Vertrag lösen (Art. 49 Abs. 1 lit. b UNKR). Vgl. dazu Schlechtriem/*Huber*, Art. 49 UNKR, Rn. 18 ff. - Vorbild für diese Regelung im Übereinkommen war die Fristenlösung in § 326 BGB. Allerdings kann der Käufer im BGB für jede Verletzung einer Hauptpflicht eine Nachfrist setzen. Ein weiterer Unterschied zu § 326 BGB ist, daß im UN-Kaufrecht die Fristüberschreitung durch den Verkäufer schon ausreicht, eine zusätzliche Ablehnungsandrohung wird nicht verlangt. Zu den Unterschieden von BGB zu UN-Kaufrecht *Farnsworth*, in Lausanner Kolloquium, S. 83, 85 ff.; zum EKG *Huber* in FS v. Caemmerer (1978), S. 837, 854.

799 Die Unterscheidung des BGB nach unerheblichem und erheblichem Fehler, bei ersterem stehen dem Käufer laut § 459 Abs. 1 S. 2 BGB gar keine Rechtsbehelfe zu, entspricht nicht der Differenzierung zwischen wesentlichen und unwesentlichen Fehlern im UN-Kaufrecht. Die wesentliche Vertragsverletzung ist enger gefaßt als der erhebliche Fehler. Vgl. Schlechtriem/*Huber*, Art. 46 UNKR, Rn. 6, Fn. 9 m.w.N.; *Beinert*, S. 221 f.

800 Siehe Schlechtriem/*Huber*, Art. 49 UNKR, Rn. 12 f.

801 Vgl. oben Kapitel 6, B. II. 5. b. - Zum Streitstand der umstrittenen Frage nach dem Verhältnis von Vertragsaufhebung und Nacherfüllung statt vieler Schlechtriem/*Huber*, Art. 48 UNKR, Rn. 18 ff. m.w.N.

In einem anderen Punkt weicht das UN-Kaufrecht in starkem Maße vom BGB ab: Es kennt keine Vertragsaufhebung kraft Gesetzes. Um bei Schlechtlieferung den Vertrag in ein Abwicklungsverhältnis umzugestalten, bedarf es ausnahmslos der Aufhebungserklärung seitens des Käufers.[802] Im Unterschied zum im BGB als Anspruch ausgestalteten Wandlungsrecht entspricht diese Lösung der Figur des Gestaltungsrechts.[803] Mit Aufhebungserklärung erlischt das Wahlrecht des Käufers, dieser ist unwiderruflich an seine Erklärung gebunden. Als Folge der Erklärung sind beide Parteien nach Art. 81 UNKR von ihren Vertragspflichten befreit. Bereits erbrachte Leistungen sind zurückzugewähren, wobei der ursprüngliche Vertrag - vergleichbar mit der Regelung im BGB - in ein Abwicklungsverhältnis modifiziert wird.[804]

Schließlich beschränkt Art. 82 Abs. 1 UNKR das Recht des Käufers zur Vertragsaufhebung für den Fall, daß dieser wegen tatsächlicher Hindernisse außerstande ist, die empfangene Sache unversehrt zurückzugeben. Die Ausnahmen in Absatz 2 der Vorschrift verkehren diese Grundregel jedoch gleichsam in ihr Gegenteil: So steht der Aufhebung nicht entgegen, daß die zurückzugebende Sache beschädigt ist oder daß die Rückgabe durch normale Verwendung wie Weiterverkauf oder Verarbeitung unmöglich wurde. Als Folge hieraus trägt der Verkäufer für jegliche Verschlechterung bzw. den Untergang der Sache das Risiko, soweit nicht ein Verhalten des Käufers Grund hierfür war (lit. a). Anders als im BGB erfolgt die Abgrenzung der Haftungsbereiche im UN-Kaufrecht verschuldensunabhängig nach den jeweiligen Herrschafts- und Einflußbereichen der Vertragsparteien. So haftet der Käufer weder für Ereignisse außerhalb seiner Einflußsphäre noch für Zufälle oder höhere Gewalt.[805] Für das vom Verkäufer zu tragende Risiko der geschäftsüblichen Verwendung (lit. c) schafft Art. 84 Abs. 2 UNKR, der dem Verkäufer den Wert innerhalb der Rückabwicklung erhält, einen Vorteilsausgleich. Diese Vorschrift enthält eine Regelung zur Herausgabe des Gegenwertes der Vorteile, die der Käufer aus der Sache *tatsächlich* gezogen hat. Demgegenüber regelt das Übereinkommen weder Nutzungskosten noch Verwendungsersatz. Nach allgemeiner Ansicht erfolgt die Erstattung dieser beiden Posten durch Abzug vom

---

802 Vgl. Soergel/*Lüderitz*, Art. 26 UNKR, Rn. 1; *Herber/Czerwenka*, Art. 26 UNKR, Rn. 3; *Reinhart*, Art. 26 UNKR, Rn. 1; *Leser*, in Einheitliches KaufR u. nat. ObligationenR, S. 225, 232 f.

803 Siehe Schlechtriem/*Leser*, Art. 26 UNKR, Rn. 6 m.w.N.

804 Siehe zum UN-Kaufrecht *Enderlein/Maskow*, Art. 81 UNKR, Anm. 1; *Reinhart*, Art. 81 UNKR, Rn. 2; Schlechtriem/*Leser*, Vor Artt. 81–84 UNKR, Rn. 8; Piltz, Internationales Kaufrecht, § 5 Rn. 285, 396; *Leser*, in Einheitliches KaufR u. nat. ObligationenR, S. 225, 226, 228 f. Zum BGB *Larenz*, Bd. I, § 26 b; Soergel/*Hadding*, Vor § 346, Rn. 4 m.w.N.

805 Siehe Schlechtriem/*Leser*, Art. 82 UNKR, Rn. 20; *ders.*, in Einheitliches KaufR u. nat. ObligationenR, S. 225, 246 f.; *Enderlein/Maskow*, Art. 82 UNKR, Anm. 4.1.; *Schlechtriem*, Einheitliches UN-Kaufrecht, S. 101 sowie grundsätzlich *v. Caemmerer* in FS Larenz (1973), S. 621, 629 ff.

Vorteil an der empfangenen Ware.[806] Inwieweit der Käufer dem Verkäufer bei einer unwesentlichen Verschlechterung bzw. bei Untergang oder Verlust nach der Rücktrittserklärung Ersatz zu leisten hat, bestimmt das UN-Kaufrecht im Unterschied zum BGB nicht ausdrücklich. Es findet letztlich die allgemeine Schadensersatzhaftung Anwendung.[807]

c. Kommissionsentwurf

Der Vorschlag fügt - wie das UN-Kaufrecht - den Sachmangel in das allgemeine Leistungsstörungsrecht ein. Allerdings verzichtet er im Unterschied zu diesem nicht gänzlich auf eigenständige kaufrechtliche Vorschriften, sondern regelt in § 439 KE den Rücktritt wegen eines Mangels der Kaufsache. Diese Norm beinhaltet zwar lediglich eine Verweisung auf die Voraussetzungen des Rücktrittsrechts in § 323 KE, den Rücktritt im allgemeinen Leistungsstörungsrecht. Dennoch lehnt der Entwurf sich damit zumindest aus formaler Sicht an die gesondert geregelte Sachmängelhaftung des BGB an, so daß der Vorschlag in systematischer Hinsicht gewissermaßen zwischen den beiden anderen Rechten steht.

Außer in diesem Punkt weist die Rücktrittsregelung in den Vorschlägen allerdings nur wenige Übereinstimmungen mit dem Rechtsbehelf der Wandlung im BGB auf. Nach § 323 Abs. 1 KE ist Voraussetzung für den Rücktritt der erfolglose Ablauf der dem Verkäufer gesetzten Nachfrist. Dadurch soll dem Verkäufer die Möglichkeit eingeräumt werden, durch Nacherfüllung die Rückabwicklung des Vertrages abzuwenden. Lediglich in wenigen Ausnahmefällen hat der Käufer das Recht zum sofortigen Rücktritt (§§ 439 Abs. 2, 323 Abs. 2 KE). Damit weicht der Entwurf sowohl vom Recht zur sofortigen Wandlung nach § 462 BGB als auch von Art. 49 Abs. 1 lit. a UNKR ab, demgemäß der Käufer bei Lieferung erheblich vertragswidriger Ware grundsätzlich sofort die Vertragsauflösung erklären kann. Eine Nachfristsetzung sieht das Übereinkommen nicht vor, hingegen wird auf die Wesentlichkeit der Vertragsverletzung abgestellt. Trotz dieser nach außen hin voneinander abweichenden Regelungen in Entwurf und UN-Kaufrecht unterscheiden sich die beiden im Hinblick auf ihre Ergebnisse kaum: Denn die Fälle, in denen nach § 323 Abs. 2 KE eine Fristsetzung entbehrlich ist, fallen auch regelmäßig unter die wesentliche Vertragsverletzung im UN-Kaufrecht. Und umgekehrt wird die wesentliche Vertragsverletzung zumeist in den Fällen verneint, in denen § 323 Abs. 3 KE den Rücktritt ausschließt.[808] In dem dem Verkäufer eingeräumten Recht zur zweiten Andienung liegt der Grund dafür, daß im Entwurf die Lieferung mangelhafter Ware grundsätzlich erst nach fruchtloser Nachfristsetzung zum Rücktritt berechtigt.

---

806 Siehe *Herber/Czerwenka*, Art. 84 UNKR, Rn. 5; *Karollus*, S. 154; *Leser*, in Einheitliches KaufR u. nat. ObligationenR, S. 225, 250; *Reinhart*, Art. 84 UNKR, Rn. 7.

807 Vgl. *Schlechtriem*, Einheitliches UN-Kaufrecht, S. 103; *ders.*, ZEuP 1993, S. 217, 242.

808 Siehe *Schlechtriem*, ZEuP 1993, S. 217, 236; zustimmend *Zimmermann*, JZ 1995, S. 477, 484.

Für die Auflösung des Vertrages kommt es ferner nicht darauf an, ob der Verkäufer die Lieferung mangelhafter Ware zu vertreten hat. Anders als die Wandlung im BGB ist das Recht des Käufers zur Vertragsaufhebung im Entwurf ein Gestaltungsrecht und erfolgt durch Rücktritt. Für den Vollzug des Rücktritts bedarf es wie im UN-Kaufrecht der Rücktrittserklärung des Käufers, der mit dieser unter Verlust des *ius variandi* an den Rücktritt gebunden ist. Weiterhin hält der Reformvorschlag an der Regelung des § 459 Abs. 1 S. 2 BGB fest, indem er das Rücktrittsrecht des Käufers bei einer nur unerheblichen Minderung von Wert oder Tauglichkeit (§ 323 Abs. 3 Nr. 1 KE), nicht aber bei zugesicherter Eigenschaft ausschließt.[809] Die Wirkungen des Vertragsrücktritts regelt § 346 KE: Nach dessen Absatz 1 erlöschen einerseits die vertraglichen Leistungspflichten. Andererseits sind bereits empfangene Leistungen zurückzugewähren. Für den Fall, daß die Rückgewähr der Sache nicht mehr möglich ist, weicht der Vorschlag von beiden anderen Rechten ab. So ist im Unterschied zum BGB der Rücktritt des Käufers als solcher stets möglich. Er ist selbst dann nicht ausgeschlossen, wenn der Käufer als Rückgewährschuldner die Unmöglichkeit der zurückzugewährenden Sache zu vertreten hat. Dafür hat er dem Verkäufer allerdings grundsätzlich Wertersatz nach § 346 Abs. 2 KE zu leisten, so beispielsweise bei Verbrauch, Veräußerung, Belastung (Nr. 2) bzw. Verschlechterung oder Untergang der Sache. Die Abnutzung durch bestimmungsgemäßen Gebrauch (Nr. 3) führt jedoch nicht zum Anspruch auf Wertersatz. Ähnlich wie Art. 82 Abs. 2 UNKR bezüglich der Pflicht zur unversehrten Rückgabe der Sache korrigiert auch der Entwurf diese Entscheidung wieder und läßt die Pflicht zum Wertersatz - im BGB ist es der Rücktritt selbst - in Ausnahmefällen entfallen, § 346 Abs. 3 KE.[810] So verneint Nr. 2 des Absatz 3 den Wertersatz für den Fall, daß der Verkäufer die Verschlechterung oder den Untergang zu vertreten hat. Nach Nr. 3 ist die Haftung des Käufers im Fall des gesetzlichen Rücktrittsrechts, also auch wegen eines Sachmangels, auf die Sorgfalt in eigenen Angelegenheiten beschränkt; erst bei einer vorwerfbaren Pflichtverletzung muß er Wertersatz leisten. Diese letztgenannte Ausnahme modifiziert zu Lasten des Verkäufers die allgemeine Gefahrtragungsregel des Absatz 2, dergemäß der Käufer statt der Rückgewähr grundsätzlich Wertersatz zu leisten hat.[811] Damit übernimmt der Entwurf das Abgrenzungskriterium des Vertretenmüssens aus dem BGB und stellt nicht wie das UN-Kaufrecht lediglich auf ein Verhalten des Käufers innerhalb seines Einflußbereiches ab. Im Ergebnis weist der Entwurf bei der Lieferung mangelhafter Ware in bezug auf die Risikoverteilung bei zufälligem Untergang der Sache trotz der differierenden Regelungen folglich keine Änderung

809 Siehe Abschlußbericht, S. 169, 216.

810 Vgl. zu den Gründen dieser Entscheidung Abschlußbericht, S. 185.

811 Siehe Abschlußbericht, S. 184; ebenso *Schlechtriem*, ZEuP 1993, S. 217, 241, Fn. 58.

zum BGB auf: Nach beiden Rechten trägt der Verkäufer das Risiko für den zufälligen Untergang.[812]

Schließlich hat der Käufer dem Verkäufer sowohl die gezogenen Nutzungen herauszugeben als auch - anders als im Übereinkommen - den Wert der „nicht gezogenen" Nutzungen zu ersetzen, sofern er die Sorgfalt in eigenen Angelegenheiten nicht beachtet hat (§§ 346 Abs. 1, 347 Abs. 1 S. 2 KE). Im Gegensatz zu § 347 S. 3 BGB verzichtet der Entwurf auf eine besondere Zinspflicht des Verkäufers, sondern unterstellt diese der allgemeinen Regelung der Nutzungen.[813] § 347 Abs. 2 KE eröffnet dem Käufer einen Ersatzanspruch hinsichtlich der notwendigen Verwendungen. Lediglich der rücktrittsbedingte Schadensersatzanspruch des Verkäufers ist nicht speziell geregelt, sondern richtet sich nach dem allgemeinen Leistungsstörungsrecht.

2. Minderung

Neben der Vertragsauflösung hat der Käufer bei Lieferung mangelhafter Ware auch die Möglichkeit, diese zu behalten und den Kaufvertrag durch die Herabsetzung des vereinbarten Kaufpreises an die veränderte Lage anzupassen. Im Gegensatz zur Vertragsauflösung bleibt der Kaufvertrag bei der Minderung weiterhin bestehen. Lediglich der aus dem Mangel resultierende Minderwert ist dem Käufer gegenüber auszugleichen.

a. BGB

Das BGB gestaltet die Minderung hinsichtlich der Voraussetzungen sowie der Durchführung (§§ 462, 465 BGB) parallel zur Wandlung als besonderen gewährleistungsrechtlichen Rechtsbehelf aus. Die Minderung steht dem Käufer sowohl beim Spezies- als auch beim Gattungskauf zur Verfügung. Die verhältnismäßige Herabsetzung des Kaufpreises ist wie auch die Wandlung als Anspruch ausgestaltet mit der Folge, daß dem Käufer ein Anspruch auf Rückzahlung des zuviel gezahlten Kaufpreises bzw. auf teilweisen Erlaß der Kaufpreisforderung zusteht. Bis zum Vollzug von Wandlung oder Minderung - also vor Einverständniserklärung des Verkäufers - kann der Käufer von dem einen Rechtsbehelf auf den anderen beliebig häufig wechseln. Für die Durchführung der Minderung sieht das BGB die relative bzw. proportionale Herabsetzung des Kaufpreises unter gleichzeitiger Wahrung des subjektiven Äquivalenzverhältnisses[814] vor. Danach ist für die Wertermittlung im maßgeblichen Zeitpunkt des Vertragsschlusses der Wert der mangelhaften zum gedachten Wert der mangelfreien Sache in Beziehung zu setzen (§§ 472 ff. BGB).

---

812 Nach Ansicht der Kommission ist dies damit zu begründen, daß der Verkäufer schließlich seine Pflicht nicht vollständig erfüllt habe, er dürfe folglich auch nicht auf einen endgültigen Gefahrübergang vertrauen, vgl. Abschlußbericht, S. 188.

813 Vgl. Abschlußbericht, S. 190.

814 Siehe MüKo/*Westermann*, § 472, Rn. 5 sowie oben Kapitel 2, C. II.

b. UN-Kaufrecht

Auch das Übereinkommen eröffnet dem Käufer bei Lieferung vertragswidriger Ware und rechtzeitiger Rüge derselben den Rechtsbehelf der Minderung (Art. 50 UNKR). Nach Erklärung der Minderung wird der Kaufvertrag - wie in § 472 BGB - mittels proportionaler Herabsetzung des vereinbarten Kaufpreises an die bestehende Situation angepaßt.[815] Für ihren Vollzug bedarf es allerdings anders als im BGB nicht des Einverständnisses des Verkäufers. Ferner stellt das Übereinkommen abweichend zum BGB zur Wertberechnung nicht auf den Zeitpunkt des Vertragsschlusses, sondern auf den der Lieferung ab.[816] Weitere Unterschiede zwischen beiden Rechten ergeben sich daraus, daß das UN-Kaufrecht die Minderung nicht gleichartig mit der Vertragsaufhebung ausgestaltet hat, sondern in verschiedener Hinsicht von dieser abweicht: Einmal ist für die Minderung unerheblich, ob der Mangel i.S.d. Art. 25 UNKR wesentlich ist. Dann umfaßt die Minderung nach überwiegender Ansicht - in Anlehnung an ihren traditionellen Anwendungsbereich in den nationalen Rechten - ausschließlich den Sachmangel. Überdies beschränken die Nacherfüllungsrechte des Verkäufers nach Artt. 37 und 48 UNKR die Minderungsmöglichkeit. Denn der Verkäufer kann das Recht zur Minderung des Kaufpreises durch nachträgliche Erfüllung abwenden. In diesem Punkt unterscheiden sich wiederum UN-Kaufrecht und BGB, da letzteres dem Käufer die Minderung sofort und unbeschränkt eröffnet.

Zur praktischen Bedeutung der Minderung im internationalen Kaufrecht ist im Vergleich zu den beiden anderen Rechten anzuführen, daß deren Häufigkeit durch das Recht auf verschuldensunabhängigen Schadensersatz in Artt. 45 Abs. 1 lit. b, 79 UNKR beträchtlich eingeschränkt ist. Der Grund dafür liegt darin, daß sich der Schadensersatzanspruch gegenüber der Minderung in der Regel einfacher berechnen läßt und zudem sein Umfang meist weiter reicht, so daß sich der Käufer damit besser stellt.[817]

---

815 Diese grundsätzliche Übereinstimmung mit der Regelung im BGB resultiert daraus, daß § 472 BGB für das UN-Kaufrecht bzw. den Vorläufer im EKG als Vorbild fungierte. Vgl. *Rabel*, Warenkauf Bd. II, S. 236; *Griehsler*, in Einheitliches Wiener Kaufrecht, S. 1, 4; Schlechtriem/*Huber*, Art. 50 UNKR, Rn. 2, Fn. 5.

816 Mit dieser Regelung weicht das Übereinkommen nicht nur vom deutschen Vorbild, sondern aus Praktikabilitätsgründen auch von Art. 46 EKG ab (Official Records, S. 118, Art. 46 Nr. 3, 5). In der Praxis ergeben sich daraus allerdings nur in seltenen Fällen größere Unterschiede. Weiterführend Schlechtriem/*Huber*, Art. 50 UNKR, Rn. 10, Fn. 26.

817 Aus diesem Grund wurde bei den Beratungen zum UN-Kaufrecht sogar die Abschaffung der Minderung erwogen (UNCITRAL-Yearbook IV (1973), S. 56 f. Nr. 146 ff.), letztlich jedoch wegen ihrer großen Verbreitung in den kontinental-europäischen Kaufrechten beibehalten (S. 71 Nr. 118 ff.). - Siehe Schlechtriem/*Huber*, Art. 50 UNKR, Rn. 3 m.w.N., der die wenigen Fällen nennt, in denen der Minderung eine selbständige Bedeutung zukommt. Siehe auch *Basedow*, Gutachten, S. 73.

c. Kommissionsentwurf

Anders als die Regelung des Rücktritts fügt der Entwurf den Rechtsbehelf der Minderung mit § 440 KE nicht in das allgemeine Leistungsstörungsrecht ein. Hintergrund dieser unterschiedlichen Behandlung ist, daß die Minderung anders als der Rücktritt nicht auf alle Vertragstypen Anwendung findet, sondern beispielsweise für den Dienstvertrag[818] ausgeschlossen ist. Des weiteren gilt sie im Gegensatz zu UN-Kaufrecht und BGB nicht nur bei Vorliegen eines Sachmangels, sondern umfaßt auch den Rechtsmangel. Daneben weist die Minderung im Reformvorschlag weitere Unterschiede zum BGB auf: Sie ist nach dem Entwurf ein Gestaltungsrecht, so daß wie im UN-Kaufrecht eine Einverständniserklärung des Verkäufers nicht erforderlich ist. Ferner setzt sie eine erfolglose Fristsetzung zur Nacherfüllung voraus mit der Folge, daß der Verkäufer Gelegenheit zur Abwendung des Rechtsbehelfs hat. Diese Regelung steht, ebenso wie beim Rücktrittsrecht, im Interesse beider Vertragsparteien. Darüber hinaus schließt der Entwurf die Minderung nicht - wie jedoch den Rücktritt (§ 323 Abs. 3 Nr. 1 KE) und § 459 Abs. 1 S. 2 BGB beide Rechtsbehelfe - bei Unerheblichkeit des Mangels aus. Da der Verkäufer innerhalb der ihm gesetzten Frist einen nur unerheblichen Mangel beheben könnte, besteht wegen fehlender Schutzbedürftigkeit für den Ausschluß der Minderung keine Notwendigkeit.[819] In Übereinstimmung zu BGB und UN-Kaufrecht ist der Rechtsbehelf der Minderung vom Vertretenmüssen des Verkäufers unabhängig. Schließlich weichen die drei Rechte bezüglich der Berechnung des Minderungsbetrages kaum voneinander ab. Ebenso wie die beiden anderen Rechte bestimmt § 440 Abs. 3 KE die relative Berechnungsmethode. Lediglich der Anknüpfungspunkt für die Wertberechnung der Minderung ist hier nicht wie in § 472 Abs. 1 BGB der Verkehrswert der mangelhaften Sache, sondern der von den Parteien vereinbarte Kaufpreis. Maßgeblich für die Berechnung in Entwurf und BGB ist der Vertragsschluß, wohingegen das UN-Kaufrecht auf die Lieferung abstellt.

3. Schadensersatz

Weiterhin steht dem Käufer bei Lieferung einer mangelhaften Sache auch der Rechtsbehelf des Schadensersatzanspruchs zu. Die Regelungen der drei untersuchten Rechte weichen insoweit in starkem Maße voneinander ab.

a. BGB

Das BGB gibt dem Käufer bei Lieferung einer mit einem Sachmangel behafteten Ware grundsätzlich keinen Schadensersatzanspruch, weder anstelle noch neben Wandlung oder Minderung. Lediglich unter qualifizierten Voraussetzungen hat er

---

818 *Schlechtriem* führt zu den Gründen näher aus, daß Bedenken aus arbeitsrechtlicher Sicht sowie bezüglich der freien Berufe bestanden (ZEuP 1993, S. 217, 242).

819 So Abschlußbericht, S. 219.

das Recht, statt dieser beiden Rechtsbehelfe vom Verkäufer Schadensersatz wegen Nichterfüllung zu verlangen.

Im Unterschied zu UN-Kaufrecht und Entwurf ist auffällig, daß der Schadensersatz des Käufers wegen Lieferung mangelhafter Ware durch zwei unterschiedliche Regelungen gewährt wird. Die §§ 463, 480 Abs. 2 BGB regeln den besonderen, vom Verschulden unabhängigen gewährleistungsrechtlichen Anspruch. Diese strikte Haftung ist einerseits auf die Fälle des Fehlens einer zugesicherten Eigenschaft und der Arglist des Verkäufers, andererseits bezüglich des Umfangs auf den Mangelschaden an der Sache selbst beschränkt. Für andere Schäden des Käufers - sei es ein fahrlässig verursachter einfacher Sachmangel, sei es ein über den Mangelschaden hinausgehender Mangelfolgeschaden - sehen die gesetzlichen Vorschriften des BGB keinen Ersatz vor. Um diese unbefriedigende Gesetzeslage[820] wenigstens hinsichtlich des letzten Punktes zu korrigieren, eröffnet die Rechtsprechung dem Käufer neben dem kodifizierten Recht durch das Institut der pFV auch den Ersatz des Mangelfolgeschadens. Hierfür genügt im Gegensatz zu den qualifizierten Voraussetzungen der verschuldensunabhängigen §§ 463, 480 Abs. 2 BGB bereits die fahrlässig verursachte Schlechterfüllung seitens des Verkäufers.

Hinsichtlich der Berechnung des Mangelschadens kann der Käufer im BGB zwischen kleinem und großem Schadensersatz wählen: Bei ersterem behält er die mangelhafte Sache und erhält Ersatz für den Minderwert gegenüber einer mangelfreien Sache. Dies ist gleichsam die Kombination von Minderung und Schadensersatz. Demgegenüber kombiniert die zweite Variante Wandlung und Schadensersatzanspruch miteinander, indem dem Käufer gegen Rückgabe bzw. Zurückweisung der mangelhaften Sache der Kaufpreis zuzüglich der aus Nichtdurchführung des Vertrages resultierenden Schäden ersetzt werden.

b. UN-Kaufrecht

Gegenüber dem BGB weist das UN-Kaufrecht mit Art. 45 Abs. 1 lit. b UNKR einen einheitlichen Schadensersatzanspruch für sämtliche Fälle der Vertragsverletzung seitens des Verkäufers auf. Sowohl der spezialgesetzliche Anspruch der §§ 463, 480 Abs. 2 BGB als auch die gewohnheitsrechtliche Haftung der pFV gehen in diesem Rechtsbehelf des Käufers auf. Anders als das Gewährleistungsrecht des BGB, das die Haftung zwar nicht auf ein Verschulden, aber auf besondere vertragliche Zusicherung bzw. auf Arglist seitens des Verkäufers stützt, statuiert das UN-Kaufrecht eine generelle Garantiehaftung.[821] Einzige Vorausset-

---

[820] Vgl. dazu oben Kapitel 3, C. III.

[821] Abweichend zum BGB haftet der Verkäufer bei vertragswidriger Lieferung auch ohne Zusicherung und Verschulden. Praktische Auswirkungen hat dies für den Verkäufer dann, wenn er die Ware nicht selbst hergestellt hat. Bei Nichterfüllung der Lieferpflicht ist der Unterschied hingegen nicht so erheblich, da auch im BGB die Garantiehaftung beim Gattungskauf nach § 279 BGB und beim Spezieskauf für anfängliches Unvermögen besteht. Weitere Aus-

zung für den Schadensersatzanspruch ist demnach, daß der Verkäufer eine mit einem Sachmangel behaftete Ware liefert. Mangels Einschränkung dieser Haftung über das Verschuldenselement[822] sieht das UN-Kaufrecht für den Verkäufer eine andere Entlastungsmöglichkeit bezüglich seiner allgemeinen Schadensersatzpflicht vor: So muß er nach Art. 79 UNKR für die Lieferung einer mangelhaften Sache nicht einstehen, wenn diese auf eine außerhalb seines Einflußbereiches liegende Ursache zurückzuführen ist. Mit dieser Einteilung in Risikobereiche ist der Verkäufer bei fehlender Beherrschbarkeit eines Risikos von seiner Schadensersatzhaftung befreit.[823] Allerdings hat er in der Regel den Sachmangel zu vertreten, den eine von ihm selbst hergestellte Sache aufweist. Eine Entlastung gemäß Art. 79 UNKR ist lediglich in den seltenen Fällen denkbar, daß der Mangel unter Mitwirkung eines nicht beherrschbaren Ereignisses entstanden ist oder ein Entwicklungsfehler vorliegt.[824] Auch beim Gattungskauf trägt der Verkäufer entsprechend dem Vertragszweck neben dem generellen Beschaffungsrisiko grundsätzlich das für die Mangelfreiheit der Ware.[825] Da Art. 79 UNKR also in den Fällen vertragswidriger Beschaffenheit der Ware nur selten die Haftung des Verkäufers auszuschließen vermag, liegt der Unterschied zwischen UN-Kaufrecht und BGB darin, daßersteres den Käufer im Gegensatz zum BGB in der Regel schon bei einfachen Sachmängeln auf Schadensersatz haften läßt.[826]

Des weiteren kann der Käufer den Mangelschaden nach UN-Kaufrecht ebenso wie nach BGB sofort, unabhängig von einer Nachfristsetzung, und ohne weitere besondere Voraussetzungen verlangen. So muß beispielsweise anders als bei der Vertragsaufhebung keine wesentliche Vertragsverletzung vorliegen. Die Garantiehaftung des Verkäufers umfaßt den Schaden, der dem Käufer durch die vertragswidrige Beschaffenheit der Ware entstanden ist. Demgemäß bestimmt Art. 74 UNKR, daß dem Käufer alle Nachteile zu ersetzen sind, die er durch die Vertragsverletzung erlitten hat. Insoweit muß der Verkäufer sowohl die entstandenen Verluste als auch entgangene Gewinne ausgleichen. Die tatsächlichen Nachteile lassen sich dadurch bestimmen, daß ein Vergleich zwischen der Situation nach Lieferung der

führungen dazu *Huber*, Haftung des Verkäufers, S. 15 f.; *Leser* in FS Kitagawa (1992), S. 455, 458 f.

822 Vgl. *Herber/Czerwenka*, Art. 79 UNKR, Rn. 2; Bianca/Bonell/*Tallon*, Art. 79 UNKR, Bem. 1.1; Schlechtriem/*Stoll*, Art. 79 UNKR, Rn. 6.

823 Siehe dazu *Basedow*, Gutachten, S. 42; *Posch*, in Das UNCITRAL-Kaufrecht, S. 153, 176 f.

824 Siehe ausführlich Schlechtriem/*Stoll*, Art. 79 UNKR, Rn. 46 m.w.N.; ebenso *Huber*, Haftung des Verkäufers, S. 22 ff.

825 Vgl. *Huber*, Haftung des Verkäufers, S. 23 f.; *Neumayer/Ming*, Art. 79 UNKR, Anm. 10; *Schlechriem*, Einheitliches Kaufrecht, S. 47 ff.; ähnlich *v. Caemmerer*, AcP 178 (1978), S. 121, 148. A.A. Schlechtriem/*Stoll*, Art. 79 UNKR, Rn. 47, der in das Beschaffungsrisiko des Verkäufers nicht solche verdeckten Mängel einbezieht, die trotz Untersuchung nicht zu entdecken waren.

826 So auch *Schlechtriem*, ZEuP 1993, S. 217, 229; Schlechtriem/*Stoll*, Art. 79 UNKR, Rn. 9; *Rummel*, in Einheitliches Wiener Kaufrecht, S. 177 f.; Staudinger/*Magnus*, Einl. UNKR, Rn. 32.

mangelhaften Ware und dem Zustand bei sachgerechter Erfüllung angestellt wird. Schließlich begrenzt Satz 2 der Vorschrift die Haftung auf den Schaden, den der Verkäufer bei Vertragsschluß als mögliche Folge der Vertragsverletzung vorausgesehen hat oder hätte voraussehen müssen. Der Hintergrund dieser Vorhersehbarkeitsregel ist die Beschränkung des vom Verkäufer mit dem Vertrag übernommenen Haftungsrisikos, ohne dabei auf das Verschuldensprinzip zurückgreifen zu müssen.[827] Hinsichtlich der erlittenen Verluste erfaßt die allgemeine Schadensersatzhaftung des Art. 45 Abs. 1 lit. b UNKR neben dem eigentlichen Mangelschaden gleichfalls die aus dem Fehler resultierenden Begleitschäden sowie die Folgeschäden aus der mangelhaften Leistung. Unter letztere Gruppe fällt der im BGB durch die pFV erfaßte Mangelfolgeschaden, der jedoch hier nicht verschuldensabhängig ausgestaltet ist. Da sich die Voraussehbarkeitsregel in Art. 74 UNKR allerdings für den Mangelfolgeschaden nicht eignet,[828] ist sie bezüglich dieser Schäden dahingehend abgeändert, daß der Folgeschaden gerade Ausdruck der durch den Verkäufer gesetzten Gefahr ist.[829]

c. Kommissionsentwurf

Wie beim Rücktritt eröffnet der Reformvorschlag dem Käufer mit der kaufrechtlichen Vorschrift des § 441 KE zwar einen Anspruch auf Schadensersatz wegen Lieferung einer mangelbehafteten Sache. Der Anspruch selbst richtet sich jedoch aufgrund entsprechender Verweisung nach den allgemeinen Vorschriften der §§ 280, 283, 284 KE. Demnach verzichtet der Entwurf wie das UN-Kaufrecht für den gewährleistungsrechtlichen Schadensersatzanspruch auf eine eigenständige inhaltliche Regelung wie die der §§ 463, 480 Abs. 2 BGB. In Abweichung zu den beiden anderen Rechten umfaßt § 441 KE ferner nicht nur den Sach-, sondern auch den Rechtsmangel.

Bedingt durch die Eingliederung in die allgemeinen Vorschriften weicht der Schadensersatzanspruch des Käufers wegen Sachmangels in mehreren Punkten von den Regelungen des BGB wie auch von denen des UN-Kaufrechts ab. Anders als das BGB gewährt der Entwurf dem Käufer bei Lieferung einer mangelhaften Sache einen allgemeinen Schadensersatzanspruch, ohne daß qualifizierte Voraussetzungen hinzutreten müssen. Die Beschränkung der Haftung des Verkäufers erfolgt demgegenüber über das Vertretenmüssen der mangelhaften Lieferung (§ 280 Abs. 1 S. 2 KE). Mit diesem Verschuldenserfordernis unterscheidet sich der Reformvorschlag von den beiden anderen Rechten: Weder das BGB mit seiner kodifizierten Garantiehaftung in den §§ 463, 480 Abs. 2 BGB noch das UN-Kaufrecht

---

[827] Vgl. Schlechtriem/*Stoll*, Art. 74 UNKR, Rn. 4; ebenso *Rabel*, Warenkauf Bd. I, S. 509.

[828] Ein Mangelfolgeschaden durch Beeinträchtigung des Schutzinteresses ist bei Vertragsschluß stets voraussehbar. Schließlich besteht immer die Möglichkeit, daß eine wegen Sachmangels gefährliche Sache einen solchen hervorrufen kann.

[829] Vgl. *Schlechtriem*, Einheitliches UN-Kaufrecht, S. 91; *Neumayer/Ming*, Art. 74 UNKR, Anm. 6; Schlechtriem/*Stoll*, Art. 74 UNKR, Rn. 44.

mit den Artt. 45 Abs. 1 lit. b, 79 UNKR stellen auf ein Vertretenmüssen des Verkäufers ab. Wie aber bereits ausgeführt,[830] gelangen dennoch alle drei Rechte in vielen Fällen zu zumindest ähnlichen Ergebnissen.

Der Entwurf trennt weiterhin nach den verschiedenen Schadensarten: § 280 Abs. 1 KE läßt den Verkäufer - ohne weitere Voraussetzungen - lediglich für den Schaden haften, den das BGB über das Institut der pFV ausgleicht, also den Mangelfolgeschaden. Für den Ersatz des eigentlichen Mangelschadens verlangt er durch die in § 441 Abs. 1 KE enthaltene Verweisung auf § 283 Abs. 1 KE zusätzlich, daß die im Normalfall dem Verkäufer zu setzende Frist zur Nacherfüllung ergebnislos verstrichen ist.[831] Insoweit entspricht dieser Anspruch seinem Umfang nach dem, den man mit der Berechnungsart des kleinen Schadensersatzes im BGB erhält. Der große Schadensersatz des BGB, also der gesamte Schaden wegen Nichtdurchführung des Vertrages, steht dem Käufer hingegen erst dann zu, wenn er gemäß Verweisung des § 441 Abs. 3 KE auf § 327 KE zuvor vom Vertrag zurückgetreten ist. Abweichend von BGB und UN-Kaufrecht hat der Verkäufer - wie schon bei der Regelung von Rücktritt und Minderung - durch die grundsätzlich geforderte Nachfristsetzung Gelegenheit, seine Pflicht zum Ersatz des Mangelschadens durch Nacherfüllung abzuwenden.[832] Ferner schließt der Entwurf im Gegensatz zu den beiden anderen Rechten die Geltendmachung des großen Schadensersatzes für den Fall aus, daß die Lieferung der mangelhaften Sache keine wesentliche Vertragsverletzung darstellt. Denn § 323 Abs. 3 Nr. 1 KE verwehren für diesen Fall den hierfür notwendigen Rücktritt. Im Ergebnis steht dem Käufer nach dem Entwurf lediglich dann ein Wahlrecht zwischen sog. kleinem und großem Schadensersatz wie im BGB zu, wenn die Lieferung der mangelhaften Sache keine nur unerhebliche Pflichtverletzung darstellt.[833]

III. Verhältnis der Rechtsbehelfe zueinander

Abschließend wird dargestellt, in welchem Verhältnis die primären und sekundären Rechtsbehelfe, die dem Käufer bei Lieferung einer mangelhaften Sache zur Verfügung stehen, innerhalb der drei untersuchten Rechte zueinander stehen. Grundsätzlich befinden sich alle Rechtsbehelfe zueinander im Alternativverhältnis. Zwingend ist diese Alternativität jeweils im Verhältnis von Rücktritt zu den Rechtsbehelfen der Vertragserfüllung, also auch zu Nachlieferung und -besserung,

---

830 Siehe dazu bereits in diesem Kapitel A. II 4 b.

831 Der Unterschied zum UN-Kaufrecht, das sofort und unabhängig von einer ergebnislosen Nachfristsetzung die Haftung für den Mangelschaden vorsieht, wirkt sich in der Praxis allerdings nur dann aus, wenn der Mangelschaden höher ist als der Betrag, den der Käufer aufgrund der Minderung nach § 440 KE erzielen kann. Vgl. *Schlechtriem*, ZEuP 1993, S. 217, 234.

832 Vgl. *Schlechtriem*, ZEuP 1993, S. 217, 232; Abschlußbericht, S. 224. - Diese Regelung entspricht dem Anspruch auf Schadensersatz wegen Nichterfüllung nach § 326 BGB, wobei auf die Ablehnungsandrohung verzichtet worden ist.

833 Siehe Abschlußbericht, S. 223, 225.

sowie zur Minderung als Vertragsanpassung.[834] Denn der Käufer kann sich nicht vom Vertrag lösen und gleichzeitig an ihm festhalten wollen. Im Hinblick auf andere Kombinationsmöglichkeiten, insbesondere die Verbindung des Schadensersatzanspruchs mit weiteren Rechtsbehelfen, ist allerdings näher zu untersuchen, inwieweit BGB, UN-Kaufrecht und Entwurf die Kumulierung gesetzlich vorsehen oder zumindest im Ergebnis gestatten.

1. BGB

Da nach § 433 Abs. 1 BGB die Lieferung einer mangelfreien Sache nicht zur Leistungspflicht des Verkäufers zählt, stehen der Primäranspruch auf Erfüllung sowie dessen besondere Ausgestaltung in Form der Nachlieferung beim Gattungskauf zu den sekundären Rechtsbehelfen in einen Alternativverhältnis.[835] Des weiteren schließen sich die Sekundäransprüche von Wandlung, Minderung und Schadensersatz wegen Nichterfüllung von Gesetzes wegen gegenseitig aus.[836] Das Recht des Käufers, von einem dieser Rechtsbehelfe auf einen anderen überzuwechseln, erlischt grundsätzlich jeweils mit Vollziehung des gewünschten Rechtsbehelfs. Entgegen dieser klar festgeschriebenen Rechtslage ist es dem Käufer in der Rechtspraxis gestattet, seinen Schadensersatzanspruch nach den §§ 463, 480 Abs. 2 BGB mit den beiden anderen Rechtsbehelfen zu kombinieren: Zum einen kann er in dem Fall, daß er den sog. kleinen Schadensersatz als Berechnungsart für seinen Schaden wegen der mangelhaften Sache wählt, diese behalten und zusätzlich den Minderwert verglichen zu einer mangelfreien Sache als Schaden geltend machen. Hierbei sind wirtschaftlich die Rechtsbehelfe von Minderung und Schadensersatz miteinander kombiniert. Zum anderen besteht nach der Berechnungsart des sog. großen Schadensersatzes die Möglichkeit, den Schadensersatzanspruch mit der Wandlung zu verbinden, indem der Käufer die mangelhafte Ware zurückgibt und insgesamt den Ersatz des Kaufpreises zuzüglich der weiteren Schäden verlangt.[837]

2. UN-Kaufrecht

Im Unterschied zum BGB gewährt Art. 45 Abs. 2 UNKR dem Käufer ausdrücklich das Recht, den Schadensersatzanspruch neben den ihm nach Artt. 45 Abs. 1 lit. a, 46–52 UNKR zustehenden Rechtsbehelfen - also dem Anspruch auf Erfüllung, Vertragsaufhebung und Minderung - gleichfalls geltend zu machen. Ein Hinderungsgrund für das grundsätzliche Nebeneinander von Primär- und Sekundäransprüchen besteht nicht, da Art. 35 UNKR den Verkäufer zur Lieferung vertrags-

---

834 Vgl. *Basedow*, Gutachten, S. 76.

835 Ein Erfüllungsanspruch bezüglich der Lieferung mangelfreier Ware steht dem Käufer einer Speziessache gar nicht und dem Gattungskäufer lediglich in der Form der Nachlieferung zu.

836 Diese Alternativität kommt in § 462 BGB durch das Wort *oder* sowie in den §§ 463, 480 Abs. 2 BGB durch *statt* zum Ausdruck. Dazu *Zimmermann*, JZ 1995, S. 477, 485; *Heldrich*, S. 2156, 2159.

837 Vgl. oben Kapitel 2, C. III. 3.

gemäßer Ware verpflichtet. Der jeweilige Umfang des Schadensersatzanspruchs richtet sich dabei nach dem kumulativ mit diesem geltend gemachten Rechtsbehelf.[838] Kombiniert der Käufer seinen Anspruch auf Schadensersatz mit dem auf Erfüllung, so haftet der Verkäufer lediglich auf den Verzögerungsschaden sowie auf den Begleit- und Folgeschaden - also auch auf den Minderwert der mangelbehafteten Sache. Im Ergebnis entspricht dies dem sog. kleinen Schadensersatz im BGB. Bei der Verbindung mit der Vertragsaufhebung hingegen werden dem Käufer auch die durch die Nichterfüllung des Vertrages entstandenen Schäden ausgeglichen. Dieses Ergebnis stimmt wiederum mit der Berechnungsmethode großer Schadensersatz (§§ 463, 480 Abs. 2 BGB), der Differenztheorie in den Fällen der §§ 325, 326 BGB sowie der pFV, bezogen auf das Integritätsinteresse neben vollzogener Wandlung, überein.[839] Schließlich ist die Verbindung von Minderung und Schadensersatz denkbar, wonach allerdings der Minderungswert vom Gesamtschaden des Käufers abzuziehen ist.[840] Angesichts dieser komplizierten Berechnungsmethode stellt sich der Käufer besser, wenn er von dieser Kombination absieht und seinen gesamten Schaden einheitlich über die Schadensersatzhaftung nach Art. 74 UNKR ersetzt verlangt. Diese einfachere Möglichkeit entspricht wiederum der Berechnungsart des kleinen Schadensersatzes im BGB.

3. Kommissionsentwurf

Der Reformvorschlag gestaltet das Verhältnis der einzelnen Rechtsbehelfe zueinander - ebenso wie das UN-Kaufrecht - nicht durchgängig alternativ. Damit hat die Kommission die im BGB bestehende Diskrepanz zwischen geschriebenem Recht und der Rechtspraxis zur Anspruchskumulierung beseitigt. Ist die Alternativität der Rechtsbehelfe nicht schon dadurch bedingt, daß einer Kombination inhaltliche Gründe entgegenstehen, beispielsweise bei der Verbindung von Rücktritt und Minderung, gestattet der Entwurf grundsätzlich das Nebeneinander von Rechtsbehelfen. Darüber hinaus ist die Kumulierung von Rücktritt und Schadensersatz bei Lieferung einer vertragswidrigen Sache nach den §§ 441 Abs. 3, 327 KE nicht nur zulässig. Vielmehr ist der vorherige Rücktritt des Käufers notwendige Voraussetzung für den Anspruch auf Schadensersatz wegen Nichterfüllung. Im Ergebnis stellt diese Regelung, obgleich der Käufer lediglich unter den strengen Rücktrittsvoraussetzungen beide Rechtsbehelfe miteinander kombinieren darf, jedoch zur Berechnungsart des sog. großen Schadensersatzes im BGB keine Änderung dar. Die Kombination von Erfüllungs- mit Schadensersatzanspruch gestaltet sich wie

---

838 Weiterführend Schlechtriem/*Leser*, Vor Artt. 81–84 UNKR, Rn. 7.

839 Siehe *Huber*, in Einheitliches KaufR u. nat. ObligationenR, S. 199, 208 ff., 214 f.; *ders.*, Haftung des Verkäufers, S. 13; *Piltz*, in Handbuch des Kaufvertragsrechts, Rn. 98; *v. Hoffmann*, in Einheitliches KaufR u. nat. ObligationenR, S. 293 ff.; *Weitnauer* in FS Institut Heidelberg (1967), S. 71, 82, 91 ff. Vergleich zum EKG *v. Caemmerer*, AcP 178 (1978), S. 121, 134; *Kirchhof*, S. 260 ff.

840 Vgl. Schlechtriem/*Huber*, Art. 45 UNKR, Rn. 42; *Piltz*, Internationales Kaufrecht, § 5 Rn. 321.

im UN-Kaufrecht problemlos. Der Ersatzanspruch umfaßt dabei lediglich den über das Erfüllungsinteresse hinausgehenden Schaden.

C. Verjährung

Im folgenden werden die drei untersuchten Rechte mit ihren Regelungen zur Verjährung von Gewährleistungsansprüchen einander gegenübergestellt. Die Ausführungen zu dieser Problematik können und sollen allerdings lediglich einen allgemeinen Überblick über das Verjährungsrecht geben; eine breitere Darstellung übersteigt die Zielsetzung der Arbeit. Hinzu kommt, daß das UN-Kaufrecht selbst keine Vorschriften zur Verjährung aufweist. In diesem Zusammenhang darf man nicht die zweijährige Ausschlußfrist in Art. 39 Abs. 2 UNKR[841] mißdeuten: Die Ausschlußfrist für Erhebung der Mängelanzeige regelt gerade nicht die gerichtliche Geltendmachung bestehender Ansprüche. Sie greift vielmehr nur in dem Fall ein, daß die Vertragswidrigkeit trotz sachgemäßer Untersuchung oder zu einem späteren Zeitpunkt für den Käufer nicht erkennbar war.[842]

In bezug auf die Verjährung der Ansprüche aus dem UN-Kaufrecht gilt das separate *UN-Übereinkommen über die Verjährung beim internationalen Warenkauf* vom 14. Juni 1974[843], dem die Bundesrepublik Deutschland jedoch bislang nicht beigetreten ist. Da eine Ratifizierung des Übereinkommens für die nächste Zeit auch nicht zu erwarten ist,[844] richtet sich die Verjährung der Ansprüche aus dem UN-Kaufrecht demnach weiterhin nach dem gemäß internationalem Privatrecht zur Anwendung kommenden nationalen Recht. Zur umfassenden Darstellung der gewährleistungsrechtlichen Verjährung folgt dennoch ein kurzer Abriß über die Regelungen nach dem UN-Verjährungsübereinkommen sowie Art. 3 Vertragsgesetz.

I. BGB

Für die Verjährung der Gewährleistungsansprüche des Käufers sieht § 477 Abs. 1 S. 1 BGB bei beweglichen Sachen die kurze Frist von sechs Monaten vor, bei Grundstücken beläuft sie sich auf ein Jahr. Soweit der über die pFV zu ersetzende

---

841 Die Vorläufer für diese Regelung der Ausschlußfrist sind die Art. 39, 49 EKG. Der Vorschlag der deutschen Delegation auf der damaligen Konferenz, Art. 49 EKG nicht als Ausschlußfrist, sondern als Verjährung zu konzipieren, wurde abgelehnt, um die Regelung des gesamten Verjährungsrechts im Rahmen des EKG zu vermeiden. Vgl. *Mertens/Rehbinder*, Art. 49 EKG, Rn. 3.

842 Siehe Schlechtriem/*Schwenzer*, Art. 39 UNKR, Rn. 22, 28.

843 Convention on the Limitation Period in the International Sale of Goods (A/CONF. 63/15), UNCITRAL-Yearbook V (1974), 210 ff.; abgedruckt in RabelsZ 39 (1975), S. 342 ff. = Schlechtriem/*Schlechtriem*, Anhang II. Das UN-Verjährungsübereinkommen ist am 1. August 1988 völkerrechtlich in Kraft getreten. Dazu ausführlich *Landfermann*, RabelsZ 39 (1975), S. 253 ff.

844 Siehe Schlechtriem/*Schlechtriem*, Art. 3 VertragsG, Rn. 1; *Rudolph*, Art. 3 VertragsG, Rn. 3; Honsell/*Siehr*, Art. 3 VertragsG, Rn. 4.

Mangelfolgeschaden auf der Mangelhaftigkeit der Sache beruht, findet § 477 Abs. 1 S. 1 BGB analog Anwendung. Demgegenüber gilt die Sechsmonatsfrist nicht für die weiteren Ansprüche aus pFV, für die Ansprüche wegen Arglist des Verkäufers und für die nach Vollzug des jeweiligen gewährleistungsrechtlichen Rechtsbehelfs. Vielmehr verjähren diese - mangels spezieller Regelung - gemäß § 195 BGB erst nach dreißig Jahren. Auch die Rechtsmängelhaftung unterliegt dieser Frist. Es ist damit festzuhalten, daß im BGB für die gewährleistungsrechtlichen Ansprüche keine einheitlichen, sondern stark differierende Verjährungsfristen gelten.

Maßgeblicher Zeitpunkt für den Beginn der gewährleistungsrechtlichen Frist ist bei beweglichen Sachen die Ablieferung, bei Grundstücken die Übergabe. Dabei ist es für den Lauf der Frist unerheblich, inwieweit der Käufer den Sachmangel erkannt hat bzw. überhaupt erkennen konnte.[845] Nach Ablauf der Frist steht dem Verkäufer die Einrede der Verjährung gemäß § 222 Abs. 1 BGB zu. Dies bedeutet, daß er gegenüber dem Käufer ein Leistungsverweigerungsrecht besitzt, der Anspruch selbst aber bestehen bleibt.

II. Kommissionsentwurf

Der Reformvorschlag legt abweichend vom BGB für alle vertraglichen und gesetzlichen Ansprüche eine einheitliche Verjährungsfrist von drei Jahren fest (§ 195 Abs. 1 KE). Unter diese Einheitsregelung fallen ausnahmslos die Ansprüche des Käufers wegen einer Pflichtverletzung des Verkäufers, wozu auch die wegen Lieferung einer mangelhaften Sache zählen. Im Vergleich zum BGB bedeutet die Dreijahresfrist für den Käufer einerseits eine beträchtliche Verbesserung hinsichtlich der Ansprüche, die im geltenden Recht nach § 477 Abs. 1 S. 1 BGB in sechs Monaten verjähren. Andererseits verkürzt der Entwurf die Frist zur Geltendmachung eines Mangelfolgeschadens, der nicht auf Mangelhaftigkeit der Ware beruht, von dreißig auf drei Jahre.[846] Im Gegensatz zum BGB hat der Reformvorschlag die Verjährungsfristen für die Ansprüche des Käufers wegen mangelhafter Lieferung vereinheitlicht. Nur der Schadensersatzanspruch wegen Arglist verjährt in Abweichung zur dreißigjährigen Frist des § 195 BGB gemäß § 195 Abs. 4 KE erst nach zehn Jahren.

Wie das BGB differenziert der Kommissionsentwurf hinsichtlich des Zeitpunktes, in dem die Dreijahresfrist zu laufen beginnt, nicht zwischen offenen und versteckten Mängeln. Unabhängig von der Kenntnis des Käufers um die Mangelhaftigkeit läuft die Verjährungsfrist ab der Übergabe (§ 196 Abs. 4 KE). Diese Vorschrift gilt

---

[845] Vgl. zur bewußten Entscheidung des Gesetzgebers oben Kapitel 2, E.

[846] Die Fristverlängerung auf drei Jahre zeigt, daß der Verbraucherschutz höher bewertet wird als das Interesse des Verkäufers an schneller Abwicklung. So *Stürner*, NJW 1994, Beilage zu Heft 25, S. 2, 5.

in gleichem Maße für bewegliche Sachen wie für Grundstücke.[847] Anders als bei § 477 Abs. 1 S. 1 BGB ist hier jedoch wegen der Fristverlängerung auf drei Jahre die Außerachtlassung der Erkennbarkeit des Mangels für den Fristbeginn nicht so schwerwiegend. Im Ergebnis schafft der Vorschlag einen sachgerechten Ausgleich zwischen den beiden voneinander abweichenden Interessenlagen der Vertragsparteien: Zwar beginnt die Frist im Interesse des Verkäufers - wie im BGB - unabhängig von der Erkennbarkeit des Mangels zu laufen. Zum Ausgleich hat der Käufer aber eine Frist von drei Jahren, um die innerhalb dieses Zeitraums auftretenden Mängel dem Verkäufer gegenüber geltend zu machen, und ist insoweit gegenüber dem BGB bessergestellt.

III. UN-Verjährungsübereinkommen und Art. 3 Vertragsgesetz

1. Das UN-Verjährungsübereinkommen

Auch wenn das UN-Verjährungsübereinkommen für die Bundesrepublik Deutschland mangels Ratifizierung grundsätzlich keine Anwendung findet, soll nachfolgend zumindest ein Überblick über die Vorschriften zur Verjährung bei Lieferung vertragswidriger Ware gegeben werden.

Nach den Artt. 8, 9 Abs. 1, 10 Abs. 2 UN-Verjährungsübereinkommen beträgt die allgemeine Verjährungsfrist vier Jahre und beginnt bei einer Vertragswidrigkeit mit dem Tag zu laufen, an dem die Ware tatsächlich übergeben bzw. deren Annahme vom Käufer abgelehnt wird. Unter den Konferenzteilnehmern waren die Verjährungsregelung bezüglich der Sachmängelansprüche zum einen wegen der stark voneinander abweichenden nationalen Regelungen heftig diskutiert worden.[848] Ein Vergleich vieler nationaler Rechtsordnungen vermag die erheblichen Unterschiede zu verdeutlichen, die bezüglich der Dauer, des Fristbeginns sowie der Regelung der versteckten Mängel bestehen.[849] Zum anderen beruhte die Diskussion darauf, daß ein zwei Jahre zuvor unterbreiteter Entwurf für die Dauer der Verjährungsfrist bei Sachmängelansprüchen eine Sonderregelung vorgesehen hatte. Diese sah noch eine Zweijahresfrist beim erkennbaren Mangel ab der Übergabe, beim verdeckten Mangel ab Erkennbarkeit vor. Die Sonderregelung setzte sich allerdings nicht durch, so daß die grundsätzlich einheitliche Verjährungsfrist nun auch für Sachmängelansprüche gilt. Lediglich der Fristbeginn ist für diese Ansprüche in Art. 10 Abs. 2 UN-Verjährungsübereinkommen gesondert geregelt.

---

[847] Siehe Abschlußbericht, S. 63.

[848] Siehe weiterführend *Landfermann*, RabelsZ 39 (1975), S. 253, 266 ff.

[849] Siehe zu den Bedenken der deutschen Delegation zum Übereinkommen, insbesondere gegenüber der vierjährigen Verjährungsfrist bei Sachmängelansprüchen *Herber*, AWD/RIW 1974, S. 577, 579 f.

2. Art. 3 Vertragsgesetz

Mangels Ratifizierung des UN-Verjährungsübereinkommens gilt für die Verjährung von Ansprüchen nach dem UN-Kaufrecht in der Bundesrepublik Deutschland kein vereinheitlichtes Recht.[850] Bezüglich der Ansprüche wegen Vertragswidrigkeit bestimmt jedoch Art. 3 Vertragsgesetz[851] eine spezielle Verjährungsregel für die Ansprüche des Käufers nach Art. 45 UNKR. Voraussetzung für die Anwendung von Art. 3 VertragsG ist jedoch zunächst, daß nach den Vorschriften des internationalen Privatrechts deutsches Recht als Vertragsstatut berufen ist.[852] Ist dies gegeben, ordnet Art. 3 VertragsG für die Ansprüche wegen Vertragswidrigkeit die entsprechende Anwendung der §§ 477, 478 BGB und damit eine sechsmonatige Verjährungsfrist an. Art. 3 VertragsG erfaßt alle Ansprüche des Käufers wegen Vertragswidrigkeit der Ware gemäß Art. 45 UNKR, also auch die Lieferung mangelhafter Ware.[853] Allerdings beginnt die Frist in Abänderung des § 477 BGB nicht mit Ablieferung der Ware, sondern erst mit Absendung der Mängelrüge an den Verkäufer (Art. 39 UNKR) zu laufen. Damit kann letztlich die Frist, die dem Käufer zur Geltendmachung seiner Ansprüche zur Verfügung steht, sich auf fast zweieinhalb Jahren belaufen, und zwar in dem Fall, daß der Käufer den Mangel erst kurz vor Ablauf der Zweijahresfrist des Art. 39 Abs. 2 UNKR erkennen kann und daraufhin rügt. Darüber hinaus kommt die kurze Verjährungsregelung des BGB dann nicht zum Tragen, wenn der Verkäufer die der Vertragswidrigkeit zugrundeliegenden Tatsachen kannte bzw. darüber nicht in Unkenntnis sein konnte, diesen Umstand jedoch dem Käufer nicht offenlegt. In diesem Fall der Arglist gilt die Dreißigjahrefrist des § 195 BGB. Als Ergebnis läßt sich damit festhalten, daß Art. 3 VertragsG, der bezüglich seiner Voraussetzungen mit Art. 40 UNKR übereinstimmt, letztlich eine größere Anzahl von Fällen erfaßt als die Vorschrift des § 477 Abs. 1 S. 1 BGB. Art. 3 VertragsG geht über § 477 BGB hinaus, da letzterer lediglich bei Arglist eine Ausnahme vom Verlust der Rechtsbehelfe macht.

D. Zusammenfassung

Die zu Beginn dieses Kapitels aufgeworfenen Fragen, inwieweit die Kommissionsvorschläge dem UN-Kaufrecht entsprechen bzw. sich von diesem unter-

---

850 Siehe Schlechtriem/*Schlechtriem*, Art. 3 VertragsG, Rn. 1.

851 Gesetz zu dem Übereinkommen der Vereinten Nationen vom 11. April 1980 über Verträge über den internationalen Warenkauf sowie zur Änderung des Gesetzes zu dem Übereinkommen vom 19. Mai 1956 über den Beförderungsvertrag im internationalen Straßengüterverkehr (CMR) vom 5. Juli 1989, BGBl. 1989 II, S. 586 f., im folgenden abgekürzt als VertragsG.

852 Vgl. Palandt/*Heldrich*, Art. 32 EGBGB, Rn. 6; *Welser*, in Das UNCITRAL-Kaufrecht, S. 105, 117.

853 Die Ansprüche des Käufers wegen Rechtsmängeln (Art. 41, 42 UNKR) fallen wegen fehlender Verweisung auf Art. 43 UNKR nicht unter die Verjährungsregelung des Art. 3 VertragsG. Vgl. Schlechtriem/*Schlechtriem*, Art. 3 VertragsG, Rn. 5; Honsell/*Siehr*, Art. 3 VertragsG, Rn. 5.

scheiden und inwieweit sie, insbesondere mit welchen Konsequenzen, vom BGB abweichen, läßt sich dahingehend beantworten, daß der Entwurf mit seinen Strukturen und Sachlösungen sehr viel stärker denen des Übereinkommens entspricht. Der Vergleich der drei Rechte hat gezeigt, daß das System des einheitlichen Vertragsbruchs von UN-Kaufrecht bzw. der Pflichtverletzung im Entwurf mit einheitlichen Rechtsfolgen gegenüber dem besonderen Gewährleistungsrecht des BGB sowohl in den Haftungsvoraussetzungen als auch in den Rechtsfolgen überlegen ist. Das unverbundene Nebeneinander von Leistungsstörungen und Gewährleistung im BGB mit seinen ausführlich erörterten Problemen kann gegenüber der geschlossenen Systematik der beiden anderen Rechte nicht standhalten. Das einheitliche System in Voraussetzungen einerseits und Rechtsfolgen andererseits ist wesentlich unkomplizierter und für den Rechtsanwender verständlicher sowie überschaubarer gestaltet.

Fast in allen Punkten lehnt der Reformvorschlag sich an die auf internationaler Ebene ausgearbeiteten Lösungen des UN-Kaufrechts an. Zu nennen sind beispielsweise die zentralen Begriffe von Vertragsbruch und Pflichtverletzung, auf denen jeweils das Leistungsstörungsrecht aufbaut. Daneben entsprechen sich gleichfalls die dem Käufer wegen Lieferung einer mangelhaften Sache zur Verfügung stehenden Rechtsbehelfe von Erfüllungsanspruch samt Nacherfüllungsansprüchen, Vertragsaufhebung, Minderung und Schadensersatzanspruch. Die wenigen Unterschiede zum Übereinkommen, die festzustellen waren, sind darauf zurückführen, daß der Entwurf die nationale, grundsätzlich bewährte Rechtsordnung der Bundesrepublik Deutschland reformieren soll, die an einigen charakteristischen Rechtsstrukturen wie dem Verschuldensprinzip oder der Nachfristsetzung festhalten will und auch soll. Doch trotz dieser Abweichungen in struktureller Hinsicht ist bemerkenswert, daß der Unterschied des Reformvorschlages zum UN-Kaufrecht geringer ist, als dies auf den ersten Blick erscheinen mag. Belegen läßt sich dies am Beispiel des Schadensersatzanspruchs: In der Ausgestaltung dieses Rechtsbehelfs weicht der Entwurf zwar sowohl vom BGB als auch vom UN-Kaufrecht ab. Gegenüber ersterem verschärft er mit seinem allgemeinen Schadensersatzanspruch, demgemäß der Verkäufer bei jeder Pflichtverletzung den Mangelschaden zu ersetzen hat, die Haftung für die Lieferung mangelhafter Ware. Dieser Umstand ist jedoch durch das - dem UN-Kaufrecht unbekannte - Verschuldenserfordernis sowie durch die Möglichkeit des Verkäufers zur Nacherfüllung, da sie ihn in der Regel wirtschaftlich geringer belastet, ausgeglichen. Dennoch stimmen die Ergebnisse des „reformierten" Rechtsbehelfs in vielen Fällen mit denen der beiden anderen Rechte überein, insbesondere unter Berücksichtigung der Fortentwicklung des BGB durch Rechtsprechung und Wissenschaft. Die Abweichungen darf man nicht überbewerten, hingegen sollte das Gesamtbild betrachtet werden.

Der Reformentwurf stellt neben dem UN-Kaufrecht als internationalem Warenkaufrecht einerseits und dem BGB andererseits ein ganz eigenes Recht dar, dessen Vorschläge nicht nur diskussionswürdig sind, sondern sogar sehr gut neben diesen beiden anderen Bestand haben können. Sein einheitliches und geschlossenes System beseitigt zum einen Ungereimtheiten und Wertungswidersprüche des geltenden Rechts. Zum anderen vermag der Kommissionsentwurf den Gleichlauf der in der Bundesrepublik Deutschland geltenden nationalen und internationalen Rechte zu erzielen mit der Folge der generellen Rechtsangleichung und -vereinheitlichung.

Dieser letztgenannte Aspekt darf gerade im Hinblick auf die Rechtsvereinheitlichungsbestrebungen auf europäischer und internationaler Ebene nicht unterschätzt werden. Die Aktivitäten in diesem Bereich sind von großer Bedeutung für die nationale Rechtsentwicklung. Der folgende zweite Teil dieser Arbeit befaßt sich ausführlich mit dieser Thematik.

TEIL 2: AUSBLICK AUF EUROPA

Dieser zweite Teil der Arbeit befaßt sich mit der allgemeinen Rechtsentwicklung sowie den verschiedenen bestehenden Ansätzen, den Bereich des Privatrechts und dabei insbesondere das Schuldvertragsrecht innerhalb Europas anzugleichen bzw. zu vereinheitlichen.

Wie bereits die voranstehenden Ausführungen gezeigt haben, darf sich die Bundesrepublik Deutschland hinsichtlich der Reform des nationalen Schuldrechts nicht nur als Nationalstaat betrachten. Als Mitgliedstaat der Europäischen Union muß sie einerseits die Rechtsentwicklungen auf dieser gleichsam übergeordneten Ebene beachten, andererseits kann sie sich diese aber auch zunutze machen. So hat sich in den letzten Jahren innerhalb der Gemeinschaft Beachtliches im Bereich des Privatrechts getan, daß man nunmehr fast von der „Europäisierung des Privatrechts" zu sprechen vermag. Besonders erwähnenswert ist diesbezüglich, welchen großen Einfluß das Gemeinschaftsrecht auf die Regelung der nationalen vertraglichen Schuldverhältnisse - bedingt durch deren Wirtschaftsrelevanz in der Europäischen Gemeinschaft - ausübte und noch weiter ausübt. Neuester und gleichzeitig wichtigster Vorstoß in dieser Entwicklung ist die Verabschiedung der *Richtlinie zu bestimmten Aspekten des Verbrauchsgüterkaufs und der Garantien für Verbrauchsgüter* vom 25. Mai 1999. Zielsetzung dieser Richtlinie ist die Harmonisierung der nationalen Kaufgewährleistungsrechte des Verbrauchers.

Zudem beschäftigt sich nicht nur die Europäische Gemeinschaft mit der Frage der Privatrechtsvereinheitlichung innerhalb Europas. Es bestehen daneben noch weitere allgemein anerkannte Initiativen auf der internationalen Ebene, die gleichermaßen vielversprechende Ansätze in der Ausarbeitung einer europäischen privatrechtlichen Gesamtkonzeption bieten. Hervorzuheben sind beispielsweise die von der *Lando-Kommission* vorgelegten *European Principles* sowie unter den über die Grenzen Europas hinausgehenden zwischenstaatlichen Organisationen die *International Principles* einer Unidroit-Arbeitsgruppe. Diese Ende 1994 bzw. Mitte 1995 veröffentlichten Principles schreiben jeweils in der Form einer Kodifikation allgemeine Rechtsgrundsätze zum Vertragsrecht fest. Damit kommt beiden Werken nach Ansicht ihrer Verfasser neben ihrem grundsätzlichen Vorbildcharakter für künftige Rechtssetzungsakte in der voranschreitenden europäischen Rechtsangleichung bzw. -vereinheitlichung auch große Bedeutung in Fragen der Auslegung und Lückenfüllung sowie als *lex mercatoria* zu.

Kapitel 8: Privatrechtsentwicklung in der Europäischen Gemeinschaft

Mit der Abschaffung der gesetzlichen Schranken zugunsten des freien Verkehrs von Waren, Personen, Dienstleistung und Kapital im europäischen Binnenmarkt stellt sich die Frage, inwieweit die nationalen Rechtsordnungen der Mitgliedstaaten samt ihrer Unterschiede in den jeweiligen Regelungen einzelner Rechtsfragen noch den Bedürfnissen des heutigen Rechtslebens entsprechen. Ist die Entwicklung vielleicht schon soweit fortgeschritten, daß der einheitliche europäische Markt über die nationalen Zivilrechte hinaus bereits ein einheitliches rechtliches Instrument in Form einer gesamteuropäischen Privatrechtskodifikation benötigt ? Es fragt sich überdies, welches Maß an Rechtsharmonisierung bzw. -vereinheitlichung und auf welchen Gebieten generell notwendig bzw. wünschenswert ist.

Bevor auf diese Fragen näher eingegangen wird, soll zunächst die heute bestehende Rechtslage innerhalb der Europäischen Gemeinschaft dargestellt werden.

A. Bestehendes Gemeinschaftsprivatrecht

I. Allgemeines

In den letzten Jahren hat sich innerhalb der Europäischen Gemeinschaft anhand einer beachtlichen Anzahl von Verordnungen[854] sowie Richtlinien[855] einerseits und der Rechtsprechung des Europäischen Gerichtshofes[856] andererseits ein europäisches Privatrecht herausgebildet. Das übergeordnete Ziel dieser Rechtssetzung ist - durch Angleichung der voneinander abweichenden Rechtsvorschriften

---

[854] Der Verordnung kommt allgemeine Geltung zu. Sie ist in allen ihren Teilen verbindlich und gilt in jedem Mitgliedstaat unmittelbar (Art. 249 Abs. 2 EGV = ex-Art. 189 Abs. 2 EGV). Damit ist sie der eigentliche Gesetzgebungsakt in der Europäischen Gemeinschaft. - Weiterführend *Hauschka*, JZ 1990, S. 521, 529 ff.

[855] Die Richtlinie ist für jeden Mitgliedstaat, an den sie sich richtet, hinsichtlich des zu erreichenden Zieles verbindlich, überläßt diesem jedoch die freie Wahl der Form und der Mittel für die Umsetzung in nationales Recht (Art. 249 Abs. 3 EGV = ex-Art. 189 Abs. 3 EVG). Im Unterschied zur Verordnung ist sie nicht unmittelbar anwendbar, sondern bedarf der Umsetzung durch die Mitgliedstaaten in nationales Recht. Des weiteren behält der Mitgliedstaat die Souveränität seiner Gesetzgebungsbefugnis insoweit, als ihm über das Ziel hinaus ein Spielraum zusteht. Weiterführend statt aller *Bleckmann*, Europarecht, Rn. 414 ff.

[856] Vgl. zum Einfluß der Rechtsprechung *Schwartz*, ZEuP 1994, S. 559, 576 ff.; *Kirchner*, in Europäisches Vertragsrecht, S. 103, 111 f.

in den einzelnen Mitgliedstaaten - die Errichtung und „das Funktionieren des Gemeinsamen Marktes" (Art. 3 Abs. 1 lit. h EGV = ex-Art. 3 lit. h EGV).

Einer der für diese generelle Entwicklung zu nennenden Gründe ist der, daß die Vereinheitlichung des wirtschaftsrechtlichen Privatrechts in unmittelbarem Zusammenhang mit der wachsenden Einheit des europäischen Wirtschaftsraumes steht. So sei beispielsweise nach Schätzungen in fünf Jahren bis zu 80% der nationalen Gesetzgebung des wirtschaftsnahen Privatrechts innerhalb der Mitgliedstaaten durch die Gemeinschaft zumindest initiiert.[857] Allein dieser Umstand führt bereits zwangsläufig zur allmählichen Angleichung bzw. Harmonisierung einzelner Teilbereiche unter den nationalen Vertragsrechten.

Allerdings läßt sich bei genauerer Betrachtung auch feststellen, daß das Gemeinschaftsrecht sich im Bereich des Privatrechts trotz dieser quantitativ zunehmenden Tätigkeit zum einen lediglich fragmentarisch entwickelt. So beschränken sich die Maßnahmen auf einzelne Teilbereiche des Privatrechts.[858] Zum anderen verfügen die Maßnahmen über kein übergeordnetes dogmatisches und systematisches Gesamtkonzept, in welches sie sich mühelos einfügen ließen.[859] Erschwerend kommt ferner hinzu, daß diese beschriebenen Umstände nicht nur Umfang und Annäherung des angestrebten Endziels, der europäischen Rechtseinheit, entgegenstehen, sondern darüber hinaus eine weitere unerwünschte Folge nachsichziehen: Wegen der partiell willkürlichen Regelung von Teilgebieten, die überdies noch unterschiedliche Regelungsdichte und -qualität aufweisen, entsteht eine „unübersichtliche(n), zersplitterte(n) Rechtslandschaft"[860], die den Harmonisierungserfolg selbst zu gefährden vermag.

In unmittelbarem Zusammenhang dazu steht die fehlende Akzeptanz der angestrebten Rechtseinheit innerhalb der Europäischen Gemeinschaft.[861] Ursache für diese Haltung ist einerseits die Skepsis, die die nationalen Regierungsvertreter als

---

[857] So *Delors*, Rede im Europäischen Parlament am 4.7.1988, abgedruckt in Bulletin der EG 1988, 7/8, S. 124. Zur europäischen Gesetzgebung *Rabe*, NJW 1993, S. 1 ff. Demgegenüber spricht *Remien* (ZfRV 1995, S. 116 ff.) von der Denationalisierung des Privatrechts in Europa.

[858] Siehe *Müller-Graf*, in Towards a European Civil Code (1998), S. 71, 75; *ders.*, in Gemeinsames Privatrecht, S. 195, 212 ff.; *Georgiades*, in Europäische Integration, S. 45, 48; *Micklitz*, ZEuP 1998, S. 253, 262 ff.; *Hommelhoff*, AcP 192 (1992), S. 71, 75 ff.; *Tilmann* in FS Oppenhoff (1985), S. 495, 503 ff. - Zu Recht spricht *Kramer* (in FS Koller (1993), S. 730, 743) von Bemühungen mit fragmentarischem Charakter und *Kirchner* (in Europäisches Vertragsrecht, S. 103, 106) von einem Angriff von den Rändern her.

[859] *Taschner* (in Gemeinsames Privatrecht, S. 155, 159) führt als Grund dafür an, daß die Gebietsvielfalt und die Integrationsentwicklung das Aufstellen eines steuernden Programms weder möglich noch politisch erwünscht machten. Dazu kritisch *Tilmann* in FS Helmrich (1994), S. 437, 440; *Kieninger*, Jahrbuch Junger Zivilrechtswiss. 1996, S. 245, 253 ff.

[860] *Tilmann* in FS Helmrich (1994), S. 437, 441.

[861] Siehe dazu *Blaurock*, JZ 1994, S. 270, 272, der neben Akzeptanzproblemen wegen unterschiedlicher materieller Regelungen weitere auch im Entscheidungsprozeß selbst sieht.

Entscheidungsträger, insbesondere im Ministerrat, der Idee entgegenbringen. Andererseits wird bemängelt, daß sich das allgemeine Bewußtsein des Gemeinschaftsbürgers nicht parallel mit der vorwärtsschreitenden Rechtsangleichung herauszubilden vermochte. Die zögerliche, teils sogar ablehnende Haltung gegenüber der europäischen Rechtseinheit weiche nur sehr langsam einer positiveren Einstellung. Allerdings läßt sich die Vereinheitlichungsidee ohne die Akzeptanz und die Unterstützung der nationalen Entscheidungsträger einerseits und der europäischen Bürger andererseits kaum realisieren. Ein entsprechender Bewußtseinswandel ist nur dadurch zu erzielen, daß die Europäische Gemeinschaft durch aktives Handeln auf beide Gruppen einzuwirken versucht. Die genannten Rechtssetzungsakte allein vermögen nicht zur europäischen Rechtseinheit zu führen.[862]

II. Einzelne Maßnahmen im Bereich des Privatrechts

Die zielgerichtete Rechtsangleichung im Privatrecht im weiteren Sinne manifestiert sich deutlich in der mittlerweile beachtlichen Zahl der vom Rat erlassenen Richtlinien.[863] Am weitesten ist die Harmonisierung im Bereich des Gesellschaftsrechts fortgeschritten. So wurden auf der Grundlage von Art. 44 Abs. 2 lit. g EGV (ex-Art. 54 Abs. 3 lit. g EGV) zahlreiche Richtlinien, insbesondere zu Publizität, Strukturfragen, Fusion bzw. Spaltung, Kapital- und Bilanzrecht, erlassen und national umgesetzt.[864] Überdies ist der Erlaß der Verordnung über die Europäische wirtschaftliche Interessenvereinigung[865] ein bedeutendes Beispiel für unmittelbar in den Mitgliedstaaten geltendes Recht.

Auch das Vertragsrecht stellt neben dem Haftungsrecht[866] ein weiteres wichtiges Gebiet für rechtsangleichende Maßnahmen seitens der Gemeinschaft dar. So enthalten die Richtlinien zum Vertragsrecht inhaltliche Vorgaben für Haustürgeschäfte[867], Verbraucherkreditverträge[868], Pauschalreisen[869], Handelsver-

---

862 Ähnlich *Remien*, Jahrbuch Junger Zivilrechtswiss. 1991, S. 11, 24 sowie *Basedow*, EuZW 1992, S. 489.

863 Siehe zum erlassenen, vorgeschlagenen und geplanten Europäischen Privatrecht umfassend *Schwartz*, ZEuP 1994, S. 559, 561 ff.; *Timmermans*, ZEuP 1999, S. 1 ff. - Liste der privatrechtsangleichenden Richtlinien: Annex von *Müller-Graf*, in Towards a European Civil Code (1998), S. 71, 83 ff. sowie ausführlich *Grundmann*, ZGR-Sonderheft Europ. Schuldvertragsrecht, S. 149 ff.

864 Siehe ausführlich Grabitz/*Randelzhofer*, (ex-)Art. 54 EGV, Rn. 38.

865 Verordnung (EWG) Nr. 2137/85 des Rates vom 25.7.1985 über die Europäische wirtschaftliche Interessenvereinigung, ABl. EG 1985, Nr. L 199/1.

866 Zu erwähnen ist beispielsweise die Richtlinie des Rates (85/374/EWG) vom 25.7.1985 zur Angleichung der Rechts- und Verwaltungsvorschriften der Mitgliedstaaten über die Haftung für fehlerhafte Produkte, ABl. EG 1985, Nr. L 210/29.

867 Richtlinie des Rates (85/577/EWG) vom 20.12.1985 betreffend den Verbraucherschutz im Falle von außerhalb von Geschäftsräumen geschlossenen Verträgen, ABl. EG 1985, Nr. L 372/31.

treterverträge[870] sowie mißbräuchliche Vertragsklauseln in Verbraucherverträgen[871]. Die neueren Richtlinien befassen sich zudem mit dem Time-sharing[872] und dem Fernabsatz[873]. Der Entwurf zur Dienstleistungshaftungs-Richtlinie[874] ist demgegenüber zwar vorerst gescheitert, dennoch befinden sich zahlreiche andere Entwürfe in Vorbereitung bzw. gerade in der Phase der Umsetzung in nationales Recht. Besonders hervorzuheben ist dabei die nachfolgend eingehend behandelte Richtlinie zu bestimmten Aspekten des Verbrauchsgüterkaufs und der Garantien für Verbrauchsgüter, die bis zum 1. Januar 2002 in nationales Recht umzusetzen ist.

Diese kurze Aufzählung vermag bei weitem kein vollständiges Bild von der umfassenden Rechtssetzungstätigkeit der Europäischen Gemeinschaft zu geben. Sie soll lediglich einen ersten Eindruck von der Europäisierung des Privatrechts vermitteln und zudem zeigen, daß die europäischen Aktivitäten schon lange über die - ursprünglich in den Verträgen von Rom angelegte - Konzeption einer Wirtschaftsgemeinschaft hinausgehen. Die Gemeinschaft übt einen nicht mehr fortzudenkenden Einfluß auf die nationale Gesetzgebung der Mitgliedstaaten aus.[875]

III. Europäischer Verbraucherschutz

Wie die Aufzählung der Richtlinien im Privatrechtsbereich gezeigt hat, kommt dem Verbraucherschutz zum gegenwärtigen Zeitpunkt in der Privatrechtsentwicklung der Europäischen Gemeinschaft unbestritten eine Führungsrolle zu. Da-

---

868 Richtlinie des Rates (87/102/EWG) vom 22.12.1986 zur Angleichung der Rechts- und Verwaltungsvorschriften der Mitgliedstaaten über den Verbraucherkredit, ABl. EG 1987, Nr. L 42/48.

869 Richtlinie des Rates (90/314/EWG) vom 13.6.1990 über Pauschalreisen, ABl. EG 1990, Nr. L 158/59.

870 Richtlinie des Rates (86/653/EWG) vom 18.12.1986 zur Koordinierung der Rechtsvorschriften der Mitgliedstaaten betreffend die selbständigen Handelsvertreter, ABl. EG 1986, Nr. L 382/17.

871 Richtlinie des Rates (93/13/EWG) vom 5.4.1993 über mißbräuchliche Klauseln in Verbraucherverträgen, ABl. EG 1993, Nr. L 95/29.

872 Richtlinie des Europäischen Parlaments und des Rates (94/47/EG) vom 29.10.1994 zum Schutz der Erwerber im Hinblick auf bestimmte Aspekte von Verträgen über den Erwerb von Teilnutzungsrechten an Immobilien, ABl. EG 1994, Nr. L 280/83.

873 Richtlinie des Europäischen Parlaments und des Rates (97/7/EG) vom 20.5.1997 über den Verbraucherschutz bei Vertragsabschlüssen im Fernabsatz, ABl. EG 1997, Nr. L 144/19.

874 Vorschlag für eine Richtlinie des Rates über die Haftung bei Dienstleistungen vom 9.11.1990, KOM (90) 482 endg., ABl. EG 1991, Nr. C 12/8, der nach kontroverser Diskussion von der Kommission Mitte 1994 zurückgezogen wurde (KOM (94) 260 endg.).

875 Ein weiteres Bespiel für europäische Rechtsangleichung ist das Römische Schuldvertragsübereinkommen (EVÜ) vom 19.6.1980 (ABl. EG 1980, Nr. L 266/1, BGBl. 1986 II, S. 809), welches zur Vereinheitlichung des auf vertragliche Schuldverhältnisse anzuwendenden (Kollisions-)Rechts geführt hat. Siehe zu diesem *Martiny*, ZEuP 1993, S. 298 ff.; ausführlich *Grundmann*, ZGR-Sonderheft Europ. Schuldvertragsrecht, S. 149 ff. m.w.N.

mit sollen indirekte, auf unterschiedlichem nationalen Schutzniveau beruhende Hemmnisse beseitigt werden.[876] Einen weiteren, äußerst wichtigen Schritt hin zu einem europäischen Verbraucherrecht stellt die *Richtlinie 1999/44/EG des Europäischen Parlaments und des Rates zu bestimmten Aspekten des Verbrauchsgüterkaufs und der Garantien für Verbrauchsgüter*[877] vom 25. Mai 1999 dar. Damit endete eine mit drei Jahren relativ kurze, dafür aber äußerst intensiv geführte Diskussion, während derer sich das Europäische Parlament, der Ministerrat und die Kommission sich letztlich nach Einschaltung des Vermittlungsausschusses auf den jetzigen Inhalt der Richtlinie geeinigt haben.

Ihren Anfang hatte diese Richtlinie über den Verbrauchsgüterkauf in den Vorarbeiten zur Richtlinie über mißbräuchliche Klauseln in Verbraucherverträgen. So hatte die Kommission bereits in ihrem Vorschlag für letztere Richtlinie[878] die Harmonisierung bestimmter Aspekte der gesetzlichen und der kommerziellen Garantien[879] für bewegliche Güter gefordert. Neben einem gemeinsamen Fehlerbegriff sollte dem Verbraucher das Wahlrecht zwischen Wandlung, Minderung, Ersatzleistung und Reparatur eingeräumt werden. Der Rat erteilte diesem Vorhaben zwar eine Absage. Er ließ aber die Rechtslage in den Mitgliedstaaten erforschen und beauftragte die Kommission mit der Ausarbeitung eines gesonderten Richtlinienvorschlages zur Harmonisierung der einzelstaatlichen Vorschriften in diesem Bereich.[880]

1. Grünbuch über Verbrauchsgütergarantien und Kundendienste

Infolgedessen erstellte die Europäische Kommission im November 1993 das *Grünbuch über Verbrauchsgütergarantien und Kundendienste*[881]. Erwartungsgemäß gelangte die Kommission in dieser umfassenden Analyse zu dem Ergebnis, daß die Mitgliedstaaten tatsächlich erhebliche Unterschiede hinsichtlich der dem Verbraucher zustehenden Rechte aufweisen.[882] Dies betreffe sowohl die Tatbestandsvoraussetzungen als auch die zur Verfügung stehenden Rechtsbehelfe selbst.

---

[876] So *Ulmer*, JZ 1992, S. 1, 4; *Micklitz*, ZEuP 1998, S. 253, 258. Allgemein zum Verbraucherrecht *Tonner*, JZ 1996, S. 533, 534 ff. sowie *Heiss*, ZfRV 1995, S. 54, 59 f.

[877] ABl. EG 1999 Nr. L 171/12 vom 7.7.1999, abgedruckt u.a. in NJW 1999, S. 2421 ff. sowie VuR 1999, S. 327 ff.

[878] ABl. EG 1990, Nr. C 243/2 sowie in geänderter Fassung ABl. EG 1992, Nr. C 73/7.

[879] Die *gesetzliche Garantie* umfaßt den Schutz, der dem Verbraucher unmittelbar aus den jeweiligen gesetzlichen Bestimmungen zukommt (Gewährleistungsrecht). Demgegenüber stellt die *kommerzielle Garantie*, die der Willensbekundung seitens des Garantiegebers bedarf, den Verbraucher gegenüber der gesetzlichen Garantie besser. - Vgl. in diesem Kapitel unten bei A. III. 4. c. ff.

[880] Erklärung des Rates gem. Protokoll über die förmliche Annahme der Richtlinie über mißbräuchliche Vertragsklauseln vom 5.4.1993.

[881] KOM (93) 509 endg. vom 15.11.1993. - Ausführlich dazu *Schnyder/Straub*, ZEuP 1996, S. 8 ff. sowie insb. zur reklamemäßigen Garantie *Menke*, VuR 1994, S. 223 ff.

[882] KOM (93) 509 endg., S. 21–68.

Ferner seien auf gemeinschaftsrechtlicher Ebene die Instrumente des Verbrauchers im Gewährleistungsrecht lediglich schwach entwickelt, eine Harmonisierung dieses Teilbereiches des Vertragsrechts sei noch nicht erzielt.[883]

Nach Darstellung der aus dieser Konstellation resultierenden Probleme für die Verbraucher einerseits und die Wirtschaftsakteure andererseits innerhalb des Binnenmarktes zeigte das Grünbuch mehrere konkrete Lösungsmöglichkeiten auf der gemeinschaftsrechtlichen Ebene auf, um sowohl diese Probleme als auch die daraus resultierenden Wettbewerbsverzerrungen zu überwinden.[884] Für das Gewährleistungsrecht sind zwei Wege beschrieben: die Anpassung der Vorschriften des internationalen Privatrechts[885] und die Harmonisierung der nationalen Rechte. Die Europäische Kommission selbst favorisierte die Mindestharmonisierung der nationalen Regelungen. Unter Wahrung des Subsidiaritätsprinzips ließe sich auf diese Weise gültiges Gemeinschaftsprivatrecht schaffen.[886] Hinsichtlich der Umfangsbeschränkung auf die spezifischen Erfordernisse des Verbraucherschutzes führte die Kommission weiter aus, daß zum einen für andere Vertragsbeteiligte besondere Regelungen nicht notwendig seien. Zum anderen erscheine ihr eine weiterreichende allgemeine Harmonisierung als übertrieben und das vereinheitlichte Recht im Ergebnis auch nicht ausreichend flexibel.[887]

2. Reaktionen verschiedener Interessengruppen

Die auf die mit der Veröffentlichung des Grünbuches verbundene Aufforderung hin erfolgten Stellungnahmen befürworteten zumeist die Gemeinschaftsinitiative.[888] Die Verbraucherverbände sprachen sich ausnahmslos dafür aus, teils gingen ihnen die Vorschläge in einigen Punkten nicht weit genug. Auch die Reaktionen einzelner Mitgliedstaaten, des Europäischen Parlamentes sowie des Wirt-

883 KOM (93) 509 endg., S. 68–88.

884 KOM (93) 509 endg., S. 104–128.

885 Vertreter dieser Variante ist u.a. *Jayme*, S. 5 ff., der allerdings auch die Notwendigkeit der Sachnormangleichung sieht.

886 Demgegenüber sah die Kommission in dem Vorschlag, die anzuwendenden Vorschriften des internationalen Privatrechts zu ändern, folgende Nachteile: Der Verkäufer unterliege je nach Staatsangehörigkeit bzw. Wohnsitz des Verbrauchers jeweils einer anderen Rechtsordnung, die ihm beim Verkauf zumeist nicht einmal bekannt sei. Wegen der weiterbestehenden Unterschiede zwischen den nationalen Rechten ließen sich die Wettbewerbsverzerrungen nicht beseitigen. Schließlich seien die in einem Mitgliedstaat mit geringem Rechtsschutz wohnenden Verbraucher gegenüber anderen, denen ein größerer Schutz zuteil werde, benachteiligt. Vgl. KOM (93) 509 endg., S. 105 f.

887 KOM (93) 509 endg., S. 106; ebenso *Schnyder/Straub*, ZEuP 1996, S. 8, 15.

888 Insgesamt gingen 77 formelle Antworten zum Grünbuch ein. So äußerten sich u.a. auf der europäischen Ebene das Europäische Parlament (Entschließung vom 6.5.1994, ABl. EG 1994, Nr. C 205/562) sowie sein Rechtsausschuß, der Wirtschafts- und Sozialausschuß und der Beratende Verbraucherrat. Zudem meldeten sich einzelne Mitgliedstaaten, die wichtigsten Interessenverbände sowie Einzelunternehmen und -personen. Vgl. KOM (95) 520 endg., 96/0161 (COD), S. 31.

schafts- und Sozialausschusses fielen positiv aus. Lediglich die berufsständischen Organisationen standen den Vorschlägen - wie zu erwarten - ablehnend gegenüber. Doch ungeachtet der Kritik, daß weder zu lösende Probleme noch genereller Bedarf für ein Tätigwerden der Kommission bestünden, zeigten die Berufsverbände Bereitschaft, zumindest bei der generellen Harmonisierung des Gewährleistungsrechts mitzuwirken.

3. Vorschlag für eine Richtlinie über den Verbrauchsgüterkauf und -garantien

Auf der Grundlage des Grünbuches sowie der verschiedenen Reaktionen erarbeitete die Europäische Kommission den *Vorschlag für eine Richtlinie über den Verbrauchsgüterkauf und -garantien*[889], den sie erstmals im Sommer 1996 vorlegte. Erwähnenswert ist dabei, daß dieser Entwurf abweichend vom Grünbuch nicht mehr den Bereich des Kundendienstes[890], d.h. Wartung und Reparatur außerhalb von Gewährleistung und kommerzieller Garantie, behandelte.[891]

Während im März 1997 die Stellungnahme des Wirtschafts- und Sozialausschusses erfolgte,[892] hatten sowohl das Europäische Parlament als auch eine Expertengruppe auf Ratsebene den Entwurf zeitgleich im Jahr 1997 beraten. In der Plenarsitzung vom 10. März 1998[893] billigte das Europäische Parlament den Richtlinienentwurf mit zahlreichen, zum Teil weitreichenden Änderungsvorschlägen in erster Lesung. Auch die Kommission verständigte sich am 1. April 1998 auf einen geänderten Vorschlag.[894] Nach politischer und inhaltlicher Einigung[895] zwischen der Kommission und dem Ministerrat Ende April hat letzterer schließlich am 24. September 1998 seinen gemeinsamen Standpunkt[896] festgelegt. In der Folgezeit wurde der gemeinsame Standpunkt wegen verschiedener Änderungsanträgen des Europäi-

---

[889] KOM (95) 520 endg., von der Kommission vorgelegt am 23.8.1996, ABl. EG 1996, Nr. C 307/8; abgedruckt in VuR 1996, S. 290 ff.; JZ 1997, S. 446 f. sowie mit Begründung ZIP 1996, S. 1845 ff.

[890] Siehe zu diesem Bereich KOM (93) 509 endg., S. 128; *Schnyder/Straub*, ZEuP 1996, S. 8, 73. Ferner allgemein *Hondius*, ZEuP 1997, S. 130, 138 ff.; *Amtenbrink/Schneider*, VuR 1996, S. 367, 369.

[891] Zur Begründung dieser Einschränkung führte die Kommission das Subsidiaritätsprinzip an, aufgrund dessen der Kundendienst durch nicht zwingende statt durch legislative Maßnahmen zu regeln ist. Vgl. KOM (95) 520 endg., 96/0161 (COD), S. 9.

[892] ABl. EG 1997, Nr. C 66/5 vom 3.3.1997.

[893] ABl. EG 1998, Nr. C 104/30 vom 6.4.1998.

[894] KOM (1998) 217 endg., ABl. EG 1998, Nr. C 148/12 vom 14.5.1998.

[895] Fassung der politischen Einigung über den gemeinsamen Standpunkt vom 23.4.1998, Ratsdok. 7896/98 vom 24.4.1998 (vor formeller Beschlußfassung durch den Ministerrat), abgedruckt in ZIP 1998, S. 889 ff.

[896] Gemeinsamer Standpunkt (EG) Nr. 51/98, ABl. EG 1998, Nr. C 333/46 vom 30.10.1998.

schen Parlaments in zweiter Lesung[897] nochmals abgeändert, bis schließlich dieser Vorschlag im Vermittlungsausschuß am 18. April 1999 gebilligt wurde.

4. Richtlinie zu bestimmten Aspekten des Verbrauchsgüterkaufs und der Garantien für Verbrauchsgüter

Diese bisher wichtigste Richtlinie zum Verbraucherrecht[898], die am 7. Juli 1999 in Kraft getreten ist, erfaßt mit dem Gewährleistungsrecht das Kernstück des Schuldrechts. Ihre Rechtsgrundlage ist Art. 95 EGV (ex-Art. 100 a EGV)[899].

a. Zielsetzung

Wie alle Verbraucherschutzrichtlinien ist Zweck dieser Richtlinie 1999/44/EG, zu entnehmen deren Art. 1 sowie den vorangestellten Erwägungsgründen Nr. 1-5, zum einen durch Schaffung eines einheitlichen Mindestsockels von Rechten den Binnenmarkt zu verbessern. Zum andern soll das nationale Recht auf einem hohen Verbraucherschutzniveau harmonisiert werden.[900]

Entsprechend steht zuvorderst das generelle Anliegen der Europäischen Kommission, durch die Richtlinie einheitliche Verbraucherstandards zu schaffen, um damit wiederum das Funktionieren des Binnenmarktes prinzipiell zu verbessern. So ist die Richtlinie die konsequente Fortführung der vorhergehenden Vereinheitlichungsbestrebungen in den binnenmarkt-relevanten Bereichen sowie als Umsetzung des Art. 153 EGV (ex-Art. 129 a EGV) zu verstehen, nämlich die Fortentwicklung des gemeinschaftsrechtlichen Verbraucherschutzes.[901] Nach Ansicht der Kommission soll das Vertrauen des Verbrauchers in den europäischen Binnenmarkt gestärkt werden, um die Voraussetzungen dafür zu schaffen, daß dieser den

---

[897] Beschluß des Europäischen Parlaments vom 17.12.1998, ABl. EG 1999, Nr. C 98/196 vom 9.4.1999.

[898] So die seinerzeit zuständige Kommissarin *Bonino* in der Pressemitteilung IP 99/332 vom 18.5.1999.

[899] Zwar ist in Art. 153 EGV (ex-Art. 129 a EGV) der Verbraucherschutz samt Maßnahmen normiert, doch tritt diese Vorschrift hinter der mittlerweile wichtigsten Rechtsgrundlage für die Harmonisierung privatrechtlicher Materien, Art. 95 EGV (ex-Art. 100 a EGV), zurück. Nach *Amtenbrink/Schneider* scheint diese Wahl der Rechtsgrundlage auch rechtspolitisch bedingt zu sein (VuR 1999, S. 293, 294). Kritisch zu Art. 153 EGV (ex-Art. 129 a EGV) *Kircher*, ZRP 1997, S. 290, 291. - Generell zur Rechtsgrundlage *Amtenbrink/Schneider*, VuR 1996, S. 367 f.; *Schnyder/Straub*, ZEuP 1996, S. 8, 41 f.

[900] Siehe *Staudenmayer*, NJW 1999, S. 2393.

[901] Bezeichnenderweise wurde im Vermittlungsverfahren der Erwägungsgrund Nr. 1 der Richtlinie eingefügt, wonach die Gemeinschaft nach Art. 153 Abs. 1, 3 EGV (ex-Art. 129 a EGV) einen Beitrag zur Erreichung eines hohen Verbraucherschutzniveaus leistet. Ausführlich dazu *Amtenbrink/Schneider*, VuR 1999, S. 293; *Reich*, NJW 1999, S. 2397, 2398.

gesamten Nutzen aus dem Wegfall der Grenzen ziehen kann.[902] Zudem vermögen informierte Verbraucher die positiv ökonomischen Auswirkungen eines integrierten Marktes zu beschleunigen, so daß Verbraucherschutz nicht Selbstzweck, sondern der Schlüssel zur Marktöffnung ist.[903] Denn letztlich sollen die subjektiven Rechte des Verbrauchers auf Information und Entscheidungsfreiheit verstärkt und geschützt werden.[904]

Konkretisiert wird diese allgemein gehaltene Zielsetzung durch weitere Vorgaben, die insbesondere in der Begründung des Richtlinienvorschlages angeführt sind. Demgemäß ist Ziel die Angleichung der bestehenden einzelstaatlichen Regelungen an das für den internationalen Warenkauf geltende internationale Recht zwischen Gewerbetreibenden[905]. Zwar wenden Kritiker zu Recht hiergegen ein, daß das internationale Warenkaufrecht zwischen Gewerbetreibenden sich kaum für die Angleichung des Verbraucherschutzes eigne.[906] Dennoch kann die Richtlinie sehr wohl dazu beitragen, ein europäisches Privatrecht - wenn auch erst in einem Teilgebiet - in dem relevanten Problembereich des praktisch bedeutsamsten Vertragstyps zu gestalten.[907] Im Ergebnis gibt die Richtlinie wegen des zentralen Stellenwertes des Kaufrechts und dessen Ausstrahlung auf die anderen Gebiete einen Anstoß für die Schaffung eines europäischen Vertragsrechts.[908] Darüber hinaus ist Zielsetzung, die nationalen Vorschriften zu vereinfachen und Wettbewerbsverzerrungen zu vermindern. Schließlich soll auf Gemeinschaftsebene unbedingt auf eine Angleichung des Privatrechts der einzelnen Mitgliedstaaten hingearbeitet werden.[909]

b. Gegenstand

Gemäß dem Titel *Richtlinie zu bestimmten Aspekten des Verbrauchsgüterkaufs und der Garantien für Verbrauchsgüter* regelt die Richtlinie nicht das gesamte Kaufrecht für Verbraucher, sondern lediglich dessen Rechte beim Erwerb einer

902 Vgl. KOM (95) 520 endg., 96/0161 (COD), S. 25; *Georges*, in Europäisches Privatrecht, S. 227, 230. - Siehe ferner die Gegenüberstellung bei *Tilmann*, in Gemeinsames Privatrecht, S. 485, 487 ff.

903 Siehe *Tonner*, JZ 1996, S. 533, 537.

904 Dazu *Reich*, NJW 1999, S. 2397, 2398; allgemein *ders.*, VuR 1999, S. 3 ff.

905 Vgl. KOM (95) 520 endg., 96/0161 (COD), S. 7.

906 Siehe zum Richtlinienvorschlag kritisch *Medicus*, ZIP 1996, S. 1925; *Junker*, DZWir 1997, S. 271, 278; zustimmend *Schlechtriem*, JZ 1997, S. 441, 442.

907 Vgl. *Reich*, NJW 1999, S. 2397, 2398 sowie zum Richtlinienvorschlag *Hondius*, ZEuP 1997, S. 130, 140; *Micklitz*, EuZW 1997, S. 229 f.; *Schlechtriem*, JZ 1997, S. 441, 442 f.

908 Weiterführend *Reich*, NJW 1999, S. 2397, 2398 f., der die Richtlinie zu Recht auch als Chance sieht, die ins Stocken geratene Diskussion um die Vorschläge der Schuldrechtskommission neu zu beleben.

909 Vgl. KOM (95) 520 endg., 96/0161 (COD), S. 7 unter Hinweis auf die beiden Entschließungen des Europäischen Parlaments vom 26.5.1989 (ABl. EG 1989, Nr. C 158/400) und 6.5.1994 (ABl. EG 1994, Nr. C 205/518).

Sache, die nicht vertragsgemäß ist. Das Zustandekommen von Verträgen, die weiteren Rechte und Pflichten der Parteien sowie Regelungen zum Leistungsstörungsrecht sind nicht enthalten. Ebensowenig umfaßt sind Ansprüche auf Schadensersatz wegen Mangel- und Mangelfolgeschaden.[910] Für diese nicht harmonisierten Bereiche wird weiterhin das jeweilige nationale Recht maßgeblich sein.

Neben diesem Schwerpunkt des gesetzlichen Gewährleistungsrechts regelt die Richtlinie die Garantie (Art. 6 der Richtlinie[911]). Allerdings sind insoweit - unter Hinweis auf das Subsidiaritätsprinzip - nur bestimmte Grundsätze zur Transparenz der Garantie sowie deren Verhältnis zum Gewährleistungsrecht festgeschrieben. Auch kommt hinzu, daß die Regelung im Vergleich zum Entwurf nochmals deutlich beschränkt worden ist.[912]

Schließlich strebt die Kommission mit der Richtlinie lediglich eine Mindestharmonisierung von Teilaspekten des Gewährleistungsrechts in den Mitgliedstaaten an. Dieser für Verbraucherschutz-Richtlinien übliche Mindestschutz (Art. 8 Abs. 2 RL) resultiert gleichfalls aus dem Subsidiaritätsprinzip.[913] Demgemäß steht es den nationalen Staaten frei, im Bereich des Gewährleistungsrechts strengere Vorschriften zu erlassen bzw. aufrechtzuerhalten, als sie die Richtlinie vorsieht. Einzige Bedingung ist, daß der erhöhte Verbraucherschutz mit dem EG-Vertrag vereinbar ist.

c. Die Regelungen im einzelnen

Nachfolgend werden die einzelnen Vorschriften der Richtlinie inhaltlich näher vorgestellt und erläutert. Besondere Beachtung finden dabei zum einen die inhaltlichen Abweichungen zu dem Richtlinienvorschlag der Kommission aus dem Jahre 1996 und dem Grünbuch. Zum anderen werden die Divergenzen bzw. Übereinstimmungen der Richtlinie zum UN-Kaufrecht, zum BGB und zu den Reformvorschlägen der Schuldrechtskommission an den Punkten aufgezeigt, an denen sie relevant erscheinen.

---

910 *Hondius* führt hierzu aus, daß dieses heikle Thema ansonsten das Gelingen des gesamten Projektes in Gefahr gebracht hätte, ZEuP 1997, S. 130, 136. - *Schlechtriem* moniert hingegen, daß somit bereits die Zielsetzung der Rechtsangleichung und der damit verbundenen Modernisierung der nationalen Rechte nicht erfüllt werden kann (JZ 1997, S. 441, 445).

911 Im folgenden abgekürzt als RL.

912 Nach *Staudenmayer* (NJW 1999, S. 2393, 2394) ist die jetzige Definition der Garantie in Art. 1 Abs. 2 lit. e RL eine Verbesserung zur Entwurfsfassung, die wegen ihres unklaren Inhaltes einen Teil der Garantien aus dem Anwendungsbereich ausgeschlossen hatte.

913 Vgl. KOM (95) 520 endg., 96/0161 (COD), S. 10; *Schmidt-Räntsch*, ZEuP 1999, S. 294. - Kritisch zu den Punkten, ob Minimalharmonisierung vorliegt bzw. die Zielsetzung der Richtlinie erreicht werden kann, äußern sich *Amtenbrink/Schneider* (VuR 1999, S. 293, 294). Sie weisen dabei auf die Regelungen hin, die die Mitgliedstaaten selbst fakultativ bestimmen bzw. einführen können.

aa. Artikel 1 RL

Die in Art. 1 Abs. 2 RL enthaltenen Begriffsbestimmungen für den Verbraucher und den Verkäufer als Vertragsparteien sowie für den Kaufgegenstand Verbrauchsgut stecken den Geltungsbereich der Richtlinie generell ab. Zudem sind - im Unterschied zum Richtlinienvorschlag - erstmals der Hersteller, die Nachbesserung und abweichend zum Vorschlag die Garantie definiert.

Verbraucher ist lediglich jede natürliche Person, die zu einem Zweck handelt, der nicht ihrer beruflichen oder gewerblichen Tätigkeit zugerechnet werden kann.[914] Damit erfaßt die Richtlinie weder juristische Personen, noch sind andere natürliche Personen wie z.B. Kaufleute einbezogen, die Waren zu privaten Zwecken kaufen, diese aber auch teilweise gewerblich nutzen. Während der Vorschlag diesen Personenkreis noch erfaßt hatte, haben das Parlament und der Rat sich gegen diese Erweiterung des persönlichen Anwendungsbereiches und damit für die traditionelle Begriffsdefinition ausgesprochen.[915] Hierzu abweichend hatte das Grünbuch noch den Kreis der Begünstigten auf die dem ersten Kauf nachfolgenden Käufer ausgeweitet.[916] Das UN-Kaufrecht klammert demgegenüber gerade den Verbraucher aus seinem Anwendungsbereich aus (Art. 2 lit. a UNKR).[917]

Als *Verkäufer* kommt nach Art. 1 Abs. 2 lit. c RL dagegen jede natürliche und juristische Person in Betracht, die im Rahmen ihrer beruflichen oder gewerblichen Tätigkeit Verbrauchsgüter verkauft.

Nach Aufgabe der Begriffsbestimmung im Richtlinienvorschlag werden nunmehr unter *Verbrauchsgüter* bewegliche körperliche Gegenstände verstanden (Art. 1 Abs. 2 lit. b RL). Dieser weit gefaßte, an § 90 BGB angelehnte Begriff wird allerdings dadurch eingeschränkt, daß zum einen wie schon im Vorschlag und Grünbuch Immobilien und zum anderen - wie in Art. 2 lit. c, f UNKR[918] - elektrische Energie und der Zwangsvollstreckungskauf nicht erfaßt sind. Neu ist ferner Art. 1 Abs. 3 RL, wonach den Mitgliedstaaten die Möglichkeit offensteht, von Verbrauchsgütern solche gebrauchten Güter auszuschließen, die öffentlich versteigert wurden. Die noch im Grünbuch vorgeschlagene Beschränkung des Begriffs auf neue, langlebige Konsumgüter wurde schon frühzeitig wegen der vielfältig ab-

---

914 Vgl. insofern bereits Art. 2 lit. b der Richtlinie (93/13/EWG) über mißbräuchliche Klauseln in Verbraucherverträgen, ABl. EG 1993, Nr. L 95/29.

915 Siehe dazu *Staudenmayer*, NJW 1999, S. 2393; kritisch zum Richtlinienvorschlag *Junker*, DZWir 1997, S. 271, 279; *S. Wolf*, RIW 1997, S. 899, 900.

916 Siehe KOM (93) 509 endg., S. 146; ferner *Schnyder/Straub*, ZEuP 1996, S. 8, 51 ff.

917 Ausführlich zur Kollision mit dem UN-Kaufrecht *Janssen*, VuR 1999, S. 324, 325 ff.

918 Dieser Umstand vermag die Tendenz der Richtlinie zu dokumentieren, möglichst im Einklang mit dem UN-Kaufrecht zu stehen. Vgl. *Staudenmayer*, NJW 1999, S. 2393 f.

lehnenden Reaktionen zu dieser Begrenzung aufgegeben.[919] Infolgedessen umfaßt der Begriff neben solchen Gütern, deren Gebrauchsdauer lediglich kurz ist, auch gebrauchte Güter. Nach deutscher Rechtsprechung können demgegenüber die Gewährleistungsrechte für gebrauchte Güter erheblich eingeschränkt werden, insbesondere erwähnt sei der allgemein übliche Gewährleistungsausschluß beim Gebrauchtwagenverkauf.[920]

Als *Hersteller* von Verbrauchsgütern bezeichnet Art. 1 Abs. 2 lit. d RL denjenigen, der Importeur für das Gemeinschaftsgebiet bzw. der auf dem Gut als Hersteller bezeichnet ist. Gleichfalls im Unterschied zum Richtlinievorschlag ist nunmehr als *Nachbesserung* die Herstellung des vertragsgemäßen Zustandes des Verbrauchsgutes definiert (Art. 1 Abs. 2 lit. f RL).

Darüber hinaus definiert Art. 1 Abs. 2 lit. e RL die *Garantie*, die das Grünbuch noch als kommerzielle Garantie bezeichnet hatte. Abweichend von Grünbuch[921] und Richtlinienvorschlag bezieht sich der Begriff jetzt auf jede ohne Aufpreis eingegangene Verpflichtung des Verkäufers und vor allem des Herstellers für den Fall, daß das Verbrauchsgut nicht der Garantieerklärung bzw. den Werbeaussagen entsprechen sollte. Nicht mehr erfaßt von der Richtlinie sind dabei die entgeltliche und die von Dritten abgegebene Garantie.[922]

Schließlich wurde mit dem noch im Vermittlungsverfahren geänderten Art. 1 Abs. 4 RL der Anwendungsbereich der Richtlinie neben Kauf- auch auf Werklieferungsverträge über die Herstellung oder Erzeugung beweglicher Sachen erweitert. Diese Formulierung entspricht mit Absicht dem ersten Teil des Art. 3 Abs. 1 UNKR, wobei die Einschränkung im zweiten Teil dieses Absatzes nicht unmittelbar angefügt wurde, sondern erst in Art. 2 Abs. 3 Var. 3 RL als Haftungsbeschränkung für den Verkäufer fungiert. Entsprechend liegt schon keine Vertragswidrigkeit vor, wenn diese auf den vom Verbraucher gelieferten Stoff zurückzuführen ist.[923]

---

919 Nach der Kommentierung des Entwurfes (KOM (95) 520 endg., 96/0161 (COD), S. 12) lag dies u.a. in der Problematik um die Definition des sog. langlebigen Gutes. Hierzu allgemein *Micklitz*, EuZW 1997, S. 229, 231.

920 Diese Regelung beanstandete bereits der *Deutsche Bundesrat* im Beschluß zum Vorschlag, BRDrs. 696/96 vom 8.11.1996, S. 2 ff. (Punkt 3, erster und neunter Spiegelstrich).

921 Das Grünbuch (S. 158 ff.) hatte noch drei verschiedene Lösungsmöglichkeiten genannt: die gemeinschaftsrechtlich verankerte Europäische Garantie, freiwillige Verhaltenskodizes sowie die fakultative europäische Garantie innerhalb eines verbindlich rechtlichen Rahmens. Siehe dazu *Schnyder/Straub*, ZEuP 1996, S. 8, 23 f.

922 Vgl. *Staudenmayer*, NJW 1999, S. 2393, 2394.

923 Ausführlich dazu *Staudenmayer*, NJW 1999, S. 2393, 2394. Dagegen will *Rieger* (VuR 1999, S. 287) keine Einschränkung des Anwendungsbereiches auf Werklieferungsverträge sehen; nach seiner Ansicht ist auch der Werkvertrag von Art. 1 Abs. 4 RL erfaßt.

bb. Artikel 2 RL

Der in Art. 2 Abs. 1 RL festgelegte Grundsatz verpflichtet den Verkäufer, dem Verbraucher vertragsgemäße Güter zu liefern. In dieser zentralen Begriffsbestimmung wird wiederum deutlich, daß die Richtlinie sich an der gemeinsamen Basis der nationalen Rechte unter Einschluß des UN-Kaufrechts ausrichtet.[924] Das noch im Grünbuch vorgeschlagene Konzept der „berechtigten Erwartungen des Verbrauchers" wurde wegen des großen Widerstandes der Gewerbetreibenden nicht übernommen.[925] Im Unterschied zum BGB verzichtet die Richtlinie auf die Trennung zwischen der Pflicht des Verkäufers zur Lieferung und seiner Gewährleistungshaftung. Sie basiert vielmehr - wie auch der Entwurf der Schuldrechtskommission - auf einem einheitlichen Konzept zur Vertragsgemäßheit der Ware, ohne daß die Mitgliedstaaten aber auf etwaige bestehende Sonderregeln außerhalb des Gewährleistungsrechts verzichten müssen.[926] Zudem unterscheidet die Richtlinie ebensowenig wie die Schuldrechtskommission in § 434 KE zwischen Sach- und Rechtsmängelhaftung; lediglich in der Ausgestaltung, Vertragsgemäßheit bei der Richtlinie, Mangelfreiheit im Kommissionsentwurf, nicht aber inhaltlich differieren beide.[927]

Auch die Vermutungsregelungen lit. a–c in Abs. 2 des Art. 2 RL entsprechen denen in Art. 35 Abs. 2 lit. a–c UNKR. Die Vermutungsregel der Richtlinie, die neben der ausdrücklichen vertraglichen Parteivereinbarung (Abs. 1) gilt, bestimmt dabei keine Bedingungen der Vertragsgemäßheit, sondern führt zu einer Beweiserleichterung.[928] Von den Bestimmungen enthalten die ersten drei subjektive Kriterien: Lit. a regelt die Übereinstimmung mit der vom Verkäufer abgegebenen Beschreibung,[929] lit. b den vom Verbraucher angestrebten[930] und lit. c den gewöhnlichen

---

[924] Vgl. KOM (95) 520 endg., 96/0161 (COD), S. 13 f. Siehe dazu auch Erwägungsgrund Nr. 7 der Richtlinie; *Amtenbrink/Schneider*, VuR 1999, S. 293, 296.

[925] Vgl. KOM (93) 509 endg., S. 142. Die dahinterstehende Idee der Kommission war, somit eine Parallele zur Produkthaftungsrichtlinie (85/374/EWG) herzustellen. Siehe weiterführend *Schnyder/Straub*, ZEuP 1996, S. 8, 46.

[926] Siehe *Micklitz*, EuZW 1997, S. 229, 231.

[927] Daß auch der Rechtsmangel von der Richtlinie erfaßt ist, geht bereits aus der Begründung des Richtlinienvorschlages hervor. Vgl. dazu *Rieger*, VuR 1999, S. 287.

[928] Vgl. *Staudenmayer*, NJW 1999, S. 2393, 2394 sowie noch zum Richtlinienvorschlag *Georges*, in Europäisches Privatrecht, S. 227, 237 ff.

[929] Diese Regelung ist weiter als die Zusicherungshaftung in § 459 Abs. 2 BGB, da eine einseitig abgegebene Beschreibung bereits genügt, das deutsche Recht hingegen eine zweiseitige Zusicherung verlangt. Ferner geht § 494 BGB insofern weiter als die Richtlinie, als im deutschen Recht der Verkäufer eine besondere Einstandspflicht übernimmt. Vgl. zu letzterem *Rieger*, VuR 1999, S. 287, 288.

[930] Das deutsche Recht kennt hingegen keine Gewährleistungshaftung für die Zweckeignung. Die Richtlinie stellt nunmehr in Abweichung zu den vorausgegangen Vorschlägen klar, daß Käufer und Verkäufer die Beschaffenheitserwartung übereinstimmend festlegen müssen.

Zweck[931]. Der umstrittene lit. d erweitert demgegenüber die Vermutungsregelung, indem er neben den öffentlichen Äußerungen des Verkäufers zu konkreten Eigenschaften des Gutes - als Neuerung - auch auf die des Herstellers abstellt.[932] Bei näherer Betrachtung weicht diese Konstruktion allerdings doch nicht so stark von der Regelung im UN-Kaufrecht bzw. § 459 BGB und § 435 KE ab, die allesamt vom gewöhnlichen bzw. besonderen nach dem Vertrag vorausgesetzten Gebrauch ausgehen.[933] Auch nach der Richtlinie liegt erst dann ein Sachmangel bei einer Abweichung von einer Herstelleraussage vor, wenn diese sich zu konkreten Eigenschaften des Produktes geäußert hat. Denn zum einen steht neben den Werbeaussagen auf gleicher Stufe auch die Beschaffenheit des Gutes. Zum anderen schränken die Ausschlußmöglichkeiten des Art. 2 Abs. 4 RL die Haftung des Verkäufers für Äußerungen Dritter wieder ein.

Keine Vertragswidrigkeit liegt hingegen nach Art. 2 Abs. 3 RL vor, wenn der Verbraucher diese bei Vertragsabschluß kannte oder vernünftigerweise darüber nicht in Unkenntnis sein konnte. Diese bereits ähnlich in Art. 3 Abs. 1 des Richtlinienvorschlages enthaltene Regelung ist wiederum an Art. 35 Abs. 3 UNKR angelehnt. Dabei wurde die Klarstellung „vernünftigerweise" vom Rat eingefügt, da andernfalls das Europäische Parlament den Absatz gestrichen hätte. Im Ergebnis entspricht die Richtlinie damit der Regelung im BGB, der Verkäufer haftet lediglich bei Kenntnis oder Unkenntnis infolge grober Fahrlässigkeit, mithin nicht bei offenkundigen Vertragswidrigkeiten.[934]

Der bereits erwähnte Art. 2 Abs. 4 RL, im Vorschlag noch Art. 3 Abs. 4, begrenzt die Haftung des Verkäufers für öffentliche Äußerungen Dritter in den dort genannten Fällen. Alleiniger Haftungsadressat gemäß der Richtlinie ist allerdings der Verkäufer[935]; der Hersteller selbst haftet nicht. Im Grünbuch hatte die Kommission hingegen noch erwogen, über eine *action directe* den Hersteller anstelle des Ver-

---

931 Dieses teils subjektive, teils objektive Tatbestandsmerkmal entspricht § 459 Abs. 1 BGB. - Die Ausnahmeregelung bei fehlendem Vertrauen des Käufers (Art. 35 Abs. 2 lit. b UNKR) wurde letztlich nicht in die Richtlinie übernommen, da dieses im Verbraucherkauf anders als beim Handelskauf eher selten ist. Vgl. *Staudenmayer*, NJW 1999, S. 2393, 2394.

932 *Medicus* merkte noch zu lit. d des Richtlinienvorschlages kritisch an, daß Art. 35 Abs. 2 UNKR keine vergleichbare Regelung enthalte (ZIP 1996, S. 1925, 1926). Auch der *Deutsche Bundesrat* äußert sich in seinem Beschluß unter Punkt 3, zweiter Spiegelstrich, kritisch zum weiten Fehlerbegriff des Vorschlages, insbesondere wegen der Einbeziehung der Haftung für Werbeaussagen, BRDrs. 696/96 vom 8.11.1996, S. 2. Siehe zudem *Kircher*, ZRP 1997, S. 290, 292. - Zur Werbeaussage *Schlechtriem*, JZ 1997, S. 441, 444 f.

933 Vgl. dazu oben Kapitel 7, A. II. 1. - Siehe darüber hinaus *Rieger*, VuR 1999, S. 287, 288; *S. Wolf*, RIW 1997, S. 899, 900; *Schmidt-Räntsch*, ZIP 1998, S. 849, 851.

934 Der Entwurf der Schuldrechtskommission stellt demgegenüber auf die positive Kenntnis des Käufers ab (Abschlußbericht, S. 226). Wegen des Mindeststandartprinzips in Art. 8 Abs. 2 RL ist diese Abweichung aber nicht hinderlich, da der Kommissionsentwurf den Käufer besserstellt. Dazu ausführlich *Amtenbrink/Schneider*, VuR 1999, S. 293, 297.

935 Zum Gewährleistungsschuldner allgemein *Micklitz*, EuZW 1997, S. 229, 232 f.

käufers haften zu lassen, falls gegen letzteren etwaige Ansprüche sich nicht durchsetzen ließen.[936] Nachdem diese Regelung unter den Mitgliedstaaten keine Mehrheit fand, wurde die Herstellerhaftung jedoch als Zugeständnis an Frankreich in Art. 12 RL aufgenommen. Gemäß dieser sowie wegen des Erwägungsgrundes Nr. 23 beobachtet die Kommission die weitere Entwicklung bis Mitte 2006 und erstattet anschließend Bericht, ob sich die Einführung der *action directe* empfiehlt.[937]

Art. 2 Abs. 5 S. 1 RL stellt schließlich die unsachgemäße Montage, soweit sie Bestandteil des Kaufvertrages ist, der Vertragswidrigkeit gleich.[938] Nach dem BGB findet demgegenüber bei fehlerhafter Montage Werkvertragsrecht Anwendung. Da der Kommissionsvorschlag bereits mit § 632 KE eine entsprechende Regelung vorsieht, wäre insoweit die gewünschte Parallelität zum Werkvertragsrecht gegeben. Satz 2 des Absatzes in der Richtlinie erfaßt zudem fehlerhafte Montageanleitungen.[939]

cc. Artikel 3 RL

Art. 3 RL regelt die Rechte des Verbrauchers, wobei Absatz 1 den Grundsatz festlegt, daß der Verkäufer für jede Vertragswidrigkeit haftet, die zum Zeitpunkt der Lieferung besteht. Damit bestimmt die Richtlinie wie § 459 Abs. 1 BGB und § 434 KE eine verschuldensunabhängige Garantiehaftung des Verkäufers.

Indem die Richtlinie für die Beurteilung der Vertragsgemäßheit auf die Lieferung und nicht auf den Vertragsabschluß oder den Gefahrübergang als maßgeblichen Zeitpunkt abstellt, unterscheidet sie sich sowohl vom UN-Kaufrecht als auch vom BGB und vom Entwurf der Schuldrechtskommission.[940] Daß der weite Begriff der Lieferung aber zu letzteren nicht im Widerspruch steht, ist in Erwägungsgrund Nr. 14 ausgeführt. Danach ist der Begriff lediglich „deklaratorisch" gemeint; Ziel-

---

936 Vgl. KOM (93) 509 endg., S. 112 f. Siehe zu entsprechenden Vorüberlegungen zur Haftung Dritter in der Verkaufskette *Hondius*, ZEuP 1997, S. 130, 136.

937 Dazu *Schmidt-Räntsch*, ZIP 1998, S. 849, 850; *Reich*, NJW 1999, S. 2397, 2399; *Staudenmayer*, NJW 1999, S. 2393, 2397, der die Regelung zwar begrüßt, die Überprüfungsfrist aber als zu kurz erachtet.

938 Demgegenüber hatte das Grünbuch die Gewährleistungshaftung noch auf alle Service-Leistungen ausgedehnt. Aus Gründen der Komplexität und Vielgestaltigkeit nahm die Kommission davon jedoch Abstand, KOM (95) 520 endg., 96/0161 (COD), S. 14. - Kritisch noch zum Vorschlag *Welser* in FS Hempel (1997), S. 323, 326.

939 Diese neu eingefügte Regelung entspricht auch dem Erwägungsgrund Nr. 4 der Entschließung des Rates vom 17.12.1998 über Gebrauchsanleitungen für technische Konsumgüter (ABl. EG 1998 Nr. C 411/1 vom 31.12.1998).

940 Vgl. oben Kapitel 7, A. II. 3.

setzung sei allein, daß die Mitgliedstaaten ihre Vorschriften zum Gefahrübergang beibehalten könnten.[941]

Anders als noch im Richtlinienvorschlag[942] sieht die Richtlinie (Art. 3 Abs. 2) für die Rechte des Verbrauchers eine klare Stufenlösung vor, die auch den Wahlberechtigten innerhalb einer Stufe sowie den Übergang zwischen beiden Stufen festschreibt.[943] So bestimmt Art. 3 Abs. 3 RL, daß der Verbraucher - nach seiner Wahl - zunächst unentgeltliche Nachbesserung oder Ersatzlieferung verlangen kann. Lediglich bei Unmöglichkeit oder Unverhältnismäßigkeit, die gemäß Erwägungsgrund Nr. 11 objektiv festzustellen ist, ist seine Wahl eingeschränkt, wobei Satz 2 diesbezüglich verschiedene Fallgruppen nennt. Satz 3 bestimmt schließlich die Ausführung beider Rechtsbehelfe; Art. 3 Abs. 4 RL erläutert die Unentgeltlichkeit. Demgegenüber sind die Rechtsbehelfe der zweiten Stufe, die Minderung und die Vertragsauflösung, nicht näher definiert, nach Erwägungsgrund Nr. 15 obliegt die Ausgestaltung den Mitgliedstaaten. Schließlich steht dem Verbraucher bei lediglich geringfügiger Vertragswidrigkeit - wie schon in Art. 49 Abs. 1 lit. a UNKR, §§ 439 Abs. 1 i.V.m. 323 Abs. 3 Nr. 1 KE bzw. ähnlich in § 459 Abs. 1 S. 2 BGB[944] - die Vertragsauflösung nicht offen. Das Wahlrecht hinsichtlich des Überganges von der ersten zur zweiten Stufe ist in Art. 3 Abs. 5 RL dahingehend geregelt, daß der Verbraucher bereits dann wechseln darf, wenn eine der genannten Bedingungen vorliegt.

Mit der Systematik von vier Rechtsbehelfen entspricht die Richtlinie weitestgehend dem UN-Kaufrecht und dem Vorschlag der Schuldrechtskommission.[945] Im

---

[941] Siehe *Staudenmayer*, NJW 1999, S. 2393, 2395; *Amtenbrink/Schneider*, VuR 1996, S. 367, 374; *dies.*, VuR 1999, S. 293, 297; *Rieger*, VuR 1999, S. 287, 289.

[942] Danach stand dem Käufer das Wahlrecht zwischen allen vier Rechtsbehelfen offen. Demgegenüber hatte sich der *Deutsche Bundesrat* gegen das freie Wahlrecht ausgesprochen und vorgeschlagen, zumindest die Reihenfolge der Rechtsbehelfe vertraglich zu vereinbaren (BRDrs. 696/96 vom 8.11.1996, S. 3 (Punkt 3, fünfter Spiegelstrich)).

[943] Diese Lösung ist nach langem Ringen im Ministerrat unter der britischen Präsidentschaft als Kompromiß gefunden worden. Leider läßt die hohe Regelungsdichte den Mitgliedstaaten keinen großen Umsetzungsspielraum (vgl. *Staudenmayer*, NJW 1999, S. 2393, 2395). - Der Richtlinienvorschlag hatte noch dem Käufer die Wahl zwischen allen vier Rechtsbehelfen eröffnet, während im Grünbuch der Verkäufer noch den Behelf durch Anbieten einer der anderen Ersatzleistungen abzuwenden vermochte (KOM (93) 509 endg., S. 147 ff.). Ausführlich *Grundmann*, ZGR-Sonderheft Europ. Schuldvertragsrecht, S. 297 f.

[944] Vgl. oben Kapitel 7, B. II. 1. - In diesem Zusammenhang sprach *Schlechtriem* sich unter Verweis auf den Vorschlag der Schuldrechtskommission dafür aus, im deutschen Recht zumindest die Vertragsauflösung von einer vorherigen Nachfristsetzung abhängig zu machen (JZ 1997, S. 441, 445).

[945] Die Schuldrechtskommission billigt jedoch abweichend zur Richtlinie dem Verkäufer das Wahlrecht zwischen Nachbesserung und Nachlieferung zu. Zu Recht sehen *Medicus* (ZIP 1996, S. 1925, 1927) und *Schlechtriem* (JZ 1997, S. 441, 445) diese gewählte Lösung als sachgerecht an, da es dem Käufer zumeist nicht auf die Art der Nacherfüllung ankommt. Vgl. ferner *Amtenbrink/Schneider*, VuR 1999, S. 293, 298.

Vergleich zum BGB stellt das gesetzliche Recht auf Nachbesserung im Spezies- und Gattungskauf eine Erweiterung dar.[946] Allerdings verlangt die Richtlinie anders als das UN-Kaufrecht, das BGB und der Entwurf der Schuldrechtskommission keine Fristsetzung durch den Verbraucher, da die Frist bereits mit Nachbesserungsverlangen zu laufen beginnt.

dd. Artikel 4 RL

Art. 4 der Richtlinie bestimmt, daß die nationalen Rechte der Mitgliedstaaten dem haftenden Letztverkäufer einen Rückgriffsanspruch gegen den Hersteller bzw. den Vorverkäufer eröffnen müssen.[947] Die nähere Ausgestaltung ist jedoch nach Erwägungsgrund Nr. 9 gänzlich den nationalen Gesetzgebern überlassen. Hintergrund dieses Vorschrift ist, daß der Letztverkäufer die ihm durch die Vertragswidrigkeit entstandenen Kosten auf denjenigen abwälzen können soll, der für den Mangel zwar verantwortlich ist, aber unberechtigterweise mit Hilfe zulässiger Klauseln seine Haftung beschränkt oder ausgeschlossen hat.[948]

ee. Artikel 5 RL

In diesem Artikel, mit dem die Richtlinie erstmals sämtliche Fristen zusammenfaßt, bestimmt Abs. 1, daß der Verkäufer für die Dauer von zwei Jahren nach Lieferung für eine Vertragswidrigkeit haftet. Diese Frist ist keine Verjährungsfrist, sondern eine materielle Frist, innerhalb derer ein bereits bei Lieferung vorhandener Fehler zutage treten muß. Erst Satz 2 des Absatzes regelt die Verjährung, wonach diese Frist - unabhängig von deren Beginn - nicht vor Ablauf von zwei Jahren ab Lieferung enden darf.[949] Diese Zweijahresfrist entspricht zwar der Ausschlußfrist des Art. 39 Abs. 2 UNKR, bedeutet aber gegenüber § 477 Abs. 1 S. 1 BGB eine Vervierfachung der Dauer.[950] Die Schuldrechtskommission hat hingegen für alle vertraglichen Ansprüche eine Dreijahresfrist vorgeschlagen (§ 195 Abs. 1 KE). Schließlich eröffnet Art. 7 Abs. 1 S. 2 RL den Mitgliedstaaten die Möglichkeit festzulegen, daß die Vertragsparteien bei gebrauchten Gütern die Verjährungsfrist vertraglich auf ein Jahr verkürzen können.

---

946 Während im BGB der Ersatzlieferungsanspruch seiner Rechtsnatur nach gleichsam der modifizierte Erfüllungsanspruch ist mit der Folge, daß § 326 BGB zur Anwendung kommt, gestaltet die Richlinie diesen als echtes Gewährleistungsrecht aus.

947 Der *Deutsche Bundesrat* nannte bereits diese Regelung im Richtlinienvorschlag einen Fremdkörper, der dem Verbraucherschutz nicht diene, vgl. BRDrs. 696/96 vom 8.11.1996, S. 4 (Punkt 3, siebter Spiegelstrich).

948 Vgl. KOM (95) 520 endg., 96/0161 (COD), S. 14. Dazu *Staudenmayer*, NJW 1999, S. 2393, 2396; weiterführend *Schmidt-Räntsch*, ZIP 1998, S. 849, 850.

949 Dazu Erwägungsgrund Nr. 17 sowie *Staudenmayer*, NJW 1999, S. 2393, 2396.

950 Entsprechend rügte auch der *Deutsche Bundesrat* in seinem Beschluß, BRDrs. 696/96 vom 8.11.1996, S. 3 (Punkt 3, dritter Spiegelstrich), diese lange Dauer mit der Begründung, daß die gewerbliche Wirtschaft in unzumutbarer Weise belastet sei. Ebenso *S. Wolf*, RIW 1997, S. 899, 903.

Art. 5 Abs. 2 RL bestimmt darüber hinaus, daß die Mitgliedstaaten gleichfalls eine Zweimonatsfrist vorsehen können, binnen derer der Verbraucher dem Verkäufer die Vertragswidrigkeit nach Offenbarwerden anzeigen muß; andernfalls verliert er seine Rechte. Eine damit verbundene Untersuchungspflicht - wie noch im Richtlinienvorschlag - besteht hingegen nicht. Betrachtet man die Geschichte der Rügeobliegenheit näher, so zeigt sich deutlich, daß es sich um eine äußerst umstrittene Regelung handelt, die nunmehr allseits als Schwachpunkt der Richtlinie gesehen wird.[951] Während der Richtlinienvorschlag noch die Rügeobliegenheit auch für den Fall des Kennenmüssens statuierte[952], dem Käufer dafür aber die Wahl zwischen allen vier Rechtsbehelfen gab, wollte die Kommission diese gänzlich streichen. Daraufhin einigte man sich - entgegen dem Ziel der Harmonisierung - darauf, daß die Mitgliedstaaten über diese Regelung selbst entscheiden sollten. Daß auch die Verfasser der Richtlinie mit dieser Lösung nicht sehr glücklich scheinen, kommt in den Unterabsätzen des Abs. 2 sowie im Erwägungsgrund Nr. 20 zum Ausdruck. Eine entsprechende Regelung der Rügeobliegenheit weisen auch Art. 39 Abs. 1 UNKR sowie verschiedene nationale Rechte auf; hingegen kennt das deutsche Recht diese lediglich im Handelsrecht mit § 377 HGB.[953] Die Schuldrechtskommission hatte eine solche Frist in ihrem Entwurf auch abgelehnt.[954]

Schließlich bestimmt Art. 5 Abs. 3 RL entgegen den allgemeinen Beweisführungsregeln, die den nationalen Rechten zu entnehmen sind, daß sich während der ersten sechs Monate nach Lieferung die Beweislast dafür, daß die Vertragswidrigkeit zumindest im Ansatz bereits zum Zeitpunkt der Lieferung bestand, zugunsten des Verbrauchers umkehrt. Diese Vermutung gilt bis zum Beweis des Gegenteils, greift aber nicht bei Unvereinbarkeit mit der Art des Gutes oder Art der

---

951 So *Staudenmayer*, NJW 1999, S. 2393, 2396; ausführlich *Grundmann*, ZGR-Sonderheft Europ. Schuldvertragsrecht, S. 299 f. - Bereits der *Deutsche Bundesrat* hatte sich zum Richtlinienvorschlag in seinem Beschluß unter Punkt 3, dritter Spiegelstrich dahingehend geäußert, daß eine Rügepflicht keine Verbesserung des Verbraucherschutzes darstelle (BRDrs. 696/96 vom 8.11.1996, S. 3).

952 Laut Begründung des Richtlinienvorschlages verstand man darunter, daß der Verbraucher die Sache in Augenschein nehmen sollte, ohne daß damit aber eine zwingende Verpflichtung verbunden wäre, diese genauestens zu prüfen oder Versuche bezüglich ihrer Funktionsfähigkeit oder Leistung durchzuführen (KOM (95) 520 endg., 96/0161 (COD), S. 17). Dazu *Medicus*, ZIP 1996, S. 1925, 1928; *S. Wolf*, RIW 1997, S. 899, 901.

953 Im Unterschied zur Monatsfrist bestimmt das deutsche Recht eine unverzügliche und das UN-Kaufrecht eine angemessene Rügefrist (vgl. oben Kapitel 7, A. II. 5. b.). - Zu den Unterschieden zwischen § 477 Abs. 1 S. 1 BGB und Art. 4 Abs. 1 des Richtlinienvorschlages *Amtenbrink/Schneider*, VuR 1996, S. 367, 376.

954 Als Gründe führte sie an, daß eine Vertragsverletzung den Schuldner nicht in eine bessere Situation als beim Erfüllungsanspruch bringen solle und daß der Zeitpunkt der Kenntniserlangung oft schwer zu ermitteln sei (Abschlußbericht, S. 48). - In Abweichung zur Kommission hat der 60. Deutsche Juristentag beschlossen, daß der Reformentwurf um eine Rügelast für dem Käufer bekannte Mängel zu ergänzen sei (Ständige Deputation des Deutschen Juristentages, Bd. II/2, S. K 242, Nr. 15).

Vertragswidrigkeit.[955] Diese Regelung ist eine der wenigen, die während des gesamten Gesetzgebungsprozesses keine inhaltliche Veränderung erfahren hat.[956] Ihr Hintergrund ist, daß der Gewerbetreibende in der Regel leichter nachweisen kann, daß die Vertragswidrigkeit bei Lieferung nicht vorlag, sondern auf spätere Umstände wie beispielsweise unsachgemäßen Gebrauch zurückzuführen ist.[957] Das Grünbuch hatte demgegenüber noch eine unbegrenzte Vermutungswirkung zugunsten des Verbrauchers statuiert. Auch der Entwurf der Schuldrechtskommission hält an der bestehenden Beweislastverteilung des § 363 BGB fest, wonach der Käufer nach Annahme die Beweislast trägt.[958]

ff. Artikel 6 RL

Anders als das BGB, das die Garantie nicht regelt,[959] bestimmt Art. 6 Abs. 1 RL, daß eine Garantie ihren Anbieter an die in der Garantieerklärung und in der einschlägigen Werbung angegebenen Bedingungen bindet.[960] Damit ist die Regelung - im Vergleich zum Richtlinienvorschlag - deutlich begrenzt. Ihr Abs. 2 enthält eine Transparenzverpflichtung, wonach beispielsweise die Garantie in verständlicher Form alle wesentlichen Elemente für die Inanspruchnahme wie Dauer und Name des Garantiegebers beinhalten muß. Darüber hinaus hat der Verkäufer in der inhaltlichen Ausgestaltung der Garantie alle Freiheiten, nur muß sie nach Abs. 3 auf Wunsch des Käufers schriftlich erfolgen. Und schließlich ist zu erwähnen, daß nach Abs. 5 Abweichungen von den Anforderungen der vorangehenden Absätze in Art. 5 RL die Gültigkeit der Garantie nicht berühren.[961] Als einzige Sanktion wurde Art. 10 RL zum Schutz der Kollektivinteressen der Verbraucher mit näherer Erläuterung in Erwägungsgrund Nr. 26 eingefügt, wonach die Richtlinie über den

---

955 Nach Ansicht des *Deutschen Bundesrates* (BRDrs. 696/96 vom 8.11.1996, S. 3 (Punkt 3, vierter Spiegelstrich)), ist diese Vermutungswirkung nicht sachgerecht, insbesondere führen diese unbestimmten Einschränkungen nur zu gerichtlichen Streitigkeiten. Demgegenüber befürwortet *Medicus* die Korrektive (ZIP 1996, S. 1925, 1927). - Ferner *Rieger*, VuR 1999, S. 287, 289 f.; ähnlich *Micklitz*, EuZW 1997, S. 229, 232.

956 Siehe *Amtenbrink/Schneider*, VuR 1999, S. 293, 299.

957 So noch zum Richtlinienvorschlag KOM (95) 520 endg., 96/0161 (COD), S. 15.

958 Zur Begründung wird angeführt, daß der Verkäufer nach der Übergabe keinen Einfluß mehr auf die Behandlung der Sache habe (Abschlußbericht, S. 198).

959 Ebensowenig regeln die anderen nationalen Rechte die Garantie. Lediglich die US-Amerikaner und die Briten verfügen über eine gesetzliche Regelung. Siehe dazu *Hondius*, ZEuP 1997, S. 130, 137 f.

960 Das Grünbuch hatte neben Verkäufer und Hersteller auch Dritte, insbesondere den zum Vertriebsnetz gehörenden Verkäufer, haften lassen. Vgl. *Schnyder/Straub*, ZEuP 1996, S. 8, 69 ff.; *Micklitz*, EuZW 1997, S. 229, 234 f.

961 Entsprechend wollte der *Deutsche Bundesrat* zum Richtlinienvorschlag auf die Regelung vertraglicher Garantien solange verzichten, als deren Gültigkeit von Formerfordernissen unberührt ist, BRDrs. 696/96 vom 8.11.1996, S. 3 f. (Punkt 3, sechster Spiegelstrich). Ähnlich wollte *Medicus* (ZIP 1996, S. 1925, 1929) wie auch die Schuldrechtskommission (Abschlußbericht S. 227 ff.) die Herstellergarantie gemäß § 5 AGBG zugunsten des Verbrauchers auslegen.

Verbrauchsgüterkauf in das im Anhang der Richtlinie (98/27/EG) über Unterlassungsklagen vom 19. Mai 1998 enthaltene Verzeichnis aufgenommen wird.

gg. Artikel 7 RL

Art. 7 Abs. 1 S. 1 RL regelt, daß die Bestimmungen der Richtlinie zugunsten des Verbrauchers von zwingender Natur sind. Die gewährten Rechte dürfen selbst mit Billigung des Verbrauchers weder unmittelbar oder mittelbar[962] ausgeschlossen noch beschränkt werden. Für formularmäßige Gewährleistungsrechtsbeschränkungen ist dies bereits in der Richtlinie über mißbräuchliche Vertragsklauseln in Verbraucherverträgen geregelt. Lediglich bei gebrauchten Gütern läßt Art. 7 Abs. 1 S. 2 RL als Kompromißlösung des Rates durch die Mitgliedstaaten eine Verkürzung der Haftungsdauer von zwei auf ein Jahr zu.[963] Demgegenüber sind die Gewährleistungsrechte nach § 476 BGB grundsätzlich abdingbar, lediglich Arglist und § 10 Nr. 10, 11 AGBG begrenzen die Freizeichnungsmöglichkeit des Verkäufers von neu hergestellten Sachen. Der frühere Diskussionspunkt des Gebrauchtwarenverkaufes zwischen Privatpersonen hat sich insoweit erübrigt, als dieser aufgrund des Verkäuferbegriffs nicht vom Anwendungsbereich der Richtlinie erfaßt ist.[964] Schließlich regelt § 445 KE lediglich, daß der Verkäufer bei arglistiger Täuschung sich nicht auf einen vereinbarten Haftungsausschluß berufen darf, anders als in allen anderen Fällen.

Die Regelung des Absatz 2 dient gleichfalls dem Schutz des Verbrauchers. Demgemäß müssen die Mitgliedstaaten unabhängig von dem auf den Vertrag anwendbaren Recht den durch die Richtlinie gewährten Schutz des Verbrauchers bewahren, sofern der Vertrag einen engen Zusammenhang mit dem Gebiet der Mitgliedstaaten aufweist.[965]

hh. Artikel 8 RL

Nach Absatz 1 dieser Vorschrift werden die nicht von der Richtlinie erfaßten nationalen haftungsrechtlichen Ansprüche, seien sie vertraglicher oder außervertraglicher Art, durch die mit der Richtlinie gewährten Rechte nicht berührt. Hintergrund dieser Regelung ist, daß die Kommission - wie auch bereits im Namen verdeutlicht - lediglich bestimmte Aspekte im engen Teilbereich des Verbrauchs-

---

962 Damit fallen auch Klauseln wie „Verkauft wie besehen" unter diese Regelung, vgl. *Staudenmayer*, NJW 1999, S. 2393, 2397.

963 Nach Erwägungsgrund Nr. 16 ist gleichfalls die Ersatzlieferung bei gebrauchten Gütern ausgeschlossen, da diese naturgemäß Unikate sind.

964 Noch zum Richtlinienvorschlag forderte *Medicus* (ZIP 1996, S. 1925, 1930) eine Anpassung an das deutsche Recht bzw. zumindest eine richtlinienkonforme Interpretation zur vereinzelten Begrenzung. Ähnlich *Schnyder/Straub*, ZEuP 1996, S. 8, 64.

965 Eine vergleichbare Bestimmung weisen bereits die anderen Verbraucherschutzrichtlinien auf, die Richtlinie (93/13/EWG) über mißbräuchliche Vertragsklauseln und die Timesharing-Richtlinie (94/47/EG). Ferner dazu *Rieger*, VuR 1999, S. 287, 292.

güterkaufes behandelt. Die entsprechenden nationalen Regelungen reichen demgegenüber oftmals wesentlich weiter. So regeln einige Mitgliedstaaten beispielsweise auch die Haftung des Verkäufers für Schäden, die dem Verbraucher infolge der Vertragswidrigkeit entstanden sind. Diese nationalen Ansprüche, im deutschen Recht beispielsweise der Schadensersatzanspruch bei Zusicherung oder deliktischem Handeln, stehen kumulativ neben den durch die Richtlinie gewährten Rechten.

Art. 8 Abs. 2 RL enthält schließlich die in Verbraucherschutzrichtlinien gebräuchliche Mindestschutzklausel, dergemäß die Mitgliedstaaten zur Erhöhung des gewährten Verbraucherschutzes auch strengere Bestimmungen innerhalb des durch die Richtlinie geregelten Bereiches erlassen bzw. aufrechterhalten können. Infolgedessen dürfen die Mitgliedstaaten solche Regelungen der Richtlinie gleichsam verbessern, die ihrer Ansicht nach für den Schutz des Verbrauchers nicht zufriedenstellend sind.

ii. Weitere Artikel

Der neu in die Richtlinie eingefügte Art. 9 RL bestimmt, daß die Mitgliedstaaten den Verbraucher durch geeignete Maßnahmen über die neuen bzw. geänderten nationalen Rechtsvorschriften informieren und dazu - soweit erforderlich - Berufsorganisationen einschalten.

In Art. 11 RL ist nunmehr in Abänderung zum Richtlinienvorschlag, der noch drei Jahre vorsah, als Frist zur Umsetzung in nationales Recht bereits der 1. Januar 2002 bestimmt. Hintergrund dieses Datums ist, daß die Verbraucher dann parallel zur Einführung des Euro als einheitliche Währung auch über einen einheitlichen Mindestsockel an Rechten verfügen.[966]

Schließlich soll die Kommission nach der in Verbraucherschutzrichtlinien mittlerweile üblichen Vorschrift des Art. 12 RL die Anwendung der Richtlinie bis spätestens Juli 2006 überprüfen und dem Europäischen Parlament und dem Rat diesbezüglich Bericht erstatten.[967]

5. Bewertung der Richtlinie

a. Erste Reaktionen

Während die angestrebte Stärkung der Verbraucherrechte durch den Richtlinienvorschlag zu Beginn in den meisten Mitgliedstaaten positiv aufgenommen

---

[966] Siehe *Staudenmayer*, NJW 1999, S. 2393, 2397.

[967] Nach Ansicht von *Staudenmayer* ist diese Frist viel zu kurz gewählt, um einen fundierten Bericht vorlegen zu können, da der Zeitraum nach der Umsetzung nur schwerlich ausreicht, auch höchstrichterliche Erfahrungen in der Rechtsanwendung zu sammeln (NJW 1999, S. 2393, 2397).

wurde,[968] stimmten die Bundesrepublik Deutschland und Dänemark im Ministerrat gegen den Richtlinienvorschlag.[969] Dieses Stimmverhalten Deutschlands vermag den erwartungsgemäß nicht geringen Widerstand innerhalb der verschiedensten deutschen politischen Organe und Interessengruppen widerzuspiegeln. Unter diesen besonders hervorzuheben ist der Deutsche Bundesrat, der unter Hinweis auf das Subsidiaritätsprinzip und den Verhältnismäßigkeitsgrundsatz[970] zahlreiche Einwände erhob.[971] Angesichts der ausgewogenen und praxisnahen Regelungen in den einzelnen Mitgliedstaaten bestehe kein Bedarf für die europäische Harmonisierung des Gewährleistungsrechts.[972] Ähnlich kritisch hatte sich auch das Bundesministerium für Wirtschaft geäußert, daß die geplante Regelung als einen fundamentalen Eingriff in die gewachsene Systematik des zivilen Vertragsrechts der Mitgliedstaaten bezeichnete.[973] Insbesondere die Fristverlängerungen trügen den Interessen des Mittelstandes nicht ausreichend Rechnung, zudem seien sie für den Verbraucher kostentechnisch nachteilig. Dennoch räumt letztlich auch das Bundesministerium ein, daß eine einheitliche Regelung des Verbraucherkaufes im Interesse des Wettbewerbs erforderlich sei. Zuletzt ist noch anzuführen, daß verschiedene Interessenverbände kritisch auf die Unausgewogenheit der vorgeschlagenen Richtlinie für die deutsche Wirtschaft hingewiesen hatten.

b. Einzelne Kritikpunkte und Änderungen

Neben dem Widerstand der Bundesrepublik Deutschland durch ihr Abstimmverhalten im Ministerrat manifestiert sich dieser in verschiedenen inhaltlichen Änderungsvorschlägen zu einzelnen Regelungen.

Einer dieser Vorschläge war beispielsweise die Forderung nach Verlängerung der Umsetzungsfrist für die Richtlinie von zwei auf vier Jahre. Denn nach Ansicht des Deutschen Bundesrates bedürfe es dieser längeren Frist, um damit insbesondere die Reformvorschläge zum deutschen Schuldrecht berücksichtigen zu können.[974] Obgleich angesichts der durch die Schuldrechtskommission geleisteten Vorarbeit sowie der wenigen direkt betroffenen Punkte diese Forderung nicht gerechtfertigt

---

[968] Insbesondere Frankreich setzte sich in einem Bericht ausführlich mit dem Richtlinienvorschlag auseinander (vgl. *Reich*, VuR 1997, S. 185, 186).

[969] Kritikpunkte waren zum einen die als zu lang und damit zu kostenträchtig erachtete zweijährige Verjährungsfrist, zum anderen die Einbeziehung von Gebrauchtwaren (vgl. *Wägenbaur*, EuZW 1998, S. 514). Ferner *Junker*, DZWir 1997, S. 271, 275 ff.

[970] Gegenüber diesem Kritikpunkt wendet *Reich* ein, daß nach der EuGH-Rechtsprechung die Verhältnismäßigkeit im Binnenmarkt gerade ein hohes Schutzniveau für den Verbraucher fordert und nicht ausschließt, VuR 1997, S. 185, 186.

[971] Vgl. Punkt 1 des Beschlusses des Bundesrates, BRDrs. 696/96 vom 8.11.1996, S. 1.

[972] Vgl. Punkt 2 des Beschlusses des Bundesrates, BRDrs. 696/96 vom 8.11.1996, S. 2.

[973] So der Staatssekretär im Bundesministerium für Wirtschaft *Schomerus*, zitiert nach FAZ vom 24.4.1998, S. 17.

[974] Vgl. Punkt 8 des Beschlusses des Bundesrates, BRDrs. 696/96 vom 8.11.1996, S. 4.

erscheint, wurde die Umsetzungsfrist für die Richtlinie zunächst auf drei Jahre verlängert. Nunmehr läuft die Frist zum 1. Januar 2002 ab.

Zu einem weiteren Kritikpunkt, daß auch der Kauf gebrauchter Güter erfaßt sei, ist anzumerken, daß der Rat nunmehr in der Richtlinie diesen als Kompromißlösung besonders regelt. So fällt der Gebrauchtwarenkauf zwischen Privatpersonen bereits nicht in den Anwendungsbereich der Richtlinie und die Mitgliedstaaten können bestimmen, daß die Verjährungsfrist vertraglich auf ein Jahr verkürzt werden darf. Zudem besteht nicht der Rechtsbehelf der Ersatzlieferung und schließlich gilt die Beweislastumkehr wegen der Beschränkung nach der Art des Gutes für Gebrauchtwaren nur bedingt.

Daneben setzte sich die Bundesrepublik Deutschland mit einem weiteren Änderungsvorschlag dahingehend durch, daß die Richtlinie nunmehr im Unterschied zum Vorschlag ein zweistufiges Wahlverfahren für die Rechtsbehelfe vorsieht. Danach stehen dem Verbraucher unter Wahrung des Verhältnismäßigkeitsgrundsatzes zunächst nur die Ersatzlieferung und die Reparatur zur Verfügung. Ausschlaggebend für die Leistung des Verkäufers soll demzufolge bei objektiver Betrachtung der Wert des Verbrauchsgutes, die Schwere des Mangels sowie letztlich die Kostenfrage sein. Die beiden Rechtsbehelfe Minderung und Auflösung des Vertrages kommen erst dann in Betracht, wenn eine der in Art. 3 Abs. 5 RL genannten Bedingungen wie beispielsweise keine Abhilfe innerhalb einer angemessenen Frist erfüllt ist.

Überdies wurden - zum Leidwesen der seinerzeit zuständigen EU-Kommissarin *Bonini* - auf die Initiative der Bundesregierung eine Neuregelung in die Richtlinie aufgenommen, nach welcher der Verbraucher binnen zwei Monaten nach Feststellung den Mangel dem Verkäufer gegenüber mitteilen muß. Problematisch an dieser Bestimmung ist weniger deren Inhalt als der Umstand, daß den Mitgliedstaaten die Umsetzung dieser Regelung freigestellt ist. Zu Recht wird daher dagegen eingewandt, daß diese Wahlmöglichkeit der angestrebten Rechtseinheit innerhalb der Europäischen Gemeinschaft zuwider laufe.[975]

Ein weiterer Kritikpunkt, den die Bundesrepublik Deutschland dem Richtlinienentwurf gegenüber erhoben hatte, betraf die Regelung der Beweislastumkehr zugunsten des Verbrauchers in den ersten sechs Monaten nach dem Kauf. Allerdings vermochte sie sich mit dem Argument, die Regelung sei mit den Interessen des Mittelstandes unvereinbar, nicht gegenüber den anderen Mitgliedstaaten durchzusetzen. Denn nach deren Ansicht ist der Mittelstand bereits dadurch bevorzugt, daß dem Verkäufer einerseits Regreßansprüche gegenüber dem Großhändler bzw. Hersteller zustünden. Andererseits sehe die Richtlinie bei geringfügigen Mängeln keinen Anspruch auf Vertragsauflösung vor.

---

[975] Siehe Pressemitteilung des Europäischen Parlaments vom 5.5.1999, abgedruckt in VuR 1999, S. 177, 178.

6. Umsetzung der Richtlinie in nationales Recht

Der Deutsche Bundesrat gab diesbezüglich zu bedenken, daß die Richtlinie die Mitgliedstaaten vor die Alternative stelle, entweder ein gesondertes Verbraucher-Kaufrecht zu schaffen oder das gesamte Kaufrecht anzupassen.[976] Die erste Alternative hätte für das deutsche Recht zur Folge, daß neben das allgemeine Kaufrecht (§§ 433 ff. BGB), den Handelskauf (§§ 373 ff. HGB) und den grenzüberschreitenden Warenkauf nach dem UN-Kaufrecht gleichsam ein viertes Verbraucher-Kaufrecht trete. Zu Recht wird demgegenüber aber die zweite Alternative, das Einfügen neuer Vorschriften in das BGB, als vorzugswürdig erachtet.[977] In diesem Punkt stimmten bereits die Kritiker mit den Befürwortern der vorgeschlagenen Richtlinie überein. Eindeutig stellt die Änderung des gesamten Schuldrechts zur Vermeidung der weiteren Komplizierung des deutschen Kaufvertragsrechts die einfachste und beste Lösung dar.[978]

Schließlich stellt der Handlungsdruck, der durch die Richtlinie und deren Umsetzungsfrist bis Ende 2001 entstanden ist, die Gelegenheit für den deutschen Gesetzgeber dar, die bisher wenig in der Öffentlichkeit diskutierten Reformideen zum deutschen Schuldrecht wiederaufzugreifen. Nach Veröffentlichung des Abschlußberichtes der deutschen Schuldrechtskommission im Jahre 1992[979] wurde zwar noch vereinzelt Stellung bezogen; aber nach dem 60. Deutschen Juristentag 1994 verliefen die Reformpläne endgültig im Sande. Betrachtet man nun die Reformvorschläge der Schuldrechtskommission vor dem Hintergrund der Richtlinie über den Verbrauchsgüterkauf und stellt beide einander gegenüber, so sind die Unterschiede wider Erwarten geringer als dies auf den ersten Blick erscheinen mag.[980] Daß die Richtlinie dabei anders als die Reformvorschläge lediglich die Verbraucherkäufe erfaßt, steht diesem Ergebnis nicht entgegen. Auf einen Vergleich von Richtlinievorgaben und Vorschlägen der Schuldrechtskommission wird allerdings verzichtet, da dies die Zielsetzung der Arbeit übersteigt. Es bleibt letztlich abzuwarten, welchen Weg die Gesetzgeber zur Umsetzung der Richtlinie in Deutschland beschrei-

---

976 Vgl. Punkt 1 des Beschlusses des Bundesrates, BRDrs. 696/96 vom 8.11.1996, S. 1 f. - Zum getrennten Verbraucherschutzgesetz *Brönneke*, VuR 1999, S. 3 f.

977 Ausführlich zu den notwendigen Änderungen im deutschen Gewährleistungsrecht *Amtenbrink/Schneider*, VuR 1996, S. 367, 378 f. Ebenso *Rieger*, VuR 1999, S. 287 ff.; *Schmidt-Räntsch*, ZIP 1998, S. 849, 850 ff.; *Reich*, NJW 1999, S. 2397, 2400. Siehe darüber hinaus *DAV*, Ergänzende Stellungnahme, S. 2 f.

978 Siehe dazu *Medicus*, ZIP 1996, S. 1925, 1930; ausführlich *Schmidt-Räntsch*, ZEuP 1999, S. 294, 296 ff. Darüber hinaus möchten *Schlechtriem* (JZ 1997, S. 441, 442) und *Amtenbrink/Schneider* (VuR 1999, S. 293, 295 ff.) die Vorschläge der Schuldrechtskommission eingearbeitet wissen. Ebenso *DAV*, Ergänzende Stellungnahme, S. 3 ff.

979 Siehe dazu ausführlich oben Kapitel 4.

980 Vgl. *Amtenbrink/Schneider*, VuR 1999, S. 293, 296, 300. - Soweit erheblich, wurde bereits in der Darstellung der Richtlinien-Artikel auf die Unterschiede zu den Vorschlägen der Schuldrechtskommission hingewiesen. Entsprechend schlägt *Reich* korrigierte Vorschriften der Schuldrechtskommission in Anpassung an die Richtlinie vor (NJW 1999, S. 2397, 2403).

ten und inwieweit auch die Vorschläge zur Schuldrechtsreform Berücksichtigung finden werden.

7. Zusammenfassung

Mit dieser Richtlinie 1999/44/EG über den Verbrauchsgüterkauf komplettiert die Europäische Kommission den immer dichter werdenden Bestand des europäischen Verbraucherrechts. Trotz anfänglicher Ungewißheit, ob und wann die im Sommer 1996 als Vorschlag vorgelegte Richtlinie verabschiedet werden würde, insbesondere im Hinblick auf ihre zentrale Bedeutung für das Kaufrecht, haben sich letztlich in erstaunlich kurzer Zeit das Europäische Parlament und der Ministerrat verständigt. Insgesamt stellt die Richtlinie einen ausgewogenen Kompromiß dar, der sowohl den Interessen des Verbraucher als auch denen der Wirtschaft gerecht wird. Allein der Umstand, daß die Richtlinie es in einzelnen Punkten wie der Rügeobliegenheit den Mitgliedstaaten überläßt, ob die Regelung umgesetzt wird, ist zu kritisieren. Denn dies widerspricht dem Grundgedanken der Harmonisierung und behindert zugleich die Zielsetzung der Binnenmarktförderung. Zum Zweck der Rügeobliegenheit als solche ist darüber hinaus anzumerken, daß der Verkäufer wohl in den wenigsten Fällen kontrollieren kann, wann der Verbraucher die Vertragswidrigkeit tatsächlich bemerkt hat.

Sicherlich ist aber auch nach diesen Ausführungen nicht abschließend geklärt, inwieweit die Vereinheitlichung des Verbraucher-Kaufrechts geboten ist, um grenzüberschreitende Verbraucherkäufe innerhalb der Gemeinschaft zu erleichtern. So hätte beispielsweise eine sektorale Vereinheitlichung, wie das UN-Kaufrecht sie für grenzüberschreitende Warenkaufverträge bewirkt hat, gegebenenfalls auch genügt. Allerdings lag und liegt eine solch lediglich punktuelle Verbesserung für Verbraucherkäufe außerhalb der eigenen Rechtsordnung nicht in der Intention der Europäischen Gemeinschaft. Mit der nunmehr in Kraft getretenen Richtlinie soll dem Verbraucher sowohl ein einheitlicher als auch ein generell höherer Schutz zuteil werden. Inwieweit diese letztlich auch Wettbewerbsverzerrungen innerhalb der Gemeinschaft zu mindern vermag, bleibt abzuwarten.

Zumindest stellt die Richtlinie einen bedeutsamen und begrüßenswerten Schritt dar. So erfaßt sie nicht lediglich die Angleichung der Rechte des europäischen Verbrauchers beim Kauf mangelhafter Ware, darüber hinaus kommt ihr eine weitaus größere Bedeutung zu. Sie ist der erste Schritt in Richtung auf das Endziel, das durch Rechtsangleichung - später u.U. gar durch Rechtsvereinheitlichung - geschaffene europäische Vertragsrecht. Indem sie sich einem der gravierendsten Problempunkte des Kaufrechts annimmt und eine für alle Beteiligten vertretbare Lösung anbietet, vermag sie in den Mitgliedstaaten gemeinsame Grundstrukturen und Zentralbegriffe zu schaffen, die - wünschenswerterweise - auch auf andere Bereiche wie beispielsweise das allgemeine Schuldrecht ausstrahlen werden.[981] Dieser Umstand verhilft dem europäischen Verbraucher wiederum zu einer größeren Rechtssicherheit.[982] Nicht mehr, aber auch nicht weniger Geltung und Bedeutung kommt der Richtlinie zu bestimmten Aspekten des Verbrauchsgüterkaufs und der Garantien für Verbrauchsgüter zu.

B. Notwendigkeit der Rechtsvereinheitlichung

Neben dieser positiven Entwicklung in der Europäischen Gemeinschaft, durch Richtlinien die innerhalb der Mitgliedstaaten voneinander abweichenden Bereiche des Privatrechts anzugleichen, steht die Idee der Rechtsvereinheitlichung.[983] Denn die gleichsam bahnbrechende Rolle, die dem in großen Schritten voranschreitenden Verbraucherschutz in der Gemeinschaft zukommt, birgt in sich auch die Gefahr einer Sonderinteressengesetzgebung.[984] Während die Harmonisierung mittels Richtlinien leicht zu einer Komplizierung der Gesetzgebung führen kann, indem sich neben den allgemeinen Vorschriften ein Sonderrecht etabliert, geht die Rechtsvereinheitlichung demgegenüber einen Schritt weiter. Zwar stünden den nationalen Staaten weniger Freiräume in der Umsetzung der Vorgaben offen. Aber die Rechtsvereinheitlichung hätte den großen Vorteil, stärker auf das Endziel der europäischen Rechtseinheit im Bereich des Zivilrechts hinzustreben.[985] Überdies hätte sie eine umfassendere Vereinheitlichung zur Folge, in der Sonderinteressen bestimmter Gruppen zurückgedrängt würden. Daß die Idee der europäischen Rechtseinheit auch nicht erst mit der Europäischen Gemeinschaft geboren wurde, zeigt ein kurzer Rückblick in die Geschichte.

I. Geschichtlicher Abriß

Über mehrere Jahrhunderte hinweg kennzeichnete eine weitgehend einheitliche Rechtskultur das Zivilrecht der meisten Staaten Europas. Erst zu Beginn des 19. Jahrhunderts ging diese Einheit - das *ius commune* und das mit diesem verbundene gemeinsame Rechtsbewußtsein - größtenteils verloren. Der Grund für diesen Entwicklung war die Bildung der Nationalstaaten und die damit im Zu-

---

[981] So *Schlechtriem*, JZ 1997, S. 441, 442 f.; *Micklitz*, EuZW 1997, S. 229, 236. Ähnlich *Amtenbrink/Schneider*, VuR 1996, S. 367, 379 f.

[982] Vgl. *Hondius*, ZEuP 1997, S. 130, 140.

[983] Allgemein zur Rechtsvereinheitlichung auf der europäischen Ebene *Taupitz*, Europ. Privatrechtsvereinheitl.

[984] Vgl. *Tilmann*, ZEuP 1997, S. 595, 597.

[985] Auch *Huber* (in FS Everling I (1995), S. 493, 508 f.) spricht sich gegen Rechtsangleichung und für -vereinheitlichung aus. Einen Überblick zur Europäisierung des Rechts gibt *Tomuschat*, in Europäische Integration, S. 21 ff., zu den Anfängen vgl. *Magnus*, RabelsZ 45 (1981), S. 144 ff.

sammenhang stehende Kodifikation nationaler Zivilgesetzbücher.[986] Doch trotz dieser „nationalistischen Vereinzelung"[987] weist Europa auch heute noch eine rechtliche Verbundenheit unter den verschiedenen nationalen Privatrechtsordnungen auf. So beruhen zum einen alle Kodifikationen auf Traditionen gemein- oder naturrechtlicher Herkunft, denn weder die systematischen noch die begrifflichen noch die dogmatischen Grundlagen wurden ausgelöscht.[988] Zum anderen gingen jeder nationalen Kodifizierung, insbesondere denen in diesem Jahrhundert, eine intensive legislative Rechtsvergleichung voraus. Dies hatte zur Folge, daß die nationalen Gesetze oftmals Elemente oder ganze Abschnitte anderer Rechtsordnungen übernahmen.[989] Unter den europäischen Kodifikationen sind damit - trotz eigenständiger nationaler Rechtsfortbildung - zahlreiche Gemeinsamkeiten in einzelnen Regelungen, wenn nicht sogar bei genauerer Betrachtung ein *Common Core*[990] festzustellen.

II. Entschließungen des Europäischen Parlamentes

Eine Vorreiterrolle im Hinblick auf die Idee der Rechtsvereinheitlichung innerhalb der Mitgliedstaaten kommt dem Europäischen Parlament zu. So hat dieses erstmals bereits im Jahre 1989 ein Einheitliches Zivilgesetzbuch für die Gemeinschaft gefordert.

Entsprechend drängte das Europäische Parlament im Mai 1989 in seiner ersten *Entschließung um eine Angleichung des Privatrechts der Mitgliedstaaten*[991], man solle „mit den erforderlichen Vorbereitungsarbeiten zur Ausarbeitung eines einheitlichen europäischen Gesetzbuches für das Privatrecht" beginnen. Zwar habe die Gemeinschaft bereits zahlreiche Einzelfragen des Privatrechts harmonisiert. Aber allein die Regelung von Einzelfragen entspreche nicht mehr den Erfordernissen und Zielsetzungen des gemeinsamen Binnenmarktes. Daher schlug man vor, die gesamte Planung des Vorhabens einem Wissenschaftsausschuß zu übergeben, der die einzelnen Prioritäten festlegen solle.

---

986 Dazu *Kramer*, JBl. 1988, S. 477, 478; *Drobnig* in FS Steindorff (1990), S. 1141, 1150; *Georgiades*, in Europäische Integration, S. 45, 46; ausführlich *Schulze*, in Gemeinsames Privatrecht, S. 71, 73 ff.

987 So *Zimmermann*, JZ 1992, S. 8, 10.

988 Siehe *Blaurock*, JZ 1994, S. 270; *Großfeld/Bilda*, ZfRV 1992, S. 421, 427; *Zimmermann*, JZ 1995, S. 477, 479; *Flessner*, RabelsZ 56 (1992), S. 243, 244 ff. Kritisch dazu *Sandrock*, JZ 1996, S. 1, 6 ff.; *Kirchner*, in Europäisches Vertragsrecht, S. 103, 109.

989 Siehe beispielsweise das niederländische *Nieuw Burgerlijk Wetboek*.

990 Dieser *Common Core* ist nach Ansicht der Lando-Kommission herauszuarbeiten und als Grundlage für ein funktionierendes modernes Regelsystem zu verwenden (vgl. *Lando/Beale*, Introduction, S. XVI).

991 Entschließung vom 26.5.1989, ABl. EG 1989, Nr. C 158/400; abgedruckt in ZEuP 1993, S. 613 ff. sowie RabelsZ 56 (1992), S. 320 f.

Diese Entschließung verdeutlicht den beachtlichen Bewußtseinswandel, der sich während der letzten Jahre im Hinblick auf die europäische Gesetzgebung vollzogen hat.[992] Bislang wies die Gesetzgebung im zivilrechtlichen Bereich lediglich punktuelle Harmonisierungen auf, wobei die Auswahl der einzelnen Bereiche häufig willkürlich war und von unterschiedlichen Anstößen abhing. Demgegenüber forderte das Parlament hier erstmals, die Bemühungen um die europäische Rechtseinheit zukünftig einem einheitlichen Gesamtkonzept zu unterstellen.[993]

Da die Forderung des Europäischen Parlaments nicht aufgegriffen wurde, faßte es im Jahre 1994 die zweite *Entschließung zur Angleichung bestimmter Bereiche des Privatrechts der Mitgliedstaaten.*[994] Darin ist nochmals die wesentliche Bedeutung hervorgehoben, die der Angleichung bestimmter privatrechtlicher Bereiche zur Vollendung des Binnenmarktes zukommt. Erneut wird die Kommission nachdrücklich dazu aufgefordert, mit den Vorarbeiten für eine einheitliche Privatrechtskodifikation zu beginnen. So sollten jeweils ein Ausschuß für die kurzfristig vorzunehmende Angleichung in Teilbereichen einerseits und für die langfristig allgemeinere Rechtsangleichung andererseits Vorschläge ausarbeiten. Daneben - so die zweite Entschließung - sollte die Europäische Gemeinschaft die weltweite bzw. innereuropäische Angleichung und Vereinheitlichung des Privatrechts durch Organisationen wie Unidroit, UNCITRAL, den Europarat und die Arbeit der Lando-Kommission zur Angleichung des Vertragsrechts fördern.[995]

III. Rechtseinheit durch Rechtsvereinheitlichung

Diese weitreichende Forderung des Europäischen Parlaments nach einem einheitlichen Zivilgesetzbuch wirft die grundsätzliche Frage der Erforderlichkeit auf: Impliziert der bereits angesprochene Sachzwang zur Privatrechtsvereinheitlichung zwangsläufig die Schaffung einer europäischen Zivilrechtsordnung ? Oder ist die legislatorische Vereinheitlichung lediglich eine Möglichkeit unter vielen, so daß

---

992 Siehe *Heiss*, ZfRV 1995, S. 54 f.

993 Vgl. *Blaurock*, JZ 1994, S. 270, 271; *Tilmann*, ZEuP 1993, S. 613. - *Kirchner* (in Europäisches Vertragsrecht, S. 103, 110) bezeichnet diese Forderung als große Lösung, wohingegen die Ausarbeitung der Principles (unten Kapitel 9, C.) die Bescheidenere sei.

994 Entschließung vom 6.5.1994, ABl. EG 1994, Nr. C 205/518; abgedruckt in ZEuP 1995, S. 669. Ausführlich zu dieser *Tilmann*, ZEuP 1995, S. 534 ff.

995 Siehe zur Notwendigkeit der europäischen Rechtsvereinheitlichung und -angleichung den der zweite Entschließung vorausgegangenen Bericht des Ausschusses für Recht und Bürgerrechte (Dok. A 3-329/94). Der Ausschuß befürwortet ein weiteres Vorgehen nach Teilbereichen, da gerade im Bereich des Schuldrechts die Rechtsangleichung notwendig und auch möglich sei. So sollten nach Anpassung der Grundbegriffe zunächst die gemeinsamen Grundsätze des Vertragsrechts erarbeiten werden, auf denen das künftige Gesetzbuch des Schuldrechts aufbauen könne. Hingegen sei für das Funktionieren des Binnenmarktes weder die Angleichung des Sachenrechts noch die des Personen-, Familien- oder Erbrechts erforderlich, da sich hier auch die verschiedenen nationalen Traditionen hinderlich auswirken würden. Siehe dazu auch *Tilmann*, ZEuP 1995, S. 534, 540 f.; *ders.*, in Gemeinsames Privatrecht, S. 485, 496; *Remien*, ZfRV 1995, S. 116, 121.

die europäische Rechtseinheit sich auch auf andere Weise erzielen ließe ? Zudem fragt man sich im Vorfeld, ob die rechtlichen Grundlagen der Europäischen Gemeinschaft überhaupt zulassen, ein solches Regelwerk zu schaffen. Im folgenden sollen diese Punkte lediglich kurz behandelt werden, da eine detailliertere Auseinandersetzung die Zielsetzung der Arbeit übersteigt.

1. Rechtsgrundlage

Die Schaffung gemeinschaftlichen Privatrechts setzt grundsätzlich voraus, daß die Europäische Gemeinschaft über die entsprechende Rechtssetzungskompetenz verfügt. Wegen des Prinzips der begrenzten Einzelermächtigung wird bereits für ein generelles Tätigwerden eine ausdrückliche Kompetenzzuweisung verlangt.[996] Eine solche Regelungszuständigkeit für den Bereich des Privatrechts, dergemäß die Europäische Gemeinschaft originäres Recht im Sinne von unmittelbar geltenden Vorschriften setzen darf, ist jedoch in keinem der Gründungsverträge enthalten.[997] Demzufolge sind den Bestrebungen, innerhalb der Gemeinschaft eine geschlossene Harmonisierung oder gar Vereinheitlichung des Privatrechts zu erreichen, zunächst enge Grenzen gesetzt.

Dennoch darf hieraus nicht geschlußfolgert werden, das Privatrecht als solches sei gänzlich von den Tätigkeitsbereichen der Rechtssetzung ausgenommen.[998] Das Gemeinschaftsrecht differenziert nämlich weder zwischen den Bereichen des öffentlichen und des Privatrechts, noch enthält es einen sachgebietsartigen Zuständigkeitskatalog.[999] Vielmehr besteht im Bereich des Privatrechts die Möglichkeit der mittelbaren Rechtssetzung, als Begleitmaßnahme zur Vollendung des Binnenmarktes die nationalen Rechtsvorschriften anzugleichen.[1000] Dies geschieht in Erfüllung der der Gemeinschaft übertragenen Aufgabe, so die Verwirklichung der im EG-Vertrag ausdrücklich genannten Ziele, namentlich das „Funktionieren des Gemeinsamen Marktes" (Art. 94 EGV = ex-Art. 100 EGV) bzw. „des Binnenmark-

---

996 Siehe Grabitz/*Hilf/Pache*, EUV-Vorbem., Rn. 47; ders./*von Bogdany/Nettesheim*, (ex)-Art. 3 b EGV, Rn. 3 ff. sowie allgemein *Bracker*, in Europäisches Privatrecht, S. 33, 38 f.; *Hirte*, S. 24.

997 Originäre Rechtssetzung sieht der EG-Vertrag nur in Ausnahmefällen vor. - Eine entsprechende Regelung für das innerdeutsche Recht enthält Art. 74 Abs. 1 GG, der dem Bund die konkurrierende Gesetzgebung für das bürgerliche Recht zuweist. - Siehe dazu *Drobnig* in FS Steindorff (1990), S. 1141; *Müller-Graf*, NJW 1993, S. 13, 17; *Huber* in FS Everling I (1995), S. 493, 508; *Hayder*, in Gemeinsames Privatrecht, S. 167. Hingegen kritisch *Sandrock*, JZ 1996, S. 1, 7.

998 So aber *Rittner*, JZ 1990, S. 838, 842.

999 Siehe *Müller-Graf* in FS Börner (1992), S. 303, 332; *Hauschka*, JZ 1990, S. 521, 523.

1000 Dazu allgemein *Everling* in FS Steindorff (1990), S. 1155, 1158 ff. Vgl. ferner *Taschner*, in Gemeinsames Privatrecht, S. 155; *Schnyder/Straub*, ZEuP 1996, S. 8, 41; *Remien*, ZfRV 1995, S. 116, 118; *Timmermans*, ZEuP 1999, S. 1, 2 f; kritisch hingegen *Götz*, JZ 1994, S. 265, 266 sowie *Schwartz*, ZEuP 1994, S. 559, 570 f. - Weiterführend *Tilmann*, ERPL 1997, S. 471 ff.

tes" (Art. 95 Abs. 1 S. 2 EGV = ex-Art. 100 a Abs. 1 S. 2 EGV) sowie die Effektuierung der Grundfreiheiten[1001].[1002]

Diese Rechtssetzungszuständigkeit ist allerdings nicht unbegrenzt eröffnet, sondern in zweierlei Hinsicht eingeschränkt. So können zum einen Maßnahmen zur schrittweisen Verwirklichung des Binnenmarktes lediglich dann getroffen werden, wenn sie erforderlich sind, Art. 94 (ex-Art. 100) i.V.m. Art. 3 Abs. 1 lit. h (ex-Art. 3 lit. h), Art. 95 Abs.1 S. 2 (ex-Art. 100 a Abs. 1 S. 2) i.V.m. Art. 18 Abs. 1 (ex-Art. 8 a Abs. 1), Art. 308 EGV (ex-Art. 235 EGV).[1003] Neben diesem Kriterium der Erforderlichkeit steht das im Vertrag von Maastricht festgeschriebene Subsidiaritätsprinzip (Art. 5 Abs. 2 EGV = ex-Art. 3 b Abs. 2 EGV), das gleichfalls eine umfassendere gesetzgeberische Tätigkeit unterbindet. Dieses Prinzip gestattet nur dann ein Tätigwerden der Gemeinschaft, wenn das angestrebte Ziel der Maßnahme sich nicht ausreichend auf der Ebene der Mitgliedstaaten, sondern besser auf der Gemeinschaftsebene verwirklichen läßt.[1004] Zum anderen wird im EG-Vertrag nicht von Rechtsvereinheitlichung, sondern lediglich von Rechtsangleichung gesprochen. Und der Rechtsangleichung kommt lediglich eine dienende Funktion zu.[1005] Bedingt durch diese beiden Begrenzungen ist also für ein Tätigwerden der Gemeinschaft Voraussetzung, daß unterschiedliche Rechtsstandards in den Mitgliedstaaten zu einer Art Spannungsverhältnis gegenüber dem Binnenmarkt führen, dessen Auflösung durch Rechtsangleichung notwendig erscheint. Den Unterschieden in den nationalen Regelungen muß daher eine unmittelbare Auswirkung auf den Gemeinsamen Markt zukommen.[1006]

[1001] Als Grundfreiheiten sind die Freiheit des Warenverkehrs (Art. 3 Abs. 1 lit. a, b EGV = ex-Art. 3 lit. a, b EGV), die des Dienstleistungs-, Kapital- und Personenverkehrs (Art. 3 Abs. 1 lit. c EGV = ex-Art. 3 lit. c EGV) sowie die Errichtung eines Systems des unverfälschten Wettbewerbs (Art. 3 Abs. 1 lit. g EGV = ex-Art. 3 lit. g EGV) zu nennen. Dazu *Remien*, ZfRV 1995, S. 116, 128 ff.

[1002] Siehe ausführlich zu dem Versuch, unmittelbar aus den Grundfreiheiten des EG-Vertrages Regeln zur Angleichung des Schuldrechts der Mitgliedstaaten abzuleiten, *Armbrüster*, RabelsZ 60 (1996), S. 72, 74 ff.

[1003] Während die Einheitliche Europäische Akte (EEA) von 1986 die Integration im Bereich der Rechtsangleichung erleichterte, wurde den Gemeinschaftskompetenzen mit dem Vertrag von Maastricht ausdrücklich die Erforderlichkeitsgrenze gesetzt, Art. 5 Abs. 3 EGV (ex-Art. 3 b Abs. 3 EGV). Zuvor war diesem Kriterium keine eigene praktische Bedeutung beigemessen worden. Dazu *Everling* in FS Steindorff (1990), S. 1155, 1163.

[1004] Siehe statt vieler Grabitz/*von Bogdany/Nettesheim*, (ex-)Art. 3 b EGV, Rn. 19 ff.; *Bracker*, in Europäisches Privatrecht, S. 33, 42; *Tomuschat*, in Europäische Integration, S. 21, 26. - Das Subsidiaritätsprinzip reicht jedoch nicht weiter als das Kriterium der Erforderlichkeit. Vgl. *Müller-Graf* in FS Börner (1992), S. 303, 329; *Armbrüster*, RabelsZ 60 (1996), S. 72, 83.

[1005] Vgl. *Taschner*, in Gemeinsames Privatrecht, S. 155, 157. Ähnlich *Kieninger*, Jahrbuch Junger Zivilrechtswiss. 1996, S. 245, 256 f.

[1006] Siehe dazu *Müller-Graf* in FS Börner (1992), S. 303, 328 ff., *ders.*, NJW 1993, S. 13, 17 f.; *Taschner*, in Gemeinsames Privatrecht, S. 155, 156, 158; *Blaurock*, JZ 1994, S. 270, 271;

Gegenstand der Rechtsangleichung sind gemäß der Artt. 94, 95 EGV (ex-Artt. 100, 100 a EGV) die „Rechts- und Verwaltungsvorschriften der Mitgliedstaaten". Hierzu zählen grundsätzlich auch die Regelungen des Privatrechts. Bedingt durch die Marktbezogenheit beschränken sich die Bemühungen auf die privatrechtlichen Bereiche, die für den Aufbau und das Funktionieren der Gemeinschaft unentbehrlich sind, so beispielsweise das Gesellschaftsrecht, das Recht der Handelsvertreter und der Verbraucherschutz. Die weiteren auf speziellere Rechtsgebiete bezogenen Vorschriften, die der EG-Vertrag neben dieser Generalklausel vereinzelt aufweist, beziehen sich - mit Ausnahme des Gesellschaftsrechts - hingegen nicht auf das Privatrecht.

Zudem eröffnet Art. 293 EGV (ex-Art. 220 EGV) für die Mitgliedstaaten die Möglichkeit, „soweit erforderlich" Gemeinschaftsübereinkommen zu schließen. Allerdings spielt auch hier das Privatrecht unter den in dieser Vorschrift aufgezählten Materien lediglich eine untergeordnete Rolle.

2. Formen der Rechtsvereinheitlichung

Für die Umsetzung der Idee der Rechtsvereinheitlichung innerhalb der Europäischen Gemeinschaft sind verschiedene Formen denkbar.[1007] So besteht zunächst die bereits näher ausgeführte Möglichkeit, daß die Gemeinschaft selbst durch Verordnung oder Richtlinie für alle Mitgliedstaaten Gemeinschaftsrecht statuiert. Neben dieser gleichsam hoheitlichen Rechtssetzung steht der Abschluß einer multilateralen völkerrechtlichen Konvention, die erst durch Ratifikation uniformes Einheitsrecht schafft.[1008] Nachteilig an dieser Variante ist, daß ein Staat die Konvention starr übernehmen muß; auch spätere Korrekturen an dem Vertragswerk lassen sich kaum durchführen.[1009] Demgegenüber weitaus flexibler zeigt sich das völkerrechtliche Rahmenabkommen, da es den einzelnen Staaten bei der Konkretisierung in der nationalen Gesetzgebung breitere Gestaltungsmöglichkeiten eröffnet. Die größte Beweglichkeit zeichnet schließlich das Modellgesetz aus, das anders als die bereits erwähnten Varianten gerade keine völkerrechtliche Verpflichtung zur Umsetzung in nationales Recht, sondern lediglich eine Empfehlung zur unveränderten Annahme aufweist. Als erfolgreiches Beispiel für dieses ist der US-amerikanische UCC zu nennen, der Bereiche des innerstaatlichen Handels vereinheitlicht. Eine weitere Möglichkeit stellt das *Restatement* dar, das einen als spätere Grundlage dienenden Überblick über die innerhalb Europas geltenden nationalen Vertrags-

---

Rabe, NJW 1993, S. 1, 2 sowie *Schwartz*, ZEuP 1994, S. 559, 569. Dagegen sieht *Ulmer* in (ex-)Art. 100 a EGV wohl einen zusätzlichen Handlungsauftrag (JZ 1992, S. 1, 3).

[1007] Dazu ausführlich *Kirchner*, in Europäisches Vertragsrecht, S. 103, 111 ff.; *Kramer*, JBl. 1988, S. 477, 483 ff. Ferner *Remien*, ZfRV 1995, S. 116, 122; *Taupitz*, Europ. Privatrechtsvereinheitl., S. 18 ff.

[1008] Diese Form wurde für die rechtvereinheitlichenden Arbeiten des Internationalen Instituts für die Vereinheitlichung des Privatrechts (Unidroit) sowie für das UN-Kaufrecht der Kommission der Vereinten Nationen für Internationales Handelsrecht (UNCITRAL) gewählt.

[1009] Siehe *Kramer*, JBl. 1988, S. 477, 483; *Kötz*, RabelsZ 50 (1986), S. 1, 10 f.

rechte zu geben vermag.[1010] Zuletzt ist - neben diesen über- und zwischenstaatlichen Rechtssetzungsmöglichkeiten - die Standardisierung von Verträgen bzw. einzelner Klauseln durch nichtstaatliche Organisationen wie beispielsweise die Internationale Handelskammer in Paris zu nennen.[1011]

3. Bewertung

Welche dieser dargestellten Arten für die Rechtsvereinheitlichung auf der europäischen Ebene die geeignetste ist - wenn es überhaupt eine Antwort auf diese Frage gibt -, kann an dieser Stelle nicht entschieden werden. Dennoch bestehen gegenüber mehreren der Verfahren sowohl für die Vereinheitlichungsidee als auch für das avisierte Ziel, eine europäische Privatrechtskodifikation zu schaffen, in zweierlei Hinsicht Bedenken. Zum einen sind nicht alle gleichermaßen geeignet, verbindlich vereinheitlichtes Recht zu setzen. Zum anderen weichen ihre jeweiligen Bindungsgrade in erheblichem Maße voneinander ab.

Was den ersten Punkt betrifft, die Eignung zur Rechtsvereinheitlichung, so läßt sich bereits nach kurzer und oberflächiger Betrachtung feststellen, daß weder das völkerrechtliche Rahmenabkommen noch das Modellgesetz diesem gerecht werden. Ebensowenig vermögen die Vereinheitlichungsarbeiten der nichtstaatlichen Organisationen und das *Restatement* den Anforderungen zu genügen, die eine verpflichtende Vereinheitlichung stellt. Die spontane Rechtsangleichung scheidet schließlich aus, da sie das genaue Gegenteil zur angestrebten legislatorischen Vereinheitlichung darstellt. Lediglich das Gemeinschaftsrecht mit Verordnung und Richtlinie sowie die multilaterale völkerrechtliche Konvention erfüllen die Voraussetzungen. Dieses Ergebnis findet auch seine Bestätigung in der Praxis, denn schließlich bedient sich die Europäische Gemeinschaft ausschließlich dieser drei Formen, um innerhalb der Mitgliedstaaten Recht zu setzen.[1012]

Diese drei als geeignet erscheinenden Formen[1013] unterscheiden sich zudem in qualitativer Hinsicht durch ihren jeweiligen Bindungsgrad, nämlich inwieweit sie die nationalen Mitgliedstaaten gegenüber dem Einheitsrecht verpflichten. So setzen

---

[1010] Vgl. *Kötz*, RabelsZ 50 (1986), S. 1, 16 f. - Das *Restatement* diente sowohl der Kommission für Europäisches Privatrecht als auch der Unidroit-Arbeitsgruppe als Vorbild für die Ausarbeitung der allgemeinen Grundregeln. Siehe dazu unten Kapitel 9, C.

[1011] Die spontane Rechtsangleichung steht zu diesen Formen der gezielten Vereinheitlichung in direktem Gegensatz. Es handelt sich dabei um das gesamteuropäische Phänomen, daß ein Problem auf der nationalen Ebene - ungeachtet der jeweils getroffenen Regelungen - auf ähnliche Weise gelöst ist, obgleich dies keine Stelle zentral steuert.

[1012] Beispiele für Rechtssetzung durch Übereinkommen sind das Europäische Schuldrechtsübereinkommen (EVÜ) sowie das Europäische Gerichtsstands- und Vollstreckungsübereinkommen (EuGVÜ).

[1013] Einen umfassenden Vergleich von Übereinkommen und Verordnung stellt *Schwartz* in FS v. Caemmerer (1978), S. 1067 ff. an, wohingegen *Taschner* (in Gemeinsames Privatrecht, S. 155 ff.) Richtlinie und Übereinkommen vergleicht.

die Verordnung und die Richtlinie für die Mitgliedstaaten anders als das völkerrechtliche Übereinkommen unmittelbar verbindliches und vorrangiges Recht. Infolgedessen stimmt die inhaltliche Ausgestaltung der einzelnen nationalen Regelungen weitestgehend überein.[1014] Das Übereinkommen hingegen kann ein derart positives Ergebnis in puncto Einheitlichkeit nicht erzielen, da die Vertragsstaaten bei seinem Abschluß ihre Souveränität bewahren. So kann ein Vertragsstaat zum einen nicht zur Ratifizierung des Übereinkommens gezwungen werden. Zum anderen kann er das Übereinkommen jederzeit einseitig aufkündigen.

Aus dieser beschriebenen Starrheit resultiert ferner, daß sich nach dem Abschluß des Übereinkommens etwaige notwendige Änderungen nur schwerlich und mit erheblichem Aufwand durchsetzen lassen.[1015] Auch sind die nationalen Parlamente lediglich durch ihre abschließende Entscheidung bezüglich der Ratifizierung an der eigentlichen Rechtssetzung beteiligt. Demgegenüber haben diese bei der Schaffung von Gemeinschaftsrecht während der gesamten Entstehungsphase die Möglichkeit, kontrollierend mitzuwirken und auf einzelne Regelungen Einfluß zu nehmen.[1016] Ein weiterer Unterschied ist, daß das anhand eines Übereinkommens vereinheitlichte Recht in seiner Auslegung den nationalen Gerichten unterliegt. Für das Gemeinschaftsrecht garantiert hingegen der Europäische Gerichtshof als Kontrollinstanz die einheitliche Auslegung, so daß auch nur für dieses eine einheitliche Rechtsanwendung gewährleistet ist.[1017]

Zu der unterschiedlichen Bindungswirkung von Verordnung und Richtlinie sei schließlich angeführt, daß die Richtlinie die Mitgliedstaaten lediglich in bezug auf das angestrebte Ziel bindet. Selbst wenn sie detaillierte Regelungen enthält, ist noch keine einheitliche nationale Rechtssetzung garantiert, da die Wahl für Form und Mittel der Umsetzung den Mitgliedstaaten überlassen ist. Damit ist bereits wegen der Zielsetzung, innerhalb der Gemeinschaft einen einheitlichen Gesetzestext festzusetzen, sowohl die Verordnung als auch das völkerrechtliche Übereinkommen der Richtlinie vorzuziehen.[1018]

[1014] Vgl. *Schnyder/Straub*, ZEuP 1996, S. 8, 35.

[1015] Siehe *Schwartz* in FS v. Caemmerer (1978), S. 1067, 1072 ff., S. 1097; *Taschner*, in Gemeinsames Privatrecht, S. 155, 164.

[1016] Vgl. *Taschner*, in Gemeinsames Privatrecht, S. 155, 164; *Neuhaus/Kropholler*, RabelsZ 45 (1981), S. 73, 78 f.; zustimmend *Hayder*, in Gemeinsames Privatrecht, S. 167, 168; *Remien*, Jahrbuch Junger Zivilrechtswiss. 1991, S. 11, 38.

[1017] Siehe *Schwartz* in FS v. Caemmerer (1978), S. 1067, 1103 ff.; *Taschner*, in Gemeinsames Privatrecht, S. 155, 164. Ebenso *Schnyder/Straub*, ZEuP 1996, S. 8, 36, die darüber hinaus vorschlagen, den Europäischen Gerichtshof auch für europäische Übereinkommen als Auslegungsinstanz zu bestimmen.

[1018] Vgl. *Remien*, Jahrbuch Junger Zivilrechtswiss. 1991, S. 11, 38 f. Ebenfalls kritisch gegenüber der Richtlinie als geeignetes Mittel zur einheitlichen verbindlichen Rechtssetzung *Hayder*, in Gemeinsames Privatrecht, S. 167, 169.

Doch soll, wie bereits erwähnt, an dieser Stelle keine abschließende Entscheidung für oder gegen eine der drei Varianten gefällt werden. Die Gegenüberstellung zeigt lediglich die qualitativen Unterschiede auf. Für das endgültige Urteil sind noch weitere Faktoren wie die zu regelnde Materie und der Umfang der angestrebten Vereinheitlichung[1019] von Bedeutung. Überdies darf ein weiterer Umstand nicht unterschätzt werden. Gemeinschaftsrecht benötigt anders als ein völkerrechtliches Übereinkommen eine Rechtsgrundlage. Da das Vorliegen einer solchen auf gemeinschaftsrechtlicher Ebene für die Schaffung von Privatrecht nicht prinzipiell bejaht werden kann, begrenzt dies unmittelbar die Quantität und die Qualität der erwünschten Vereinheitlichung.

Es bleibt festzuhalten, daß die Europäische Gemeinschaft in bezug auf die Vereinheitlichung bzw. Harmonisierung der nationalen Zivilrechtsordnungen bisher nur in abgegrenzten Teilgebieten des Vertragsrechts tätig geworden ist.[1020] Von der Schaffung eines geschlossenen, über punktuelle Regelungen hinausgehenden Systems sind die europäischen Rechtsangleichungsbemühungen noch weit entfernt. Lediglich in den Bereichen, die in unmittelbarem Zusammenhang mit der Verwirklichung der vier Grundfreiheiten stehen, traf man einzelne Regelungen. Die Grundfreiheiten markieren damit die äußerste Grenze für die verschiedenen Bestrebungen zur Rechtsangleichung. Auch die für eine europäische Angleichung vereinzelt vorhandenen Rechtsgrundlagen dienen ausnahmslos dem Vertragsziel, der Errichtung eines funktionsfähigen Binnenmarktes und der Beseitigung bestehender Wettbewerbsverzerrungen. Zwar wäre auch über diesen Weg die schrittweise Rechtsvereinheitlichung grundsätzlich denkbar und möglich, allerdings nicht über die Grenzen der Zielsetzungen für den europäischen Binnenmarkt hinaus.

C. Zusammenfassung

Es ist festzuhalten, daß die Auswirkungen der Rechtssetzung der Europäischen Gemeinschaft auf die Entwicklung und Vereinheitlichung des Privatrechts in den letzten Jahren immer stärker geworden sind. Ein Abschluß dieser Entwicklung innerhalb der Europäischen Gemeinschaft ist bislang auch noch nicht abzusehen.

Zwar haben insbesondere die zahlreichen europäischen Richtlinien das Zivilrecht innerhalb der Mitgliedstaaten zum Teil vereinheitlicht oder zumindest harmonisiert. Als ein Bereich, in welchem in der letzten Zeit verstärkt Aktivitäten entfaltet wurden, ist das Vertragsrecht und dabei vornehmlich der Verbraucherschutz anzu-

---

1019 Es ist zu erwarten, daß die Akzeptanz unter den Mitgliedstaaten, ihr nationales Recht zugunsten einer Gemeinschaftsregelung aufzugeben, im direkten Gegensatz zum Umfang der geplanten Rechtsvereinheitlichung steht. Je umfassender die zu vereinheitlichende Materie ist, desto schwieriger wird es sein, einen Konsens unter den Mitgliedstaaten zu erzielen. Dabei stellt sich die Frage, inwieweit eine letztlich gefundene Minimallösung der Idee der Rechtsvereinheitlichung dienlich ist.

1020 Vgl. *Drobnig* in FS Steindorff (1990), S. 1141, 1142; ähnlich *Bangemann*, ZEuP 1994, S. 377, 378.

führen. Auch ist mittlerweile der zu Beginn vereinzelt erhobene Widerstand gegen die Harmonisierungsbestrebungen auf der europäischen Ebene gebrochen. Dennoch ist die Forderung nach einem Europäischen Zivilgesetzbuch, die unter anderem das Europäische Parlament mehrfach ausgesprochen hat, sehr weitreichend.[1021]

Allerdings gibt es auch zahlreiche Fürsprecher, die den Entwurf einer vereinheitlichten Zivilrechtskodifikation unterstützen. So führe eine Europäische Kodifikation beispielsweise zur Kräftigung der europäischen Identität,[1022] zudem fördere es die Bewußtwerdung bzw. die Schaffung gemeinsamer Werte[1023]. Dieser Ansicht ist zuzustimmen. Denn zum momentanen Zeitpunkt benötigen alle Beteiligten zunächst einen Rahmen, innerhalb dessen die Harmonisierung des Bereichs des Zivilrechts fortschreiten kann. Inwieweit der auch an dieser Stelle geführte Streit, den bereits die Rechtsgelehrten *Thibaut* und *von Savigny* zum notwendigen Tätigwerden des Gesetzgebers ausgetragen haben,[1024] letztlich entschieden wird, kann dahinstehen. Denn schließlich schreitet die Entwicklung eines europäischen Verständnisses auf allen Gebieten fort mit der Folge, daß neben den Gesetzgebern auch die Bürger nach und nach ein Europäisches Zivilgesetzbuch akzeptieren werden. Zumindest bleibt dies für die Zukunft zu hoffen.

1021 Einen umfassenden Überblick hierzu gibt *Kerameus*, ERPL 1997, S. 475 ff. Gleichfalls kritisch *Schulze*, ZEuP 1993, S. 442, 470 ff. sowie *Sandrock* (JZ 1996, S. 1, 7), der die ökonomische Notwendigkeit eines einheitlichen europäischen Privatrechts bestreitet. - Demgegenüber nennt *Tilmann* (in Gemeinsames Privatrecht, S. 485, 486) optimistisch als Zeitraum für ein europäisches Zivilgesetzbuch die Jahre zwischen 2000 und 2010.

1022 *Kramer*, JBl. 1988, S. 477, 487.

1023 So *Müller-Graf*, NJW 1993, S. 13, 23.

1024 Siehe dazu *Lando*, ERPL 1997, S. 525 ff. sowie oben Kapitel 5, Fn. 446.

Kapitel 9: Initiativen nicht- und zwischenstaatlicher Organisationen

Neben der Europäischen Gemeinschaft sind eine Vielzahl anderer internationaler Organisationen zu nennen, die auch rechtspolitische Entwürfe zur Vereinheitlichung des Privatrechts ausarbeiten.[1025] Diese nicht- und zwischenstaatlichen Organisationen streben auf der europäischen bzw. internationalen Ebene als Ziel ein vereinheitlichtes Vertragsrecht an. Besonders hervorzuheben ist dabei die Tätigkeit der *Kommission für Europäisches Vertragsrecht*. Gleichermaßen wichtige Impulse für die internationale Privatrechtsvereinheitlichung gehen von den Ausarbeitungen des Unidroit-Institutes und der UNCITRAL-Kommission der Vereinten Nationen aus. Dabei spielt keine Rolle, daß der Mitgliederbestand dieser beiden Organisationen wie auch der Internationalen Handelskammer über die Grenzen Europas hinausreicht; ihre Arbeiten sind dessenungeachtet auch für die europäische Vereinheitlichungsidee verwertbar.

Der Schwerpunkt der folgenden Ausführungen liegt auf der Darstellung der von der Lando-Kommission und dem Unidroit-Institut in kurzem zeitlichen Abstand Mitte 1995 bzw. Ende 1994 veröffentlichten *Principles*[1026]. Diese beiden vielversprechenden, als eine Art Kodifikation von Wissenschaftlern erarbeiteten Werke sind auf der Ebene des sog. *soft law*[1027] angesiedelt und belegen, daß die Festschreibung eines gemeinschaftlichen Zivilrechts grundsätzlich möglich und nicht nur reine Theorie und Wunschvorstellung ist.[1028]

A. Arbeiten der UNCITRAL-Kommission

Die Kommission der Vereinten Nationen für Internationales Handelsrecht (UNCITRAL) hat wichtige Beiträge für die weltweite Vereinheitlichung des Vertragsrechts erarbeitet, seit 1966 insbesondere im Bereich des grenzüberschreitenden Handels. Die bedeutendste unter den zahlreichen Arbeiten ist dabei sicherlich das

---

[1025] Einen Überblick zu allen Institutionen gibt *Kramer*, JBl. 1988, S. 477, 480 ff. sowie *Hirte*, S. 29 ff. - Zu den Alternativen zur legislatorischen Rechtsvereinheitlichung *Kötz*, RabelsZ 56 (1992), S. 215 ff.; ähnlich *Berger*, ZVglRWiss 94 (1995), S. 217, 221 ff.

[1026] Obgleich die unverbindliche Übersetzung für *Principle* den Begriff *Grundregel* wählte, wird nachfolgend wegen des allgemeinen Bekanntheitsgrades weiterhin der englische Begriff verwendet.

[1027] Siehe *Fontaine*, Rev.dr.int.comp. 1991, S. 25, 40; *Tilmann*, ZEuP 1997, S. 595. Grundsätzlich zum *soft law Mertens*, RabelsZ 56 (1992), S. 219, 224 ff.

[1028] An dieser Stelle sei gleichfalls auf das Lehrbuch von *Kötz/Flessner*, Europäisches Vertragsrecht, hingewiesen, dessen erster Band bereits 1996 erschienen ist. Der zweite Band, der sich mit der Haftung auf Erfüllung und wegen Nichterfüllung beschäftigt, ist angekündigt; ein Teil davon ist jedoch bereits vorabgedruckt (*Flessner*, ZEuP 1997, S. 255 ff.).

UN-Kaufrechtsübereinkommen von 1980.[1029] Daneben sind das UN-Verjährungsübereinkommen[1030] sowie die Bemühungen um die Vereinheitlichung des internationalen Zahlungsverkehrs und Wechselrechts anzuführen.

B. Internationale Handelskammer

Die Internationale Handelskammer (ICC)[1031] in Paris, die wichtigste nichtstaatliche Organisation im Rahmen der internationalen Privatrechtsvereinheitlichung, beschäftigt sich demgegenüber weniger mit der Vereinheitlichung der Gesetze zum internationalen Handelsverkehr. Sie arbeitet an der Standardisierung internationaler Handelsverträge in deren Gesamtheit bzw. für einzelne Klauseln, die nur Teilgebiete des Privatrechts betreffen.[1032] Gegenstand dieser auf privater Initiative beruhenden Arbeiten waren bislang die Erläuterung der Incoterms, die Einheitlichen Richtlinien und Gebräuche für Dokumentenakkreditive sowie die internationale Handelsschiedsgerichtsbarkeit. Und obzwar keine der Arbeiten der Internationalen Handelskammer bindendes Recht zu setzen vermochte, erzielten diese dennoch - oder vielleicht gerade deshalb - beachtliche Erfolge im Bereich der Privatrechtsvereinheitlichung.

C. Die European und International Principles

Unter den zahlreichen Bestrebungen, das internationale Vertragsrecht zu vereinheitlichen, sind zwei wissenschaftliche Werke besonders erwähnenswert, die beide in der Form eines Gesetzeswerkes allgemeine Rechtsgrundsätze zum Vertragsrecht festschreiben. Das sind zum einen die *Principles of European Contract Law*[1033], ausgearbeiteten von der Lando-Kommission, zum anderen die *Principles of International Commercial Contracts*[1034], die eine Unidroit-Arbeitsgruppe vorgelegt hat.[1035]

[1029] Siehe dazu umfassend oben Kapitel 6, B. II.

[1030] Vgl. zu diesem Übereinkommen die Ausführungen in Kapitel 7, C. III. 1.

[1031] International Chamber of Commerce.

[1032] Vgl. dazu *Kramer*, JBl. 1988, S. 477, 482. Grundsätzlich zur außerlegislativen Rechtsvereinheitlichung *Kropholler*, ZVglRWiss 85 (1986), S. 143, 149 ff.

[1033] Nachfolgend European Principles.

[1034] Nachfolgend International Principles.

[1035] In ihrer Darstellungsweise orientierten sich beide Werke weitgehend am US-amerikanischen *Restatement*, sind also als gesetzliche Vorschriften formuliert. Dabei ist jeder Artikel in drei Abschnitte unterteilt: Nach dem möglichst kurz und präzise formulierten Artikel selbst folgt dessen Kommentierung mit Beispielsfällen. Abschließend werden in rechtsvergleichenden Anmerkungen die entsprechenden nationalen Vorschriften der Mitgliedstaaten ausgewertet und auf internationale Regelungen verwiesen. Vgl. *Zimmermann*, JZ 1995, S. 477, 478; *Drobnig* in FS Steindorff (1990), S. 1141, 1151; *Lando*, in Gemeinsames Privatrecht, S. 473, 477; *Remien*, ZVglRWiss 87 (1988), S. 105, 120 f.; *Hartkamp*, in Towards a European Civil Code (1998), S. 105, 107 ff.; *Bonell*, ULR/RDU 1996, S. 229, 234.

Wie bereits kurz erwähnt, sind beide Principles keine bindenden Gesetzgebungsakte, sondern als sog. *soft law* weder legislatorische noch verbindliche Formen der Rechtsvereinheitlichung. Doch vermögen die Principles eher als die bindende Rechtssetzung den Weg für ein europäisches einheitliches Vertragsrecht zu ebnen. Denn anders als die legislatorische Vereinheitlichung bedürfen die Principles weder der nationalen Umsetzung, noch leiden sie unter lediglich lückenhaften Regelungen mangels gemeinsam gefundenen Konsenses.[1036] Zwar soll und kann an dieser Stelle nicht bestritten werden, daß die Principles gerade wegen dieser fehlenden Bindungswirkung keine wirkliche Alternative zu bindenden Rechtsakten darstellen oder diese gar ersetzen. Sie sind aber dennoch eine grundsätzlich positiv zu bewertende Ergänzung zu Gesetzgebungsakten, indem sie den weiteren Bemühungen als Grundlage dienen können.

Trotz der sowohl von der Lando-Kommission als auch von der Unidroit-Arbeitsgruppe gewählten Darstellungsform des Gesetzwerkes handelt es sich keineswegs um Kodifikationsentwürfe, die von den nationalen Gesetzgebern unmittelbar umgesetzt werden sollen. Vielmehr sind die beiden Arbeiten als eine Art *Restatement* des europäischen bzw. internationalen, bisher nicht formulierten Rechts der Handelsbräuche zu verstehen.[1037] Im Unterschied zu den US-amerikanischen *Restatements* dienen die Principles jedoch nicht lediglich als wissenschaftliche Darstellung, sondern zielen weitaus stärker auf die Vereinheitlichung des Rechts ab.[1038] Denn obzwar die Principles jeweils auf dem gemeinsamen Kern, dem *Common Core,* aller Vertragsrechte aufbauen,[1039] haben sich ihre Verfasser wegen der bestehenden Unterschiede in nicht wenigen Punkten für ganz neue, sogar vom UN-Kaufrecht abweichende Regelungen entschieden.[1040] Wegen dieses Hinausgehens über den *Common Core* können und wollen die Principles in der Praxis darüber hinaus auf der europäischen bzw. internationalen Ebene als Modellgesetz die-

---

[1036] Vgl. *Bonell*, RabelsZ 56 (1992), S. 274, 276; *Unidroit*, Introduction, S. VII.

[1037] Siehe *Drobnig*, in Dubrovnik Lectures, S. 305, 310; *Bonell*, RabelsZ 56 (1992), S. 274, 280 ff.; *Kramer* in FS Koller (1993), S. 730, 745 f.; *Remien*, ZVglRWiss 87 (1988), S. 105, 118; *Fontaine*, Rev.dr.int.comp. 1991, S. 25, 31; *Hondius*, in Towards a European Civil Code (1998), S. 3, 13; *Berger*, ZVglRWiss 94 (1995), S. 217, 218. Allgemein zum *Restatement* des europäischen Vertragsrechts *Kötz* in FS Zweigert (1981), S. 481, 495 ff.

[1038] Die Unterschiede zu den US-amerikanischen *Restatements* liegen zum einen darin, daß letztere nichtkodifiziertes Recht formulieren und die Principles mit bereits bestehenden Vertragsrechten arbeiteten. Zum anderen mußten die Principles nicht lediglich einen Rechtskreis, sondern das *Common* und das *Civil Law* auf einen gemeinsamen Nenner bringen. Siehe *Huber* in FS Everling I (1995), S. 493, 506 f.; *Drobnig* in FS Steindorff (1990), S. 1141, 1150; *Michaels*, RabelsZ 62 (1998), S. 580, 585 f. m.w.N. - Darüber hinaus standen die Verfasser der Principles vor dem Problem, weder auf eine einheitliche Sprache noch auf eine einheitliche Rechtsterminologie zurückgreifen zu können.

[1039] Vgl. *Michaels*, RabelsZ 62 (1998), S. 580, 587; *Lando*, ERPL 1997, S. 525, 531; *Kropholler*, ZVglRWiss 85 (1986), S. 143, 152 ff.

[1040] Siehe *Drobnig* in FS Steindorff (1990), S. 1141, 1151 ff. - Eine Beschreibung des Verhältnisses von International Principles und UN-Kaufrecht gibt *Ferrari*, JZ 1998, S. 9 ff.

nen.[1041] Entsprechend ist auch in den European Principles bestimmt, daß die Grundregeln dazu gedacht seien, als allgemeine Regeln des Vertragsrechts in den Europäischen Gemeinschaften angewandt zu werden. In der Präambel der International Principles ist als Zweck genannt, daß sie als Modell für nationale und internationale Gesetzgeber dienen können.

I. Principles of European Contract Law

1. Die Kommission über Europäisches Vertragsrecht

Seit Beginn der achtziger Jahre beschäftigt sich eine als Lando-Komission bekannte private Arbeitsgruppe, die *Kommission für Europäisches Vertragsrecht*[1042], mit der Ausarbeitung allgemeiner europäischer Grundregeln für ein Vertragsrecht.[1043] Der erste Teil dieser European Principles, der im Mai 1995 vorlegt werden konnte, beinhaltet die Modalitäten von Leistungserbringung und -störungen sowie allgemeine Regeln.[1044] Im Vordergrund stand dabei für die Kommissionsmitglieder die Formulierung von sachgemäßen und einheitlichen europäischen Grundsätzen zum allgemeinen Vertragsrecht. Infolgedessen wählte man für die Darstellung der Principles eine kodifikationsähnliche Form.[1045] Eine weitere Zielsetzung der Verfasser war, den Principles ein hohes Maß an Flexibilität zu geben, um auch auf zukünftige Entwicklungen im Bereich des europäischen Vertragsrechts reagieren zu können. Die Schaffung eines vollständigen verbindlichen Regelwerks war von der Lando-Kommission hingegen zu keinem Zeitpunkt auch nur geplant oder beabsichtigt.[1046]

2. Gegenstand der European Principles

Der bisher veröffentlichte erste Teil der European Principles befaßt sich mit zwei grundlegenden Gebieten des allgemeinen Vertragsrechts, der Erfüllung und der Nichterfüllung von Verträgen. Andere Bereiche wie beispielsweise der

---

1041 Vgl. *Unidroit*, Introduction, S. VI; *Lando/Beale*, Introduction, S. XVII sowie Art. 1.101 Abs. 1; *Boele-Woelki*, ULR/RDU 1996, S. 652, 656 f. Ausführlich zum Modellgesetz *Micheals*, RabelsZ 62 (1998), S. 580, 588 ff.

1042 Die *Commission on European Contract Law* ist eine Vereinigung von knapp 20 Rechtswissenschaftlern aus allen Mitgliedstaaten der Europäischen Gemeinschaft. Sie hat sich auf private Initiative konstituiert und finanziert sich auch vorwiegend privat. Seitdem die Europäische Kommission 1995 ihre finanzielle Unterstützung eingestellt hat, fördert das Europäische Parlament die Arbeiten. Ausführlich *Tilmann*, ZEuP 1995, S. 534, 542 f.

1043 Zum Programm *Lando*, AJCL 31 (1983), S. 653 ff.; *ders./Beale*, Introduction, S. XVII ff.

1044 *Lando/Beale*. Die deutsche Übersetzung des Textes von *Drobnig/Zimmermann* ist, allerdings ohne Anmerkungen, abgedruckt in ZEuP 1995, S. 864 ff. sowie IPRax 1997, S. 205 ff. Allgemein dazu *Lando*, in Towards a European Civil Code (1998), S. 333 ff.

1045 Vgl. *Drobnig* in FS Steindorff (1990), S. 1141, 1150; *Lando*, AJCL 40 (1992), S. 573, 579 = RabelsZ 56 (1992), S 261, 267.

1046 Siehe *Lando/Beale*, Introduction, S. XXI; *Zimmermann*, ZEuP 1995, S. 731, 732; *Lando*, in Gemeinsames Privatrecht, S. 473, 479.

Vertragsschluß selbst, die Wirksamkeit von Verträgen und die Stellvertretung sind demgegenüber noch nicht behandelt. Diese Themen des allgemeinen Vertragsrechts sind jedoch Gegenstand eines zweiten Teils der Principles, mit deren Ausarbeitung die Lando-Kommission sich derzeit beschäftigt.[1047]

Die veröffentlichten 59 Artikel der European Principles sind in vier Kapitel untergliedert. Das erste enthält Allgemeine Bestimmungen (*General Provisions*). Diesem folgen im zweiten Kapitel die Bedingungen des Vertrages und seiner Erfüllung (*Terms and Performance of the Contract*). In den Kapiteln drei und vier ist schließlich der Schwerpunkt, der Bereich der Leistungsstörungen, geregelt. Hier sind neben der Nichterfüllung des Vertrages die allgemeinen (*Non-Performance and Remedies in General*) und die besonderen Rechtsbehelfe (*Particular Remedies for Non-Performance*) dargestellt.[1048]

3. Inhaltlicher Abriß

Im Mittelpunkt der European Principles steht das Recht der Leistungsstörungen. Anders als das BGB, das zwischen den verschiedenen Varianten der Leistungsstörungen unterscheidet, bauen die European Principles auf der Konzeption der einheitlichen Vertragsverletzung auf.[1049] Diese umfaßt die Unmöglichkeit, den Verzug sowie die pFV und die Mängelgewährleistung. Liegt eine dieser Verletzungen vor, stehen der betroffenen Vertragspartei grundsätzlich alle Rechtsbehelfe kumulativ zur Verfügung. Sie kann also weiterhin Erfüllung verlangen, ihre Leistung zurückbehalten, den Vertrag aufheben oder mindern sowie einen Schadensersatzanspruch geltend machen. Eingeschränkt ist dieser Grundsatz lediglich dadurch, daß sich die Rechtsbehelfe bereits gegenseitig ausschließen.[1050] Auf ein Vertretenmüssen des Schuldners kommt es nicht an. Allerdings ist seine Haftung - in Anlehnung an das UN-Kaufrecht - begrenzt auf die in seinem Einflußbereich liegenden Hinderungsgründe, die er bei Vertragsschluß in Betracht ziehen mußte.[1051]

[1047] Siehe zu weiteren Arbeitsgebieten *Tilmann*, ZEuP 1995, S. 534, 535 f.

[1048] Vgl. generell zu den European Principles *Lando/Beale* sowie die Zusammenfassung von *Hartkamp*, in Towards a European Civil Code (1998), S. 105, 116 ff. - Zur *Non-Performance* ausführlich *Lando*, in Towards a European Civil Code (1998), S. 333, 335 ff.

[1049] Die European Principles sind mit dieser Konzeption innerhalb der europäischen Rechtsordnungen nicht ohne Vorbild. So gehen die romanischen Rechtsordnungen wie beispielsweise der französische *code civil*, das englische *Common Law* und die nordischen Rechte ebenfalls vom einheitlichen Begriff der Nichterfüllung aus. Auch die internationalen Kaufrechte, das Haager Kaufrecht und das UN-Kaufrecht, zeichnen sich dadurch aus. Schließlich basieren das *Nieuw Burgerlijk Wetboek* der Niederlande und der ausführlich in oben Kapitel 4 behandelte Entwurf der deutschen Schuldrechtskommission auf der einheitlichen Pflichtverletzung. Vgl. dazu *Zimmermann*, JZ 1995, S. 477, 480 f.

[1050] Siehe *Zimmermann*, JZ 1995, S. 477, 485 f.

[1051] Vgl. ausführlich *Drobnig*, in Dubrovnik Lectures, S. 305, 318 f.

Indem die Lando-Kommission dem Gläubiger als Rechtsbehelf auch den generellen Erfüllungsanspruch zugesteht, hat sie sich für die kontinental-europäische Rechtstradition entschieden und damit dem *Common Law*, das die *specific performance* nur in Ausnahmefällen gewährt, eine Absage erteilt.[1052] Damit ist den European Principles im Gegensatz zu den internationalen Kaufrechtsübereinkommen erstmals gelungen, für den Erfüllungsanspruch eine einheitliche Regelung zwischen den beiden europäischen Rechtskreisen zu normieren.[1053] Bei genauer Betrachtung stellt jedoch auch diese Lösung lediglich einen Kompromiß dar.[1054] Denn auch nach den European Principles entfällt der grundsätzlich zwar bestehende Erfüllungsanspruch des Gläubigers in einer Reihe von Ausnahmefällen, so bei rechtswidriger bzw. unmöglicher Leistungserbringung sowie dann, wenn die Kosten oder Anstrengungen für den Schuldner unverhältnismäßig hoch wären. Letztlich handelt es sich damit auch um eine Kompromißlösung zwischen den divergierenden Vorstellungen der kontinental-europäischen und anglo-amerikanischen Rechtskreise.

II. Principles of International Commercial Contracts

1. Das Internationale Institut für die Vereinheitlichung des Privatrechts

Anders als die Lando-Kommission weist das bereits in den zwanziger Jahren gegründete Internationale Institut für die Vereinheitlichung des Privatrechts (Unidroit)[1055] nicht nur europäische Mitgliedstaaten auf. Viele der Mitglieder wie die USA, Rußland, China und lateinamerikanische Staaten liegen außerhalb der Grenzen Europas, so daß man von einer globalen Zusammenarbeit sprechen kann. Besonders hervorzuheben unter den zahlreichen Arbeiten der aus Wissenschaftlern zusammengesetzten Unidroit-Arbeitsgruppen sind die Vorarbeiten für rechtsvereinheitlichende Staatsverträge sowie im Bereich der Rechtsvereinheitlichung die umfassenden Vorarbeiten zu den Haager Kaufrechtsübereinkommen[1056]. Seit Anfang der siebziger Jahre beschäftigt sich das Institut schließlich mit der Ausarbei-

---

[1052] Siehe *Drobnig*, in Dubrovnik Lectures, S. 305, 319 ff. sowie zu unterschiedlichen Regelungen innerhalb der Rechtskreise *Lando*, AJCL 40 (1992), S. 573, 582 f. = RabelsZ 56 (1992), S. 261, 270 f.

[1053] Das UN-Kaufrecht erklärt in Art. 28 den Erfüllungsanspruch für nicht durchsetzbar, wenn das angerufene Gericht nach seinem nationalen Recht bei Kaufverträgen keine Erfüllung in Natur gewährt. Dazu mit weiteren Beispielen *Zimmermann*, ZEuP 1995, S. 731, 733.

[1054] Siehe ausführlich *Zimmermann*, JZ 1995, S. 477, 480; *Drobnig* in FS Steindorff (1990), S. 1141, 1153; *Kirchner*, in Europäisches Vertragsrecht, S. 103, 127.

[1055] Das Institut war 1926 zu dem alleinigen Zweck gegründet worden, die schrittweise Umsetzung eines privatrechtlichen Einheitsgesetzes vorzubereiten (Art. 2 des ursprünglichen Statuts von 1926). Erst später traten rechtsvergleichende Studien im Privatrecht hinzu (Art. 1 (2), lit. c des Statuts von 1940). Allgemein dazu *Bonell*, RabelsZ 56 (1992), S. 274 ff.; *Fontaine*, Rev.dr.int.comp. 1991, S. 25, 26.

[1056] Vgl. oben Kapitel 6, A., I. und II.

tung allgemeiner Grundregeln für internationale Handelsverträge zur Vereinheitlichung des Vertragsrechts.

Nur wenige Monate vor den European Principles hat eine bereits im Jahr 1980 eingesetzte Unidroit-Arbeitsgruppe Ende 1994 die *Principles of International Commercial Contracts* veröffentlicht.[1057] Obgleich diese mit den European Principles beinahe identische Rechtsgebiete behandeln und sich dabei die Form der Darstellung und die inhaltlichen Lösungen der einzelnen Grundsätze stark ähneln,[1058] sind beide Werke doch keineswegs identisch.[1059] Denn während die Lando-Kommission sich räumlich auf das europäische Vertragsrecht beschränkt, beansprucht die Unidroit-Arbeitsgruppe bedingt durch die internationale Zusammensetzung für ihre Principles weltweite Geltung.[1060] Zudem sind die International Principles in sachlicher Hinsicht auf internationale Handelsverträge beschränkt, wohingegen die European Principles umfassend und uneingeschränkt gelten.[1061] Während letztere sowohl die Nichthandelsverträge als auch die rein nationalen Verträge regeln, ist die Anwendung der International Principles in zweierlei Hinsicht eingeschränkt. Zum einen ist notwendig, daß an dem Rechtsgeschäft mindestens zwei verschiedene Staaten beteiligt sind, da die Verfasser nur den Problemfall des grenzüberschreitenden Vertrages erfassen und nicht alle nationalen Vorschriften vereinheitlichen wollten. Zum anderen ist durch die Beschränkung auf Handelsverträge der Verbrauchervertrag aus dem Anwendungsbereich ausgeschlossen.[1062] Damit soll vermieden werden, daß der besondere nationale Schutz des Verbrauchers unterlaufen wird.[1063] Schließlich erfassen die International Principles das gesamte Vertrags-

---

[1057] *Unidroit*, Principles of International Commercial Contracts; besprochen von *Karollus*, RabelsZ 61 (1997), S. 582 ff. Die deutsche Übersetzung des Textes ohne Anmerkungen ist abgedruckt in ZEuP 1997, S. 890 ff. sowie IPRax 1997, S. 205 ff. Umfassende Darstellung bei *Bonell*, International Restatement (1997); *Berger*, ZVglRWiss 94 (1995), S. 217 ff.

[1058] Nach *Zimmermann* (ZEuP 1995, S. 731, 733) sind sie in Terminologie, Stil, Aufbau sowie in Grundprinzipien und individuellen Rechtsregeln intensiv aufeinander abgestimmt. Siehe auch *Hartkamp*, in Towards a European Civil Code (1998), S. 105, 119 f.

[1059] Umfassende Gegenüberstellungen der International und European Principles finden sich bei *Hartkamp*, ERPL 1994, S. 341 ff.; *Bonell*, ULR/RDU 1996, S. 229 ff. und *Zimmermann*, JZ 1995, S. 477 ff.

[1060] Siehe *Zimmermann*, JZ 1995, S. 477, 480; *Bonell*, RabelsZ 56 (1992), S. 274, 277; *Lando* in Liber Memorialis Laurent (1989), S. 555, 562 ff.

[1061] Siehe zu den International Principles S. 1 der Präambel; *Bonell*, RabelsZ 56 (1992), S. 274, 279 f.; zu den European Principles *Hartkamp*, in Towards a European Civil Code (1998), S. 105, 119. *Michaels*, RabelsZ 62 (1998), S. 580, 582.

[1062] Mit dem Begriff des Handelsvertrages ist also gerade nicht die Unterscheidung gemeint, die verschiedene Rechtsordnungen - wie auch das deutsche Recht - zwischen bürgerlichen und kaufmännischen Parteien oder Rechtsgeschäften treffen.

[1063] Siehe *Bonell*, RabelsZ 56 (1992), S. 274, 280; *Hartkamp*, in Towards a European Civil Code (1998), S. 105, 112.

recht, während die European Principles davon - zumindest bisher - nur einen kleinen Teilbereich behandeln.[1064]

2. Gegenstand der International Principles

Die International Principles behandeln das gesamte allgemeine Vertragsrecht für internationale Wirtschaftsverträge, indem sie umfassend den Vertragsabschluß, dessen Gültigkeit, die Pflichten der Parteien und die Leistungsstörungen regeln. Um dem angestrebten Ziel weltweiter Geltung gerecht zu werden, orientierte sich die Unidroit-Arbeitsgruppe - neben der engen Zusammenarbeit mit der Lando-Kommisson - dabei zum einen an nationalen Kodifikationen jüngeren Datums wie dem US-amerikanischen UCC und dem neuen Zivilgesetzbuch der Niederlande.[1065] Zum anderen hatte das UN-Kaufrecht einen großen Einfluß auf die Ausarbeitung, wie anhand der Verweise in den Erläuterungen der einzelnen Artikel zu sehen ist.[1066] Allerdings erfassen die International Principles im Unterschied zum UN-Kaufrecht nicht nur Kaufverträge, sondern alle Verträge des Wirtschaftsverkehrs (*commercial contracts*). Überdies werden in den Principles zumindest teilweise die Gültigkeit von Verträgen sowie die Allgemeinen Geschäftsbedingungen behandelt.[1067]

Die 119 Artikel der International Principles unterteilen sich in sieben Kapitel. Nach den Allgemeinen Bestimmungen (*General Provisions*) im ersten Kapitel regelt das zweite den Vertragsschluß (*Formation*). Während Kapitel drei die Gültigkeit des Vertrages (*Validity*) behandelt, beschäftigt sich Kapitel vier mit der Erklärungs- und Vertragsauslegung (*Interpretation*). Das nachfolgende fünfte Kapitel befaßt sich mit dem Vertragsinhalt (*Content*). Kapitel sechs regelt schließlich die Erfüllung (*Performance*) und Kapitel sieben die Nichterfüllung (*Non-Performance*) des Vertrages sowie die verschiedenen Rechtsbehelfe.

[1064] Dabei regeln die European Principles aber im Gegensatz zu den International Principles den Vertrag zugunsten Dritter sowie den Gläubigerverzug. Auch die Folgen der Vertragsaufhebung sind weitaus detaillierter behandelt.

[1065] Die enge Zusammenarbeit zwischen beiden Projekt-Gruppen wurde dadurch gefördert, daß einige der Mitglieder beiden Gremien angehörten, vgl. *Zimmermann*, JZ 1995, S. 477, 480 sowie *Bonell*, ULR/RDU 1996, S. 229, 233.

[1066] Näheres zum Verhältnis UN-Kaufrecht und UNIDROIT-Principles *Bonell*, ULR/RDU 1996, S. 26, 30; *ders.*, International Restatement (1997), S. 61 ff. - Auf Bezugnahmen zu nationalen Rechtsordnungen hat die Unidroit-Arbeitsgruppe bewußt verzichtet, um nicht die Akzeptanz in den Ländern anderer Rechtskreise zu gefährden. Zudem wollte man so einer nationalen Auslegung der Artikel vorbeugen (*Unidroit*, Introduction, S. VIII).

[1067] Bedauerlicherweise nicht geregelt sind die Rechts- und Geschäftsfähigkeit, die Gesetz- und Sittenwidrigkeit sowie die Vertretungsmacht. - Siehe für einen Vergleich beider Regelwerke *Karollus*, RabelsZ 61 (1997), S. 582, 584 ff.; *Hartkamp*, in Towards a European Civil Code (1998), S. 105, 112 ff.; *Bonell*, ULR/RDU 1996, S. 229, 235 ff.

3. Inhaltlicher Abriß

Wie bei allen Vertragsrechten - und den European Principles - steht auch bei den International Principles das Recht der Leistungsstörungen im Mittelpunkt. Dabei war einer der zugrunde liegenden Leitgedanken der Unidroit-Arbeitsgruppe, den Vertrag solange wie möglich aufrechtzuerhalten.[1068] Denn beide Parteien haben im internationalen Handel eine generelles Interesse daran, am ursprünglichen Vertrag festzuhalten.

Die Unidroit-Principles folgen für die Regelung des Leistungsstörungsrechts gleichfalls dem Konzept des UN-Kaufrechts, indem sie auf dem einheitlichen Begriff der Nichterfüllung aufbauen. Auf das Vertretenmüssen des Schuldners wird nicht abgestellt, jedoch ist diese Garantiehaftung bei allen Rechtsbehelfen - außer bei der Vertragsauflösung, die der Gläubiger uneingeschränkt geltend machen kann - dann eingeschränkt, wenn der Hinderungsgrund außerhalb seines Einflußbereiches liegt. An Rechtsbehelfen stehen dem Gläubiger neben der genannten Vertragsaufhebung bei wesentlichen Fällen der Nichterfüllung[1069] damit die Ansprüche auf Erfüllung einschließlich Nachbesserung, auf Schadensersatz sowie das Recht offen, seine Leistung zurückzubehalten. Darüber hinaus ist der generelle Erfüllungsanspruch in vereinzelten Fällen ausgeschlossen.[1070] Auf den Rechtsbehelf der Minderung hat die Unidroit-Arbeitsgruppe hingegen - anders als die European Principles und das UN-Kaufrecht - verzichtet.[1071] Die Wahl zwischen den verschiedenen Rechtsbehelfen obliegt dem Gläubiger, wobei diese wiederum soweit möglich auch kumulativ nebeneinander geltend gemacht werden können. Schließlich hat der vertragsbrüchige Schuldner die Möglichkeit, zur Abwendung sämtlicher Rechtsbehelfe nachzuerfüllen.

[1068] Dazu sowie zu weiteren Punkten *Bonell*, ZfRV 1996, S. 152, 154 f.; *Zimmermann*, JZ 1995, S. 477, 486 f. - Darüber hinaus betont *Bonell* (in Europäisches Vertragsrecht, S. 9, 12 ff.) das Anliegen der Vertragsparteien, aus Zeit- und Kostengründen etwaige Rechtsmittel ohne gerichtliches Eingreifen durchsetzen zu können.

[1069] Der nicht abschließende Punktekatalog der International Principles trägt insbesondere den Schuldnerinteressen an der Aufrechterhaltung des Vertrages Rechnung. So soll eine sachgerechte Abwägung zwischen den beteiligten Interessen stattfinden. Auch kann eine nicht wesentliche Leistungsverzögerung durch Nachfristsetzung - wie bei den European Principles - zu einem Aufhebungsgrund aufgewertet werden. Vgl. *Karollus*, RabelsZ 61 (1997), S. 582, 590; *Zimmermann*, JZ 1995, S. 477, 484.

[1070] Wie bereits im UN-Kaufrecht ist der Erfüllungsanspruch als besonderer Rechtsbehelf konzipiert, jedoch fehlt eine Art. 28 UNKR entsprechende Vorbehaltsklausel. Hingegen sind die Grenzen des Erfüllungsanspruchs eigenständig festgelegt. Erwähnenswert - da für uns nicht geläufig - ist beispielsweise, daß der Anspruch bereits dann versagt wird, wenn der Gläubiger in zumutbarer Weise anderweitig Erfüllung erlangen kann. Zudem ist der Anspruch zeitlich dahingehend beschränkt, daß er nur innerhalb einer Frist geltend gemacht werden kann. Siehe ausführlich dazu *Karollus*, RabelsZ 61 (1997), S. 582, 586, 589 f.

[1071] Vgl. *Hartkamp*, ERPL 1994, S. 341, 355.

III. Zukünftige Rolle der European und International Principles

Ungeachtet dessen, daß die European und die International Principles keine bindende Rechtskraft entfalten, stellt sich die Frage, welche Aufgaben und Zielsetzungen ihnen im zukünftigen Rechtsleben zukommen sollen bzw. können. Denn daß die European oder die International Principles in ihrer momentanen Gestalt zu einer verbindlichen Vertragskodifikation erhoben werden könnten, daran vermag zum heutigen Zeitpunkt noch niemand zu denken.[1072]

Da beide Principles lediglich unverbindlich sind, kommen sie allein durch ihre eigene Überzeugungskraft zur Anwendung.[1073] Diese Konstellation war von den Verfassern jedoch von Anbeginn auch beabsichtigt. So war beispielsweise die Arbeit der Lando-Kommission auf die Zusammenstellung der Regeln gerichtet, die den gemeinsamen Nenner der nationalen Vertragsrechte innerhalb der Europäischen Gemeinschaft bildeten,[1074]und damit auf die Schaffung einer wissenschaftlichen Grundlage zum „(Wieder-)Entstehen einer gemein-europäischen Rechtskultur"[1075]. Die International Principles berücksichtigen wegen ihrer global wirtschaftlichen Ausrichtung demgegenüber in stärkerem Maße die Bedürfnisse der internationalen Wirtschaftspraxis. Sie gehen näher auf die politischen Aspekte ein, die den Welthandel nachhaltiger als den europäischen Binnenmarkt beeinflussen.[1076]

Dennoch darf man die Bedeutung, die den Principles in der Praxis zukommt, keinesfalls unterschätzen.[1077] So zeichnen sich beide Werke durch hohe Flexibilität und Abstraktion aus, also Attribute, die grundsätzlich bei der Bewertung von Kodifikationen eine wichtige Rolle spielen.[1078] Die Vertragsparteien können die Gesamtheit der Principles oder auch nur einzelne von diesen für die Abfassung ihres Vertrages auswählen. Insbesondere für den grenzüberschreitenden Handel inner-

---

[1072] Siehe *Bonell*, ZfRV 1996, S. 152, 155; *Lando* in Liber Memorialis Laurent (1989), S. 555, 560 ff.; *Hartkamp,* in Towards a European Civil Code (1998), S. 105, 109; *Hondius*, in Towards a European Civil Code (1998), S. 3, 19. Weiterführend *Michaels*, RabelsZ 62 (1998), S. 580, 592 ff. sowie *Boele-Woelki*, IPRax 1997, S. 161, 162 ff.

[1073] Vgl. zu den European Principles *Lando*, in Gemeinsames Privatrecht, S. 473, 477; *Drobnig* in FS Steindorff (1990), S. 1141, 1151; zu den International Principles *Bonell*, AJCL 40 (1992), S. 617, 625; *ders.*, ULR/RDU 1996, S. 229, 244; *Berger*, ZVglRWiss 94 (1995), S. 217, 219.

[1074] Siehe dazu *Drobnig* in FS Steindorff (1990), S. 1141, 1151; ferner *Lando*, AJCL 40 (1992), S. 573, 577 = RabelsZ 56 (1992), S 261, 265.

[1075] So *Zimmermann*, ZEuP 1995, S. 731, 732.

[1076] Vgl. *Bonell*, RabelsZ 56 (1992), S. 274, 281 f.; *Hartkamp*, ERPL 1994, S. 341, 357.

[1077] Vgl. grundsätzlich zu den European Principles *Lando/Beale*, Introduction, S. XVII ff.; *Zimmermann*, JZ 1995, S. 477, 478; *Lando*, in Gemeinsames Privatrecht, S. 473, 479 ff.; zu den International Principles *Unidroit*, Introduction, S. VIII; *Bonell*, RabelsZ 56 (1992), S. 274, 282 ff.; *Hartkamp*, in Towards a European Civil Code (1998), S. 105, 107 ff. Allgemein *Boele-Woelki*, IPRax 1997, S. 161, 163.

[1078] So *Zimmermann*, JZ 1995, S. 477, 491.

halb Europas stellen die Principles eine große Erleichterung dar, da sie im Gegensatz zu den erheblich divergierenden nationalen Rechten neutrale und vereinheitlichte Regeln zur Verfügung stellen.[1079] Ein weiterer Vorteil ist, daß sie über eine einheitliche Rechtsterminologie verfügen. Zudem werden die Vertragsparteien schon durch die Regelung einer Rechtsfrage in den Principles auf möglicherweise klärungsbedürftige Punkte hingewiesen, die anderenfalls unter Umständen keine oder zumindest weniger Beachtung gefunden hätten.[1080] Und schließlich nehmen die Principles innerhalb Europas eine wichtige Vermittlerrolle zwischen den Rechten des kontinental-europäischen *Civil Law* einerseits und dem *Common Law* andererseits ein.[1081]

Auch kommt den Principles in der nationalen Gesetzgebung der europäischen Mitgliedstaaten und der internationalen Gesetzgebung auf dem Gebiet des Vertragsrechts eine Art Vorbildfunktion zu. So bieten sie einem Staat, der entweder kein ausreichend entwickeltes Vertragsrecht besitzt oder auch nur angleichende Maßnahmen beabsichtigt, eine allgemeine wissenschaftliche Grundlage zur Lösung seiner Probleme.[1082] Schließlich liegt ein besonderer Nutzen der Principles darin, daß sie von Richtern bzw. Schiedsrichtern zur Auslegung und Ergänzung internationaler Übereinkommen herangezogen werden können.[1083] Insbesondere für den Europäischen Gerichtshof bieten sie wegen ihrer einheitlichen Terminologie eine Orientierungshilfe bei der Konkretisierung und Auslegung von unklaren Rechtsbegriffen.[1084] So waren im Jahre 1997 bereits 25 Schiedsgerichtsentscheidungen zu verzeichnen, in denen die International Principles zur Anwendung gekommen sind.[1085]

Da die in den Principles festgelegten Grundsätze nach Ansicht ihrer beider Verfassergruppen am besten dazu geeignet erscheinen, eine umfassende und für alle akzeptable Rechtseinheit zu fördern, kann man sie als eine Art *ius commune* bezeich-

---

1079 Vgl. *Bonell*, AJCL 40 (1992), S. 617, 628; *Lando*, AJCL 40 (1992), S. 573, 577 = RabelsZ 56 (1992), S. 261, 265. Ebenso *Wichard*, RabelsZ 60 (1996), S. 269, 273; *Heiss*, ZfRV 1995, S. 54, 56 f.; *Boele-Woelki*, ULR/RDU 1996, S. 652, 660 ff.

1080 Siehe *Bonell*, ZfRV 1996, S. 152, 156; *ders.*, International Restatement (1997), S. 177 ff.

1081 Vgl. zu den European Principles *Lando/Beale*, Introduction, S. XVI f.; zu den International Principles *Fontaine*, Rev.dr.int.comp. 1991, S. 25, 38 f.

1082 Zu den European Principles *Lando*, AJCL 40 (1992), S. 573, 577 = RabelsZ 56 (1992), S. 261, 265 f.; zu den International Principles *Hartkamp*, in Towards a European Civil Code (1998), S. 105, 110; *Bonell*, ZfRV 1996, S. 152, 156.

1083 Vgl. zu den International Principles *Bonell*, RabelsZ 56 (1992), S. 274, 285; *ders.*, ZfRV 1996, S. 152, 156; *Wichard*, RabelsZ 60 (1996), S. 269, 290 ff.; *Ferrari*, JZ 1998, S. 9, 17; zu den European Principles *Lando*, AJCL 40 (1992), S. 573, 577 f. = RabelsZ 56 (1992), S. 261, 266. Ferner *Boele-Woelki*, ULR/RDU 1996, S. 652, 670 ff.

1084 Siehe *Drobnig* in FS Steindorff (1990), S. 1141, 1152.

1085 So *Bonell*, ULR/RDU 1997, S. 34, 39 ff.; *ders.*, International Restatement (1997), S. 240 ff.

nen. Beide Werke konkretisieren eine moderne *lex mercatoria.*[1086] Die festgeschriebenen inhaltlichen Lösungen sind der Beweis dafür, daß für das allgemeine Vertragsrecht ein überzeugender Kompromiß zwischen den verschiedenen Rechtssystemen auf europäischer und internationaler Ebene möglich ist.[1087]

Doch trotz dieser zahlreichen Aspekte läßt sich die eingangs aufgeworfene Frage nach der zukünftigen Rolle der European und International Principles zum heutigen Zeitpunkt noch nicht abschließend beantworten. Es bleibt abzuwarten, in welchem Maße die Principles in der Praxis bei grenzüberschreitenden Verträgen zur Anwendung kommen - sei es durch direkte Aufnahme in den Vertrag, sei es durch Verweisung in einer Schiedsklausel.[1088] Mit der unmittelbaren Umsetzung der Principles ist jedoch insbesondere wegen deren fehlender Verbindlichkeit nur in Einzelfällen zu rechnen.[1089] Vielmehr erscheint es wahrscheinlich, daß den beiden Vertragswerken bei der Formulierung von gemeinschaftsrechtlichem Vertragsrecht in der nächsten Zeit eine lenkende Funktion zukommen wird.

D. Zusammenfassung

Mit den von der Unidroit-Arbeitsgruppe Ende 1994 und von der Lando-Kommission Mitte 1995 vorgelegten Principles sind erstmals im Bereich der Europäischen Gemeinschaft konkrete Umrisse für eine europäische Vertragsrechtskodifikation sichtbar geworden.[1090] Obgleich deren Umsetzung als europäisches Gesetzesrecht für innergemeinschaftliche Käufe wenig wahrscheinlich ist, so vermitteln die von Wissenschaftlern durch Rechtsvergleichung erarbeiteten Grundregeln, daß ein einheitliches Vertragsrecht in Europa zumindest denkbar ist. Und dies, obzwar die materiellrechtlichen Unterschiede zwischen dem *Civil* und dem *Common Law* beträchtlich sind. Die Forderung des Europäischen Parlamentes nach Vorbereitungsarbeiten für ein einheitliches Europäisches Zivilgesetzbuch erscheint damit nicht mehr so realitätsfremd, wie man zunächst glauben konnte.

[1086] Dazu *Blaurock*, ZEuP 1993, S. 247 ff.; *Michaels*, RabelsZ 62 (1998), S. 580, 601 ff. sowie *Remien*, RabelsZ 56 (1992), S. 300, 302 ff. - Ausführlich zu den European Principles als *lex mercatoria Lando*, in Gemeinsames Privatrecht, S. 473, 481 ff.; zu den International Principles *Bonell*, in Europäisches Vertragsrecht, S. 9, 17 ff.; *ders.*, ZfRV 1996, S. 152 ff.; *Hartkamp*, in Towards a European Civil Code (1998), S. 105, 110 f.; *Berger*, ZVglRWiss 94 (1995), S. 217, 224 ff.

[1087] So auch die Zielsetzung der Verfasser der International Principles *Unidroit*, Introduction, S. VII. Vgl. dazu *Hartkamp*, in Towards a European Civil Code (1998), S. 105, 111. Kritisch dazu *Sandrock*, JZ 1996, S. 1, 8 f.

[1088] Zu Ergebnissen nach zwei Jahren UNIDROIT-Principles siehe *Bonell*, ULR/RDU 1997, S. 34 ff.

[1089] Ebenso zu Recht *Tilmann*, ZEuP 1995, S. 534, 537. - Zu den neuen Arbeiten der Verfasser der UNIDROIT-Principles *Bonell*, ULR/RDU 1998, S. 275 ff.

[1090] So *Lando/Beale*, Introduction, S. XVII; *Zimmermann*, ZEuP 1995, S. 731, 732, 734.

Anhand der beiden Werke können nunmehr sowohl die Entscheidungsträger als auch die Bürger des europäischen Binnenmarktes sich daran gewöhnen, daß auch der Bereich der Zivilgesetzgebung zukünftig durch die Idee der Rechtsvereinheitlichung geprägt sein wird. Die Geschwindigkeit, mit der diese Entwicklung fortschreitet, sowie deren Tiefgang sind jedoch in starkem Maße auch von den Organen der Europäischen Gemeinschaft abhängig, die diese zu bremsen oder zu beschleunigen vermögen. Den ersten begrüßenswerten Schritt durch Rechtsangleichung stellt diesbezüglich sicherlich die Richtlinie zu bestimmten Aspekten des Verbrauchsgüterkaufs und der Garantien für Verbrauchsgüter dar. Diese bisher wichtigste Verbraucherrechtsrichtlinie, die am 7. Juli 1999 in Kraft getreten ist, erfaßt mit ihrem Regelungsbereich erstmals eines der Kernstücke des Zivilrechts, das Kaufgewährleistungsrecht.

Zudem stellen die Principles als abstrakte, kodifikationsähnliche Ausarbeitungen einen gesamteuropäischen Ansatz dar, der sich unter Wahrung der europäischen Rechtstradition neben der Europäischen Gemeinschaft auch an die nationalen Gesetzgeber richtet. Dabei sind insbesondere die Reformvorschläge der deutschen Schuldrechtskommission[1091] anzuführen. Auch die bedauerlicherweise bisher noch nicht breit geführte Diskussion um die bereits im Jahre 1992 veröffentlichten Reformvorschläge zum Leistungsstörungs- und Gewährleistungsrecht könnte mit Hilfe der Principles einen Anschub erfahren.

Es bleibt zu hoffen, daß nunmehr verstärkt Anstrengungen mit hoher Intensität auf der Ebene des Gemeinschaftsrechts unternommen werden, insbesondere seitens der Mitgliedstaaten im Hinblick auf die Umsetzungsverpflichtung der Richtlinie über den Verbrauchsgüterkauf bis zum 1. Januar 2002. Was darüber hinaus die weitere Zukunft der europäischen Rechtsentwicklung anbelangt, so ist zumindest zum momentanen Zeitpunkt festzuhalten, daß die Diskussion um die Rechtsangleichung bzw. -vereinheitlichung in Gang gekommen ist. Der Schlußpunkt dieser Entwicklung ist bei weitem noch nicht abzusehen.

[1091] Vgl. dazu oben Kapitel 4.

Literaturverzeichnis

Ahrens, Martin — Unmöglichkeit, Leistungsstörung, Pflichtverletzung. Eine Teilkritik am Entwurf der Komission zur Überarbeitung des Schuldrechts
ZRP 1995, S. 417 ff.

Amann, Hermann — Schuldrechtsreform und notarielle Vertragsgestaltung
Sonderheft DNotZ 1993, S. 83 ff.

Amtenbrink, Fabian/ **Schneider**, Claudia — Die europaweite Vereinheitlichung von Verbrauchsgüterkauf und -garantien
VuR 1996, S. 367 ff.

Amtenbrink, Fabian/ **Schneider**, Claudia — Europäische Vorgaben für ein neues Kaufrecht und deutsche Schuldrechtsreform
VuR 1999, S. 293 ff.

Armbrüster, Christian — Ein Schuldvertragsrecht für Europa ? Bemerkungen zur Privatrechtsangleichung in der Europäischen Union nach „Maastricht" und „Keck"
RabelsZ 60 (1996) S. 72 ff.

Aue, Joachim — Mängelgewährleistung im UN-Kaufrecht unter besonderer Berücksichtigung stillschweigender Zusicherungen
Frankfurt a.M., Bern, New York 1989 (Diss. Heidelberg 1988)
zit.: *Aue*, Seite

Ballerstedt, Kurt — Zur Lehre vom Gattungskauf
in: Dietz, Rolf, u.a. (Hrsg.), Festschrift für Hans Carl Nipperdey zum 60. Geburtstag, München, Berlin 1955, S. 261 ff.
zit.: *Ballerstedt* in FS Nipperdey (1955), Seite

Bangemann, Martin — Rechtsangleichung in der Europäischen Union
ZEuP 1994, S. 377 ff.

Bartels, Hans-Joachim/ **Motomura**, Hiroshi — Haftungsprinzip, Haftungsbefreiung und Vertragsbeendigung beim internationalen Kauf. Vergleichende Analyse des internationalen Einheitsrechts und nationaler Sonderrechte
RabelsZ 43 (1979), S. 649 ff.

Basedow, Jürgen — Die Reform des deutschen Kaufrechts. Rechtsvergleichendes Gutachten des Max-Planck-Instituts für ausländisches und internationales Privatrecht im Auftrag des Bundesminister der Justiz
Köln 1988
zit.: *Basedow*, Gutachten, Seite

Basedow, Jürgen — Europäisches Privatrecht: Das UN-Kaufrecht vor dem EuGH !
EuZW 1992, S. 489

Baumann, Horst — Grundlinien eines „beweglichen Systems" der Sachmängelhaftung beim Kauf. - Zugleich Überlegungen anläßlich der Pläne des Bundesjustizministeriums zur Überarbeitung des Schuldrechts -
AcP 187 (1987), S. 511 ff.

Baumbach, Adolf/ **Hopt**, Klaus J. — Handelsgesetzbuch mit GmbH&Co., Handelsklauseln, Bank- und Börsenrecht, Transportrecht ohne Seerecht
begr. von Baumbach, Adolf
29. Auflage, München 1995
zit.: Baumbach/*Hopt*, § HGB, Rn.

Beinert, Dieter — Wesentliche Vertragsverletzung und Rücktritt
Bielefeld 1979
zit.: *Beinert*, Seite

Berger, Klaus Peter — Die UNIDROIT-Prinzipien für Internationale Handelsverträge. Indiz für ein autonomes Weltwirtschaftsrecht?
ZVglRWiss 94 (1995), S. 217 ff.

Bianca, Cesare Massimo/ **Bonell**, Michael Joachim (Hrsg.) — Commentary on the International Sales Law. The 1980 Vienna Sales Convention
Milano 1987
zit.: Bianca/Bonell/(*Bearbeiter*), Art. UNKR, Bem.

Bitter, Walter/ **Bitter**, Georg — Wandlungsmöglichkeiten des professionellen Käufers und Nachlieferungsrecht des Verkäufers bei aliud-Lieferung. Eine Untersuchung zum deutschen und UN-Kaufrecht
BB 1993, S. 2315 ff.

Blaurock, Uwe — Culpa-Haftung und nachträgliche Unmöglichkeit
in: Schlechtriem, Peter/Leser, Hans G. (Hrsg.), Zum Deutschen und Internationalen Schuldrecht. Kolloquium aus Anlaß des 75. Geburtstages von Ernst von Caemmerer, Tübingen 1983, S. 51 ff.
zit.: *Blaurock* in Kolloquium v. Caemmerer (1983), Seite

Blaurock, Uwe — Europäisches Privatrecht
JZ 1994, S. 270 ff.

Blaurock, Uwe — Überregionales Recht des Internationalen Handels
ZEuP 1993, S. 247 ff.

Bleckmann, Albert — Europarecht. Das Recht der Europäischen Union und der Europäischen Gemeinschaften
6. Auflage, Köln, Berlin, Bonn, München 1997
zit.: *Bleckmann*, Europarecht, Rn.

Blomeyer, Arwed — Der „Anspruch" auf Wandlung oder Minderung
AcP 151 (1950/51), S. 97 ff.

Boele-Woelki, Katharina — Die Anwendung der UNIDROIT-*Principles* auf internationale Handelsverträge
IPRax 1997, S. 161 ff.

Boele-Woelki, Katharina — The Unidroit Principles of International Commercial Contracts and the Principles of European Contract Law: How to apply them to International Contracts
ULR/RDU 1996, S. 652 ff.

Bonell, Michael Joachim — An International Restatement of Contract Law: The Unidroit Principles of International Commercial Contracts
2. Auflage, Irvington, New York 1997
zit.: *Bonell*, International Restatement (1997), Seite

Bonell, Michael Joachim — Das UNIDROIT-Projekt für die Ausarbeitung von Regeln für internationale Handelsverträge
RabelsZ 56 (1992), S. 274 ff.

Bonell, Michael Joachim — Die UNIDROIT-Prinzipien der internationalen Handelsverträge: Eine neue Lex Mercatoria ?
ZfRV 1996, S. 152 ff.

Bonell, Michael Joachim — The UNIDROIT Principles - A Modern Approach to Contract Law
in: Weyers, Hans-Leo (Hrsg.), Europäisches Vertragsrecht, Baden-Baden 1997, S. 9 ff.
zit.: *Bonell*, in Europäisches Vertragsrecht, Seite

Bonell, Michael Joachim — The UNIDROIT Principles for International Commercial Contracts and CISG: Alternative or Complementary Instruments ?
ULR/RDU 1996, S. 26 ff.

Bonell, Michael Joachim — The UNIDROIT Principles for International Commercial Contracts and the Principles of European Contract Law: Similar Rules for the Same Purposes ?
ULR/RDU 1996, S. 229 ff.

Bonell, Michael Joachim — The UNIDROIT Principles in Practice: The Experience of the First Two Years
ULR/RDU 1997, S. 34 ff.

Bonell, Michael Joachim — The UNIDROIT Principles: What next ?
ULR/RDU 1998, S. 275 ff.

Bonell, Michael Joachim — Unification of Law by Non-Legislative Means: The UNIDROIT Draft Principles for International Commercial Contracts
AJCL 40 (1992), S. 617 ff.

Bracker, Jacobus
Grundfragen der Rechtsetzung im Europäischen Privatrecht
in: Paschke, Marian/Iliopoulos, Constantin (Hrsg.), Europäisches Privatrecht: Ein Studienbuch zum Privatrecht der Europäischen Gemeinschaft, Hamburg 1998, S. 33 ff.
zit.: *Bracker*, in Europäisches Privatrecht, Seite

Brambring, Günter
Die Vorschläge der Schuldrechtskommission zur Reform des BGB
DNotZ 1992, S. 691 ff.

Brambring, Günter
Schuldrechtsreform und notarielle Vertragsgestaltung
Sonderheft DNotZ 1993, S. 77 ff.

Braun, Johann
Vom Beruf unserer Zeit zur Überarbeitung des Schuldrechts
JZ 1993, S. 1 ff.

Brönneke, Tobias
Verbraucherschutzgesetz - Systematisierung des Verbraucherrechts jetzt in Angriff nehmen !
VuR 1999, S. 3 f.

Brox, Hans
Allgemeines Schuldrecht
25. Auflage, München 1998
zit.: *Brox*, Allg. SchR, Rn.

Brox, Hans
Besonderes Schuldrecht
23. Auflage, München 1998
zit.: *Brox*, Bes. SchR, Rn.

Brüggemeier, Gert
Empfiehlt sich die von der Schuldrechtskommission vorgeschlagene Neuregelung des allgemeinen Leistungsstörungsrechts, der Mängelhaftung bei Kauf- und Werkvertrag und des Rechts der Verjährung ? Referat
in: Verhandlungen des 60. Deutschen Juristentages, Münster 1994, Band II/1, Sitzungsberichte - Referate und Beschlüsse, München 1994, S. K 47 ff.
zit.: *Brüggemeier*, Referat, Seite

Bundesminister der Justiz (Hrsg.)
Abschlußbericht der Kommission zur Überarbeitung des Schuldrechts
Köln 1992
zit.: Abschlußbericht, Seite

Bundesminister der Justiz (Hrsg.)
Gutachten und Vorschläge zur Überarbeitung des Schuldrechts, Band I
Köln 1981
zit.: *Autor*, Gutachten, Seite

Caemmerer, Ernst von
Die Haager Konferenz über die internationale Vereinheitlichung des Kaufrechts vom 2. bis 25. April 1964. Die Ergebnisse der Konferenz hinsichtlich der Vereinheitlichung des Rechts des Abschlusses von Kaufverträgen
RabelsZ 29 (1965), S. 101 ff.

Caemmerer, Ernst von
Die wesentliche Vertragsverletzung im internationalen Einheitlichen Kaufrecht
in: Horn, Norbert, u.a. (Hrsg.), Europäisches Rechtsdenken in Geschichte und Gegenwart. Festschrift für Helmut Coing zum 70. Geburtstag, Band II, München 1982, S. 33 ff.
zit.: *v. Caemmerer* in FS Coing II (1982), Seite

Caemmerer, Ernst von
Falschlieferung
in: ders., u.a. (Hrsg.), Festschrift für Martin Wolff. Beiträge zum Zivilrecht und internationalen Privatrecht, Tübingen 1952, S. 3 ff.
zit.: *v. Caemmerer* in FS Wolff (1952), Seite

Caemmerer, Ernst von
Internationale Vereinheitlichung des Kaufrechts
SJZ 77 (1981), S. 257 ff.

Caemmerer, Ernst von
„Mortuus redhibetur". Bemerkungen zu den Urteilen BGHZ 53, 144 und 57, 137
in: Paulus, Gotthard, u.a. (Hrsg.), Festschrift für Karl Larenz zum 70. Geburtstag, München 1973, S. 621 ff.
zit.: *v. Caemmerer* in FS Larenz (1973), Seite

Caemmerer, Ernst von
Probleme des Haager Einheitlichen Kaufrechts
AcP 178 (1978), S. 121 ff.

Caemmerer, Ernst von/ **Schlechtriem**, Peter (Hrsg.)
Kommentar zum Einheitlichen UN-Kaufrecht. Das Übereinkommen der Vereinten Nationen über Verträge über den internationalen Warenkauf, CISG-Kommentar 2. Auflage, München 1995
zit.: Schlechtriem/(*Bearbeiter*), Art. UNKR, Rn.

Detzer, Klaus/ **Thamm**, Manfred
Überblick über das neue UN-Kaufrecht
BB 1992, S. 2369 ff.

Deutscher Anwaltsverein
Stellungnahme des Zivilrechtsausschusses des Deutschen Anwaltsvereins e.V. zum Abschlußbericht der Kommission zur Überarbeitung des Schuldrechts, hrsg. vom Bundesministerium der Justiz im Jahre 1992
31/97, Bonn 1997
zit.: *DAV*, Stellungnahme, Seite

Deutscher Anwaltsverein
Ergänzende Stellungnahme des Zivilrechtsausschusses des Deutschen Anwaltsvereins e.V. zum Abschlußbericht der Kommission zur Überarbeitung des Schuldrechts, hrsg. vom Bundesministerium der Justiz im Jahre 1992, unter Berücksichtigung der Richtlinie 99/44/EG des Europäischen Parlaments und des Rates zu bestimmten Aspekten des Verbrauchsgüterkaufs und der Garantien für Verbrauchsgüter
12/99, Bonn 1999
zit.: *DAV*, Ergänzende Stellungnahme, Seite

Diederichsen, Uwe
„Schadensersatz wegen Nichterfüllung" und Ersatz von Mangelfolgeschäden
AcP 165 (1965), S. 150 ff.

Diederichsen, Uwe — Zur gesetzlichen Neuordnung des Schuldrechts
AcP 182 (1982), S. 101 ff.

Diedrich, Frank — Voraussetzungen einer Vertragsaufhebung wegen Sachmängeln nach dem Wiener Kaufrecht. Anmerkungen zu OLG Frankfurt a.M., Teilurteil vom 18.4.1994 - 5 U 15/93, RIW 1994, S. 240
RIW 1995, S. 11 ff.

Dilger, Konrad — Das Zustandekommen von Kaufverträgen nach internationalem Einheitsrecht und nationalem Sonderrecht
RabelsZ 45 (1981), S. 169 ff.

Dölle, Hans (Hrsg.) — Kommentar zum Einheitlichen Kaufrecht. Die Haager Kaufrechtsübereinkommen vom 1. Juli 1964
München 1976
zit.: Dölle/(*Bearbeiter*), Art. EKG, Rn.

Drobnig, Ulrich — Ein Vertragsrecht für Europa
in: Baur, Jürgen F., u.a. (Hrsg.), Festschrift für Ernst Steindorff zum 70. Geburtstag, Berlin, New York 1990, S. 1141 ff.
zit.: *Drobnig* in FS Steindorff (1990), Seite

Drobnig, Ulrich — General Principles of European Contract Law
in: Sarcevic, Petar/Volken, Paul (Hrsg.), International Sale of Goods, Dubrovnik Lectures, New York, London, Rom 1986, S. 305 ff.
zit.: *Drobnig*, in Dubrovnik Lectures, Seite

Emmerich, Volker — Das Recht der Leistungsstörungen
4. Auflage, München 1997
zit.: *Emmerich*, Seite

Emmerich, Volker — Verschulden bei Vertragsverhandlungen, positive Vertragsverletzung und Sachmängelhaftung beim Kauf
in: Martinek, Martin, u.a. (Hrsg.), Festschrift für Günther Jahr zum siebzigsten Geburtstag, Tübingen 1993, S. 267 ff.
zit.: *Emmerich* in FS Jahr (1993), Seite

Enderlein, Fritz/ **Maskow**, Dietrich/ — International Sales Law. United Nations Convention on Contracts for the International Sale of Goods. Convention on the Limitation Period in the International Sale of Goods
New York, London, Rom 1992
zit.: *Enderlein/Maskow*, Art. UNKR, Anm.

Engelhard, Hans A. — Zu den Aufgaben einer Kommission für die Überarbeitung des Schuldrechts
NJW 1984, S. 1201 ff.

Enneccerus, Ludwig/ **Lehmann**, Heinrich — Recht der Schuldverhältnisse
15. Auflage, Tübingen 1958
zit.: Enneccerus/*Lehmann*, §

Erman, Walter/ **Westermann**, Harm Peter (Hrsg.)
Handkommentar zum Bürgerlichen Gesetzbuch mit Einführungsgesetz, Verbraucherkreditgesetz, Gesetz zur Regelung der Miethöhe, Produkthaftungsgesetz, Haustürwiderrufsgesetz, AGB-Gesetz, Erbbaurechtsverordnung, Wohnungseigentumsgesetz, Schiffsrechtegesetz, Ehegesetz, Hausratsverordnung, Beurkundungsgesetz
1. Band (§§ 1–853 BGB)
9. Auflage, Münster 1993
zit.: Erman/(*Bearbeiter*), § BGB, Rn.

Ernst, Wolfgang
Kernfragen der Schuldrechtsreform
JZ 1994, S. 801 ff.

Ernst, Wolfgang
Rechtsmängelhaftung
Tübingen 1995
zit.: *Ernst*, Rechtsmängelhaftung, §, Seite

Ernst, Wolfgang
Zum Kommissionsentwurf für eine Schuldrechtsreform
NJW 1994, S. 2177 ff.

Ernst, Wolfgang
Zur Regelung des Versendungskaufs im Entwurf der Kommission zur Überarbeitung des Schuldrechts
ZIP 1993, S. 481 ff.

Esser, Josef/ **Schmidt**, Eike
Schuldrecht, Band I Allgemeiner Teil, Teilband 2
7. Auflage, Heidelberg 1993
zit.: *Esser/Schmidt*, Bd. I/2, §

Esser, Josef/ **Weyers**, Hans-Leo
Schuldrecht, Band II Besonderer Teil
7. Auflage, Heidelberg 1991
zit.: *Esser/Weyers*, Bd. II, §

Everling, Ulrich
Probleme der Rechtsangleichung zur Verwirklichung des Europäischen Binnenmarktes
in: Baur, Jürgen F., u.a. (Hrsg.), Festschrift für Ernst Steindorff zum 70. Geburtstag, Berlin, New York 1990, S. 1155 ff.
zit.: *Everling* in FS Steindorff (1990), Seite

Fabricius, Fritz
Schlechtlieferung und Falschlieferung beim Kauf
JuS 1964, S. 1 ff., 46 ff.

Farnsworth, Edward A.
Rights and Obligations of the Seller
in: Schweizerisches Institut für Rechtsvergleichung (Hrsg.), Wiener Übereinkommen von 1980 über den internationalen Warenkauf. Lausanner Kolloquium vom 19. und 20. November 1984, Zürich 1985, S. 83 ff.
zit.: *Farnsworth*, in Lausanner Kolloquium, Seite

Ferrari, Franco
Das Verhältnis zwischen den Unidroit-Grundsätzen und den allgemeinen Grundsätzen internationaler Einheitsprivatrechtskonventionen
JZ 1998, S. 9 ff.

Fikentscher, Wolfgang
Schuldrecht
9. Auflage, Berlin, New York 1997
zit.: *Fikentscher*, Rn.

Flessner, Axel
Befreiung vom Vertrag wegen Nichterfüllung
ZEuP 1997, S. 255 ff.

Flessner, Axel
Rechtsvereinheitlichung durch Rechtswissenschaft und Juristenausbildung
RabelsZ 56 (1992), S. 243 ff.

Flume, Werner
Gesetzesreform der Sachmängelhaftung beim Kauf? Zu dem Entwurf der Kommission zur Überarbeitung des Schuldrechts
AcP 193 (1993), S. 89 ff.

Flume, Werner
Zu dem Vorhaben der Neuregelung des Schuldrechts
ZIP 1994, S. 1497 ff.

Fontaine, Marcel
Les principes pour les contrats commerciaux internationaux élaborés par UNIDROIT
Rev.dr.int.comp. 1991, S. 25 ff.

Georges, Gesa
Kaufrecht und Garantie
in: Paschke, Marian/Iliopoulos, Constantin (Hrsg.), Europäisches Privatrecht: Ein Studienbuch zum Privatrecht der Europäischen Gemeinschaft, Hamburg 1998, S. 227 ff.
zit.: *Georges*, in Europäisches Privatrecht, Seite

Georgiades, Apostolos
Zu einem gemeineuropäischen Privatrecht - Illusion oder Realität ?
in: Tomuschat, Christian, u.a. (Hrsg.), Europäische Integration und nationale Rechtskulturen. Referate des 13. Symposiums der Alexander von Humboldt-Stiftung vom 19. bis 23. September 1993 in Bamberg; Köln, Berlin, Bonn, München 1995, S. 45 ff.
zit.: *Georgiades*, in Europäische Integration, Seite

Gillig, Franz-Peter
Nichterfüllung und Sachmängelgewährleistung
Tübingen 1984
zit.: *Gillig*, Seite

Glaß, Eberhard
Gefahrtragung und Haftung beim gesetzlichen Rücktritt
Berlin 1959 (Diss. Berlin 1957)
zit.: *Glaß*, Seite

Götz, Volkmar
Auf dem Weg zur Rechtseinheit in Europa ?
JZ 1994, S. 265 ff.

Götz, Volkmar
Sachmängelhaftung beim Kauf. Recht und Pflicht der Nachbesserung
Bielefeld 1960
zit.: *Götz*, Seite

Grabitz, Eberhard/
Hilf, Meinhard
(Hrsg.)
Kommentar zur Europäischen Union. Vertrag über die Europäische Union, Vertrag zur Gründung der Europäischen Gemeinschaft
München, Stand: 12. Ergänzungslieferung Mai 1998
zit.: Grabitz/(*Bearbeiter*), Art. EGV, Rn.

Griehsler, Gunther — Internationales Kaufrecht. Einführung in das Thema in: Hoyer, Hans/Posch, Willibald (Hrsg.), Das Einheitliche Wiener Kaufrecht, Wien 1992, S. 1 ff.
zit.: *Griehsler*, in Einheitliches Wiener Kaufrecht, Seite

Großfeld, Bernhard/ **Bilda**, Karen — Europäische Rechtsangleichung
ZfRV 1992, S. 421 ff.

Grundmann, Stefan — Europäisches Schuldvertragsrecht. Das europäische Recht der Unternehmensgeschäfte (nebst Texten und Materialien zur Rechtsangleichung), ZGR-Sonderheft 15
Berlin, New York 1999
zit.: *Grundmann*, ZGR-Sonderheft Europ. Schuldvertragsrecht, Seite

Grunsky, Wolfgang — Vorschläge zu einer Reform des Schuldrechts
AcP 182 (1982), S. 453 ff.

Haas, Lothar — Vorschläge zur Überarbeitung des Schuldrechts: Die Mängelhaftung bei Kauf- und Werkverträgen
NJW 1992, S. 2389 ff.

Hager, Günter — Der Gedanke der Solidarität in der Lehre vom Synallagma
in: Schlechtriem, Peter/Leser, Hans G. (Hrsg.), Zum Deutschen und Internationalen Schuldrecht. Kolloquium aus Anlaß des 75. Geburtstages von Ernst von Caemmerer, Tübingen 1983, S. 26 ff.
zit.: *Hager* in Kolloquium v. Caemmerer (1983), Seite

Hartkamp, Arthur — Principles of Contract Law
in: Hartkamp, Arthur, u.a. (Hrsg.), Towards a European Civil Code, 2. Auflage, Den Haag, London, New York 1998, S. 105 ff.
zit.: *Hartkamp*, in Towards a European Civil Code (1998), Seite

Hartkamp, Arthur — The UNIDROIT Principles for International Commercial Contracts and the Principles of European Contract Law
ERPL 1994, S. 341 ff.

Hartkamp, Arthur/ **Hesselink**, M.W. (eds.) — Towards a European Civil Code
2. Auflage, Den Haag, London, New York 1998
zit.: *Autor*, in Towards a European Civil Code (1998), Seite

Hauschka, Christoph — Grundprobleme der Privatrechtsfortbildung durch die Europäische Wirtschaftsgemeinschaft
JZ 1990, S. 521 ff.

Hayder, Roberto

Privatrechtsvereinheitlichung durch die Europäische Gemeinschaft - Kommentar zum Vortrag von Hans Claudius Taschner
in: Müller-Graf, Peter-Christian (Hrsg.), Gemeinsames Privatrecht in der Europäischen Gemeinschaft, Baden-Baden 1993, S. 167 ff.
zit.: *Hayder*, in Gemeinsames Privatrecht, Seite

Haymann, Franz

Die Haftung des Verkäufers für die Beschaffenheit der Kaufsache
Berlin 1912
zit.: *Haymann*, Seite

Haymann, Franz

Fehler und Zusicherung beim Kauf
in: Schreiber, Otto (Hrsg.), Die Reichsgerichtspraxis im deutschen Rechtsleben. Festgabe der juristischen Fakultäten zum 50jährigen Bestehen des Reichsgerichts, Band III, Zivil- und Handelsrecht (Fortsetzung), Berlin, Leipzig 1929, S. 317 ff.
zit.: *Haymann* in RG-Festgabe Bd. III (1929), Seite

Heilmann, Jan

Mängelgewährleistung im UN-Kaufrecht. Voraussetzungen und Rechtsfolgen im Vergleich zum deutschen internen Kaufrecht und zu den Haager Einheitlichen Kaufgesetzen
Berlin 1994 (Diss. Hamburg 1992)
zit.: *Heilmann*, Seite

Heinrichs, Helmut

Abschied vom BGB oder sinnvolle Weiterentwicklung des bürgerlichen Rechts ? Die Vorschläge der Kommission zur Reform des Schuldrechts
Regensburg 1995
zit.: *Heinrichs*, Seite

Heinrichs, Helmut

Überlegungen zum Verjährungsrecht, seine Mängel, seine Rechtfertigung und seine Reform
Karlsruher Forum 1991, Sonderheft Versicherungsrecht 1992, S. 3 ff.
zit.: *Heinrichs*, Karlsruher Forum 1991, Seite

Heiss, Helmut

Europäisches Vertragsrecht: in statu nascendi ?
ZfRV 1995, S. 54 ff.

Heldrich, Andreas

Die Haager Einheitlichen Kaufgesetze
NJW 1974, S. 2156 ff.

Herber, Rolf

Das Arbeiten des Ausschusses der Vereinten Nationen für internationales Handelsrecht (UNCITRAL)
AWD/RIW 1974, S. 577 ff.

Herber, Rolf

Einführung zum Wiener UNCITRAL-Kaufrecht
in: Bundesstelle für Außenhandelsinformationen (Hrsg.), Wiener UNCITRAL-Übereinkommen über internationale Warenkaufverträge vom 11. April 1980, Band 59, 2. Auflage, Köln 1983
zit.: *Herber*, in UNCITRAL-Übereinkommen, Seite

Herber, Rolf/ **Czerwenka**, Beate — Internationales Kaufrecht. Kommentar zu dem Übereinkommen der Vereinten Nationen vom 11. April 1980 über Verträge über den internationalen Wareneinkauf
München 1991
zit.: *Herber/Czerwenka*, Art. UNKR, Rn.

Herberger, Klaus — Rechtsnatur, Aufgabe und Funktion der Sachmängelhaftung nach dem Bürgerlichen Gesetzbuch
Berlin 1974 (Diss. Heidelberg 1973)
zit.: *Herberger*, Seite

Hermann, Gerold — Einheitliches Kaufrecht für die Welt: UN-Übereinkommen über internationale Warenkaufverträge
IPRax 1981, S. 109 ff.

Hirte, Heribert — Wege zu einem europäischen Zivilrecht
Stuttgart, München, Hannover 1996

Hoffmann, Bernd von — Gewährleistungsansprüche im UN-Kaufrecht – verglichen mit dem EKG und BGB
in: Schlechtriem, Peter (Hrsg.), Einheitliches Kaufrecht und nationales Obligationenrecht, Referate und Diskussionen der Fachtagung Einheitliches Kaufrecht am 16./17.2.1987, Baden-Baden 1987, S. 293 ff.
zit.: *v.Hoffmann*, in Einheitliches KaufR u. nat. ObligationenR, Seite

Holthausen, Rüdiger — Die wesentliche Vertragsverletzung des Verkäufers nach Art. 25 UN-Kaufrecht
RIW 1990, S. 101 ff.

Hommelhoff, Peter — Zivilrecht unter dem Einfluß europäischer Rechtsangleichung
AcP 192 (1992), S. 71 ff.

Hondius, Ewoud — Kaufen ohne Risiko: Der Europäische Richtlinienentwurf zum Verbraucherkauf und zur Verbrauchergarantie
ZEuP 1997, S. 130 ff.

Hondius, Ewoud — Towards a European Civil Code
in: Hartkamp, Arthur, u.a. (Hrsg.), Towards a European Civil Code, 2. Auflage, Den Haag, London, New York 1998, S. 3 ff.
zit.: *Hondius*, in Towards a European Civil Code (1998), Seite

Honnold, John O. — Uniform Law for International Sales under the 1980 United Nations Convention
2. Auflage, Deventer, Boston 1991
zit.: *Honnold*, Rn.

Honsell, Heinrich (Hrsg.) — Kommentar zum UN-Kaufrecht. Übereinkommen der Vereinten Nationen über Verträge über den Internationalen Warenkauf (CISG)
Berlin, Heidelberg, New York 1997
zit.: Honsell/(*Bearbeiter*), Art. UNKR, Rn.

Honsell, Heinrich — Von den aedilizischen Rechtsbehelfen zum modernen Sachmängelrecht
in: Nörr, Dieter/Simon, Dieter (Hrsg.), Gedächtnisschrift für Wolfgang Kunkel, Frankfurt a.M. 1984, S. 53 ff.
zit.: *Honsell* in Gedächtnisschrift Kunkel (1984), Seite

Honsell, Heinrich/ **Mayer-Maly**, Theo/ **Selb**, Walter — Römisches Recht - aufgrund des Werkes von Paul Jörs, Wolfgang Kunkel, Leopold Wenger
4. Auflage, Berlin, Heidelberg, New York, London, Paris 1987
zit.: Kunkel/(*Bearbeiter*), Seite

Hoyer, Hans/ **Posch**, Willibald (Hrsg.) — Das Einheitliche Wiener Kaufrecht. Neues Recht für den internationalen Warenkauf
Wien 1992
zit.: *Autor*, in Einheitliches Wiener Kaufrecht, Seite

Huber, Ulrich — Der UNCITRAL-Entwurf eines Übereinkommens über internationale Warenkaufverträge
RabelsZ 43 (1979), S. 413 ff.

Huber, Ulrich — Die Haftung des Rücktrittsgläubigers beim gesetzlichen Rücktritt und des Käufers bei Wandlung
JZ 1987, S. 649 ff.

Huber, Ulrich — Die Haftung des Verkäufers für Verzug und Sachmangel nach dem Wiener Kaufrechtsübereinkommen
JBl. 1989, S. 273 ff.

Huber, Ulrich — Die Haftung des Verkäufers nach dem Kaufrechtsübereinkommen der Vereinten Nationen und deutschem Recht
Berlin, New York 1991
zit.: *Huber*, Haftung des Verkäufers, Seite

Huber, Ulrich — Die Rechtsbehelfe der Parteien, insbesondere der Erfüllungsanspruch, die Vertragsaufhebung und ihre Folgen nach UN-Kaufrecht im Vergleich zu EKG und BGB
in: Schlechtriem, Peter (Hrsg.), Einheitliches Kaufrecht und nationales Obligationenrecht, Referate und Diskussionen der Fachtagung Einheitliches Kaufrecht am 16./17.2.1987, Baden-Baden 1987, S. 199 ff.
zit.: *Huber*, in Einheitliches KaufR u. nat. ObligationenR, Seite

Huber, Ulrich — Einheitliches Kaufrecht und europäische Privatrechtsvereinheitlichung
in: Due, Ole, u.a. (Hrsg.), Festschrift für Ulrich Everling Band I, Baden-Baden 1995, S. 493 ff.
zit.: *Huber* in FS Everling I (1995), Seite

Huber, Ulrich
Kaufvertrag - Welche Ergänzungen und Fortentwicklungen sind im Kaufrecht im Hinblick auf die technischen, wirtschaftlichen und juristischen Weiterentwicklungen der Rechtswirklichkeit geboten ?
Sollten Sonderentwicklungen außerhalb des BGB (Abzahlungsgesetz, Handelskauf, kaufrechtliche Bestimmungen des AGBG) in die Kodifikation eingearbeitet werden ?
in: Bundesminister der Justiz (Hrsg.), Gutachten und Vorschläge zur Überarbeitung des Schuldrechts, Band I, Köln 1981, S. 911 ff.
zit.: *Huber*, Gutachten Kaufvertrag, Seite

Huber, Ulrich
Leistungsstörungen - Empfiehlt sich die Einführung eines Leistungsstörungsrechts nach dem Vorbild des Einheitlichen Kaufgesetzes ? Welche Änderungen im Gesetzestext und welche praktischen Auswirkungen im Schuldrecht würden sich dabei ergeben ?
in: Bundesminister der Justiz (Hrsg.), Gutachten und Vorschläge zur Überarbeitung des Schuldrechts, Band I, Köln 1981, S. 647 ff.
zit.: *Huber*, Gutachten, Seite

Huber, Ulrich
Zur Dogmatik der Vertragsverletzungen nach einheitlichem Kaufrecht und deutschem Schuldrecht
in: Ficker, Hans Claudius, u.a. (Hrsg.), Festschrift für Ernst von Caemmerer zum 70. Geburtstag, Tübingen 1978, S. 837 ff.
zit.: *Huber* in FS v. Caemmerer (1978), Seite

Hutter, Max
Die Haftung des Verkäufers für Nichtlieferung bzw. Lieferung vertragswidriger Ware nach dem Wiener UNCITRAL-Übereinkommen über internationale Warenkaufverträge vom 11. April 1980
Kempten 1988 (Diss. Regensburg 1988)
zit.: *Hutter*, Seite

Immenga, Ulrich
Fehler oder zugesicherte Eigenschaft ?
AcP 171 (1971), S. 1 ff.

International Institute for the Unification of Private Law (UNIDROIT) (ed.)
Principles of International Commercial Contracts
Rom 1994
zit.: *Unidroit*, Seite

Jagert, Uwe/ **Derichsweiler**, Stefan
Internationales Einheitskaufrecht
JuS 1989, S. 972 ff.

Jakobs, Horst Heinrich
Gesetzgebung im Leistungsstörungsrecht. Zur Ordnung des Rechts der Leistungsstörungen im Bürgerlichen Gesetzbuch und nach Einheitlichem Kaufrecht
Paderborn, München, Wien, Zürich 1985
zit.: *Jakobs*, Gesetzgebung, Seite

Jakobs, Horst Heinrich — Wissenschaft und Gesetzgebung im bürgerlichen Recht nach der Rechtsquellenlehre des 19. Jahrhunderts
Paderborn, München, Wien, Zürich 1983
zit.: *Jakobs*, Wissenschaft u. Gesetzgebung, Seite

Janssen, André — Kollision des einheitlichen UN-Kaufrechts mit dem Verbraucherschutzrecht am Beispiel der Richtlinie über den Verbrauchsgüterkauf und -garantien
VuR 1999, S. 324 ff.

Jauernig, Othmar (Hrsg.) — Bürgerliches Gesetzbuch mit Gesetz zur Regelung des Rechts der Allgemeinen Geschäftsbedingungen
9. Auflage, München 1999
zit.: Jauernig/(*Bearbeiter*), § BGB, Rn.

Jayme, Erik — Ein Internationales Privatrecht für Europa
Heidelberg 1991, S. 5 ff.
zit.: *Jayme*, Seite

Joussen, Peter — Empfiehlt sich die von der Schuldrechtskommission vorgeschlagene Neuregelung des allgemeinen Leistungsstörungsrechts, der Mängelhaftung bei Kauf- und Werkvertrag und des Rechts der Verjährung ? Referat in: Verhandlungen des 60. Deutschen Juristentages, Münster 1994, Band II/1, Sitzungsberichte - Referate und Beschlüsse, München 1994, S. K 29 ff.
zit.: *Joussen*, Referat, Seite

Junker, Abbo — Vom Bürgerlichen zum kleinbürgerlichen Gesetzbuch - Der Richtlinienvorschlag über den Verbrauchsgüterkauf
DZWir 1997, S. 271 ff.

Kappus, Andreas — Rechtsvergleichende Aspekte zur Vertragsaufhebung wegen Sachmangels nach UN-Kaufrecht
RIW 1992, S. 528 ff.

Karollus, Martin — Principles of International Commercial Contracts
RabelsZ 61 (1997), S. 582 ff.

Karollus, Martin — UN-Kaufrecht. Eine systematische Darstellung für Studium und Praxis
Wien, New York 1991
zit.: *Karollus*, Seite

Karollus, Martin — UN-Kaufrecht: Vertragsaufhebung und Nacherfüllungsrecht bei Lieferung mangelhafter Ware
ZIP 1993, S. 490 ff.

Kaser, Max — Das römische Privatrecht
Band I Das altrömische, das vorklassische und klassische Recht, 2. Aufl., München 1971
Band II Die nachklassischen Entwicklungen, 2. Aufl., München 1975
zit.: *Kaser*, Bd. I bzw. II, Seite

Kerameus, Konstantinos — Problems of drafting a European Civil Code
ERPL 1997, S. 475 ff.

Kieninger, Eva-Maria
100 Jahre BGB - Zeit für ein Europäisches Zivilgesetzbuch
in: Willingmann, Armin, u.a. (Hrsg.), Jahrbuch Junger Zivilrechtswissenschaftler 1996 - Das deutsche Zivilrecht 100 Jahre nach Verkündung des BGB. Erreichtes. Verfehltes. Übersehenes, Stuttgart, München, Hannover 1997, S. 245 ff.
zit.: *Kieninger*, Jahrbuch Junger Zivilrechtswiss. 1996, Seite

Kindler, Peter
Einige Hauptfragen des CISG im Spiegel der neueren Kommentarliteratur
in: Portale, Giuseppe, u.a. (Hrsg.), Jahrbuch für italienisches Recht, Band 5 - Bankrecht, UN-Kaufrecht, Kartellrecht, Heidelberg 1992, S. 201 ff.
zit.: *Kindler*, Jahrbuch f. Ital. Recht 5 (1992), Seite

Kircher, Wolfgang
Zum Vorschlag für eine Richtlinie über den Verbrauchsgüterkauf und -garantien
ZRP 1997, S. 290 ff.

Kircher, Wolfgang
Die Voraussetzungen der Sachmängelhaftung beim Warenkauf
Tübingen 1998 (Diss. Passau 1998)
zit.: *Kircher*, Seite

Kirchhof, Roland
Die Sachmängelhaftung nach deutschem Recht im Vergleich zur Haftung für vertragswidrige Sachen nach dem „Einheitlichen Gesetz über den internationalen Kauf beweglicher Sachen"
München 1970
zit.: *Kirchhof*, Seite

Kirchner, Christian
Europäisches Vertragsrecht
in: Weyers, Hans-Leo (Hrsg.), Europäisches Vertragsrecht, Baden-Baden 1997, S. 103 ff.
zit.: *Kirchner*, in Europäisches Vertragsrecht, Seite

Klein-Blenkers, Friedrich
Existenz und Verlust von Wahlmöglichkeiten des Käufers im Rahmen des § 463 BGB
AcP 194 (1994), S. 352 ff.

Klempt, Walter-Jürgen
Die Grundlagen der Sachmängelhaftung des Verkäufers im Vernunftrecht und Usus modernus
Stuttgart, Berlin, Köln, Mainz 1967
zit.: *Klempt*, Seite

Knöpfle, Robert
Aliud-Lieferung beim Gattungskauf - Nichtlieferungs- oder Gewährleistungsrecht ?
NJW 1989, S. 871 ff.

Knöpfle, Robert
Der Fehler beim Kauf
München 1989
zit.: *Knöpfle*, Seite

Knöpfle, Robert
Zum Inhalt des Fehlers und der Zusicherung i.S. des § 459 Abs. 1 und 2 BGB
NJW 1987, S. 801 ff.

Kohler, Jürgen — Bemerkungen zur vorgeschlagenen Überarbeitung des Rücktrittsrechts
WM 1993, S. 45 ff.

Kohler, Jürgen — Die gestörte Rückabwicklung gescheiterter Austauschverträge
Köln, Berlin, Bonn, München 1989
zit.: *Kohler*, Seite

Köhler, Helmut — Zur Funktion und Reichweite der gesetzlichen Gewährleistungsausschlüsse
JZ 1989, S. 761 ff.

Köhler, Helmut — Zur Nachbesserung beim Kauf
JZ 1984, S. 393 ff.

Kommission der Europäischen Gemeinschaft (Hrsg.) — Grünbuch der Europäischen Kommission über Verbrauchsgütergarantien und Kundendienst, endg. vom 15. November 1993
KOM (93) 509
zit.: Grünbuch, Seite

Kötz, Hein — Alternativen zur legislatorischen Rechtsvereinheitlichung. Einführende Bemerkungen zum gleichnamigen Symposium Hamburg 1991
RabelsZ 56 (1992), S. 215 ff.

Kötz, Hein — Empfiehlt sich die von der Schuldrechtskommission vorgeschlagene Neuregelung des allgemeinen Leistungsstörungsrechts, der Mängelhaftung bei Kauf- und Werkvertrag und des Rechts der Verjährung ? Referat
in: Verhandlungen des 60. Deutschen Juristentages, Münster 1994, Band II/1, Sitzungsberichte - Referate und Beschlüsse, München 1994, S. K 9 ff.
zit.: *Kötz*, Referat, Seite

Kötz, Hein — Europäisches Vertragsrecht - Band I: Abschluß, Gültigkeit und Inhalt des Vertrages, die Beteiligung Dritter am Vertrag
in: ders./Flessner, Axel (Hrsg.), Europäisches Vertragsrecht, Tübingen 1996
zit.: *Kötz*, Europäisches Vertragsrecht Bd. I, Seite

Kötz, Hein — Gemeineuropäisches Zivilrecht
in: Bernstein, Herbert, u.a. (Hrsg.), Festschrift für Konrad Zweigert zum 70. Geburtstag, Tübingen 1981, S. 481 ff.
zit.: *Kötz* in FS Zweigert (1981), Seite

Kötz, Hein — Rechtsvereinheitlichung - Nutzen, Kosten, Methoden, Ziele
RabelsZ 50 (1986), S. 1 ff.

Kramer, Ernst A. — Europäische Privatrechtsvereinheitlichung. Institutionen, Methoden, Perspektiven
Saarbrücken 1988
= JBl. 1988, S. 477 ff.

Kramer, Ernst A. — Vielfalt und Einheit der Wertungen im Europäischen Privatrecht
in: Schluep, Walter, u.a. (Hrsg.), Recht, Staat und Politik am Ende des zweiten Jahrtausends, Festschrift zum 60. Geburtstag von Bundesrat Arnold Koller, Bern, Stuttgart, Wien 1993, S. 730 ff.
zit.: *Kramer* in FS Koller (1993), Seite

Kranz, Norbert — Die Schadensersatzpflicht nach den Haager Einheitlichen Kaufgesetzen und dem Wiener UN-Kaufrecht
Frankfurt, Bern, New York, Paris 1989 (Diss. Hamburg 1989)
zit.: *Kranz*, Seite

Kreuzer, Karl — Sachmängelhaftung und Vertragswidrigkeit im deutschen Recht und im Einheitlichen Kaufgesetz. Zur Entwicklung der Sachmängelhaftung im BGB
in: Leser, Hans G./ Freiherr Marschall von Bieberstein, Wolfgang (Hrsg.), Das Haager Einheitliche Kaufgesetz und das Deutsche Schuldrecht. Kolloquium zum 65. Geburtstag von Ernst von Caemmerer, Karlsruhe 1973, S. 35 ff.
zit.: *Kreuzer* in Kolloquium v. Caemmerer (1973), Seite

Kropholler, Jan — Die Wissenschaft als Quelle der internationalen Rechtsvereinheitlichung
ZVglRWiss 85 (1986), S. 143 ff.

Landfermann, Hans-Georg — Das UNCITRAL-Übereinkommen über die Verjährung beim internationalen Warenkauf
RabelsZ 39 (1975) S. 253 ff.

Landfermann, Hans-Georg — Die Überarbeitung des deutschen Schuldrechts aus internationalrechtlicher Sicht
RabelsZ 45 (1981), S. 124 ff.

Lando, Ole — Die Regeln des Europäischen Vertragsrechts
in: Müller-Graf, Peter-Christian (Hrsg.), Gemeinsames Privatrecht in der Europäischen Gemeinschaft, Baden-Baden 1993, S. 473 ff.
zit.: *Lando*, in Gemeinsames Privatrecht, Seite

Lando, Ole — European Contract Law
AJCL 31 (1983), S. 653 ff.

Lando, Ole — Non-Performance (Breach) of Contracts
in: Hartkamp, Arthur, u.a. (Hrsg.), Towards a European Civil Code, 2. Auflage, Den Haag, London, New York 1998, S. 333 ff.
zit.: *Lando*, in Towards a European Civil Code (1998), Seite

Lando, Ole — Principles of European Contract Law
in: Erauw, Johan, u.a. (Hrsg.), Liber Memorialis François Laurent 1810–1887, Brüssel 1989, S. 555 ff.
zit.: *Lando* in Liber Memorialis Laurent (1989), Seite

Lando, Ole — Principles of European Contract Law. An Alternative or a Precursor of European Legislation
RabelsZ 56 (1992), S. 261 ff.
= Principles of European Contract Law: An Alternative to or a Precursor of European Legislation ?
AJCL 40 (1992), S. 573 ff.

Lando, Ole — Why codify the European Law of contract ?
ERPL 1997, S. 525 ff.

Lando, Ole/ **Beale**, Hugh (eds.) — Commission on European Contract Law: The Principles of European Contract Law, Part I: Performance, Non-Performance and Remedies
Dordrecht, Boston, London 1995
zit.: *Lando/Beale*, Seite

Larenz, Karl — Lehrbuch des Schuldrechts, Band I Allgemeiner Teil
14. Auflage, München 1987
zit.: *Larenz*, Bd. I, Seite

Larenz, Karl — Lehrbuch des Schuldrechts, Band II Besonderer Teil, 1. Halbband
13. Auflage, München 1986
zit.: *Larenz*, Bd. II/1, Seite

Leonhard, Franz — Besonderes Schuldrecht des BGB, Band II
München, Leipzig 1931
zit.: *Leonhard*, §, Seite

Leser, Hans G. (Hrsg.) — Ernst Rabel, Gesammelte Aufsätze
Band I Arbeiten zum Privatrecht 1907–1930, Tübingen 1965
Band III Arbeiten zur Rechtsvergleichung und Rechtsvereinheitlichung 1919–1954, Tübingen 1967
zit.: *Autor*, in Leser, Ges. Aufsätze Bd. I bzw. III, Seite

Leser, Hans G. — Strukturen von Schadensersatz und Vertragsaufhebung im deutschen und UN-Kaufrecht. Eine Skizze
in: ders./Isomura, Tamotsu (Hrsg.), Wege zum japanischen Recht, Festschrift für Zentaro Kitagawa zum 60. Geburtstag, Berlin 1992, S. 455 ff.
zit.: *Leser* in FS Kitagawa (1992), Seite

Leser, Hans G. — Der Rücktritt vom Vertrag
Tübingen 1975
zit.: *Leser*, Seite

Leser, Hans G. — Die Vertragsaufhebung im Einheitlichen Kaufgesetz
in: ders./ Freiherr Marschall von Bieberstein, Wolfgang (Hrsg.), Das Haager Einheitliche Kaufgesetz und das Deutsche Schuldrecht. Kolloquium zum 65. Geburtstag von Ernst von Caemmerer, Karlsruhe 1973, S. 1 ff.
zit.: *Leser* in Kolloquium v. Caemmerer (1973), Seite

Leser, Hans G. — Vertragsaufhebung und Rückabwicklung unter dem UN-Kaufrecht
in: Schlechtriem, Peter (Hrsg.), Einheitliches Kaufrecht und nationales Obligationenrecht, Referate und Diskussionen der Fachtagung Einheitliches Kaufrecht am 16./17.2.1987, Baden-Baden 1987, S. 225 ff.
zit.: *Leser*, in Einheitliches KaufR u. nat. ObligationenR, Seite

Leser, Hans G./ **Freiherr Marschall von Bieberstein**, Wolfgang (Hrsg.) — Das Haager Einheitliche Kaufgesetz und das Deutsche Schuldrecht. Kolloquium zum 65. Geburtstag von Ernst von Caemmerer
Karlsruhe 1973
zit.: *Autor* in Kolloquium v. Caemmerer (1973), Seite

Lieb, Manfred — Grundfragen einer Schuldrechtsreform
AcP 183 (1983), S. 327 ff.

Lüderitz, Alexander — Pflichten der Parteien nach dem UN-Kaufrecht im Vergleich zu EKG und BGB
in: Schlechtriem, Peter (Hrsg.), Einheitliches Kaufrecht und nationales Obligationenrecht, Referate und Diskussionen der Fachtagung Einheitliches Kaufrecht am 16./17.2.1987, Baden-Baden 1987, S. 179 ff.
zit.: *Lüderitz*, in Einheitliches KaufR u. nat. ObligationenR, Seite

Magnus, Ulrich — Aktuelle Fragen des UN-Kaufrechts
ZEuP 1993, S. 79 ff.

Magnus, Ulrich — Erfahrungen mit dem Haager Waren-Kaufrecht, Erwartungen von der UNCITRAL-Konvention
in: Hoyer, Hans/Posch, Willibald (Hrsg.), Das Einheitliche Wiener Kaufrecht, Wien 1992, S. 5 ff.
zit.: *Magnus*, in Einheitliches Wiener Kaufrecht, Seite

Magnus, Ulrich — Europäische Kaufrechtsvereinheitlichung
RabelsZ 45 (1981), S. 144 ff.

Magnus, Ulrich — Stand und Entwicklung des UN-Kaufrechts
ZEuP 1995, S. 202 ff.

Marschall von Bieberstein, Wolfgang Freiherr — Tendenzen zur Erfüllungshaftung bei Sachmängeln (§ 480 Abs. 2 BGB)
in: Leser, Hans G./ders. (Hrsg.), Das Haager Einheitliche Kaufgesetz und das Deutsche Schuldrecht. Kolloquium zum 65. Geburtstag von Ernst von Caemmerer, Karlsruhe 1973, S. 21 ff.
zit.: *Frhr. Marschall v. Bieberstein* in Kolloquium v. Caemmerer (1973), Seite

Martiny, Dieter — Das Römische Vertragsrechtsübereinkommen vom 19. Juni 1980 ZEuP 1993, S. 298 ff.

Medicus, Dieter — Bürgerliches Recht
18. Auflage, Köln, Berlin, Bonn, München 1999
zit.: *Medicus*, BürgR, Rn.

Medicus, Dieter — Ein neues Kaufrecht für Verbraucher ?
ZIP 1996, S. 1925 ff.

Medicus, Dieter — Gesetzgebung und Jurisprudenz im Recht der Leistungsstörungen
AcP 186 (1986), S. 268 ff.

Medicus, Dieter — Schuldrecht I, Allgemeiner Teil
11. Auflage, München 1999
zit.: *Medicus*, SchR I, Rn.

Medicus, Dieter — Schuldrecht II, Besonderer Teil
9. Auflage, München 1999
zit.: *Medicus*, SchR II, Rn.

Medicus, Dieter — Vorschläge zur Überarbeitung des Schuldrechts: Das allgemeine Recht der Leistungsstörungen
NJW 1992, S. 2384 ff.

Medicus, Dieter — Zum Stand der Überarbeitung des Schuldrechts
AcP 188 (1988), S. 168 ff.

Menke, Burkhart — Haftung für reklamemäßige Garantieerklärungen im deutschen Recht ? - Zu einem Vorschlag im Grünbuch über Verbrauchsgütergarantien und Kundendienst -
VuR 1994, S. 223 ff.

Mertens, Hans-Joachim — Nichtlegislatorische Rechtsvereinheitlichung durch transnationales Wirtschaftsrecht und Rechtsbegriff
RabelsZ 56 (1992), S. 219 ff.

Mertens, Hans-Joachim — Rechtsvereinheitlichung rechtspolitisch betrachtet. Bemerkungen aus Anlaß des Haager einheitlichen Kaufrechts
in: Lutter, Marcus, u.a. (Hrsg.), Recht und Wirtschaft in Geschichte und Gegenwart, Festschrift für Johannes Bärmann zum 70. Geburtstag, München 1975, S. 651 ff.
zit.: *Mertens* in FS Bärmann (1975), Seite

Mertens, Hans-Joachim/ **Rehbinder**, Eckard — Internationales Kaufrecht. Kommentar zu den Einheitlichen Kaufgesetzen
Frankfurt 1975
zit.: *Mertens/Rehbinder*, Art. EKG, Rn.

Michaels, Ralf — Privatautonomie und Privatkodifikation - Zur Anwendbarkeit und Geltung allgemeiner Vertragsrechtsprinzipien
RabelsZ 62 (1998), S. 580 ff.

Micklitz, Hans-W. — Perspektiven eines Europäischen Privatrechts. Ius commune praeter legem ?
ZEuP 1998, S. 253 ff.

Micklitz, Hans-W. — Ein einheitliches Kaufrecht für Verbraucher in der EG ?
EuZW 1997, S. 229 ff.

Müller-Graf, Peter-Christian
EC Directives as a Means of Private Law Unification
in: Hartkamp, Arthur, u.a. (Hrsg.), Towards a European Civil Code, 2. Auflage, Den Haag, London, New York 1998, S. 71 ff.
zit.: *Müller-Graf*, in Towards a European Civil Code (1998), Seite

Müller-Graf, Peter-Christian
Europäisches Gemeinschaftsrecht und Privatrecht
NJW 1993, S. 13 ff.

Müller-Graf, Peter-Christian (Hrsg.)
Gemeinsames Privatrecht in der Europäischen Gemeinschaft
Baden-Baden 1993
zit.: *Autor,* in Gemeinsames Privatrecht, Seite

Müller-Graf, Peter-Christian
Gemeinsames Privatrecht in der Europäischen Gemeinschaft: Ebenen und gemeinschaftsprivatrechtliche Grundfragen
in: Baur, Jürgen F., u.a. (Hrsg.), Europarecht, Energierecht, Wirtschaftsrecht. Festschrift für Bodo Börner zum 70. Geburtstag, Köln, Berlin, Bonn, München 1992, S. 303 ff.
zit.: *Müller-Graf* in FS Börner (1992), Seite

Müller-Graf, Peter-Christian
Privatrecht und europäisches Gemeinschaftsrecht
in: ders. (Hrsg.), Gemeinsames Privatrecht in der Europäischen Gemeinschaft, Baden-Baden 1993, S. 195 ff.
zit.: *Müller-Graf*, in Gemeinsames Privatrecht, Seite

Neuhaus, Paul Heinrich/ **Kropholler**, Jan
Rechtsvereinheitlichung - Rechtsverbesserung ?
RabelsZ 45 (1981), S. 73 ff.

Neumayer, Karl H.
Zur Revision des Haager Einheitlichen Kaufrechts: Gefahrtragung, Gehilfenhaftung, Fait du Vendeur und Lückenproblem
in: Ficker, Hans Claudius, u.a. (Hrsg.), Festschrift für Ernst von Caemmerer zum 70. Geburtstag, Tübingen 1978, S. 955 ff.
zit.: *Neumayer* in FS v. Caemmerer (1978), Seite

Neumayer, Karl H./ **Ming**, Catherine
Convention de Vienne sur les contrats de vente internationale de marchandises. Commentaire
Lausanne 1993
zit.: *Neumayer/Ming*, Art. UNKR, Anm.

Niggemann, Friedrich
Die Pflichten des Verkäufers und die Rechtsbehelfe des Käufers
in: Hoyer, Hans/Posch, Willibald (Hrsg.), Das Einheitliche Wiener Kaufrecht, Wien 1992, S. 77 ff.
zit.: *Niggemann*, in Einheitliches Wiener Kaufrecht, Seite

Oertmann, Paul
Bürgerliches Gesetzbuch, Recht der Schuldverhältnisse Band II
5. Auflage, Berlin 1929
zit.: *Oertmann*, § BGB, Rn. Seite

Palandt, Otto (Hrsg.)

Kommentar zum Bürgerliches Gesetzbuch. Mit Einführungsgesetz (Auszug), Gesetz zur Regelung des Rechts der Allgemeinen Geschäftsbedingungen, Verbraucherkreditgesetz, Gesetz über den Widerruf von Haustürgeschäften und ähnlichen Geschäften, Gesetz über die Veräußerung von Teilnutzungsrechten an Wohngebäuden (Teilzeit-Wohnrechtegesetz - TzWrG), Gesetz zur Regelung der Miethöhe (Art. 3 des 2. WKSchG), Produkthaftungsgesetz, Erbbaurechtsverordnung, Wohnungseigentumsgesetz, Ehegesetz, Hausratsverordnung
58. Auflage, München 1999
zit.: Palandt/(*Bearbeiter*), § BGB, Rn.

Peters, Frank

Kein gesetzlicher Nachbesserungsanspruch des Käufers
JZ 1978, S. 92 ff.

Peters, Frank/ **Zimmermann**, Reinhard

Verjährungsfristen - Der Einfluß von Fristen auf Schuldverhältnisse; Möglichkeiten der Vereinheitlichung von Verjährungsfristen
in: Bundesminister der Justiz (Hrsg.), Gutachten und Vorschläge zur Überarbeitung des Schuldrechts, Band I, Köln 1981, S. 77 ff.
zit.: *Peters/Zimmermann*, Gutachten, Seite

Piltz, Burghard

Internationales Kaufrecht. Das UN-Kaufrecht (Wiener Übereinkommen von 1980) in praxisorientierter Darstellung
München 1993
zit.: *Piltz*, Internationales Kaufrecht, Seite

Piltz, Burghard

UN-Kaufrecht
in: Westphalen, Friedrich Graf von (Hrsg.), Handbuch des Kaufvertragsrechts in den EG-Staaten einschließlich Österreich, Schweiz und UN-Kaufrecht, Köln 1992, S. 1 ff.
zit.: *Piltz* in Handbuch des Kaufvertragsrechts, Seite

Piltz, Burghard

UN-Kaufrecht. Gestaltung von Export- und Importverträgen
2. Auflage, Bonn 1996
zit.: *Piltz*, UN-Kaufrecht, Seite

Pirrung, Jörg

Die Haager Konferenz für Internationales Privatrecht. Bilanz und Ausblick nach der Neuregelung des BGB
in: Heldrich, Andreas/Sonnenberger, Hans Jürgen (Hrsg.), Festschrift für Murad Ferid zum 80. Geburtstag am 11. April 1988, Frankfurt 1988, S. 339 ff.
zit.: *Pirrung* in FS Ferid (1988), Seite

Posch, Willibald

Pflichten des Käufers, Rechtsbehelfe des Verkäufers, Gefahrenübergang und Schadensersatz
in: Doralt, Peter (Hrsg.), Das UNCITRAL-Kaufrecht im Vergleich zum österreichischen Recht. Referate und Diskussionen des Symposiums in Baden bei Wien, 17.–19. April 1983, Wien 1985, S. 153 ff.
zit.: *Posch*, in Das UNCITRAL-Kaufrecht, Seite

Posch, Willibald/ **Kandut**, Gabriele — Die allgemeinen Bestimmungen über den Warenkauf: Art. 25–29
in: Hoyer, Hans/Posch, Willibald (Hrsg.), Das Einheitliche Wiener Kaufrecht, Wien 1992, S. 59 ff.
zit.: *Posch/Kandut*, in Einheitliches Wiener Kaufrecht, Seite

Rabe, Dieter — Pflichtverletzung als Grundtatbestand des Leistungsstörungsrechts
ZIP 1996, S. 1652 ff.

Rabe, Dieter — Schuldrechtsreform - Abschied vom kontinentaleuropäischen Rechtsdenken ?
in: Deutscher Anwaltsverein (Hrsg.), Liber amicorum für Hans-Jürgen Rabe, Bonn 1995, S. 135 ff.
zit.: *Rabe* in Liber amicorum Rabe (1995), Seite

Rabe, Dieter — Vorschläge zur Überarbeitung des Schuldrechts: Verjährung
NJW 1992, S. 2395 ff.

Rabe, Hans-Jürgen — Europäische Gesetzgebung - das unbekannte Wesen
NJW 1993, S. 1 ff.

Rabel, Ernst — Das Recht des Warenkaufs. Eine rechtsvergleichende Darstellung
Band I, Berlin 1936
Band II, Berlin 1958
zit.: *Rabel*, Warenkauf Bd. I bzw. II, Seite

Rabel, Ernst — Der Entwurf eines einheitlichen Kaufgesetzes
RabelsZ 9 (1935), S. 1 ff. und S. 339 ff.
abgedruckt in: Leser, Hans G. (Hrsg.), Ernst Rabel, Gesammelte Aufsätze, Band III, Tübingen 1967, S. 522 ff.
zit.: *Rabel*, abgedruckt in Leser, Ges. Aufsätze Bd. III, Seite

Rabel, Ernst — Über die Unmöglichkeit der Leistung und heutige Praxis
Rheinische Zeitschrift für Zivil- und Prozeßrecht 3 (1911), S. 467 ff.
abgedruckt in: Leser, Hans G. (Hrsg.), Ernst Rabel, Gesammelte Aufsätze, Band I, Tübingen 1965, S. 56 ff.
zit.: *Rabel*, abgedruckt in Leser, Ges. Aufsätze Bd. I, Seite

Rebmann, Kurt/ **Säcker**, Franz Jürgen (Hrsg.)
Münchener Kommentar zum Bürgerlichen Gesetzbuch herausgegeben von Rebmann, Kurt/Säcker, Franz Jürgen
Band 1 Einleitung und Allgemeiner Teil (§§ 1–240 BGB), AGB-Gesetz, 3. Aufl., München 1993
Band 2 Schuldrecht Allgemeiner Teil (§§ 241–432 BGB), 3. Aufl., München 1994
Band 3 Schuldrecht Besonderer Teil, Teil I (§§ 433–606 BGB), Finanzierungsleasing, Verbraucherkreditgesetz, Haustürwiderrufsgesetz, Erbschaft- und Schenkungsteuergesetz, Gesetz zur Regelung der Miethöhe, Heizkostenverordnung, 3. Aufl., München 1995
zit.: MüKo/(*Bearbeiter*), § BGB, Rn.

Reich, Norbert
Die Umsetzung der Richtlinie 1999/44/EG in das deutsche Recht
NJW 1999, S. 2397 ff.

Reich, Norbert
Verbraucherpolitik und Verbraucherschutz im Vertrag von Amsterdam
VuR 1999, S. 3 ff.

Reich, Norbert
Welche Garantien für europäische Verbraucher ?
VuR 1997, S. 185 f.

Reinhart, Gert
UN-Kaufrecht. Kommentar zum Übereinkommen der Vereinten Nationen vom 11. April 1980 über Verträge über den internationalen Warenkauf
Heidelberg 1991
zit.: *Reinhart*, Art. UNKR, Rn.

Reinicke, Dietrich/ **Tiedtke**, Klaus
Kaufrecht einschließlich Abzahlungsgeschäfte, AGB-Gesetz, Eigentumsvorbehalt, Factoring, finanzierte Kaufverträge, Haustürgeschäfte, Leasing, Pool-Vereinbarungen, Produzentenhaftung, Time-sharing, UN-Kaufrecht und Verbraucherkreditgesetz
6. Auflage, Neuwied, Berlin 1997
zit.: *Reinicke/Tiedtke*, Rn.

Remien, Oliver
Ansätze für ein Europäisches Privatrecht
ZVglRWiss 87 (1988), S. 105 ff.

Remien, Oliver
Denationalisierung des Privatrechts in der Europäischen Union ? - Legislative und gerichtliche Wege
ZfRV 1995, S. 116 ff.

Remien, Oliver
Möglichkeiten und Grenzen eines europäischen Privatrechts
in: Jickeli, Joachim, u.a. (Hrsg.), Jahrbuch Junger Zivilrechtswissenschaftler 1991 - Europäisches Privatrecht, Unternehmensrecht, Informationspflichten im Zivilrecht, Stuttgart, München, Hannover 1992, S. 11 ff.
zit.: *Remien*, Jahrbuch Junger Zivilrechtswiss. 1991, Seite

Remien, Oliver — Rechtseinheit ohne Einheitsgesetze ? - Zum Symposium „Alternativen zur legislatorischen Rechtsvereinheitlichung"
RabelsZ 56 (1992), S. 300 ff.

RGRK — Das Bürgerliche Gesetzbuch mit besonderer Berücksichtigung der Rechtsprechung des Reichsgerichts und des Bundesgerichtshofes, herausgegeben von Mitgliedern des Bundesgerichtshofes
Band II, 1. Teil (§§ 241–413 BGB), 12. Auflage, Berlin, New York 1976
Band II, 2. Teil (§§ 414–610 BGB), 12. Auflage, Berlin, New York 1978
zit.: BGB-RGRK/(*Bearbeiter*), § BGB, Rn.

Rieger, Gregor — Die Richtlinie zu bestimmten Aspekten des Verbrauchsgüterkaufs und der Garantien für Verbrauchsgüter vor dem Hintergrund des geltenden Rechts
VuR 1999, S. 287 ff.

Riese, Otto — Der Entwurf zur internationalen Vereinheitlichung des Kaufrechts
RabelsZ 22 (1957), S. 16 ff.

Riese, Otto — Die Haager Konferenz über die internationale Vereinheitlichung des Kaufrechts vom 2. bis 25. April 1964. Verlauf der Konferenz und Ergebnisse hinsichtlich der materiellen Vereinheitlichung des Kaufrechts
RabelsZ 29 (1965), S. 1 ff.

Rittner, Fritz — Die wirtschaftliche Ordnung der EG und das Privatrecht
JZ 1990, S. 838 ff.

Rolland, Walter — Schuldrechtsreform - Allgemeiner Teil
NJW 1992, S. 2377 ff.

Rolland, Walter — Vorschläge für ein neues Schuldrecht in Deutschland
Rom 1993
zit.: *Rolland*, Seite

Rudolph, Helga — Kaufrecht der Export- und Importverträge. Kommentierung des UN-Übereinkommens über internationale Warenkaufverträge mit Hinweisen für die Vertragspraxis
Freiburg, Berlin 1996
zit.: *Rudolph*, Art. UNKR, Rn.

Rummel, Peter — Schadensersatz, höhere Gewalt und Fortfall der Geschäftsgrundlage
in: Hoyer, Hans/Posch, Willibald (Hrsg.), Das Einheitliche Wiener Kaufrecht, Wien 1992, S. 177 ff.
zit.: *Rummel*, in Einheitliches Wiener Kaufrecht, Seite

Rust, Ulrich — Das kaufrechtliche Gewährleistungsrecht. Eine kritische Untersuchung der Reformvorschläge der Schuldrechtskommission
Berlin 1997 (Diss. Trier 1997)
zit.: *Rust*, Seite

Sandrock, Otto — Das Privatrecht am Ausgang des 20. Jahrhunderts: Deutschland - Europa - und die Welt
JZ 1996, S. 1 ff.

Schack, Haimo — Die Zusicherung beim Kauf
AcP 185 (1985), S. 333 ff.

Schapp, Jan — Probleme der Reform des Leistungsstörungsrechts
JZ 1993, S. 637 ff.

Schlechtriem, Peter (Hrsg.) — Einheitliches Kaufrecht und nationales Obligationenrecht, Referate und Diskussionen der Fachtagung Einheitliches Kaufrecht am 16./17.2.1987
Baden-Baden 1987
zit.: *Autor*, in Einheitliches KaufR und nat. ObligationenR, Seite

Schlechtriem, Peter — Aufhebung des Vertrages als Rechtsbehelf bei Leistungsstörungen
in: Dieckmann, Albrecht, u.a. (Hrsg.), Festschrift für Wolfram Müller-Freienfels (zum 70. Geburtstag), Baden-Baden 1986, S. 525 ff.
zit.: *Schlechtriem* in FS Müller-Freienfels (1986), Seite

Schlechtriem, Peter — Bemerkungen zur Geschichte des Einheitskaufrechts
in: Schlechtriem, Peter (Hrsg.), Einheitliches Kaufrecht und nationales Obligationenrecht, Referate und Diskussionen der Fachtagung Einheitliches Kaufrecht am 16./17.2.1987, Baden-Baden 1987, S. 27 ff.
zit.: *Schlechtriem*, in Einheitliches KaufR u. nat. ObligationenR, Seite

Schlechtriem, Peter — Einheitliches Kaufrecht - wissenschaftliches Modell oder praxisnahe Regelung ?
Heidelberg, Karlsruhe 1978
zit.: *Schlechtriem*, Einheitliches Kaufrecht, Seite

Schlechtriem, Peter — Einheitliches UN-Kaufrecht. Das Übereinkommen der Vereinten Nationen über internationale Warenkaufverträge. Darstellung und Texte
Tübingen 1981
zit.: *Schlechtriem*, Einheitliches UN-Kaufrecht, Seite

Schlechtriem, Peter — Einheitliches UN-Kaufrecht. Das Übereinkommen der Vereinten Nationen vom 11. April 1980 über Verträge über den internationalen Warenkauf (CISG)
JZ 1988, S. 1037 ff.

Schlechtriem, Peter — Internationales UN-Kaufrecht. Ein Studien- und Erläuterungsbuch zum Übereinkommen der Vereinten Nationen über Verträge über den internationalen Warenkauf (CISG)
Tübingen 1996
zit.: *Schlechtriem*, Internationales UN-Kaufrecht, Seite

Schlechtriem, Peter — Rechtsvereinheitlichung in Europa und Schuldrechtsreform in Deutschland
ZEuP 1993, S. 217 ff.

Schlechtriem, Peter
Schuldrecht. Allgemeiner Teil
3. Auflage, Tübingen 1997
zit.: *Schlechtriem*, AT, Seite

Schlechtriem, Peter
Schuldrecht. Besonderer Teil
5. Auflage, Tübingen 1998
zit.: *Schlechtriem*, BT, Seite

Schlechtriem, Peter
Schuldrechtsreform. Voraussetzungen, Möglichkeit und Gegenstände
Heidelberg 1987
zit.: *Schlechtriem*, Schuldrechtsreform, Seite

Schlechtriem, Peter
Verbraucherkaufverträge - ein neuer Richtlinienentwurf
JZ 1997, S. 441 ff.

Schlechtriem, Peter/ **Magnus**, Ulrich
Internationale Rechtsprechung zum EKG und EAG. Eine Sammlung belgischer, deutscher, italienischer, israelischer und niederländischer Entscheidungen zu den Haager Einheitlichen Kaufgesetzen
Baden-Baden 1987
zit.: *Schlechtriem/Magnus*, Seite

Schmidt, Eike
Schlechtleistung und Händlerrisiko
in: Heldrich, Andreas, u.a. (Hrsg.), Recht im Spannungsfeld von Theorie und Praxis. Festschrift für Helmut Heinrichs zum 70. Geburtstag, München 1998, S. 511 ff.
zit.: *Schmidt* in FS Heinrichs (1998), Seite

Schmidt-Räntsch, Jürgen
Gedanken zur Umsetzung der kommenden Kaufrechtsrichtlinie
ZEuP 1999, S. 294 ff.

Schmidt-Räntsch, Jürgen
Zum Stand der Kaufrechtsrichtlinie
ZIP 1998, S. 849 ff.

Schmude, Jürgen
Schuldrechtsüberarbeitung - eine Herausforderung an den Gesetzgeber
NJW 1982, S. 2017 ff.

Schnyder, Anton/ **Straub**, Ralf Michael
Das EG-Grünbuch über Verbrauchsgütergarantien und Kundendienst - Erster Schritt zu einem einheitlichen EG-Kaufrecht ?
ZEuP 1996, S. 8 ff.

Schubel, Christian
Nacherfüllung im Kaufrecht. Bemerkungen zu den Vorschlägen der Schuldrechtskommission
ZIP 1994, S. 1330 ff.

Schubert, Reinhard
Der Einfluß des Einheitskaufrechts auf die Schuldrechtsreform in der Bundesrepublik Deutschland
in: Schlechtriem, Peter (Hrsg.), Einheitliches Kaufrecht und nationales Obligationenrecht, Referate und Diskussionen der Fachtagung Einheitliches Kaufrecht am 16./17.2.1987, Baden-Baden 1987, S. 415 ff.
zit.: *Schubert*, in Einheitliches KaufR u. nat. ObligationenR, Seite

Schubert, Werner/ **Jakobs**, Horst Heinrich (Hrsg.) | Die Beratung des Bürgerlichen Gesetzbuchs in systematischer Zusammenstellung der unveröffentlichen Quellen.
Materialien zur Entstehungsgeschichte des BGB. Einführung, Biographien, Materalien
Berlin, New York 1978
zit.: *Schubert/Jakobs*, Materalien zur Entstehungsgeschichte, Seite

Schubert, Werner/ **Jakobs**, Horst Heinrich (Hrsg.) | Die Beratung des Bürgerlichen Gesetzbuchs in systematischer Zusammenstellung der unveröffentlichen Quellen.
Recht der Schuldverhältnisse, Band I §§ 241 bis 433, Berlin, New York 1978
Recht der Schuldverhältnisse, Band II §§ 433 bis 651, Berlin, New York 1980
zit.: *Schubert/Jakobs*, Beratungen des BGB Bd. I bzw. II, Seite

Schulte-Nölke, Hans | Die schwere Geburt des Bürgerlichen Gesetzbuchs
NJW 1996, S. 1705 ff.

Schulte-Nölke, Hans | Die späte Aussöhnung mit dem Bürgerlichen Gesetzbuch
in: Willingmann, Armin, u.a. (Hrsg.), Jahrbuch Junger Zivilrechtswissenschaftler 1996 - Das deutsche Zivilrecht 100 Jahre nach Verkündung des BGB, Erreichtes. Verfehltes. Übersehenes, Stuttgart, München, Hannover 1997, S. 9 ff.
zit.: *Schulte-Nölke*, Jahrbuch Junger Zivilrechtswiss. 1996, Seite

Schulze, Reiner | Allgemeine Rechtsgrundsätze und europäisches Privatrecht
ZEuP 1993, S. 442 ff.

Schulze, Reiner | Gemeineuropäisches Privatrecht und Rechtsgeschichte
in: Müller-Graf, Peter-Christian (Hrsg.), Gemeinsames Privatrecht in der Europäischen Gemeinschaft, Baden-Baden 1993, S. 71 ff.
zit.: *Schulze*, in Gemeinsames Privatrecht, Seite

Schwark, Eberhard | Grundsätzliche Fragen einer Überarbeitung des Schuldrechts des BGB
JZ 1980, S. 741 ff.

Schwark, Eberhard | Kaufvertragliche Mängelhaftung und deliktsrechtliche Ansprüche
AcP 179 (1979), S. 57 ff.

Schwartz, Ivo E. | Perspektiven der Angleichung des Privatrechts in der Europäischen Gemeinschaft
ZEuP 1994, S. 559 ff.

Schwartz, Ivo E.

Wege zur EG-Rechtsvereinheitlichung: Verordnungen der Europäischen Gemeinschaft oder Übereinkommen unter den Mitgliedstaaten?
in: Ficker, Hans Claudius, u.a. (Hrsg.), Festschrift für Ernst von Cammerer zum 70. Geburtstag, Tübingen 1978, S. 1067 ff.
zit.: *Schwartz* in FS v. Caemmerer (1978), Seite

Schwenzer, Ingeborg

Das UN-Abkommen zum internationalen Warenkauf NJW 1990, S. 602 ff.

Seiler, Christoph

Vom Allgemeinen Landrecht zum Bürgerlichen Gesetzbuch. Dargestellt am Beispiel der höchstrichterlichen Judikatur zum kaufrechtlichen Sachmängelgewährleistungsrecht
Frankfurt a.M., Berlin, Bern 1996 (Diss. Kiel 1995)

Soergel, Hans Theodor (Begründer)

Bürgerliches Gesetzbuch mit Einführungsgesetz und Nebengesetzen neu herausgegeben von Siebert, Wolfgang
Band 2 Schuldrecht I (§§ 241–432 BGB), 12. Aufl., Stuttgart 1990
Band 3 Schuldrecht II (§§ 433–515 BGB) AGB-Gesetz, AbzG, EAG, EKG, UN-KaufAbk, 12. Aufl., Stuttgart 1991
zit.: Soergel/(*Bearbeiter*), § BGB, Rn.

Ständige Deputation des Deutschen Juristentages (Hrsg.)

Verhandlungen des 60. Deutschen Juristentages, Münster 1994
Band II/1 Sitzungsberichte - Referate und Beschlüsse, S. K 7 ff.
Band II/2 Sitzungsberichte - Diskussion und Beschlußfassung, S. K 112 ff.
München 1994
zit.: Juristentag, Bd. II/1 bzw. II/2, Seite

Staudenmayer, Dirk

Die EG-Richtlinie über den Verbraucherkauf NJW 1999, S. 2393 ff.

Staudinger, Julius von

Kommentar zum Bürgerlichen Gesetzbuch mit Einführungsgesetz und Nebengesetzen,
herausgegeben von Beitzke, Günther
Zweites Buch: Recht der Schuldverhältnisse, §§ 255–292, §§ 293–327, §§ 328–361, §§ 433–534 BGB, 13. Bearbeitung, Berlin 1995
Wiener UN-Kaufrecht (CISG), 13. Bearbeitung, Berlin 1994
zit.: Staudinger/(*Bearbeiter*), § BGB bzw. Art. UNKR, Rn.

Stoll, Hans
Inhalt und Grenzen der Schadensersatzpflicht sowie Befreiung von der Haftung im UN-Kaufrecht im Vergleich zu EKG und BGB
in: Schlechtriem, Peter (Hrsg.), Einheitliches Kaufrecht und nationales Obligationenrecht, Referate und Diskussionen der Fachtagung Einheitliches Kaufrecht am 16./17.2.1987, Baden-Baden 1987, S. 257 ff.
zit.: *Stoll*, in Einheitliches KaufR u. nat. ObligationenR, Seite

Stoll, Heinrich
Die Lehre von den Leistungsstörungen. Denkschrift des Ausschusses für Personen-, Vereins- und Schuldrecht, Schriften der AkDR (Akademie für Deutsches Recht), Tübingen 1936
abgedruckt in: Schubert, Werner, u.a. (Hrsg.), Akademie für Deutsches Recht 1933–1945, Protokolle der Ausschüsse, Bd. III/3 Recht der Leistungsstörungen, Berlin, New York 1990, S. 232 ff.
zit.: *Stoll*, abgedruckt in Schubert, AkDR Protokolle Bd. III/3, Seite

Stötter, Viktor
Internationales Einheitskaufrecht
München 1975
zit.: Stötter/(*Bearbeiter*), Seite

Stürner, Rolf
Empfiehlt sich die von der Schuldrechtskommission vorgeschlagene Neuregelung des allgemeinen Leistungsstörungsrechts, der Mängelhaftung bei Kauf- und Werkvertrag und des Rechts der Verjährung ?
NJW 1994, Beilage zu Heft 25, S. 2 ff.

Tagungsbericht zum 60. Deutschen Juristentag
60. Deutschen Juristentag: Der Tagungsverlauf
NJW 1994, S. 3069 ff.
60. Deutschen Juristentag: Die Beschlüsse
NJW 1994, S. 3075 ff.

Taschner, Hans Claudius
Privatrechtsentwicklung durch die Europäische Gemeinschaft - Rechtsgrundlagen, Ziele, Sachgebiete, Verfahren
in: Müller-Graf, Peter-Christian (Hrsg.), Gemeinsames Privatrecht in der Europäischen Gemeinschaft, Baden-Baden 1993, S. 155 ff.
zit.: *Taschner*, in Gemeinsames Privatrecht, Seite

Taupitz, Jochen
Europäische Privatrechtsvereinheitlichung heute und morgen
Tübingen 1993
zit.: *Taupitz*, Europ. Privatrechtsvereinheitl., Seite

Taupitz, Jochen
Privatrechtsvereinheitlichung durch die EG: Sachrechts- oder Kollisionsrechtsvereinheitlichung ?
JZ 1993, S. 533 ff.

The United Nations Commission on International Trade Law (UNCITRAL) (eds.)
Yearbook
Volume I (1968–1970), New York 1971
Volume III (1972), New York 1973
Volume IV (1973), New York 1974
Volume V (1974), New York 1975
Volume VIII (1977), New York 1978
Volume IX (1978), New York 1981
zit.: UNCITRAL-Yearbook, Volume

Tilmann, Winfried
Eine Privatrechtskodifikation für die Europäische Gemeinschaft ?
in: Müller-Graf, Peter-Christian (Hrsg.), Gemeinsames Privatrecht in der Europäischen Gemeinschaft, Baden-Baden 1993, S. 485 ff.
zit.: *Tilmann,* in Gemeinsames Privatrecht, Seite

Tilmann, Winfried
Entschließung des Europäischen Parlaments über die Angleichung des Privatrechts der Mitgliedstaaten vom 26.05.1989
ZEuP 1993, S. 613

Tilmann, Winfried
Kodifikation des Privatrechts in der Gemeinschaft
in: Letzgus, Klaus, u.a. (Hrsg.), Für Recht und Staat. Festschrift für Herbert Helmrich zum 60. Geburtstag, München 1994, S. 437 ff.
zit.: *Tilmann* in FS Helmrich (1994), Seite

Tilmann, Winfried
The legal basis for a European Civil Code
ERPL 1997, S. 471 ff.

Tilmann, Winfried
Towards a European Civil Code
ZEuP 1997, S. 595 ff.

Tilmann, Winfried
Zur Entwicklung eines europäischen Zivilrechts
in: Jagenburg, Walter, u.a. (Hrsg.), Festschrift für Walter Oppenhoff zum 80. Geburtstag, München 1985, S. 495 ff.
zit.: *Tilmann* in FS Oppenhoff (1985), Seite

Tilmann, Winfried
Zweiter Kodifikationsbeschluß des Europäischen Parlaments
ZEuP 1995, S. 534 ff.

Timmermans, Christiaan
Zur Entwicklung des europäischen Zivilrechts
ZEuP 1999, S. 1 ff.

Tomuschat, Christian
Europäisierung des Rechts
in: Tomuschat, Christian, u.a. (Hrsg.), Europäische Integration und nationale Rechtskulturen. Referate des 13. Symposiums der Alexander von Humboldt-Stiftung vom 19. bis 23. September 1993 in Bamberg; Köln, Berlin, Bonn, München 1995, S. 21 ff.
zit.: *Tomuschat*, in Europäische Integration, Seite

Tonner, Klaus
Die Rolle des Verbraucherrechts bei der Entwicklung eines europäischen Zivilrechts
JZ 1996, S. 533 ff.

Ulmer, Peter
Vom deutschen zum europäischen Privatrecht ?
JZ 1992, S. 1 ff.

United Nations Conference on Contracts for the International Sale of Goods (eds.)
Official Records. Documents of the Conference and Summary Records of the Plenary Meetings and of the Meetings of the Main Committees (Vienna 10 March–11 April 1980), UN Doc. A/Conf. 97/19, New York 1981
zit.: Official Records, Seite, Art. UNKR, Nr.

Valcarcél Schnüll, Dagmar
Die Haftung des Verkäufers für Fehler und zugesicherte Eigenschaften im europäischen Rechtsvergleich
Diss. Bonn 1994
zit.: *Valcarcél Schnüll*, Seite

Vollkommer, Max
Die Konkurrenz des allgemeinen Leistungsstörungsrechts mit den Leistungsstörungsinstituten der besonderen Schuldvertragstypen
AcP 183 (1983), S. 525 ff.

Wägenbaur, Rolf
Gewährleistungsrecht und Garantie - die Verbrauchsgüter-Richtlinie bald verabschiedungsreif
EuZW 1998, S. 514

Walter, Gerhard
Kaufrecht. Handbuch des Schuldrechts in Einzeldarstellungen
Band 6, herausgegeben von Joachim Gernhuber
Tübingen 1987
zit.: *Walter*, Seite

Weitnauer, Hermann
Vertragsaufhebung und Schadensersatz nach dem Einheitlichen Kaufgesetz und nach geltendem deutschen Recht
in: Wahl, Eduard, u.a. (Hrsg.), Rechtsvergleichung und Rechtsvereinheitlichung. Festschrift zum fünfzigjährigen Bestehen des Instituts für ausländisches und internationales Privat- und Wirtschaftsrecht der Universität Heidelberg, Heidelberg 1967, S. 71 ff.
zit.: *Weitnauer* in FS Institut Heidelberg (1967), Seite

Welser, Rudolf
Der Vorschlag einer EU-Richtlinie über den Verbrauchsgüterkauf
in: Mayer, Heinz, u.a. (Hrsg.), Recht in Österreich und Europa. Festschrift Karl Hempel zum 60. Geburtstag, Wien 1997, S. 323 ff.
zit.: *Welser* in FS Hempel (1997), Seite

Welser, Rudolf
Die Vertragsverletzung des Verkäufers und ihre Sanktion
in: Doralt, Peter (Hrsg.), Das UNCITRAL-Kaufrecht im Vergleich zum österreichischen Recht. Referate und Diskussionen des Symposiums in Baden bei Wien, 17.–19. April 1983, Wien 1985, S. 105 ff.
zit.: *Welser*, in Das UNCITRAL-Kaufrecht, Seite

Wendel, Alexander D. — Entwicklung, Kodifikation und Rechtspraxis der Sachmängelhaftung im bürgerlichen Gesetzbuch, insbesondere beim Gattungskauf
Aachen 1994 (Diss. Passau 1994)
zit.: *Wendel*, Seite

Westerhoff, Rudolf — Gesetzgebung und Methodik. Bemerkungen zur Überarbeitung des Schuldrechts
ZG 1994, S. 97 ff.

Westermann, Harm Peter — Verabschiedung oder Überarbeitung des BGB ?
ZRP 1983, S. 249 ff.

Westphalen, Friedrich Graf von (Hrsg.) — Handbuch des Kaufvertragsrechts in den EG-Staaten einschließlich Österreich, Schweiz und UN-Kaufrecht
Köln 1992
zit.: (*Bearbeiter*), in Handbuch des Kaufvertragsrechts, Rn.

Wichard, Johannes Christian — Die Anwendung der UNIDROIT-Prinzipien für internationale Handelsverträge durch Schiedsgerichte und staatliche Gerichte
RabelsZ 60 (1996), S. 269 ff.

Wiedemann, Herbert — Das System der Leistungsstörungen im deutschen Vertragsrecht
in: Festschrift der Rechtswissenschaftlichen Fakultät zur 600-Jahr-Feier der Universität zu Köln; Köln, Berlin, Bonn, München 1988, S. 367 ff.
zit.: *Wiedemann* in FS Rechtswiss. Fak. Köln (1988), Seite

Wolf, Alfred — Die Überarbeitung des Schuldrechts. Anlässe und Stand der Überlegungen
AcP 182 (1982), S. 80 ff.

Wolf, Alfred — Weiterentwicklung und Überarbeitung des Schuldrechts
ZRP 1978, S. 249 ff.

Wolf, Ernst — Das BGB, eine unverzichtbare Grundlage des Rechtsstaats
ZRP 1983, S. 241 ff.

Wolf, Ernst — Kein Abschied vom BGB. Absage an die geplante Neuordnung des Schuldrechts
ZRP 1982, S. 1 ff.

Wolf, Ernst — Rücktritt, Vertretenmüssen und Verschulden
AcP 153 (1954), S. 97 ff.

Wolf, Sabine — Reform des Kaufrechts durch EG-Richtlinie - ein Vorteil für die Wirtschaft ? - Die möglichen Auswirkungen einer Richtlinie über Verbrauchsgüterkauf und -garantien auf das deutsche Kaufrecht und die Wirtschaft
RIW 1997, S. 899 ff.

Ziegler, Ulrich
Leistungsstörungsrecht nach dem UN-Kaufrecht
Baden-Baden 1995 (Diss. München 1994)
zit.: *Ziegler*, Seite

Zimmermann, Reinhard
Das römisch-kanonische ius commune als Grundlage europäischer Rechtseinheit
JZ 1992, S. 8 ff.

Zimmermann, Reinhard
Die „Principles of European Contract Law", Teil I
ZEuP 1995, S. 731 ff.

Zimmermann, Reinhard
Konturen eines Europäischen Vertragsrechts
JZ 1995, S. 477 ff.

Zitelmann, Ernst
Zur Begrüßung des neuen Gesetzbuches
DJZ 5 (1900), S. 2 ff.

Zweigert, Konrad/ **Kötz**, Hein
Einführung in die Rechtsvergleichung auf dem Gebiete des Privatrechts
3. Auflage, Tübingen 1996
zit.: *Zweigert/Kötz*, §, Seite

Gesetzesmaterialien

Denkschrift
Denkschrift zum Entwurf eines Bürgerlichen Gesetzbuchs nebst drei Anlagen - Reichstagsvorlage
Berlin 1896
zit.: Denkschrift, Seite

Denkschrift zum UN-Kaufrecht
Denkschrift der Deutschen Bundesregierung zum Übereinkommen der Vereinten Nationen vom 11. April 1980 über Verträge über den Internationalen Warenkauf,
BTDrs. 11/3076, S. 38 ff.
zit.: Denkschrift zum UN-Kaufrecht, Seite

Motive
Motive zu dem Entwurfe eines Bürgerlichen Gesetzbuches für das Deutsche Reich
Band I Allgemeiner Theil, Berlin, Leipzig 1888
Band II Recht der Schuldverhältnisse, Berlin, Leipzig 1888
zit.: Motive I bzw. II, Seite

Protokolle
Protokolle der Kommission für die zweite Lesung des Entwurfs des Bürgerlichen Gesetzbuchs
Band I Allgemeiner Theil und Recht der Schuldverhältnisse, Abschnitt I, Abschnitt II Titel 1, Berlin 1897
zit.: Protokolle I, Seite

FSC
www.fsc.org
MIX
Papier | Fördert
gute Waldnutzung
FSC® C083411

Kolibri 360 GmbH
Ferdinand-Jühlke-Straße 7
99095 Erfurt, Deutschland
produktsicherheit@kolibri360.de

Druck:
CPI Druckdienstleistungen GmbH
im Auftrag der
Kolibri 360 GmbH
Ferdinand-Jühlke-Str. 7
99095 Erfurt